ALTERNATIV HEILEN

Herausgegeben von Gerhard Riemann

Danièle Ryman ist die gewählte Nachfolgerin des Pioniers der Aromatherapie, Marguerite Maury. Das vorliegende Buch enthält – in übersicht-
licher Form dargestellt – alles, was wissenswert ist über die Arbeit mit
den Düften der Natur.

Dieses Buch wurde auf chlor- und säurefreiem Papier gedruckt.

Deutsche Erstausgabe Oktober 1993
© 1993 für die deutschsprachige Ausgabe
Droemersche Verlagsanstalt Th. Knaur Nachf., München
Das Werk einschließlich aller seiner Teile ist urheberrechtlich geschützt.
Jede Verwertung außerhalb der engen Grenzen des Urheberrechtsgesetzes ist
ohne Zustimmung des Verlages unzulässig und strafbar. Das gilt insbesondere
für Vervielfältigungen, Übersetzungen, Mikroverfilmungen und die Einspeicherung
und Verarbeitung in elektronischen Systemen.
Titel der Originalausgabe »Aromatherapy«
© 1991 Danièle Ryman
Originalverlag Piatkus, London
Umschlagillustration Susannah zu Knyphausen, München
Satz DTP ba · br
Druck und Bindung Ebner Ulm
Printed in Germany
ISBN 3-426-76038-X

2   4   5   3

Danièle Ryman

Heilen mit Aromaölen

Aus dem Englischen von Ilse Fath-Engelhardt

Meiner lieben Freundin Barbara Brittingham

Inhalt

Teil I
Einführung in die Aromatherapie

Teil II
Das A–Z der aromatherapeutischen Pflanzen und Öle

Teil III
Das A–Z der Beschwerden

Danksagungen

Es ist mir eine große Freude, meinem Freund und Destillateur Christian Remy sowie seinem leistungsstarken Team, besonders seiner Frau Monique Remy, *Ingénieur Chimiste,* für all die Informationen und Hilfe der letzten drei Jahre meinen allerbesten Dank auszusprechen.

Ich möchte auch Professor Rouzet von der Universität Nantes, Professor Derbesy von der Universität Marseilles und Dr. Jalil Belkamel für ihre Nachforschungen und Informationen danken. Ebenso Dr. Perron aus Marseilles und Dr. Maury aus Grasse für ihren guten Rat. Auch John Middleton, Toxikologe, für seine Mühe, die ätherischen Öle auf ihre Toxizität hin zu prüfen.

Mein Dank gilt Susan Fleming, die mir bei der Organisation meiner Arbeit sehr geholfen hat und ohne deren Mitarbeit es für mich schwer gewesen wäre, dieses voluminöse Buch zu beenden. Auch Heather Rockling, Herausgeberin bei Piatkus Books, für ihre wertvolle Hilfe, und Gill Cormode sowie Judy Piatkus, die an das Buch glaubten und mich ermutigten, es pünktlich fertigzustellen.

Außerdem möchte ich Barbara Freeth und Molly McCreadie danken, die meinen lästigen und zeitraubenden Nachfragen mit unerschöpflicher Geduld begegneten. Und F. S. Kahn für seine Begeisterung und Ermutigung.

Und schließlich meinem Sohn Nicolas, der darauf bestand, daß ich das Buch rasch beende.

Vorwort

Dies ist ein umfassendes Handbuch über Aromatherapie, und es hat lange gebraucht, es fertigzustellen. Ich praktiziere diese Therapie nun schon seit über 26 Jahren und glaube, es ist an der Zeit, meine Erfahrungen, die ich im Umgang mit Pflanzen und Ölen gesammelt habe, weiterzugeben.

Die Aromatherapie ist von jeher Teil meines Lebens gewesen und hat mir oftmals weitergeholfen und mich ermutigt. Meine früheste Erinnerung ist der Duft von Rosen, den ich als Kind wahrnahm, wenn mir meine Mutter gute Nacht sagte. Während sie sich zu mir hinabbeugte und mich küßte, konnte ich ihren Lieblingsduft riechen – Rose. Seitdem hat der Duft von Rosen in mir stets das Gefühl der Geborgenheit und Liebe wachgerufen.

Der Duft von Waldkiefer ist für mich der Duft von Freiheit und langen heißen Sommern. Als Teenager verbrachte ich die Sommerferien im Haus meines Großvaters in Frankreich. Hinter seinem Garten lag ein Kiefernwald, dessen frisches Aroma herüberdrang, wenn die Nadeln unter der heißen Sonne buchstäblich zersprangen. Noch heute empfinde ich die Freiheit und das Glück dieser Ferientage, wenn ich durch einen Kiefernwald spazierengehe oder den Duft rieche.

Maiglöckchen machen mir stets Freude und erinnern mich an die Zeit der Geburt meines Sohnes vor 15 Jahren, als mein Zimmer vom süßen Duft dieser Blumen erfüllt war.

Die Aromatherapie beinhaltet mehr als Düfte: Ätherische Pflanzenöle besitzen über ihren wohltuenden Duft hinaus therapeutische Kräfte und sind in verschiedenem Maß antiseptisch. Als ich vor ein paar Jahren im Flugzeug nach Indien unterwegs war, begann mein Zeigefinger heftig zu pochen. Ich hatte mich zwei Tage zuvor an einem Dorn verletzt, als ich meine Rosen beschnitt. Der Finger begann sich nun zu entzünden. Ich trug sofort etwas pures Teebaumöl auf. Als ich in Bangalore ankam, war die Schwellung beinahe vollständig zurückgegangen, und das Pochen hatte aufgehört.

Andere Öle können trösten. Kurz vor ihrem Tod gab mir meine Lehrerin Marguerite Maury ein persönliches Rezept und bat mich, diese Mischung aus verschiedenen Ölen auf ihrem Sarg zu verteilen. Der starke Duft, der sich im Innern der kleinen Kirche in der Schweiz verbreitete, umfing und tröstete mich, wie Marguerite so rührend beabsichtigt hatte.

In jüngerer Zeit, während der langen Nächte, in denen ich an diesem Buch schrieb, halfen mir die anregenden Duftmoleküle des Basilikums, den ich neben meinem Schreibtisch plaziert hatte, meine körperliche Müdigkeit zu überwinden und aktiv zu bleiben.

Über die Jahre wurden Kräuter, Blumen und ihre ätherischen Öle zu meinen treuen Begleitern, meinen Heil- und Stärkungsmitteln, und ich kann mir eine Welt ohne sie nicht mehr vorstellen.

Aber die Behauptung, daß die Therapie zu 100 Prozent sicher ist und von jedem ausgeübt werden kann, ist leider falsch. Tatsächlich birgt eine Selbsthilfe-Aromatherapie einige große Gefahren in sich.

Das ist auch der Grund, weshalb ich dieses Buch zum Teil mit gemischten Gefühlen verfaßt habe. Einerseits habe ich gerne geforscht und gerne über die Pflanzen, die mir dabei begegnet sind, ihren therapeutischen Wert und die Behandlungsmethoden gesprochen. Andererseits mußte ich aber kritisch bleiben und aus Sicherheitsgründen von bestimmten ätherischen Ölen und ihren Heilwirkungen abraten. Der Leser sollte sich außerdem bewußtmachen, daß die Nachfrage nach bestimmten ätherischen Pflanzenölen mit zur Vernichtung der Wälder beiträgt und so an der Zerstörung des ökologischen Gleichgewichts unseres Planeten mit schuld hat. Zudem werden manche Öle oft aus ökonomischen Gründen verfälscht, und dies schmälert natürlich ihren therapeutischen Wert. Ätherische Öle müssen für den therapeutischen Gebrauch absolut rein und von bester Qualität sein.

Dieses Buch wurde nicht geschrieben, um Laien von dem Gebrauch ätherischer Öle abzuraten. Im Gegenteil. Aber da in den letzten Jahren das Interesse an alternativen Therapien ständig wuchs und die Aromatherapie populärer wurde, ist es an der Zeit, sicherzustellen, daß der Laie ernsthaft Vorsorge trifft, bevor er sich an die Selbstbehandlung macht. Ätherische Öle sind Arzneimittel und sollten als solche behandelt werden.

Deshalb wurde in diesem Buch kein ätherisches Öl zur innerlichen Anwendung empfohlen. Viele ätherische Öle sind wirklich sehr scharf und haben eine Korrosionswirkung, die bei einer innerlichen Anwendung gefährlich werden könnte. (Wenn bestimmte Öle Metall zersetzen können – zum Beispiel Nelkenöl –, was können sie dann erst im menschlichen Körper anrichten?) Als Behandlungsmethoden empfohlen werden Einreibungen und, was ich persönlich vorziehe, Dampfinhalationen. Ist das ätherische Öl mit einem Basisöl oder mit Wasser entsprechend verdünnt, kann es äußerst gute Erfolge zeitigen, Linderung bringen und sehr angenehm sein, indem es sofort ein Gefühl des Wohlbefindens hervorruft, wenn es inhaliert wird. Ätherische Öle werden nur unter besonderen Umständen pur verwendet. Angesichts der Gefahren, die die Öle in sich bergen, habe ich auch andere pflanzliche Behandlungsmethoden vorgestellt. Anstelle der Öle können die Pflanzen selbst in Form von Heiltränken oder in der Küche verwendet werden, wo die ätherischen Öle noch immer in geringer Menge vorhanden und für einen von Nutzen sind. Ein Gericht ohne Kräuter ist eigentlich kein sinnvolles Gericht: Die Zugabe von Kräutern oder Gewürzen steigert das feine *fumet* (Aroma) der Nahrung und regt nicht nur den Appetit an, sondern fördert die Verdauung – und befriedigt natürlich die Geschmacksknospen. Rosmarin zum Beispiel unterstützt die Leberfunktion und hilft dem Körper bei der Verdauung von fettem Fleisch wie Lamm- oder Schweinefleisch.

Ich zeige außerdem, wie man aus gekauften oder selbstgezüchteten Kräutern seine eigenen Kräuteröle herstellen kann. Die fertigen Öle werden kleine, aber wohltuende Mengen an ätherischem Öl enthalten und völlig sicher im Gebrauch sein.

In diesem leicht lesbaren Buch werden über achtzig Pflanzen sowohl botanisch und kulturgeschichtlich vorgestellt als auch in ihrer Heilwirkung und Anwendung beschrieben. In Ergänzung dazu werden über hundert Beschwerden und Leiden in einem Extrateil besprochen, der bei der Diagnoseerstellung und Wahl der Behandlungsmethode helfen wird. Ich hoffe, daß Sie dieses Buch mit Freude benutzen, aber auch, daß Sie achtgeben.

Danièle Ryman
London

Teil I

Einführung in die Aromatherapie

Die Öle der Aromatherapie

Aromatherapie beruht auf der Verwendung natürlicher ätherischer Öle oder Essenzen, welche aus wilden oder kultivierten Pflanzen extrahiert werden. Wilde Pflanzen eignen sich am besten, weil sie die aktivsten und ausgewogensten Essenzen liefern. Viele Pflanzen verlieren durch intensive Kultivierung ursprüngliche Eigenschaften. Die Zuchtrose etwa hat viel an Duft verloren, der wesentlich zur Beliebtheit der Rose beitrug und sicherlich mehr als die Hälfte ihres therapeutischen Wertes ausmacht. Öle aus kultivierten Pflanzen sind trotzdem gut, wenn diese vernünftig und organisch angebaut werden. Daß sich der therapeutische Wert eines Öls schmälert oder gar ganz verlorengeht, wenn die Pflanze, aus der es gewonnen wird, chemisch gespritzt wird, ist klar. Ist eine Pflanzung anderweitig verunreinigt – zum Beispiel durch Industrieschmutz oder, noch schlimmer, durch den radioaktiven Niederschlag von Tschernobyl –, hat sie keinen therapeutischen Wert mehr.

Ätherische Öle werden aus vielen Pflanzen und verschiedenen Pflanzen*teilen* gewonnen. Viele in der Aromatherapie genutzte ätherische Öle stammen von Küchenkräutern, darunter etwa Angelika, Basilikum, Majoran und Pfefferminze. Die Öle konzentrieren sich jedoch dort an unterschiedlichen Stellen: in den Wurzeln der Angelika, den Blüten des Lavendels und den Blättern des Rosmarins. Manche Öle werden auch aus Gewürzen gewonnen – zum Beispiel aus Anis- und Kümmelsamen, den Blütenknospen und Blättern des Nelkenbaumes, der Zimtrinde und den Ingwerwurzelstöcken. Früchte und Gemüse liefern ebenfalls ätherische Öle, darunter Zitrone, Mandarine, Möhre und Sellerie. Die Orange allein schon stellt eine Apotheke für den Aromatherapeuten dar: Aus der Rinde des Bergamottbaums wird Bergamottöl destilliert, Neroliöl aus den Blüten der Bitterorange, Orangenöl aus der Schale der Süßorange und Petitgrainöl aus den Blättern und kleinen unreifen Früchten der Bitterorange.

Wohl die meisten dürften Blumenöle kennen – auch wenn sie noch nicht mit der Aromatherapie vertraut sind –, zum Beispiel aus Rose, Geranie und Ylang-Ylang. Daß aber auch Harze und Blätter von Bäumen Verwendung finden, dürfte weniger bekannt sein. Zu den aus Harzen destillierten Ölen gehören Benzoe, Guajak, Waldkiefer und Tolubalsam; zu den Baumblattölen beispielsweise Eukalyptus, Patchouli und Bay (ein westindisches Baumblatt, das zur Herstellung des viktorianischen Männerhaarwassers »Bayrum« mit Rum destilliert wurde). Aromatische Gräser liefern ebenfalls Öle, und dazu gehören Lemongrass, Palmarosa und Vetiver.

Vielleicht entwickelten Pflanzen ätherische Öle, um Tiere fernzuhalten oder bestäubende Insekten anzulocken oder um eigene Pestizide oder Fungizide zur Verfügung zu haben. Man weiß es nicht genau, doch weiß man aufgrund chemischer Analysen und durch Chromatographien, daß diese Öle Verbindungen sind. Jedes Öl hat viele Inhaltsstoffe, welche als fein aufeinander abgestimmtes organisches Ganzes ein breites Spektrum therapeutischer und olfaktorischer Eigenschaften aufweist. Eukalyptus hat zum Beispiel nicht weniger als 250 verschiedene Inhaltsstoffe; und in der für das *Journal of Agriculture and Food Chemistry* erstellten Chromatographie des australischen Teebaumöls fanden Wissenschaftler vierzig Verbindungen. Dazu gehörten Cineol, Terpinen, Cymen und eine Verbindung namens Viridifloren, die bislang noch nicht identifiziert worden war.

Medikamente aus natürlichen Substanzen

Die meisten von uns wissen, daß Pflanzen chemische Substanzen enthalten, die vielfach extrahiert und zum Wohle des Menschen eingesetzt werden. Hier nur ein paar Beispiele solcher in konventioneller Medizin verwendeten Substanzen:

• Einfaches Aspirin zum Beispiel wurde ursprünglich aus der Weide, *Salix,* gewonnen, daher sein chemischer Name Salicylsäure.

• Das heute noch bei der Malariabehandlung gebrauchte Chinin wurde ursprünglich aus der Rinde des südamerikanischen Fieberrindenbaums, *Cinchona,* gewonnen.

• Die schmerzstillenden Mittel Morphin und Kodein werden beide aus dem Milchsaft unreifer Schlafmohnfruchtkapseln *(Papaver somniferum)* gewonnen. Und dieser gilt als älteste Medizin überhaupt.

• Abführmittel enthalten meist einen Extrakt aus getrockneten Schoten und Blättern der Senna, einer Kassiabaumart.

• Digitalis, einst in Rohform als Arznei bei vielen Herzkrankheiten verschrieben, stammt von einer einfachen Gartenblume, dem purpurroten Fingerhut. Die komplexeren Verbindungen Digitoxin und Digoxin werden aus dem weißen Fingerhut gewonnen.

• Die Antibabypille wurde ursprünglich aus der mexikanischen Jamswurzel hergestellt.

Trotz der Erfolge, die die Pharmaindustrie bei der Herstellung synthetischer Arzneimittel aufzuweisen hat, wenden sich viele Pharmakologen und Arzneimittelhersteller wieder der Pflanzenwelt zu. Einige, weil sie über die starken Chemikalien und Nebenwirkungen moderner Arzneimittel enttäuscht sind, viele, weil sie das in den Pflanzen liegende Potential wiederentdeckten und nach Arzneiwirkstoffen suchen, die im Reagenzglas noch schwer nachweisbar sind.

Das Mutterkraut und die Nachtkerze sind nur zwei der kürzlich wiederentdeckten Pflanzen, die jetzt wissenschaftliche Beachtung finden. Das Mutterkraut ist ein altbekanntes Heilmittel gegen Migräne, und diese Eigenschaften werden nun von der Arzneimittelindustrie untersucht. Die Ölsäure der Nachtkerze wirkt bei so verschiedenen Leiden wie Ekzemen, Herzkrankheiten und prämenstruellen Beschwerden; in England wird das Öl bereits in staatlichen Krankenhäusern verschrieben.

Eine andere Heilpflanze von gegenwärtig wissenschaftlichem Interesse ist das Madagassische Immergrün, dessen krebshemmende Substanzen bei der Leukämiebehandlung Verwendung finden. Und in Rußland hat man Hautkrebs bereits erfolgreich mit Baumwollsamenöl behandelt.

Die Geschichte der Aromatherapie

Die Verwendung von Pflanzen zur Heilung von Krankheiten ist so alt wie die Menschheit selbst, vielleicht sogar noch älter. Tiere suchen beispielsweise, wenn sie krank sind, nach bestimmten Kräutern und Gräsern. Haushunde und -katzen fressen heute noch Gras, wenn ihnen unwohl ist. Der Mensch war schon immer auf pflanzliche Nahrung angewiesen. Deshalb war es unvermeidlich, daß er die Wirkungen von Pflanzen erkannte und so ein Wissen über Heilpflanzen erwerben konnte. Zuerst muß es eine Sache auf Leben und Tod gewesen sein – denn viele Pflanzen sind in der Tat giftig –, doch weisen Archäologen zufolge schon die Höhlenzeichnungen von Lascaux (in der Dordogne, Frankreich), die 18 000 v. Chr. entstanden sind, darauf hin, daß Pflanzen ärztlich genutzt wurden.

Die Chinesen können sich rühmen, das wohl älteste Buch über Heilpflanzen zu besitzen. Das *Pen Tsao* oder Große Heilpflanzenbuch (das noch immer verlegt wird) wurde von Shen Nung zusammengestellt (siehe Seite 99). Er listete darin Arzneien auf und über 350 Heilpflanzen – darunter viele uns noch heute vertraute wie Schlafmohn und Hanf.

Die Ägypter und die Aromatherapie

Aromatische Substanzen spielten auch in der Medizin der Hebräer, Araber und Inder eine wichtige Rolle. Für die Ägypter war die Aromatherapie jedoch Teil des Lebensstils. Ungefähr zur selben Zeit, als die Chinesen die Akupunktur entwickelten, benutzten die Ägypter sowohl bei religiösen Ritualen als auch in der Medizin balsamische Substanzen. Texte aus der Zeit um 4500 v. Chr. berichten von wohlriechenden Ölen, duftenden Rinden und Harzen, von Gewürzen, aromatischen Essigen, Weinen und Bieren, die in der Medizin, beim Ritual, in der Astrologie und beim Einbalsamieren gebraucht wurden. Als 1922 das Grab Tutanchamuns geöffnet wurde, fand man viele Töpfe mit Substanzen wie Myrrhe und Weihrauch (beides aus Baumharzen gewonnen); sie dienten als Arznei und Parfüm zugleich, was zu jener Zeit nicht strikt getrennt war.

Übersetzungen von Hieroglyphen aus dem Tempel von Edfu zeigen, daß aromatische Substanzen von Hohenpriestern und Alchemisten nach bestimmten Rezepten gemischt wurden, um Parfüms und Arzneien zugleich herzustellen. In den Tempeln wurden aromatische Substanzen wie zerstoßene Zedernrinde, Kümmel und Angelika in Wein oder Öl getränkt oder verbrannt, um die Luft zu parfümieren. Die Priester wußten, durch welchen Geruch sie ihre Gemeinde geistig erheben oder beruhigen konnten. Ein sehr beliebtes Riechwasser war das berühmte *kyphi,* eine Mischung sechzehn verschiedener Essenzen – darunter Myrrhe und Wacholder –, das die Priester zur Schärfung ihrer Sinne und ihres spirituellen Bewußtseins inhalierten. Aus fast dem gleichen Grund wird heute noch bei Gottesdiensten Weihrauch verwendet.

In den 1870er Jahren entdeckte man den sogenannten Ebers-Papyrus – eine über 21 m lange medizinische Schriftrolle. Dieser datiert aus dem 15. Jahrhundert v. Chr. und enthält mehr als 800 Rezepte und Arzneien, hauptsächlich pflanzlicher Art. Die etwas früher entdeckte Edwin-Smith-Schriftrolle ist ebenfalls medizinischen Inhalts. Aus diesen Schriftrollen geht hervor, daß die Ägypter Heuschnupfen mit einer Mischung aus Antimon, Aloe, Myrrhe und Honig behandelten. (Myrrhe wird übrigens heute noch bei Halsbeschwerden und Husten angewandt.) Und bekannt war ihnen die Grundlage der Schwangerschaftsverhütung: Eine Mischung aus Akazie, Koloquinte (das Fruchtfleisch des Bitterapfels), Datteln und Honig wurde in die Vagina eingeführt, wo sie zu Milchsäure fermentierte, welche heute als Spermizid bekannt ist.

Auch in der berühmten ägyptischen Kunst der Einbalsamierung wurde nach aromatherapeutischen Prinzipien verfahren. Der Balsamierer kannte die natürlichen antiseptischen und antibiotischen Eigenschaften der Pflanzen und wußte diese bei der Konservierung des menschlichen Körpers anzuwenden. Man hat an Mumienbinden Spuren von Harzen wie Galbanum und Gewürzen wie Nelke, Zimt und Muskat gefunden. Diese Konservierungsmittel waren offensichtlich hoch effizient. Jahrtausendealte Eingeweideteile waren, als man sie mikroskopisch untersuchte, noch vollkommen intakt. Die durch moderne Röntgenverfahren sichtbar gemachten, außerordentlich gut erhaltenen Körper in den Mumien bezeugen die Kunst der Balsamierer, jener frühen Aromatherapeuten.

Auch in der Kochkunst wandten die Ägypter aromatherapeutische Prinzipien an. Sie wußten erstaunlich viel über den kulinarischen Wert aromatischer Substanzen. Ihr Hirse- und Gerstebrot machten sie verträglicher, indem sie es mit Kümmel, Koriander und Anis würzten. (Viele Gewürze und deren Öle sind verdauungsfördernd, aber kürzlich haben zum Beispiel Untersuchungen des Kümmels ergeben, daß einer seiner Inhaltsstoffe, Carvon, die Magensaftproduktion und -ausschüttung extrem anregt.) Zwiebeln und Knoblauch wurden häufig gegessen, in oder neben den Mumiensärgen finden sich immer Zwiebelknollen als Zubehör für das Jenseits. Die Zwiebel hat starke, natürliche antibakterielle Wirkung, und ihr täglicher Verzehr schützt vor Erkältungen und Schnupfen. Die bakteriziden Eigenschaften des Knoblauchs waren damals genauso bekannt wie heute: Auf einer Inschrift der Cheopspyramide erfahren wir, daß die Sklaven, die die Pyramide gebaut haben, jeden Tag eine Knoblauchzwiebel erhielten, um gesund und kräftig zu bleiben. Heute ist allgemein bekannt, daß der Knoblauch vor Bakterien- und Virusinfektionen schützt und stark entgiftend wirkt.

Die Entdeckungen der Griechen und Römer

Obgleich die Ägypter die Kunst bei der Anwendung von Pflanzenessenzen vervollkommnet hatten, um der Gefühle, Krankheiten und Verwesung Herr zu werden, blieben noch viele Entdeckungen bezüglich der Heilkraft der Pflanzen zu machen. Die Griechen zum Beispiel entwickelten ihre Medizin vom Teilaberglauben zur Wissenschaft. Hippokrates, der »Vater« der Medizin, war der erste Arzt, dessen medizinisches Wissen und medizinische Behandlung auf exakter Beobachtung fußten, und heute noch verpflichten sich die Ärzte seinen Prinzipien, indem sie den Hippokratischen Eid leisten. Hippokrates war unter anderem der Überzeugung, daß ein tägliches Duftbad und eine Massage unter Zusatz von Duftessenzen sehr gesundheitsfördernd wirken, ein wichtiger Grundsatz auch für die heutige Aromatherapie. Er kannte die bakteriziden Eigenschaften bestimmter Pflanzen; und war eine Epidemie in Athen ausgebrochen, befahl er den Bürgern, aromatische Pflanzen in den Straßen zu verbrennen, um sich vor der Seuche zu schützen und ihre Ausbreitung zu verhindern. Damals erweiterte sich auch das botanische Wissen und erreichte seinen Höhepunkt in der *Historia Plantarum* des Theophrast, den man als »Vater« der Botanik bezeichnen kann. In der Blütezeit Roms beherrschten »immigrierte« griechische Ärzte und Forscher die medizinische Welt. Dioskurides, Militärarzt unter Nero, war einer von ihnen. Er schrieb die *Materia medica,* ein umfassendes Werk über die Eigenschaften und Anwendungsgebiete von Heilpflanzen. Von ihm stammen weitere Beobachtungen, etwa wann eine Pflanze am stärksten wirkt. Diese unbestreitbare Tatsache des Pflanzenlebens – daß die Konzentration der Wirkstoffe je nach Tages- und Jahreszeit und Entwicklungsstadium schwankt – wird heute, beinahe 2000 Jahre später, bei der ätherischen Ölgewinnung genutzt, zum Beispiel beim Mohn: Morgens ist er viermal ertragreicher als abends. Jasmin duftet abends am stärksten und enthält folglich dann auch am meisten ätherisches Öl; deshalb werden in Indien die zur Duftgewinnung bestimmten Jasminblüten noch immer nachts gepflückt. Als erster verwendete Dioskurides auch einen Weidenabsud zur Schmerzstillung, bei Gicht etwa (aus diesem Absud entstand eines der gebräuchlichsten Analgetika unserer Tage, das Aspirin).

Die Römer waren auch botanisch gesehen sehr einflußreich, obgleich sie der kulinarische Wert der Pflanzen mehr interessierte als der medizinische. Als ihre Legionen in Europa einmarschierten, nahmen die Soldaten Samen mit von Pflanzen, die sie brauchten oder auf die sie nicht verzichten wollten, um sie in den besetzten Ländern aussäen zu können. In England wurden von den Römern zahlreiche Kräuter eingeführt – beispielsweise Petersilie, Fenchel und Liebstöckel. Viele davon wachsen noch immer wild in Unmengen entlang den Wegen, die die Soldaten damals gegangen waren, oder im Umkreis alter römischer Siedlungen, infolge zufällig gefallener Samen.

Die Zeit bis zur Renaissance

Während die Erfahrungsmedizin in Europa nach diesen frühen Anfängen verfiel, erhielt sie sich in China und Indien. Auch die Araber, deren Kultur sich seit dem 4. Jahrhundert n. Chr. ausbreitete, pflegten den wissenschaftlichen Geist. Einer der Gründer der berühmten medizinischen Schule von Salerno, nahe Neapel, war Araber. Und das Buch *Kanon der Medizin* des arabischen Arztes Avicenna (Ibn Sina), das im 11. Jahrhundert erschien, blieb bis zur Mitte des 16. Jahrhunderts ein Standardwerk. Avicenna soll auch das Destillierungsverfahren zur Gewinnung von pflanzlichen Essenzen erfunden haben, und viele seiner Grundsätze gelten noch heute. Die Araber als große Forscher und Kolonisten verbreiteten ihr Wissen in der ganzen damals bekannten Welt. Sie waren auch große Händler und führten in diesem Zusammenhang viele neue Pflanzen aus dem Osten ein – besonders Gewürze –, die sowohl in der Küche als auch in der Medizin Verwendung fanden.

Das europäische Mittelalter von ungefähr 600 bis zur Renaissance im 14. Jahrhundert brachte kaum medizinische Fortschritte. Dennoch waren vereinzelt Stimmen zu hören – darunter die der Äbtissin Hildegard von Bingen im 12. Jahrhundert, die vier Abhandlungen über Heilpflanzen schrieb. Auf ihre Werke greift man heute noch zurück.

Die Pest, die Europa im 14. Jahrhundert heimsuchte, raffte ein Drittel bis die Hälfte der europäischen Bevölkerung dahin, während die zeitgenössische Medizin keinen besseren Rat wußte als den, Parfüm-kugeln aus aromatischen Kräutern bei sich zu tragen oder aromati-sche Pflanzen in den Häusern und auf den Straßen zu verbrennen. Das war natürlich aromatherapeutisch gedacht, aber es war zuwenig, und es kam zu spät.

Die Renaissance war die Zeit der großen Entdeckungen. Christoph Kolumbus glaubte entgegen der herrschenden Meinung seiner Zeit, daß die Erde rund sei und er den Osten – die Schatzkammer der Gewürze – erreichen könnte, wenn er nach Westen segle. Er landete 1492, wie er glaubte, an der Küste Ostindiens, doch tatsächlich waren es die Bahamas. Nach der Entdeckung Amerikas kamen viele bisher unbekannte Pflanzen nach Europa. Der aus Südamerika stammende Kokastrauch, dessen anregende Blätter die Inkas kauten, und viele andere von den Eingeborenen und den nordamerikanischen India-nern medizinisch genutzte Pflanzen, wie der Kanada- und der Tolu-balsam, fanden Einlaß in die europäischen Arzneibücher.

Die europäischen Botaniker

In Europa war das 16. und 17. Jahrhundert eine Zeit großer Botaniker – zu den britischen gehörten Gerard, Parkinson und Culpeper. Als die Pest 1665 erneut ausbrach, wußte man die Krankheit nicht viel anders zu bekämpfen als 300 Jahre zuvor. Doch danach wuchs das Wissen außerordentlich rasch: durch die Gründung der Royal Socie-ty in England, die Pflanzenklassifizierung von Carl von Linné, die Forschungsreisen von Captain Cook und viele erstaunliche medizi-nische Entdeckungen wie der Fingerhut, die Pockenimpfung, das Chinin und die Narkose – letztere wurde 1853 von Königin Viktoria hoheitlich bestätigt: »Wir haben das Kind, und wir haben Chloro-form.«

Doch trotz wissenschaftlicher Fortschritte innerhalb der Medizin hielt man weiterhin an aromatherapeutischen Prinzipien fest, und noch Ende des 18. Jahrhunderts war der Gebrauch ätherischer Öle weit verbreitet. Als aber die Chemie als Disziplin zu gedeihen begann

und pflanzliche Medikamente im Labor synthetisiert werden konnten
– Medikamente, die stärker und schneller wirkten –, verschwand die
Aromatherapie mit ihren Ölen mehr und mehr aus den Arzneibü-
chern, und man hielt das ganze Thema für ziemlich absonderlich.

Die Aromatherapie im 20. Jahrhundert

Es war erst zu Beginn dieses Jahrhunderts, daß ein französischer
Chemiker und Gelehrter, Dr. René Maurice Gattefossé, das Interesse
an der Aromatherapie wiedererweckte – ein Fachausdruck, den
eigentlich er dafür prägte und in mehreren Bänden thematisierte. In
seinen Büchern erläuterte er ausführlich die Eigenschaften ätherischer Öle und ihre Anwendungsweisen mit Beispielen ihrer antiseptischen, antibakteriellen, antiviralen und entzündungshemmenden
Kräfte. Er berichtete, wie er einmal seine Hand, die er sich im Labor
verbrannt hatte, in den nächstbesten Behälter tauchte, der zufällig
ätherisches Lavendelöl enthielt. Darüber erstaunt, wie rasch der
Schmerz verschwand und die Haut heilte, experimentierte er weiterhin mit ätherischen Ölen, wozu er im Ersten Weltkrieg in Militär-
krankenhäusern reichlich Gelegenheit hatte. Die Anwendung ätherischer Öle aus Thymian, Nelke, Kamille und Zitrone zum Beispiel
führte zu erstaunlichen Ergebnissen. Später wurden diese Arbeiten
von Dr. J. Valnet fortgesetzt. Bis zum Zweiten Weltkrieg waren
ätherisches Nelken-, Zitronen-, Thymian- und Kamillenöl als natürliche Desinfektionsmittel und Antiseptika in Gebrauch, um Kranken-
hausstationen zu desinfizieren und chirurgische und zahnmedizinische Instrumente zu sterilisieren.

Den ganzen Krieg hindurch setzten die Ärzte die Öle erfolgreich zur
Gangränprophylaxe ein und heilten Verbrennungen und Wunden in
Rekordzeit. Später wurde diese Arbeit von der französischen Bio-
chemikerin und meiner Lehrerin Marguerite Maury modern formu-
liert. Sie setzte die Forschung erweitert fort und führte, Gesundheits-
pflege und Schönheitspflege verbindend, die Aromatherapie in die
Kosmetik ein.

Die Aromatherapie wird nun auf dem europäischen Festland von vielen Ärzten – in Verbindung mit der Phytotherapie (Pflanzenheilkunde) – praktiziert, und in Frankreich wird sie *médecine douce* oder sanfte Medizin genannt, eine vielsagende Bezeichnung.

Ungefähr zur gleichen Zeit, als Dr. Gattefossé sein erstes Buch über Aromatherapie verfaßte, entdeckte Sir Alexander Fleming das Antibiotikum Penicillin. Es war ebenfalls ein »natürliches« Heilmittel, weil es aus einer Schimmelpilzkultur gewonnen wurde. Natürlich verwendet man heutzutage kein natürliches Penicillin mehr, da seine Komponenten seit langem bekannt sind und es sich nun synthetisch herstellen läßt. Und vielleicht leiden deshalb so viele Menschen unter Penicillinallergien in Form von Ekzemen und Ödemen: Die künstliche Variante wirkt sehr viel stärker als ihr natürliches Gegenstück.

Und das ist, glaube ich, auch der Grund, weshalb sich die Medizin jetzt wieder den natürlichen Heilmitteln zuwendet. Nimmt man ein stark wirksames synthetisches Medikament ein, um schädliche Bakterien abzutöten, ist das fast so, als knacke man eine Nuß mit dem Vorschlaghammer – da diese Medikamente nicht nur die schädlichen, sondern auch die im Körper befindlichen, nützlichen Bakterien abtöten. Natürliche Medikamente, wie angewandte ätherische Öle, wirken im antibiotischen Sinne vielleicht langsamer, aber sie zerstören nichts anderes, während sie gewisse Bakterien oder Viren bekämpfen. Sie regen vielmehr das körpereigene Immunsystem an, weiteren Angriffen gegenüber widerstandsfähiger zu werden.

Unglücklicherweise sind wir dahin gekommen, Sofortgenesungen zu erwarten, und glauben, daß nur diejenigen Medikamente etwas taugen, die synthetisch gewonnen wurden und Pillenform haben. Daher fällt es vielen schwer zu glauben, daß ätherische Pflanzenöle eigentlich genauso wirksam sind, wenn nicht noch wirksamer. Es bedarf vielleicht längerer Zeit, bis ihre Wirkung zutage tritt, aber schließlich entstehen Krankheiten auch nicht über Nacht. Es gibt keine Wundermedizin, und ein sanfterer Zugang, zum Beispiel derjenige der Aromatherapie, dürfte die vernünftigere der Möglichkeiten sein.

Die Struktur der ätherischen Öle

Jedes ätherische Öl setzt sich aus vielen verschiedenen organischen Molekülen zusammen. Doch die Einmaligkeit eines ätherischen Öls beruht nicht auf seinen Bestandteilen, sondern auch auf der feinen inneren Ausgewogenheit der Mischung. Von dieser Ausgewogenheit hängt der individuelle Duft und auch der therapeutische Wert eines Öls ab. Es sind die vielen Inhaltsstoffe eines ätherischen Öls, die eine exakte synthetische Nachbildung fast unmöglich machen. Die zwischen diesen Inhaltsstoffen und ihren Molekülketten stattfindenden Reaktionen bedingen den therapeutischen Wert eines Öls, weshalb künstliche Nachbildungen niemals dieselbe Heilkraft besitzen wie ihr natürliches Gegenüber. Im zweiten Teil des Buches gebe ich die Hauptinhaltsstoffe eines jeden Öls an.

Diese Ausgewogenheit und Reaktion zwischen den Inhaltsstoffen ist auch verantwortlich dafür, ob ein Öl mehr oder weniger giftig ist als das andere. Der Anteil eines giftigen Inhaltsstoffes in einem Öl kann durch andere Inhaltsstoffe ausgeglichen werden, die das potentielle Gift abschwächen und das Öl therapeutisch nutzbar machen. So ist die Aromatherapie der Homöopathie nicht unähnlich, die Krankheiten auch mit giftigen Substanzen (Belladonna und Arsen zum Beispiel) behandelt. Die Anteile sind jedoch gering, und in richtigem Verhältnis verabreicht, kann auch Gift heilend und kräftigend wirken.

Ein erfahrener Aromatherapeut weiß außerdem, wie er die ätherischen Öle kombinieren muß, damit sie wieder im richtigen Mischungsverhältnis stehen, indem sich etwa ein alkalischer Bestandteil des einen mit einem säurehaltigen Bestandteil des anderen ausgleicht. Das ist angewandte Chemie. Und derartiges Wissen kann unmöglich in einem kurzen Aromatherapiekurs erworben werden (siehe Seite 54).

Die Gewinnung der Öle

Ätherische Öle lassen sich nur durch Wasserdampfdestillation und Kaltpressung gewinnen. Pflanzenöle können außerdem durch chemische Lösungsmittel und Alkohol extrahiert werden. Die Art der Gewinnung ist entscheidend, denn sie bestimmt letztlich Qualität und therapeutischen Wert eines Öls. Tatsächlich ergibt jede Extraktionsmethode ein anderes Produkt, denn jedes Verfahren löst andere Inhaltsstoffe aus der Pflanze. Ich befürchte, daß mit der Verkünstlichung und Mechanisierung der Extraktionsverfahren auch neue Inhaltsstoffe gewonnen werden, die die Wirkung eines Öls verändern. Das kann vorteilhaft sein oder aber nicht – auf dem Gebiet ätherischer Öle gibt es noch viel zu erforschen.

Welches Verfahren auch gewählt wird, die Gewinnung ist durch den geringen Ölgehalt in den Pflanzen sehr aufwendig. So werden für nennbare Ölerträge riesige Pflanzenmengen gebraucht: 200 kg frische Lavendelblüten, 2 bis 5 t Rosenblätter und 3000 Zitronen ergeben jeweils 1 kg ätherisches Lavendel-, Rosen- und Zitronenöl. Das ist der Grund, warum ätherische Öle so teuer sind und einige Produzenten sich daher ökonomischeren Extraktionsverfahren zuwenden und chemische Lösungsmittel einsetzen – dabei aber der Therapie den Todesstoß versetzen. Die auf diese Weise gewonnenen Öle sind in Wirklichkeit verfälscht und keine rein natürlichen ätherischen Öle mehr und sollten deshalb nicht in der Aromatherapie eingesetzt werden. Die durch chemische Lösungsmittel gewonnenen Öle sind für die Parfümindustrie bestimmt, die eigene Auflagen hat.

Wasserdampfdestillation

Diese Form ätherischer Ölgewinnung ist seit Jahrtausenden gebräuchlich. Die alten Ägypter gaben das Pflanzenmaterial zusammen mit Wasser in große Tontöpfe, welche sie mit Baumwoll- oder

Leinentüchern abdeckten und erhitzten. Die Tücher fingen die im
Dampf gelösten ätherischen Öle auf und brauchten nur noch gelegentlich ausgewunden zu werden. Dieses Verfahren ist im Grunde
bis heute das gleiche geblieben, wenn auch technisch verfeinert.

Der gewöhnliche Buschdestillierapparat für australisches Teebaumöl zum Beispiel besteht aus einem 1600-l-Tank mit einem luftdicht
schließenden Deckel. Im Tank ist etwa 30 cm über dem Boden ein
Rost für die Blätterballen (die sogenannte Ladung) befestigt, so daß
durch sie der Dampf gleichmäßig zirkulieren kann. Wird der Dampf
direkt im Destillierapparat erzeugt (manchmal geschieht dies über
einen Extraboiler oder Dampfkessel), wird ein Feuer darunter ge-
schürt und das Wasser im Tank auf einer bestimmten Höhe gehalten.
Über einen Abzug am oberen Tankende wird das Öl-Wasser-Dampf-
Gemisch zur Abkühlung in eine Vorlage geleitet. Dort sammelt sich
das Öl, das ja nicht wasserlöslich ist, an der Wasseroberfläche und
kann so sehr leicht abgeschöpft werden. Ein solcher 1600-l-Tank faßt
1/2 t frischer Blätter; die Destillation dauert 2 bis 3 Stunden und
liefert 7 bis 10 kg Öl.

Extraktion durch chemische Lösungsmittel

Dieses Verfahren gleicht dem der Wasserdampfdestillation: Das
Ausgangsmaterial kommt auf ein Gestell in einen riesigen dampf-
topfähnlichen Tank und wird Lösungsmitteldämpfen ausgesetzt.
Dann läßt man die mit den Pflanzenessenzen gesättigten Chemikalien verdunsten, und zurück bleiben diverse Duftmoleküle und -stof-
fe. Dieses Verfahren bevorzugen viele Hersteller und die Parfümindustrie, weil so mehr Duftstoff gewonnen wird als bei der
Wasserdampfdestillation und das Rosenextrakt beispielsweise tatsächlich stärker duftet. Das Extrakt, welches durch dieses Verfahren
gewonnen wird, ist kein ätherisches Öl, sondern ein sogenanntes
Concrète. Ein Concrète sollte niemals in der Therapie angewandt
werden, nicht nur deswegen, weil es Lösungsmittelrückstände enthält, sondern auch deshalb, weil durch die Chemikalien ganz andere

Kombinationen von Inhaltsstoffen extrahiert werden als bei der Wasserdampfdestillation.

Benzol war bis vor kurzem eines der gebräuchlichsten Lösungsmittel bei der Gewinnung von Concrètes, aber seit bekannt ist, daß sein Rückstand Allergien verursacht, wird es immer weniger benutzt. Mittlerweile gibt es eine gesetzliche Auflage, daß die Rückstandskonzentration nicht über 10 ppm (parts per million, Anm. d. Ü.) betragen soll. Außerdem muß sich jetzt die Parfümindustrie bei der Verwendung von Benzol an Schutzvorschriften halten, weil es hochgiftig ist. In den Destillierfabriken von Grasse in Südfrankreich gelten die durch den Umgang mit Benzol verursachten Gesundheitsschäden bereits als Berufskrankheit.

Hexan und Methylenchlorid werden ebenfalls als Lösungsmittel eingesetzt und sind sogar noch flüchtiger als Benzol. Man schätzt, daß allein in Grasse jährlich über 700 t dieser Chemikalien in die Atmosphäre entweichen.

Alkoholextraktion

Um aus einem Concrète ein Absolue zu gewinnen, wird das Concrète mit Alkohol behandelt, durch den sich bestimmte Stoffe herauslösen lassen. Der Alkohol wird abdestilliert, und zurück bleibt das Absolue. Das Absolue hat eine andere Zusammensetzung als das Concrète und das ätherische Öl.

Die Alkoholextraktion kann auch bei der Gummi- und Harzgewinnung angewandt werden, etwa bei Pflanzen wie Galbanum, Weihrauch und Myrrhe. Die Gummi und Harze werden in Alkohol aufgelöst. Dann wird der Alkohol abdestilliert. Zurück bleibt eine dickflüssige, klebrige Substanz, das sogenannte Resinoid. Dieses im Vergleich zur Wasserdampfdestillation wesentlich billigere Verfahren ist in der Kosmetikindustrie sehr gebräuchlich. Allerdings sollte man sich für aromatherapeutische Zwecke besser wasserdampfdestillierte Öle anschaffen.

Kaltpressung

Durch dieses Verfahren gewinnt man Öle aus den Schalen von
Zitrusfrüchten wie Orangen, Mandarinen und Zitronen. Die Schalen
werden ausgepreßt oder zerrieben; das Öl wird dann mit einem
Schwamm aufgenommen und ausgedrückt. Dies geschah früher per
Hand, wird jetzt aber maschinell erledigt. Meistens bekamen die Arbeiter, die mit den ölgetränkten Schwämmen hantierten, über kurz
oder lang Allergien oder andere Leiden an den Händen. Durch die Mechanisierung gibt es in dieser Richtung jedoch kaum mehr Probleme.

Die Anwendung ätherischer Öle

Ätherische Öle können in die Haut einmassiert, als Badezusatz
verwendet, inhaliert oder zu Pflanzenumschlägen oder -kompressen
hinzugegeben werden. Sie sollten nicht eingenommen werden, außer
man ißt die das Öl enthaltende Pflanze selbst, was in vielen Fällen
möglich ist (siehe Seite 51).
Obgleich ich im Verlauf dieses Buches immer wieder auf die Gefährlichkeit bestimmter Öle aufmerksam machen werde, ist hier der
Hinweis angebracht, bei der Anwendung ätherischer Öle große Sorg-
falt walten zu lassen. Das gilt vor allen Dingen im Hinblick auf
Schwangere (siehe Seite 56) und Kinder. Kinder sollten von den
angegebenen Dosierungen grundsätzlich nur die Hälfte oder weniger
erhalten. Bei jedem Öl empfiehlt sich ein Verträglichkeitstest, bevor
es zu Heilzwecken angewandt wird. Jeder Mensch reagiert anders
auf ein Öl. Alter, Größe und Geschlecht spielen ebenfalls eine Rolle.
Da viele Öle dieselben Eigenschaften haben, sollte man außerdem
solche bevorzugen, die mehr oder weniger aus der Gegend stammen,
in der man selbst lebt. Als Europäer sollten Sie zum Beispiel zuerst

Lavendel als Beruhigungsmittel ausprobieren und nicht Weihrauch. Und wundern Sie sich bitte nicht über die offensichtlich widersprüchlichen Eigenschaften vieler Öle, das heißt, daß sie anregend *und* entspannend wirken, je nachdem, welche Dosierung zugrunde liegt. Zum Beispiel ist Lavendel in größeren Mengen anregend, in kleineren jedoch entspannend. Das verhält sich ähnlich wie beim Genuß von Wein – ein Glas kann anregend sein, wohingegen drei oder mehr Gläser müde machen können.

Den ständigen Gebrauch von ätherischen Ölen empfehle ich niemand. Vielmehr sollten diese nur verwendet werden, wenn irgendwelche Beschwerden vorliegen. Denken Sie daran, daß sie eine Form von Medizin sind, und ebensowenig, wie Sie täglich Aspirin einnehmen – es sei denn, es wurde Ihnen aus besonderem Grund verschrieben –, sollten Sie auch kein ätherisches Öl grundlos über längere Zeit hinweg ohne Rücksprache mit Ihrem Arzt oder Aromatherapeuten anwenden. Achten Sie die Öle, und gebrauchen Sie sie nur, wenn es wirklich vonnöten ist.

Im Alltag können Sie allerdings die Aromatherapie auf andere Weise nutzen, wenn Sie statt der ätherischen Öle die Pflanzen selbst nehmen und sie, wie im Buch wieder vorgeschlagen, in Form von Tees, Heiltränken, beim Kochen oder auch anderweitig verwenden.

Verträglichkeitstest

Ein Verträglichkeitstest empfiehlt sich für alle, die ein ätherisches Öl benutzen wollen, ist besonders aber für diejenigen wichtig, die unter Heuschnupfen oder irgendeiner anderen Allergie leiden und sollte auch grundsätzlich durchgeführt werden, wenn Kinder und ältere Menschen mit einem Öl behandelt werden sollen.

Geben Sie einen Tropfen des Öls auf etwas Watte, befestigen Sie diese mit einem Pflaster auf der Innenseite des Ellenbogens oder Handgelenks oder unter der Achsel, und lassen Sie 24 Stunden kein Wasser daran kommen. Tritt Jucken, eine Rötung oder irgendeine andere Art von Reaktion auf, sollte das Öl nicht verwendet werden.

Basis- oder Trägeröle

Ätherische Öle werden selten pur, sondern meist mit einem fetten pflanzlichen Trägeröl, zum Beispiel Mandel-, Soja- oder Weizenkeimöl, vermischt angewendet. (Im Gegensatz zu den ätherischen oder flüchtigen Ölen verdunsten fette Öle an der Luft sehr langsam.) Solche Basis- oder Trägeröle sind an sich schon wertvoll, nicht zuletzt aufgrund ihres Jod- und Vitamin-E-Gehaltes. Sie wirken ausgleichend und stabilisierend. Ein Basis- oder Trägeröl sollte immer rein und am besten kalt gepreßt sein, da so seine essentiellen Vitamine optimal erhalten bleiben. Es sollte einen möglichst geringen Eigengeruch haben und leicht einziehen. Das Mengenverhältnis zwischen ätherischem Öl und Basisöl variiert manchmal, aber solange nicht anders angegeben, kommen für eine Körpermassage 2 bis 3 Tropfen, für eine Gesichtsmassage 1 Tropfen ätherisches Öl auf 5 ml (1 TL) Basisöl.

Mandelöl

Die Pflanze: Der Mandelbaum (*Prunus amygdalus,* Rosaceae) stammt aus Kleinasien, wird jetzt aber auch in anderen warmen Ländern angebaut. Während der Römerzeit wurde er in Britannien eingeführt, und Mandeln galten als beliebte Zutaten der mittelalterlichen Küche.

Das Öl: Es kann sowohl aus der Bittermandel *(P. amygdalus* var. *amara)* als auch aus der Süßmandel *(P. amygdalus* var. *dulcis)* gewonnen werden. Nur das letztere wird in der Therapie verwendet. Mandeln enthalten etwa 50 bis 60% Öl, welches auch zum Backen und im Konditoreigewerbe verwendet wird.

Das Öl hat eine klare blaßgelbe Farbe und riecht leicht nussig. Es enthält hauptsächlich Olein und hat einen geringen Anteil Glycerid und Linolsäure. Es macht die Haut eindeutig geschmeidig, verteilt sich leicht und hat einen pflegenden und revitalisierenden Effekt. Das in Läden angebotene Öl ist häufig verfälscht, also Vorsicht!

Anwendung: Es gibt ein wundervolles Mandelmittel gegen spröde, rissige Hände, das sich aber auch zur Behandlung von Ekzemen oder Hautreizungen jeder Art bestens eignet. Erwärmen Sie etwas Mandelöl in einem Heißwasserbad, und lösen Sie darin dieselbe Menge Kakaobutter auf. Lassen Sie die Mischung unter Rühren abkühlen, bis eine streichfähige Masse entstanden ist. Cremen Sie sich damit die Hände ein, ziehen Sie Baumwollhandschuhe über, und lassen Sie das Öl mindestens 1 Stunde (oder über Nacht) einwirken.

Rizinusöl

Die Pflanze: Rizinus (*Ricinus communis,* Euphorbiaceae) kommt standortbedingt als kleiner Baum, Strauch oder einjähriges Kraut vor. Die schnellwachsende Pflanze stammt aus Indien, ist heute aber in vielen warmen Ländern zu Hause. Sie wird häufig als Schmuckpflanze angebaut, ist jedoch auch ein guter Windschutz und Schattenspender. Sie produziert überreichlich Samen, aus denen das fette Öl gepreßt wird. Die Griechen und Römer kannten Rizinusöl als Abführmittel, und zu diesem Zweck wird das Öl auch heute noch hauptsächlich gebraucht; viele handelsübliche Abführmittel enthalten einen Anteil Rizinusöl.

Das Öl: Es ist sehr zähflüssig, farblos, schwach reichend und schmeckt scheußlich. Es enthält hauptsächlich Glyceride der Ricinolsäure.

Anwendung: Die alten Ägypter nannten das Öl *kiki* und gebrauchten es als Salbe gegen Hautausschläge und beim Einbalsamieren. Es ist noch immer bei vielen Hautproblemen nützlich, angefangen bei Ekzemen bis hin zu trockener Haut. Mischen Sie bei sehr trockenen Ekzemen 30 ml (2 TL) Rizinusöl mit 15 ml (1 TL) Mandelöl und 2 Tropfen Weizenkeimöl, und reiben Sie die betroffenen Stellen damit ein.

Damit das zähflüssige Öl leichter einzieht, mischt man es am besten mit einem anderen Basisöl.

In Indien fuhr ich einmal an einer Rizinusmonokultur vorbei. Meine Haut war durch die Hitze und den Staub so trocken geworden, daß ich den Fahrer bat anzuhalten, damit ich mir die Hände und Gesicht mit den Blättern und Früchten der Pflanze einreiben konnte. Dasselbe machen auch die indischen Frauen, um ihre Haut jung und geschmeidig zu erhalten.

Traubenkernöl

Das Öl: Traubenkerne enthalten 6 bis 20% Öl. Das Öl ist leicht gelbgrün, sehr rein, reich an ungesättigten Fettsäuren und extrem leicht – es ist fast so dünnflüssig wie Wasser. Das heißt, es läßt sich von der Haut leicht absorbieren und ist daher gut für die Aromatherapie geeignet, weil die ätherischen Öle schnell einziehen können.

Anwendung: Traubensamen und -blätter wirken sehr adstringierend, deshalb verwende ich das Öl gerne in Fällen wie Akne.

Sojaöl

Die Pflanze: Aus der Sojabohne (*Glycine hispida* oder *soja,* Leguminosae), einer einjährigen hochwachsenden Pflanze von 1 bis 1,75 m Höhe, die in China und Japan beheimatet ist, wird dieses Öl gewonnen. Obwohl diese im Osten seit über 4000 Jahren als Nutzpflanze bekannt ist, tritt sie in Europa erst seit Ende des 17. Jahrhunderts, in Großbritannien erst seit Anfang des 20. Jahrhunderts auf. Das Öl ist reich an ungesättigten Fettsäuren und in der Küche sehr beliebt. Die Bohne selbst ist eines der wichtigsten und gehaltvollsten Nahrungsmittel überhaupt (sie enthält als einzige Pflanze alle essentiellen Aminosäuren).

Das Öl: Die Bohnen bestehen zwischen 12 und 25% aus Öl, das viele Säure (darunter Olein-, Linol-, Stearin- und Palmitinsäure) und Spuren von Chlorophyll enthält. Es ist ein sehr nahrhaftes, fast farbloses Öl, das einen Stich ins Gelbe hat. Es eignet sich gut als Trägeröl, da es rasch in die Haut einzieht. Es muß jedoch von höchster Qualität sein. Ich verwende es häufig bei Aknemitteln – wie das Buch zeigen wird.

Anwendung: Die Franzosen schätzen das Sojaöl wegen seines medizinischen Wertes: Die darin enthaltene Linolsäure trägt zur Senkung des Cholesterinspiegels bei. Geben Sie das Öl zu Salatdressings, auf frisch gedünstetes Gemüse oder zu Reisgerichten.

Weizenkeimöl

Die Pflanze: Weizenkeime haben einen hohen Nährwert, sind eiweißreich (weisen fast alle essentiellen Aminosäuren auf) und enthalten die Vitamine B und E.

Das Öl: Weizenkeimöl besitzt einen sehr hohen Anteil an Vitamin E, das das Hautvitamin genannt wird.

Anwendung: Wegen seines hohen Vitamin-E-Gehalts ist es ein sehr geeignetes Trägeröl bei der Behandlung von Hautproblemen.

Als Antioxidans hat Weizenkeimöl außerdem den Vorteil, daß es die ätherischen Öle stabilisiert und haltbarer macht. Geben Sie zu jedem Rezept zusätzlich einen oder zwei Tropfen Weizenkeimöl.

Massagen

Daß ätherische Öle über die Haut aufgenommen werden, steht außer Frage. Wenn die Haut Stoffe ausscheiden kann, kann sie sie schließlich genauso leicht absorbieren. Jüngste Forschungen auf diesem Gebiet haben ergeben, daß die Haut wesentlich mehr Substanzen passieren, als bisher angenommen wurde, und man ist dabei, die sich daraus ergebenden medizinischen Möglichkeiten zu erforschen. Zum Beispiel ist es bekannt, daß steroidhaltige Cremes unter atmungsinaktiver synthetischer Kleidung zu einer gefährlichen Steroidanreicherung im Körper führen können. Skeptiker sollten einmal das Experiment wagen und sich mit einer zerdrückten Knoblauchzehe die Fußsohlen einreiben; nach ein paar Stunden werden sie bemerken, daß ihr Atem nach Knoblauch riecht.

Massage ist für die Behandlung mit ätherischen Ölen besonders geeignet. Ganz gleich, wie professionell oder flüchtig sie geschieht, das Einreiben wird die Nervenenden stimulieren, die Durchblutung der Haut fördern – und dabei die Absorption der Öle erleichtern.

Die Haut kann auch bei richtiger Anwendung die ätherischen Öle nur 7 bis 10 Minuten lang aufnehmen, jedoch werden diese nicht absorbiert, wenn man schwitzt – sei es aus Angst, vor Hitze oder nach körperlicher Anstrengung. Wie gut die Öle von der Haut aufgenommen werden und die anderen Organe erreichen, ist individuell verschieden. Stark fettende Haut, Wasser und schlechte Durchblutung erschweren die Aufnahme.

Die Öle können in Gesicht, Rücken, Brust, Handrücken, Fußsohlen – oder beispielsweise in die von Rheuma betroffenen Körperstellen – einmassiert werden, was an sich schon entspannend wirkt. Sollten Sie einmal keine Zeit für eine richtige Massage haben, tragen Sie die passende Ölmischung auf Handrücken, Nacken, Schläfen, das dritte Auge (zwischen den Augen), unter der Nase und hinter den Ohren auf; das regt den Kreislauf an, und das betreffende Öl wird Sie erfrischen. Die Handrücken eignen sich sehr gut für Einreibungen, weil hier die Haut besonders dünn ist und viele große Venen sichtbar verlaufen.

Gesichtsmassage

Verteilen Sie zunächst das Massageöl auf Gesicht und Hals, drücken Sie dann mit den Fingern leicht an mehreren Punkten entlang der Kieferlinie, und zwar ausgehend vom Kinn zu den Ohren.

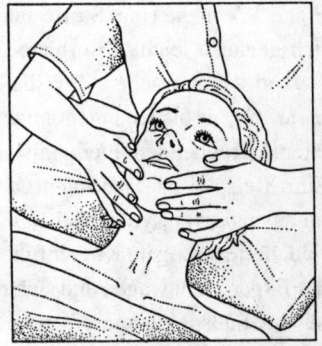

Drücken Sie die Daumen in die Vertiefungen neben der Nase, und fahren Sie die beiden Nasen-Mund-Linien immer wieder zur Kinnmitte hin nach.

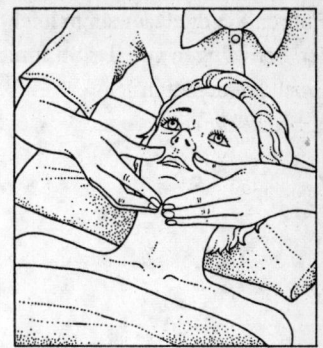

Drücken Sie sanft mit allen Fingern unter den Wangenknochen zu den Ohren hin.

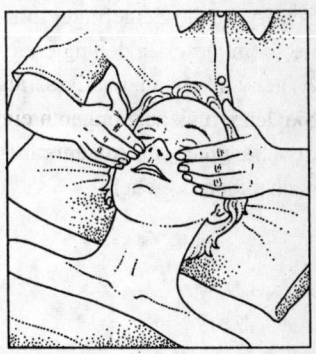

Drücken Sie mit den Daumen mehrmals entlang paralleler Linien von den Augenbrauen hoch zum Haaransatz (gut gegen Kopfschmerzen, Schnupfen und allgemeine Erschöpfung).

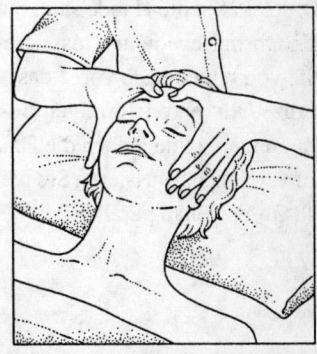

Führen Sie die Daumen in leichten Schwüngen von der Stirnmitte zu den Schläfen.

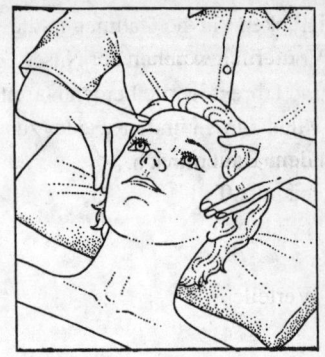

Setzen Sie die Zeigefinger mit leichtem Druck in den inneren Augenwinkeln an, und lassen Sie den Druck ausklingen, indem Sie unter den Augenbrauen nach außen streichen.

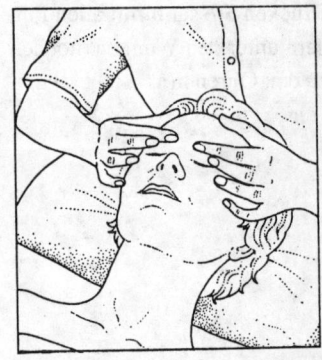

Drücken Sie die Hände sanft auf die Ohrmuscheln, und massieren Sie von hinten nach vorne das ganze Ohr in kreisförmigen Bewegungen, ohne jedoch die Haut zu verziehen. Massieren Sie beide Ohren genau parallel.

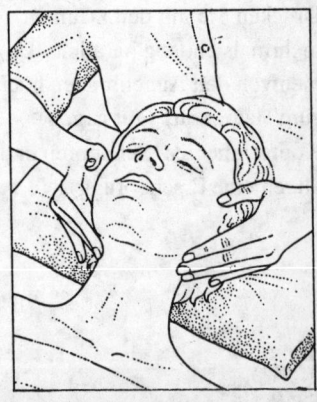

Rücken- und Schultermassage
Natürlich können Sie diese Massage nur bei jemand anderem anwenden oder sich von jemand anderem massieren lassen! Der/die
Massageempfänger(in) sollte auf einem Tisch oder harten Bett auf
dem Bauch liegen, die Arme unter dem Kopf. Der Körper sollte
bis zur Taille frei sein; man kann ein Handtuch zum Abdecken
benutzen.

Verteilen Sie das Öl zu Beginn
der Massage auf Nacken und
Rücken. Streichen Sie dann mit
dem Daumen den Nacken in re-
gelmäßigen Abständen abwärts,
und zwar nacheinander zu beiden Seiten der Wirbelsäule.

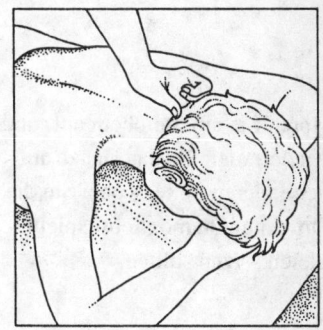

Arbeiten Sie mit beiden Daumen
auf einer Seite der Wirbelsäule
vom Nacken abwärts.

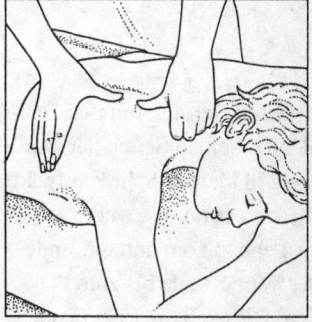

Bleiben Sie dabei mit den Daumen 1 cm neben der Wirbelsäule. Arbeiten Sie die Druckpunkte schneller durch, um zu stimulieren, langsamer, um zu entspannen.

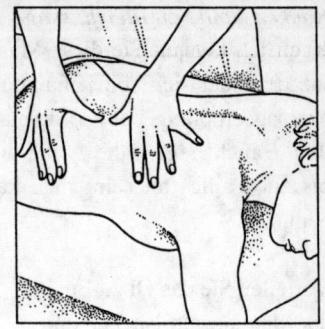

Hören Sie am Steißbein auf, und wiederholen Sie das Ganze auf der anderen Seite, wobei Sie die Druckpunkte möglichst spiegelgleich setzen sollten.

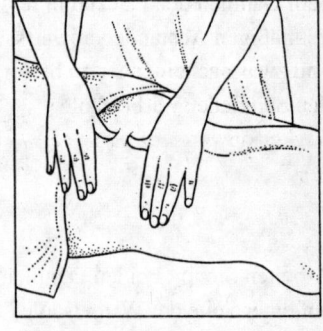

Arbeiten Sie sich mit den Daumen zu beiden Seiten der Wirbelsäule in kleinen Schrägaufwärtsstrichen vor, und zwar ausgehend vom unteren Ende der Wirbelsäule bis zum Nakken. Dies soll die Energie aus den Druckpunkten verteilen.

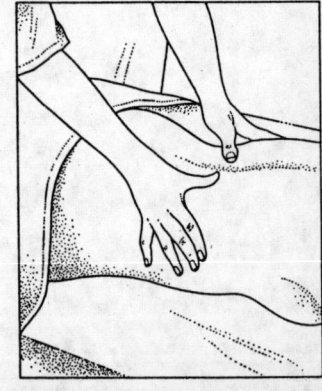

Kneten Sie die Schultermuskeln
durch, um eventuell darin vor-
handene Verspannungen zu lösen.

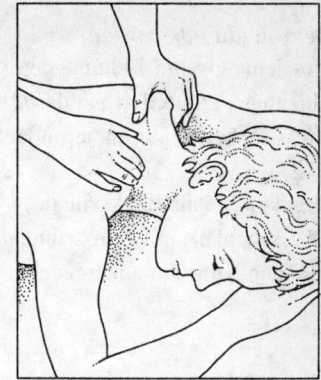

Setzen Sie die Daumen links und
rechts der Wirbelsäule in jeweils
1 cm Abstand an, und streichen
Sie mit leichtem Druck vom
Nacken abwärts bis zum Steißbein.

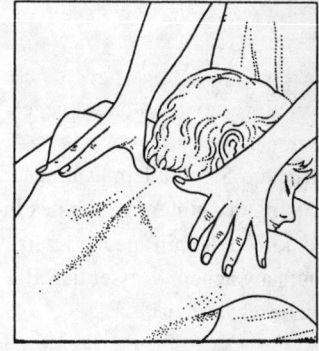

Ist niemand da, der Ihnen eine ganze Rückenmassage geben kann,
tragen Sie das Öl im Lendenbereich auf und massieren es gut ein.

Bein- und Fußmassage
Um jemand eine Beinmassage zu geben, bitten Sie ihn/sie, sich
hinzulegen; verteilen Sie das Öl mit sanftem Druck vom Fuß auf-
wärts. Arbeiten Sie immer in Herzrichtung.

Drücken Sie die Rückseite des
Oberschenkels mit dem Daumen
(um den Kreislauf anzuregen).

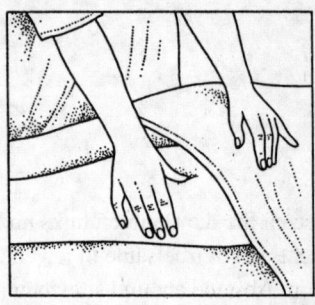

Drücken Sie mit dem Daumen
entlang der hinteren Seite des In-
nenknöchels (hilft gegen Kreis-
laufschwächen, Wasser und Blasenbeschwerden).

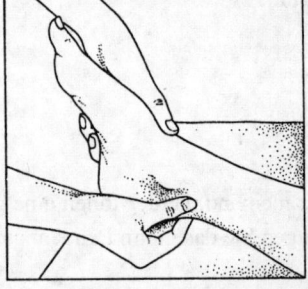

Massieren Sie mit den Fingern beider Hände gleichzeitig die Hinterseite des inneren und äußeren Knöchels (dies löst Rückenverspannungen).

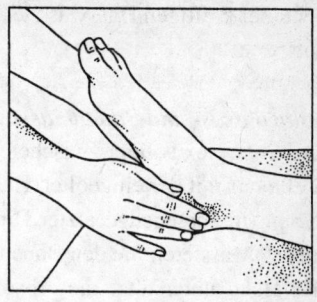

Streichen Sie mit den Fingerknöcheln fest und gleichmäßig über den Rist in Richtung Ferse (ebenfalls kreislaufanregend).

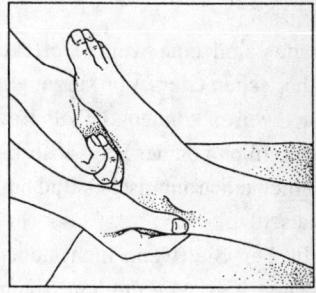

Oder Sie setzen sich einfach auf den Boden und reiben die Füße mit dem entsprechenden Öl ein – auch zwischen den Zehen. Sie können dabei fernsehen, und vor dem Zubettgehen ist es zusammen mit einer Kopfhautmassage eine wunderbare Methode, um gut einzuschlafen – 10 Minuten, die sich lohnen.

Kopfhautmassage
Sie hilft gegen Müdigkeit, Haarausfall und Altern. Beginnen Sie am Hinterkopf mit Strichen vom Nackengrübchen bis zum Scheitel; massieren Sie mit dem linken Daumen die linke Schädelhälfte und umgekehrt. Dann massieren Sie die Kopfhaut mit den Fingern wie

bei einer kräftigen Haarwäsche. Fühlen Sie, wie sich Ihre Kopfhaut
entspannt.

Solarplexus- und Bauchmassage
Der Solarplexus liegt zwischen den Rippen, und Sie brauchen die
Stelle nur mit der eingeölten Handfläche im Uhrzeigersinn zu massieren (in entgegengesetzter Richtung funktioniert es anscheinend
nicht). Massieren Sie den Bauch auf die gleiche Weise. Die Wärme
der Hand unterstützt die Absorption des Öls. Machen Sie diese
Massage nicht während einer Schwangerschaft.

Bäder
Bäder sind eine weitere effektive Methode der Behandlung mit
ätherischen Ölen. Vor kurzem hat man anhand radioaktiver Isotope
nachweisen können, daß als Badezusatz verwendete ätherische Öle
tatsächlich von der Haut absorbiert werden. Wenn also Hippokrates
täglich ein aromatisches Bad empfahl, war dies sicher ein nützlicher
Ratschlag.
Mischen Sie (wenn nicht anders angegeben) 3 Tropfen mit einer
Kappe voll sehr mildem Shampoo, und gießen Sie es unter das
laufende Wasser. Dadurch wird sich das Öl im Wasser verteilen und
keinen Film auf der Oberfläche bilden. Achten Sie darauf, daß der
Raum warm ist und Fenster und Türen geschlossen sind, damit die
Dämpfe erhalten bleiben. Tauchen Sie für mindestens 10 Minuten
vollständig ein ins Wasser, atmen Sie dabei tief, und entspannen Sie
sich. Auf diese Weise gelangt eine Reihe von Duftmolekülen durch
die Haut in den Körper, während andere wie bei einer Inhalation auf
die Riechschleimhaut in der Nase treffen.

Gesichtsdampfbäder
Machen Sie zur Tiefenreinigung der Hautporen ein- bis zweimal pro
Woche ein Gesichtsdampfbad. Sie brauchen Schüssel, Öl(e) und
Handtuch. Kochen Sie Wasser ab, und lassen Sie es in der Schüssel

auf Handwärme abkühlen (ungefähr 38 Grad Celsius), es darf nicht kochend heiß sein. Geben Sie einige Tropfen (bzw. die angegebene Tropfenmenge) des ätherischen Öls dazu. Hängen Sie das Handtuch so über den Kopf und Schüssel, daß der Dampf nicht entweichen kann. Beugen Sie sich nicht zu nah über das Wasser (etwa 30 cm).

Die im Dampf gelösten ätherischen Öle werden auf der Haut wirken. Es ist eine doppelte Wirkung, da die Essenzen auch durch die feinen Membranen der Nasengänge aufgenommen werden. Sie wirken also innerlich und äußerlich zugleich.

Inhalationen

Inhalationen beruhen auf dem gleichen Prinzip wie Gesichtsdampfbäder und sind ein bewährtes Mittel gegen Schnupfen und andere Erkältungen. Das schlichte Inhalieren von *Friar's Balsam* (hergestellt aus Benzoeöl), Wintergrün oder Eukalyptus (von australischen bzw. nordamerikanischen Bäumen) gegen eine verstopfte Nase bei Erkältungen oder Schnupfen ist ein überliefertes Hausmittel und wird gewöhnlich auch von Apothekern empfohlen.

Man kann sich ein Inhalationsgerät in der Apotheke kaufen oder auch sein »angeborenes« benutzen: Verreiben Sie einen Tropfen des gewählten Öls zwischen den Handflächen, so daß sie sich aufwärmen, und atmen Sie die Dämpfe aus Ihren zu einem Becher geschlossenen Händen ein. Schon nach ein paar tiefen Atemzügen wird das Öl seine wohltuende Wirkung entfalten.

Breiumschläge

Breiumschläge sind ein uraltes reinigendes und beruhigendes Mittel bei Reizungen, Blutandrang oder Schmerzen. Ihre Geschichte führt Jahrtausende zurück, ja tatsächlich gehören sie mit zu den ersten Behandlungsmethoden, die der Mensch erfand. Sie werden aus rohen oder gekochten Pflanzenbreien hergestellt, manchmal unter Zufügen von Wasser (siehe Detailbeschreibung der Pflanzen). Normalerweise wickelt man den Pflanzenbrei für die Anwendung in ein Tuch, aber manchmal wird er auch direkt auf den Körper aufgetragen.

Senf- oder Leinsamenumschläge waren sehr beliebt; besonders gerne verwandte – und verwendet – man sie bei Erkältungen und Hautproblemen.

Leinsamen

Leinsamen stammt von der Pflanze *Linum usitatissimum* (Linaceae), die auch die Flachsfaser liefert. Leinöl wird gelegentlich in der Aromatherapie als Basisöl gebraucht, aber kommerziell wird es hauptsächlich für Farben und Firnisse verwendet (und als Pflegemittel für Kricketschläger). Die Samen enthalten 30 bis 40% fettes Öl, das zähflüssig und gelb ist und Linolen und Palmotin enthält. Das Öl ist ein bewährtes Mittel gegen Verstopfung. Leinsamen wird auch als Müslizutat verkauft.

Da sich Leinsamen leicht zerkleinern läßt, stark aufquillt und lange Zeit die Hitze hält, eignet er sich gut für Breiumschläge; sein Ölgehalt macht ihn außerdem sehr gleitfähig.

Nehmen Sie je nach Anwendungsbereich 3 Teelöffel bis 100 g Leinsamen, zerkleinern Sie ihn im Mörser oder in einer Kaffeemühle, und übergießen Sie ihn in einem Kochtopf mit so viel kochendem Wasser, daß eine geschmeidige Paste entsteht. Geben Sie das ätherische Öl hinzu – 2 bis 5 Tropfen, je nach der Leinsamenmenge (siehe auch die einzelnen Empfehlungen) –, und verrühren Sie das Ganze. Verteilen Sie die Masse auf ein passendes Stück Verbandsmull oder Musselin, und legen Sie ein zweites Stück darauf. Schlagen Sie die Enden ein, und wenden Sie den Umschlag noch heiß an (aber nicht kochend heiß). Lassen Sie ihn mindestens 10 Minuten einwirken oder bis zum Erkalten.

Reiben Sie sich dann mit einem Öl ein, um die Wirkung des Umschlags zu verstärken und die Haut geschmeidig zu machen (siehe die einzelnen Empfehlungen). Nach einer Gesichtspackung fühlt sich die Haut vielleicht etwas klebrig an (obgleich sie andererseits

auch wunderbar strahlend und straff wird). Erfrischen Sie sich dann
zum Beispiel mit einem Rosen-, Orangen- oder Hamamelisblüten-
wasser.

Senfsamen

Einen Senfumschlag sollte man nicht im Gesicht anwenden; auf
Brust oder Rücken hilft er jedoch sehr gut gegen viele Beschwerden.
Sie können sowohl zerkleinerte Senfkörner (spülen Sie Mörser oder
Kaffeemühle danach gut ab!) als auch Senfmehl verwenden. Ein
Senfsamenumschlag wird genauso wie ein Leinsamenumschlag an-
gerührt – mit kochendem, destilliertem Wasser (in der Apotheke
erhältlich) oder stillem Mineralwasser –, aber da die Samen sehr klein
sind, mischen Sie noch etwas Leinsamen darunter. Das Senfmehl
mischen Sie unter Leinsamen oder Haferbrei.
Verwenden Sie den Umschlag warm, nicht heiß. Nach einem Senfumschlag ist die Haut gerötet und brennt etwas (ein Zeichen, daß die
gewünschte Wirkung eingetreten ist), benutzen Sie deshalb einen
Körperpuder zum Abkühlen, und waschen Sie sich die Hände. Lassen Sie den Umschlag nie länger als 10 Minuten einwirken, da sonst
Hautschwellungen auftreten können.

Hafergrütze

Hafergrütze hat ähnliche Eigenschaften wie Leinsamen: Sie quillt
stark auf, hält die Hitze gut und läßt sich auf Verbandsmull leicht
verteilen. Außerdem enthält sie relativ viel Vitamin E. Im Prinzip ist
sie wie Leinsamen zu verwenden, nur als Gesichtspackung ist sie
etwas zu klebrig.

Heilerde

Viele fertig zu kaufende Masken enthalten etwas Heilerde, da diese
Schmutz und überschüssiges Hautfett absorbiert. Heilerdemasken
eignen sich weniger bei trockener und empfindlicher Haut.
Verrühren Sie die Heilerde – sie ist im Reformhaus erhältlich – mit

destilliertem Wasser (oder stillem Mineralwasser bzw. Kamillen-
oder Rosenwasser) zu einer relativ dünnen Paste, und geben Sie dann
das betreffende ätherische Öl dazu. Tragen Sie die Paste auf das
Gesicht auf, und waschen Sie dann die angetrocknete Packung mit
Wasser oder einem Blütenaufguß ab, zum Beispiel aus Kamille.

Kompressen

Kompressen werden äußerlich und je nach Verwendungszweck entweder heiß oder kalt angewendet, häufig in Form von Augenkompressen.

Tauchen Sie für eine Kompresse ein kleines Leinen- oder *reines*
Baumwollhandtuch in einen Aufguß, Auszug oder ein Mazerat, und
legen (bzw. bandagieren) Sie es ausgewunden auf den zu behandeln-
den Körperteil. Warmgewordene kalte und kaltgewordene warme
Kompressen tauscht man gegen eine neue kalte bzw. warme Kompresse aus. (Alle folgenden Zubereitungen sind nur kurze Zeit haltbar. Bewahren Sie sie deshalb im Kühlschrank auf, und verbrauchen
Sie sie innerhalb von zwei Tagen.)

Aufgüsse

Brühen Sie frische zerstoßene oder getrocknete Kräuter mit kochendem Wasser auf, und seihen Sie die Kräuter nach 6 bis 10 Minuten
ab. Zerstoßen Sie die Kräuter im Mörser. Größere Mengen walken
Sie in einem sauberen Küchenhandtuch.

Auszüge (Dekokte)

Bei härteren Stengeln, Wurzeln und Samen zerkleinern Sie das
Pflanzenmaterial mit einem Hammer, dann kochen Sie es 1 bis 2 Minuten auf und lassen es, von der Herdstelle entfernt, zugedeckt 15 Minuten ziehen. Abseihen.

Mazerate

Kochen Sie das Material in Wasser auf, und lassen Sie es, von der

Herdstelle entfernt, zugedeckt mehrere Stunden lang ziehen. Es entsteht ein starker, sehr wirksamer Extrakt. Abseihen.

In der Küche

Eine vernünftige Ernährung ist zur Gesunderhaltung des Körpers notwendig, was ich immer wieder betone. Ein Speiseplan, der für die Aufrechterhaltung des körperlichen (und seelischen) Gleichgewichts sorgt, ist immer pflanzlich reichhaltig – umfaßt Gemüse, Früchte, Kräuter und Gewürze, von denen viele Öle enthalten, die auch in der Aromatherapie genutzt werden.

Daß die Grundsätze der Aromatherapie seit eh und je auch in der Küche Anwendung finden, ist leicht verständlich, nicht zuletzt deshalb, weil viele Pflanzenöle eine wesentliche Eigenschaft haben: Sie sind verdauungsanregend. Der Geruch einer Nahrung steigt in die Nase, Nervenimpulse werden ans Gehirn weitergeleitet, und dieses wiederum löst die Speichel- und Magensaftsekretion aus. Das heißt, der Verdauungsvorgang kann einsetzen, bevor überhaupt Essen in den Mund gelangt. Und das fördert, zusammen mit den durch das Essen aufgenommenen Ölen, auf natürliche Weise die gesamte Verdauung. Verwendet man aromatische Pflanzen in der Küche, so ist man im Prinzip ein »Do-it-yourself-Arzt«.

Der Körper braucht viele Aufbaustoffe – Eiweiße, Fette, Kohlehydrate, Ballaststoffe, Vitamine, Mineralien, Spurenelemente und Flüssigkeit –, und durch Rohkost nimmt man ein Optimum dieser Stoffe auf, denn Hitze zerstört viele Nährstoffe. Salate beispielsweise schmecken gut, machen satt und können aus vielen gesunden Zutaten bestehen. Manche Menschen verdauen Rohkost allerdings schwer, zum Beispiel Gurke und grünen Paprika, und deshalb sollten immer verdauungsanregende Kräuter dazugegessen werden. Es gibt sehr viele Kräuter, Blätter und Blüten, die wegen ihrer verdauungsfördernden Wirkung in Salate gestreut werden können. Zitronensaft eignet sich wegen seiner antiseptischen Wirkung ebenfalls gut für Salatsaucen.

Auch bei gekochter Nahrung lassen sich die Grundsätze der Aromatherapie anwenden. Die Orange in der traditionellen Sauce bei Enten-
braten hilft dem Körper bei der Aufspaltung des fetten Entenfleischs;
Bohnenkraut und andere Kräuter machen schwerverdauliche Nahrungsmittel wie zum Beispiel Hülsenfrüchte bekömmlicher. Kräuter
und Gewürze (sogar Pfeffer und Salz) sollten immer erst ganz zum
Schluß ins Essen kommen.
Verwenden Sie für Ihre Salatsaucen und zum Kochen reine, kaltge-
preßte Öle, etwa Oliven-, Färberdistel- und Sojaöl. Bei der Kaltpressung bleiben mehr von den essentiellen Nährstoffen erhalten. Oder
stellen Sie Ihre eigenen Kräuteröle her (siehe Seite 53), und verwenden Sie diese.
Zu einer ausgewogenen Ernährung gehört es auch, daß man Gesundes trinkt. Der Mensch kann viele Tage ohne Nahrung überleben,
aber nur wenige ohne Wasser, ohne das die Nieren nicht funktionieren können. Man sollte vorzugsweise Mineralwasser trinken und der
Gesundheit zuliebe schwarzen Tee, Kaffee und Alkohol stets in
Maßen genießen oder sie ganz durch Kräutertees und Heiltränke
ersetzen.

Kräutertees und Heiltränke

Kräutertees und Heiltränke sind die aromatherapeutische Antwort
auf den täglichen Flüssigkeitsbedarf. Heiltränke sind für jedermann
gut und bekömmlich. Hagebuttentee, mit etwas Honig gesüßt, ist bei
Kindern sehr beliebt und reich an Vitamin C. Zu Hause und im Büro
ließen sich Tee oder Kaffee durch einen Kräutertee ersetzen. Sie
brauchen nur in Ihrer Küche etwas Platz zu schaffen für einige
Kräuter und Gewürze. Die Kräuter gibt es abgepackt im Reformhaus,
Bio- oder Kräuterladen zu kaufen, oder Sie ziehen und trocknen sie
selbst. Gewürze sollten Sie besser ungemahlen statt gemahlen kaufen.
Teebeutelkräutertees gießen Sie in einer Tasse mit kochendem Wasser auf und lassen sie mit einer Untertasse zugedeckt 3 bis 5 Minuten

ziehen. Bei offenen Kräutern geben Sie pro Portion einen Teelöffel voll frisch zerkleinerter oder einen halben Teelöffel voll getrockneter Kräuter in eine vorgewärmte Teekanne und lassen das Ganze nach dem Aufbrühen circa 7 Minuten ziehen. Gewürze brauchen länger zum Ziehen, und am besten probieren Sie aus, wie stark es Ihrem Geschmack am meisten entspricht. Süßen Sie die Tees eventuell mit etwas Honig. Trinken Sie die Tees den ganzen Tag über – und verzichten Sie mit der Zeit völlig auf Kaffee und schwarzen Tee –, und eine letzte Tasse voll beruhigenden Trankes kurz vor dem Zubettgehen ist dazu geeignet, den Tag sinnvoll zu beenden.

Selbst hergestellte Kräuteröle und -essige

Selbst hergestellte Kräuteröle und -essige bürgen für besonders gute Qualität, wenn von Ihnen dazu selbst angebaute oder naturbelassene Kräuter verwendet werden. Die Öle werden zwar schwächer sein als die gekauften ätherischen Öle, aber wirksam sind sie auf jeden Fall und dazu noch im Gebrauch sicherer. Außerdem müssen sie in keinem Trägeröl mehr aufgelöst werden und sind so leichter in der Handhabung. Sie lassen sich auch zusätzlich in der Küche verwenden und ergeben köstliche Marinaden und Salatsaucen. Lavendelblüten, Thymian, Majoran, Rosmarin, Salbei oder Kamille eignen sich zwar gut zum Trocknen, aber es macht Spaß, mit selbstgezogenen Lieblingskräutern zu experimentieren.

Kräuteröle
Sie benötigen 250 g frische oder 100 g getrocknete Kräuter auf 600 ml Traubenkern- oder Sojaöl.
Frische Kräuter waschen und trocknen Sie kurz und sorgfältig ab.

Geben Sie die frischen oder getrockneten Kräuter in eine durchsichtige Glasflasche. Bedecken Sie alles vollständig mit Öl, und stellen Sie die geschlossene Flasche für 2 bis 3 Wochen auf ein sonniges Fensterbrett. Danach entfernen Sie die Kräuter und füllen das Öl in dunkle Flaschen um. Jetzt ist das Öl gebrauchsfertig.

Kräuteressige

Nehmen Sie 250 g frische oder 100 g getrocknete Kräuter auf 600 ml Obstessig. Waschen und trocknen Sie die frischen Kräuter kurz. Geben Sie die frischen oder getrockneten Kräuter mit dem Essig in dunkle Glasflaschen, und stellen Sie sie ins Dunkle. Schütteln Sie die Flaschen alle 2 bis 3 Tage. Die Kräuter sollten mindestens 10 Tage lang in Essig ziehen, dann ist der Kräuteressig gebrauchsfertig.

Pfefferminz-Himbeer-Erfrischungswasser

Dieses Wasser eignet sich im Sommer herrlich zur Abkühlung der Haut oder auch als wunderbares Gesichtswasser für den täglichen Gebrauch.

Nehmen Sie 50 g frische Pfefferminze und 100 bis 200 g Himbeeren auf 600 ml Obstessig, und verfahren Sie wie oben.

Die Toxizität der ätherischen Öle

Manche Inhaltsstoffe der ätherischen Öle sind sehr giftig und werden von empfindlichen Menschen – Alte, Kinder und Schwangere (siehe Seite 56) – nicht vertragen. Im allgemeinen kommt die Giftigkeit eines Öls erst dann zum Tragen, wenn es eingenommen würde, was ich aber prinzipiell ablehne. Manche Toxine bestimmter Öle *können* auch bei äußerlicher Anwendung oder Inhalierung gefährlich werden, und ich mache in diesem Buch überall dort darauf aufmerksam, wo es notwendig ist. In vielen Fällen kann jedoch aufgrund der Ausgewogenheit der Inhaltsstoffe eines Öls oder des Gleichgewichts mehrerer ätherischer Öle in einem Mittel (oder auch nur wegen des beruhigenden Effekts bestimmter Trägeröle) das Öl bedenkenlos angewendet werden. Gewöhnlich werden potentiell gefährliche Öle erst durch eine Überdosierung zur wirklichen Gefahr, und deshalb sollte man sich genau an die empfohlenen Mengenangaben halten. Man darf nicht vergessen, daß *einem* kleinen Tropfen ätherischen Öls 25 bis 35 g der Pflanzenmenge entsprechen. Auch hier ist das rechte Maß Schlüssel aller Dinge.

Die International Fragrance Association (IFRA) hat für alle Industriezweige, die ihren Produkten – etwa Kosmetika und Putzmitteln – Duftstoffe beifügen, eine Liste herausgegeben mit Angabe jener Öle, welche nur unter bestimmten Auflagen verwendet werden dürften. Für diese Öle schreibt sie genaue Dosierungen vor, und unter den aromatherapeutisch genutzten Pflanzen sind dies Angelika, *Perubalsam,* Bergamotte, Zimt, Mutterkümmel, Sassafras und Verbena. Die IFRA kann zwar nur Empfehlungen aussprechen, aber weltweit halten sich die meisten Parfümhersteller an diese Richtlinien. (Eine ähnliche Liste wurde auch von Robert Tisserand für die *International Federation of Aromatherapists* [IFA] zusammengestellt, deren Mitglieder sich verpflichten, keines dieser Öle zu verwenden [vgl. Patricia Davis, *Aromatherapie von A–Z,* Knaur-Tb. 76015, S. 403–407].)

Außer bei den von der IFRA aufgelisteten Ölen sollte man meiner Meinung nach auch noch bei folgenden Ölen besondere Vorsicht walten lassen: Anis, Spik, Basilikum, Nelke, Koriander, Ysop und Salbei. Meine Bedenken gelten vor allem Inhaltsstoffen wie Anethol, Estragol (Methylchavicol) und Thujon, aber ich bin auch bei jenen Ölen vorsichtig, die Eugenol enthalten (das Metall angreifen kann). Vergiftungserscheinungen können sofort auftreten und reichen von Schwindelgefühl und Übelkeit bis zu Erschöpfung, Epilepsie und

sogar zum Tod. Manche Gifte verursachen Allergien: Rainfarnblü-
ten, die in der Parfümindustrie verwendet werden (und jetzt vom
französischen Gesundheitsministerium mit einer Auflage versehen
wurden), haben bei den Pflückern schreckliche Ekzeme an den
Händen hervorgerufen.

Schwangerschaft

Ich rate jeder Schwangeren davon ab, irgendwelche ätherischen Öle
zu verwenden. Während der Schwangerschaft reagiert nicht nur die
Haut empfindlicher, sondern es kommt auch häufig vor, daß Gerüche, die einem sonst nichts ausmachten, plötzlich Übelkeit und
Gereiztheit hervorrufen. Viel schlimmer noch ist, daß bestimmte Öle,
besonders solche, die Apiol und Myristin enthalten, abtreibend wirken und Fehlgeburten auslösen können oder andere Gebärmutterpro-
bleme verursachen. Petersilie, in hoher Dosis verabreicht, wurde
früher zum Beispiel als Abtreibungsmittel verwendet. In Frankreich
verwendete man vor dem Aufkommen der Pille Apiol (Petersilienöl)
zur Empfängnisverhütung, und in Südamerika wird es noch heute
dazu benutzt.

Verzichten Sie während dieser Zeit am besten ganz auf den Gebrauch
ätherischer Öle, trinken Sie statt dessen sehr schwache Kräutertees
in mäßigen Mengen, und beziehen Sie die Aromatherapie auf andere
Weise in Ihr Leben ein – zum Beispiel, indem Sie Ihre Wohnung mit
Blumen schmücken, die rechten Kräuter in der Küche verwenden
oder schwache Aufgüsse von den Pflanzen selbst herstellen.

Wenn Sie das Gefühl haben, schwanger zu sein, hören Sie sofort auf,
ätherische Öle zu benutzen, und suchen Sie selbstverständlich auf
jeden Fall Ihren Arzt auf.

Die Zukunft der Aromatherapie

Wie soll ein Anfänger auf dem Gebiet der Aromatherapie ein Leiden diagnostizieren können und wissen, mit welchen ätherischen Ölen es zu behandeln ist? Diagnose und Behandlung eines Leidens verlangen sehr viel Sachkenntnis, in theoretischer wie praktischer Hinsicht, und es ist unmöglich, dieses Wissen in einem kurzen Kurs zu vermitteln. Ich habe sehr viele Briefe von jungen Frauen erhalten, die ein »Diplom« in Aromatherapie erworben haben, aber sich weiterbilden wollen, weil sie das Gefühl haben, nur sehr wenig zu wissen. Einige Oberschwestern im Churchill-Krankenhaus, Oxford, beziehen ätherische Öle in die Behandlung mit ein, aber selbst sie, mit all ihrem medizinischen Wissen, sind sehr zurückhaltend in der Handhabung und äußerst besorgt über manche Ansprüche, die man in den letzten Jahren auf die Therapie erhoben hat. Es ist auch in der Tat gefährlich, da viele Öle wie gesagt sehr stark, ja sogar giftig sind und in falschen – oder unwissenden – Händen großen Schaden anrichten können, besonders bei empfindlicheren Menschen.

Die Aromatherapie war früher eine verläßliche Therapie, weil man reine, naturbelassene ätherische Öle verwendete, die aus eigens dafür angebauten Pflanzen destilliert wurden. Heute können die Essenzen auf vielen Wegen gewonnen werden, meistens werden sie dampfdestilliert. Aber aufgrund großer kommerzieller Nachfrage benutzen jetzt viele Destillateure zur Gewinnung der Öle chemische Lösungsmittel anstatt Wasser. Diese modernen Gewinnungsverfahren liefern mehr und stärker riechendes Öl, was für die Parfümindustrie – die größte Kundschaft der Destillateure – sehr von Vorteil ist. Aber da selbst der geringste Rückstand eines Lösungsmittels die Wirkstoffbalance eines ätherischen Öls verändert, ist dessen therapeutischer Wert nicht mehr so gewährleistet wie früher. Viele unerfahrene Aromatherapeuten verwenden diese Öle jedoch, ohne sich über die Gewinnungsart und Reinheit der Öle im klaren zu sein. Und weil nur ein sehr geringer Prozentsatz der verkauften Öle zu therapeutischem Zwecke genutzt wird, haben wir – was deren Gewinnung anbetrifft – leider wenig bis gar nichts zu sagen.

Früher wurden die ätherischen Öle für die Aromatherapie aus naturbelassenen Pflanzen hergestellt – mitunter ist das auch heute noch so –, doch jetzt wird in den meisten Fällen, wiederum aufgrund der großen Nachfrage, mit modernen landwirtschaftlichen Methoden »nachgeholfen«, das heißt, es werden Pestizide und Kunstdünger eingesetzt. Diese lagern sich in der Pflanze ab und gelangen somit auch in das ätherische Öl. In Chromatographien (Verfahren zur Trennung chemisch nahe verwandter Stoffe) wurden zum Beispiel schon Nitratspuren nachgewiesen, und man erforscht gerade, welche Gefahren der Therapie daraus erwachsen. Pestizide setzen im allgemeinen Besitzer von Großplantagen ein, die meisten Destillierbetriebe, welche ätherische Öle für die Therapie herstellen, sind allerdings kleiner und handeln umsichtiger.

Die Nachwirkungen der Tschernobyl-Katastrophe sind ein weiterer besorgniserregender Aspekt. Der radioaktive Niederschlag fiel wahrscheinlich weltweit, aber die europäischen Pflanzen sind besonders stark davon betroffen und in dieser Hinsicht auch die Pflanzenöle (was sichtbar wird, wenn die Öle auf ihre Radioaktivität hin untersucht werden). Ich importiere jetzt viele meiner Öle – vor allem Thymian, das Schadstoffe anscheinend mehr »bindet« als andere Kräuter – aus Israel, das heißt möglichst weit weg von Kiew und der Spur des radioaktiven Niederschlags.

Die Zukunft der Aromatherapie liegt zum großen Teil in den Händen der Destillateure und Abfüller. Es gibt viele, die wasserdampfdestillieren, reine Öle abfüllen und ehrlich sind, aber es gibt auch schwarze Schafe. Wenn die Muskatellersalbeiernte nicht so gut wie erwartet ausfiel, stocken sie vielleicht mit Echtem Salbei auf und verkaufen das Öl als reines Muskatellersalbeiöl. Echtes Salbeiöl ist sehr scharf und kann bei empfindlichen oder sensitiven Menschen verheerend wirken. Derartige Praktiken sind heutzutage leider sehr beliebt, was sollen also Praktizierende, vom normalen Bürger ganz zu schweigen, tun?

Qualitätsprüfung

Es ist nicht immer leicht, die Qualität der Öle zu bestimmen, selbst wenn man alle richtigen Antworten, wie Chromatographien und Qualitätskennzeichnungen, bei der Hand hat. Letzte Sicherheit bietet nur die eigene Nase, und es bedarf jahrelanger Erfahrung, um die verschiedenen Qualitäten der ätherischen Öle riechen zu können. Für eine unerfahrene Nase riechen zum Beispiel Lavendel, Lavandin und Spik alle gleich, und Lavandin und Spik werden meistens als Lavendel ausgegeben (zwischen ihnen bestehen sowohl in preislicher als auch in therapeutischer Hinsicht große Unterschiede).

Produktverfälschungen sollte eine erfahrene Nase außerdem wahrnehmen können. Das ist nicht leicht und gelingt nur im Laufe der Zeit. Vor vielen Jahren starb der Vertreter und Importeur, von dem ich meine ätherischen Öle bezog. Sein Geschäft übernahm jemand, der sehr wenig Ahnung davon hatte. Kurz darauf kaufte ich ein ätherisches Rosenöl aus Marokko, und als ich die Flasche öffnete, bemerkte ich sofort einen anderen Geruch – er hatte eine zusätzliche Note –, außerdem war die Farbe verändert, und die Konsistenz war flüssiger. Aufgrund meines Verdachts rief ich den neuen Vertreter an, doch dieser versicherte mir, daß es dieselbe Qualität sei wie früher. Ich schickte daraufhin eine Probe zur Analyse an mein Labor in Frankreich, und ich hatte recht. Das Öl war auf zweierlei Weise verfälscht worden: Erstens war es mit einem Pflanzenöl und zweitens mit Pelargonie verdünnt worden. War nun der neue Vertreter unehrlich, oder hatten Destillateure aus seiner Sachunkenntnis einen Vorteil geschlagen? Da man völlig auf die Ehrlichkeit der Destillateure und Lieferanten angewiesen ist, was kann man tun? Beständig muß man auf der Hut sein.

Gegenwärtig kämpfe ich darum, daß von den Destillateuren die Herkunft der ätherischen Öle auf den Etiketten generell angegeben

wird. Das wird sich schwer verwirklichen lassen, weil sehr viele
Länder Öle herstellen, aber es ist ein Schritt, der in die richtige
Richtung weist. Ich fordere auch die Angabe des Destillationsda-
tums, da die Öle sehr schnell verderben, werden sie falsch gelagert,
und wenn sie zu alt sind, verlieren sie ihren therapeutischen Wert.

Die Lagerung ätherischer Öle

Ätherische Öle sollten, um vor Lichteinfall geschützt zu sein, immer
in dunklen Flaschen (Glas oder Metall) und am besten an einem
dunklen, kühlen Ort aufbewahrt werden (niemals im hellen Licht
eines Ladeninneren). Die Flaschen müssen immer sehr gewissenhaft
zugestöpselt werden, weil auch durch Luft das Öl verdirbt. (Und die
Öle können zusätzlich bestimmte Stöpselsorten und Verschlüsse
zersetzen.) Manche Öle, Nelke zum Beispiel, zersetzen sogar Metall.
Vielleicht ist es Ihnen unmöglich, die Qualität eines ätherischen Öls
zu überprüfen, deswegen habe ich, wenn möglich, auf Heilmittel
zurückgegriffen, bei denen die Pflanze selbst verwendet wird. Andererseits könnten Sie auch Ihre eigenen Pflanzenöle herstellen (siehe
Seite 53) und diese bei der Therapie verwenden. Vergessen Sie dann
aber nicht, daß sie nicht mehr verdünnt zu werden brauchen.

Die Auswirkungen der Parfüm- und Nahrungsmittel-industrie

Der Handel gefährdet die Zukunft der Aromatherapie auch noch
anderweitig. Die Parfümindustrie ist größter Abnehmer der meisten
ätherischen Öle. Diese Industrie ist so mächtig, daß sie im Grunde
weltweit den Pflanzern vorschreiben kann, was angebaut werden
soll. »Wir brauchen dieses Jahr Rose, nicht Pelargonie«, heißt es
dann vielleicht, »also destilliert dies!« Natürlich werden die Pflanzer
damit einverstanden sein, und folglich werden andere, therapeutisch
wertvolle Öle sehr knapp, da sie für die Parfümherstellung keine
große Rolle spielen. Einige Parfümhersteller haben vor kurzem zum
Beispiel beinahe den gesamten Weltmarkt für Sandelholzöl mono-

polisiert. Die Folge davon ist, daß das besonders in der indischen Ayurvedamedizin gebrauchte, therapeutisch sehr wertvolle Öl in den kommenden Jahren nur schwer erhältlich sein wird, ganz zu schweigen davon, wie sehr die große Nachfrage durch die Parfümindustrie die Vernichtung der Wälder (siehe Seite 271ff.) vorantreiben wird.

Ein Großteil der ätherischen Öle wird auch von der Nahrungsmittelindustrie zur Aromatisierung aller möglichen Nahrungsmittel und Getränke verbraucht. Bei manchen Ölen, zum Beispiel Salbei, reicht ein Teelöffel voll aus, um etwa ein Kind zu töten, und tatsächlich sind in Frankreich vor kurzem sieben Fälle von »Nahrungsmittelvergiftung« bekanntgeworden, in denen die Betroffenen Würste gegessen hatten, die mit Salbeiöl anstatt frischem Salbei gewürzt worden waren. Und was steht uns erst dann bevor, wenn den Nahrungsmitteln Öle, wie Muskat, zugesetzt werden? Hyperaktivität bei Kindern, die schon jetzt mit Nahrungsmittelzusätzen in Verbindung gebracht wird, könnte eine schlimmere Folge davon sein.

Ein Blick in die Zukunft

Alles in allem ist die Therapie nicht mehr länger das, was sie einmal war, und kann in falschen Händen durchaus mehr gesundheitlichen Schaden anrichten als Nutzen stiften. Zukunft und Erfolg der Therapie hängen davon ab, ob eine ganze Reihe Leute das Rechte zur richtigen Zeit in der rechten Weise tut: Pflanzen ohne chemische Zusätze anbaut, zur richtigen Zeit erntet, auf natürlichste Weise destilliert, reines Öl abfüllt und dieses sachgemäß lagert. Ich glaube, daß im wesentlichen diese »Verläßlichkeit« beständig abnimmt. Ein »teures Rosenöl« beispielsweise könnte aus kunstgedüngten Pflanzen destilliert und dann mit Pelargonie oder Guajak gestreckt worden sein.

Die Stadt Grasse in Südfrankreich, einst wegen ihrer Blumenfelder und milden Winter so berühmt, demonstriert dieses nur zu gut. Dort werden jetzt nur mehr sehr wenige Pflanzen zur Destillation angebaut, und viele kleine Betriebe haben in den vergangenen Jahren ihre

Tore geschlossen und überließen großen Betrieben den Löwenanteil beim Handel. Die hohen Lohnkosten, die Grundstückskosten und die starke Nachfrage für bestimmte Pflanzen trugen hauptsächlich zu dieser Misere bei, und die Pflanzer haben sich nach neuen Verdienstmöglichkeiten umgesehen. Einige haben ihr ganzes Geld verloren und mußten ihr Land an Bauleute verkaufen. Jetzt haben große Gebäude, Wohn- und Häuserblocks die zahllosen Blumenfelder um Grasse ersetzt, die einst jene einmalige Landschaft prägten.

Genausowenig mehr stimmt ihr Ruf als *der* Luftkurort Frankreichs. Die wegen ihrer Blumen, Hochlage und Nähe zum Meer so ausgezeichnet hübsche Stadt gehört nun zu den am stärksten luftverschmutzten Städten Frankreichs. Pro Jahr gelangen dort mehr als 700 t Lösungsmittel in die Luft, denn Grasse ist noch immer eine der Hochburgen der Parfümbranche, allerdings in chemischer Hinsicht. In den letzten zwei Jahrzehnten hat man bei chemischen Synthesen der Parfümherstellung große Fortschritte gemacht, was eine Preisstabilisierung, niedrigere Kosten, eine gute chemische Reproduktion naturidentischer Düfte und eine Farbkonstanz der Produkte zur Folge hatte.

Es gibt nicht genügend Pflanzen, um den Weltbedarf an Parfüm zu decken, deshalb werden jetzt chemische Äquivalente hergestellt. Dies hat zur Folge, daß manchmal überhaupt keine natürlichen Destillate mehr verwendet werden; einige Blumendüfte, welche die großen Parfüms der Vergangenheit prägten – Gardenie, blauer Flieder, Lilie –, werden jetzt im Labor hergestellt, aber die synthetischen Düfte reichen für mich niemals an die Feinheit natürlicher Düfte heran. Diese synthetischen Äquivalente sind jedoch nicht völlig zu verdammen, auch wenn sie in der Aromatherapie nicht genutzt werden können, denn lieber so etwas, als daß die Erde weiterhin ihrer Flora beraubt wird und Wälder abgeholzt werden (siehe Bois de rose und Sandelholz).

Auch wenn es mit der Aromatherapie in Zukunft wahrscheinlich schlecht bestellt ist, ihre Grundprinzipien behalten weiterhin ihre

Gültigkeit. Ich selbst verwende ätherische Öle bei meinen Rezepten, und ich habe viele davon in diesem Buch als Bestandteil von Heilmitteln empfohlen. Aus Sicherheitsgründen werden sie jedoch in sehr hoher Verdünnung angewandt, und ich mache, sobald auch nur die kleinsten Bedenken auftauchen, darauf aufmerksam. Ein Großteil meiner Heilmittel erfordert statt dessen die betreffenden Pflanzen selbst, wo die ätherischen Öle in natürlich geringerer, dafür aber ungefährlicherer Konzentration enthalten sind. Das ist ein vernünftiger Weg, denke ich.

Suchen Sie zur exakten Diagnose Ihrer Symptome immer Ihren Arzt auf, vor allen Dingen dann, wenn sie eine schlimmere Ursache vermuten lassen.

Die Aromatherapie hat Erfolge gezeitigt und soll dies weiterhin tun können, indem sie in der modernen Medizin, auf dem Gesundheits- und Kosmetiksektor und im täglichen Leben ihren Teil beiträgt – aber ich bitte Sie dringend, auf der Hut zu sein.

Teil II

Das A–Z der aromatherapeutischen Pflanzen und Öle

Krankheiten, die **fettgedruckt** sind,
erscheinen in Teil III, dem A–Z der Beschwerden,
wo genauere Informationen zu finden sind.

Angelika

Angelica archangelica/officinalis – Umbelliferae

»Die ganze Pflanze, von den Blättern über die Wurzel bis zu den Samen, riecht und schmeckt angenehm würzig« (John Parkinson, *Theatre of Plants,* 1640).

Nach einer alten Legende wurde einem Mönch die Heilwirkung der Angelika von einem Engel geoffenbart, als die Pest umging – daher ihre Volks- und Gartennamen (zum Beispiel Engelwurz, Heiligenbitter, Anm. d. Ü.) und auch der regionale Name »Wurzel des Heiligen Geistes«. Angelika ist ein Doldengewächs, in Nordeuropa und Syrien heimisch und kommt im allgemeinen an vielerlei Standorten vor. Es sind verschiedene Varianten bekannt: die *norvegica* in Skandinavien, die *sativa* in Holland und Nordfrankreich und die *refracta* und *japonica* in Japan; *sylvestris* heißt die wilde britische Variante, aber sie ist zum Verzehr und sonstigen Gebrauch weniger geeignet als die *officinalis,* der man gewöhnlich als einem Ausreißer aus Küchengärten auf freiem Feld begegnet.
Die Pflanze kann 1,5 bis 2 m hoch werden, und Samen, Stengel, Blätter und Wurzeln duften aromatisch. Die Stengel sind hohl und gerillt, die Blätter hellgrün, groß und in gezähnte Blättchen gefiedert. Ab dem Frühsommer blühen kleine gelbgrüne Blütengrüppchen in großen Dolden.
Alle Teile der Pflanze sind seit Jahrhunderten zu Heilzwecken verwendet worden. Ein chinesischer Arzt aus dem 3. Jahrhundert schrieb: »Wenn ich den gewöhnlichen Menschen sage, daß … Angelika und Päonie Kolik heilen können … bezweifeln oder bestreiten sie es und glauben lieber an Zauberei.« John Gerard, Botaniker unter Jakob I., schrieb der Angelika viele Fähigkeiten zu, und während der Pest von 1660 wurden Angelikastengel zur Infektionsabwehr gekaut und ihre Samen und Wurzeln zur Reinigung der Luft verbrannt.

Dieselben Maßnahmen hatte bereits Paracelsus etwa 150 Jahre früher während der Epidemie in Mailand verordnet.

Angelika wird wegen ihrer Heilkräfte in vielen europäischen Ländern ebenso wie in China angebaut. Die Samen (am besten sammelt man sie an trockenen Tagen, sobald die Sonne den Tau weggetrocknet hat) werden zusammen mit den Blättern für Tees und Heiltränke verwendet. Auch die Stengel und Wurzeln werden angewendet: Erstere sollten Ende Frühling, Anfang Frühsommer geschnitten werden; letztere sollten so rasch wie möglich getrocknet werden, um ihre Heilkraft zu bewahren, und in luftdicht abgeschlossenen dunklen Glasgefäßen aufbewahrt werden. Getrocknete Wurzeln sind hutzligbraun und duften angenehm würzig nach Benzoe, Pfeffer und Moschus.

Die Blätter, Samen und Wurzeln wirken karminativ (gegen Blähungen), schweißtreibend, stimulierend, magenstärkend, schleimlösend und tonisierend. John Gerard verschrieb Angelika zur Vorbeugung von Virusinfektionen. Zwei berühmte französische Botaniker des 17. Jahrhunderts, Nicolas Lemery und Jean-Baptiste Chomel, beschrieben Angelika als schweißtreibendes, tonisierendes, reinigendes und schleimlösendes Mittel. Dr. Leclerc (siehe Namensglossar) verschrieb sie bei Appetitlosigkeit, da sie das Nerven- und Verdauungssystem anregt.

Anwendung

Medizin

Allgemein hilft Angelika gegen **rheumatische Beschwerden**, Virusinfektionen, Raucherhusten, **Verdauungsstörung**, **Blähungen**, **Kolik** und Blaseninfektionen oder -beschwerden. Es ist auch ein menstruationsförderndes Mittel, ein guter Blutreiniger und wirkt beim **prämenstruellen Syndrom** und bei **Wechseljahr**beschwerden.

Das ätherische Öl

Beschreibung: Es gibt zwei ätherische Angelikaöle, ein aus den Samen und ein aus den Wurzeln destilliertes. Manchmal werden sie kombiniert. Als ätherisches Öl wird Angelika erst seit kurzem in Europa gewonnen. Zunächst ist es farblos, aber mit der Zeit wird es gelb und dann dunkelbraun. Es darf nicht verwendet werden, wenn es dunkelbraun ist. Es ist sehr dickflüssig. Die Samen enthalten mehr ätherisches Öl als die Wurzeln, doch ist das Wurzelöl viel konzentrierter.

Inhaltsstoffe: Samen – sie hängen von der Sorte ab, enthalten aber Angelikasäure, Zucker, Valeriansäure, ätherisches Öl, Bitterstoffe und ein Harz namens Angelicin. Das ätherische Öl aus den Wurzeln wird gewonnen, wenn die Pflanze circa ein Jahr alt ist, und es enthält Angelicin, Bergapten, zwei Furocumarine, Phellandrenverbindungen und Terebangelen sowie weitere Terpene (Limonen).

Gefahr: Sonnenlicht oder UV-Strahlen können nach seinem Gebrauch Dermatitis hervorrufen.

Es ist ein ausgezeichnetes Heilmittel gegen Schrammen, Wunden und blaue Flecken. Mischen Sie 5 Tropfen ätherisches Angelikaöl mit 10 ml (2 TL) Pflanzenöl, zum Beispiel Mandel, und tragen Sie es anfänglich dreimal, dann einmal täglich auf, bis alles abgeheilt ist. Bewahren Sie Geduld. *Vorsicht:* Legen Sie sich nicht gleich nach der Anwendung in die Sonne oder unter UV-Strahlen.

Zwei Tropfen Angelikasamenöl auf 20 ml (4 TL) Basisöl zusammen mit ein paar Tropfen Eukalyptus-, Niaouli- oder Cajeputöl wirken gut bei **Erkältung** und **Husten** – entweder erwärmt jeden Morgen auf den Oberkörper auftragen oder sparsam als Badezusatz verwenden. (Siehe oben: *Vorsicht.*) Kaut man ein halbes Jahr lang zweimal täglich ein getrocknetes Wurzelstück, macht dies gegen Viren resistent. Stengel, nach den Mahlzeiten gekaut, verhindern **Blähungen** und **Verdauungsstörungen** – Sie könnten aber auch einige Stengel 14 Tage lang in etwas Kognak einweichen und davon jeweils vor und nach den Mahlzeiten einen kleinen Schluck trinken.

Angelikawein
Dies ist ein gutes Stärkungsmittel für die Rekonvaleszenz, und Sie sollten dreimal täglich, jeweils vor den Mahlzeiten, einen Eßlöffel davon nehmen. Angelikawein kann auch das **prämenstruelle Syndrom** und **Wechseljahr**beschwerden lindern, und nach den Mahlzeiten getrunken, verhindert er ausgezeichnet **Blähungen**.

1 l Malagawein
30 g Angelikawurzeln
20 g Angelikasamen
10 g Zimt

Die Zutaten mischen und 10 Tage lang in einem luftdicht abgeschlossenen Glasbehälter stehenlassen. In eine Flasche abseihen.

(*Siehe auch* **Erschöpfung** *und* **Schnittwunden und Schrammen**.)

Kosmetik
Viele Autoren, frühere und moderne, empfehlen Augen- und Gesichtswässer aus Angelika. Verwenden Sie einen schwachen Auszug der Samen. Angelika war auch eine Hauptzutat für eines der frühesten Riechwässer, den Karmelitergeist, der erstmals im Mittelalter destilliert wurde.

Küche
Die bekannteste Angelikaspezialität sind die grünen kandierten Stengel, die in Kuchen und Konfekt verwendet werden. Getrocknete, kandierte Stengelstücke verleihen auch Marmeladen und Einge-

machtem eine besondere Note. Sie können die kandierten Stengel sehr leicht selbst herstellen, die besser schmecken und gesünder sind als die im Laden gekauften. In der Elisabethanischen Zeit streute man Angelikablätter in Salate, und sowohl Blätter als auch Wurzeln lassen sich als Gewürz für Fisch- und Quarkgerichte und zum Süßen von Kompotten verwenden. In Zeiten schwerer Hungersnot wurden früher die getrockneten Wurzeln – sie können bis zu 1,4 kg wiegen – gemahlen und zu Brot verbacken.

Angelika spielt in der Geschichte des Alkohols eine bedeutende Rolle: Mit ihr werden viele Spirituosen gewürzt, Gin zum Beispiel ebenso wie Chartreuse und Wermut.

Vermischtes
Als Räucherwerk verbreiten die Wurzeln und Samen einen wunderbaren, reinigenden Duft, und Blätter wie auch Wurzeln können Bestandteil eines Duftpotpourris sein.

Anis
Pimpinella anisum – Umbelliferae; siehe auch Sternanis

Anis ist eine einjährige Pflanze, die etwa 60 cm hoch wird und der gleichen Familie angehört wie Petersilie und Fenchel. Manchmal bezeichnet man sie als süßen Mutterkümmel. Ihre Blätter sind – ähnlich wie beim Koriander – gefiedert, und ihre gelblichweißen Blüten setzen blaßbraune, geriffelte und behaarte Samenfrüchte an, die wie Lakritze schmecken. Die Pflanze stammt aus dem Orient, kommt aber, wie die meisten Kräuter, sowohl in wilder als auch in kultivierter Form rund um das Mittelmeer, besonders in Ägypten und im Mittleren Osten vor. Sie wird in Spanien, Frankreich und Rußland angebaut. Sie kann auch weiter nördlich gezogen werden, bildet dann aber kaum Samen.

Der Anis wurde von den Römern nach Nordeuropa gebracht, und frühe Siedler nahmen ihn mit nach Nordamerika. Die Römer benutzten ihn als verdauungsförderndes Mittel: Er kam in einen Kuchen, der andere verdauungsanregende Samen, wie Mutterkümmel und Fenchel, enthielt und nach den Mahlzeiten gegessen wurde; und von den alten Ägyptern wurde er zu ebendemselben Zweck in ihre Hirse- und Gerstebrote gegeben. Plinius behauptete, Anis helfe bei Schlaflosigkeit, und Pythagoras hielt Anisbrot für eine große Delikatesse. Dr. Leclerc empfahl Anistee bei **asthmatischen Beschwerden** und **Zyklusstörungen**.

Anwendung

Medizin
Anis eignet sich gut zur Behandlung des **prämenstruellen Syndroms** und von **Wechseljahr**beschwerden, besonders bei Wasseransammlung. Kochen Sie für einen Heiltrank 10 ml (2 TL) Anissamen in 600 ml Wasser 3 Minuten lang auf, und lassen Sie den Tee 5 Minuten ziehen. Trinken Sie ihn in problematischen Zeiten schluckweise über den Tag verteilt, und verzichten Sie auf alle anderen Reizmittel, bis die Symptome nachgelassen haben.
Anis ist vor allen Dingen verdauungsfördernd, was insbesondere in der indischen und chinesischen Medizin seit langem bekannt ist. Der Heiltrank wirkt bei **Verdauungsstörungen**, die durch Angst oder Nervosität hervorgerufen sind, sowie bei nervösem **Herzklopfen**, da er nach den Mahlzeiten das Atmen erleichtert und beruhigt. Die Einnahme des Heiltranks – oder das sehr langsame Zerkauen von Samen, wie es in Indien üblich ist – kann Schluckauf und **Blähsucht** verhindern. Einige tiefe Atemzüge und ein paar Minuten Entspannung sind ebenfalls hilfreich.

(*Siehe auch* **Appetitlosigkeit, Dismenorrhöe** *und* **Kolik**.)

Das ätherische Öl

Beschreibung: Das Öl wird aus den Samenfrüchten gewonnen. Es riecht süß und sehr charakteristisch, etwas fenchelartig. Es ist farblos bis blaßgelb.

Inhaltsstoffe: Das Öl besteht zu 80 bis 90 % aus Anethol und enthält in geringem Ausmaß Aldehyd, Anissäure und Methylchavicol (siehe Seite 55). Im Handel findet man es oft verfälscht mit ätherischem Fenchel- oder Kümmelöl.

Gefahren: Das ätherische Öl ist sehr gefährlich und toxisch, es ist ein wirkliches Gift für das Nervensystem und führt zu Muskelerstarrung bis hin zur Paralyse. Seit 1959 unterliegt es zum Beispiel strengen Auflagen des französischen Gesundheitsministeriums. Es kann gefährlicher sein als Alkohol und sollte niemals in Reichweite von Kindern aufbewahrt werden. Der hohe Anteil Anethol kann zusammen mit der geringen Menge Methylchavicol zu starken Vergiftungen führen, deshalb sollte man das Öl niemals in der Therapie benutzen oder öffentlich zum Kauf anbieten.

Es ist auch ein synthetisches Anethol im Handel, aber dieses ist ebenfalls sehr giftig. 1987 wurden circa 40 bis 50 t authentisches Öl produziert. Seit dem Aufkommen des synthetischen Öls soll jedoch der Verbrauch zurückgegangen sein, da dieses viel billiger ist als das natürliche Öl.

Küche

Anissamen können als Brot-, Kuchen- und Keksgewürz, in Suppen, Fisch- und Currygerichten sowie auch in einigen europäischen Desserts und Fruchtspeisen vorkommen, und sie aromatisieren Konfekt.

Mit Anissamen und ihrem Öl werden hauptsächlich diverse Schnäpse und Liköre gewürzt, wie der französische Pastis, die Anisette, der griechische Ouzo, der türkische Raki und der Arrak anderer Mittelmeerländer. Manchmal stammt der Anisgeschmack größtenteils vom Sternanis (siehe dort). Daß diese Getränke auch Anisöl enthalten, ist ganz sicher; aber das Öl darf nicht mehr zur Eigenherstellung pastisähnlicher Getränke verkauft werden. Oft wird ein Gericht lieber mit Anisschnaps oder -likör gewürzt als mit den Samen selbst.

Anisblätter können zu Salaten, zu Gemüsen – Karotten beispielsweise – und zu Fischsuppen gegeben werden.

Vermischtes

Die Franzosen verwenden das Öl, unter strengen Auflagen, in pharmazeutischen Produkten wie Zahnpasten, Mundwassern und Sirupen. In der Veterinärmedizin verfüttert man die Samen an Kühe, was offenbar die Milchproduktion steigert (die Milch hat dann einen leichten Anisgeschmack). Samen, ganz oder zerkleinert, können Teil von Duftpotpourris und anderen Haushaltsduftbehältern sein.

Basilikum
Ocimum basilicum – Labiatae

Es gibt über hundert Basilienkrautarten, und sie treten in verschiedener Größe, Form, Farbe und mit verschiedenem Geruch auf (einige zitronig, einige estragon- oder nelkenartig). Die allgemein gebräuchlichste Art hat dunkelgrüne Blätter, die zerstoßen sehr aromatisch duften. Die Pflanze wird etwa 20 bis 50 cm hoch; die Blüten sind weiß und umstehen in mehreren dichten, borstigen Quirlen die oberen Stengelabschnitte, dort, wo die Blattstiele ansetzen. Das Basilienkraut stammt aus Indien, wird aber jetzt in vielen Ländern angebaut – rund ums Mittelmeer, auf Java, Réunion, den Seychellen, in Florida und Marokko. Es soll im 16. Jahrhundert nach Europa gelangt sein.

Das ätherische Öl

Beschreibung: Es wird durch Dampfdestillation der Blüten-spitzen oder der jungen Triebe und Blätter gewonnen. Das Öl ist gelb und sehr aromatisch, es gleicht in vieler Hinsicht ätherischem Estragonöl, ist aber wärmer und kampferartiger. In Frankreich destilliert man es seit dem 16. Jahrhundert, und das Öl wurde damals von Hieronymus Brunschwyg in einer seiner Abhandlungen über die Destillation erwähnt.

Inhaltsstoffe: Das ätherische Öl enthält im wesentlichen Kampfer, Cineol, Estragol (oder Methylchavicol), Eugenol, Linalool und Pinen, deren prozentualer Anteil aber je nach Pflanze und Standort schwankt.

Gefahren: Seit dem Schrecken über die Auswirkungen von Estragol (oder Methylchavicol), das bei empfindlichen Menschen Gegenreaktionen verursachen und in hohen Dosen sogar Krebs hervorrufen kann, sieht sich die ätherische Ölindustrie nach Basilikumarten um, die es wenig oder gar nicht enthalten. Dazu gehören *O. Canum* (Sims) des Kampfertyps, auch *O. Americanum* (Linn) genannt, das aus Indien und Rußland stammt und einen sehr hohen Kampferanteil hat; *O. canum* (Sims) des Linalooltyps, das aus Kenia eingeführt wurde und offenbar einen hohen Linaloolanteil hat; und *O. gratissimum* (Linn), das in Indien und im Sudan heimisch ist und einen hohen Phenolanteil hat.

Der botanische Name des Basilienkrauts ist vom lateinischen Wort *okiter,* »schnell«, abgeleitet, da die Pflanze so schnell wächst. Die Bezeichnung »Basilikum« für dieses sehr weit verbreitete Küchen-kraut geht auf das lateinische Wort *basilicus* (= »königlich«) zurück, weshalb die Pflanze auch häufig Königskraut genannt wird.

Das Basilienkraut wird in Europa von vielen als Fruchtbarkeitssymbol betrachtet; andere verbinden es mit dem Tod oder dem Bösen (besonders auf Kreta). Die Griechen glaubten, daß bei der Aussaat Schimpfworte gesprochen oder gesungen werden müßten, damit die Pflanze überhaupt gedeiht; ein Glaube, der noch in der französischen Redewendung *semer* (säen) *le basilic,* »über jemand üble Nachrede verbreiten«, widerhallt.

Basilienkraut wurde von Plinius gegen Gelbsucht und Epilepsie sowie als harntreibendes Mittel empfohlen. Es galt auch als Aphrodisiakum, weshalb es nicht verwundert, daß es die Römer in so vielen Kochrezepten verwendeten. Im Mittelalter wurde Basilikum gegen Melancholie und Depression verschrieben.

Anwendung

Medizin

Basilienkraut soll karminative (blähungswidrige), milchbildende und appetitanregende Eigenschaften haben. Dr. Jean Valnet, ein zeitgenössischer führender französischer Aromatherapeut, sagt, daß es auch den Menstruationszyklus normalisieren hilft. Folgendes Basilikum enthaltende Öl ist während der **Wechseljahre** ein gutes Einreibemittel für Bauch und Solarplexus: Geben Sie 3 Tropfen auf 20 ml (4 TL) Traubenkernöl. Sie können auch 5 Tropfen als Badezusatz verwenden. Wenn Sie den Geruch des Öls – viele erinnert es zu sehr an »Küche« – nicht mögen, geben Sie noch ein wenig von einem anderen ätherischen Öl ins Badewasser: Orange zum Beispiel oder, wenn Sie sich verwöhnen wollen, etwas Rose.

Basilienkraut ist auch ein gutes Nervenstärkungsmittel und hilft gegen nervöse Erschöpfung, **nervöse Schlaflosigkeit** sowie gegen geistige und körperliche Müdigkeit. Ein einfaches Mittel gegen nervöse Unruhe oder **Streß** ist eine Mischung aus 5 ml (1 TL) Sojaöl, 1 Tropfen Majoran- und 2 Tropfen Basilikumöl. Reiben Sie sich damit am ganzen Körper ein.

Basilienkraut ist ein äußerst wirksames Mittel gegen **Migräne**. Es nutzt auch bei **Erkältung** und dadurch bedingter **Anosmie** (Verlust des Riechvermögens), **Heuschnupfen** oder Virusinfektionen. Geben Sie 1 Tropfen Basilienkrautöl in eine Schüssel heißes Wasser, und inhalieren Sie einige Minuten lang; dies zwei- bis dreimal täglich, bis die Beschwerden nachlassen.

Nach dem Verzehr von Knoblauch kann man Basilikumblätter zur Vertreibung des Mundgeruchs essen. Basilikumöl ist auch ein sehr gutes natürliches Antiseptikum: Geben Sie ein paar Tropfen in das Putzwasser für den Küchenboden oder auch in das Wasser, mit dem Sie den Korb eines kranken Haustieres waschen. Ein paar Tropfen auf etwas Watte, auf den Heizkörper gelegt, wirken luftreinigend.

(*Siehe auch* **Abszesse und Furunkel, Anosmie, Depressionen, Dyspepsie, Erschöpfung, Herzklopfen, Kopfschmerzen, Ödem, prämenstruelles Syndrom, Schlaflosigkeit, sexuelle Probleme** *und* **Insektenstiche und -bisse**.)

Basilikum-Aphrodisiakum

Dies ist ein sehr altes Familienrezept aus Cahors, meinem Geburtsort. Um die aphrodisische Wirkung zu genießen, trinken Sie ein Glas vor den Mahlzeiten mit Ihrem/r Geliebten. Es wirkt auch gut gegen Impotenz, Depressionen, geistige Müdigkeit und Melancholie; trinken Sie dann ebenfalls ein Glas vor den Mahlzeiten.

1 l Rotwein aus Cahors
50 g frische Basilikumblätter

Stopfen Sie das Basilikum in die geöffnete Flasche, und schließen Sie diese wieder. Lassen Sie die Flasche 2 Tage im Dunkeln stehen, und schütteln Sie sie hin und wieder.

Küche

Selbstverständlich bringt es viele der obengenannten Heilwirkungen mit sich, besonders die verdauungsanregenden, wenn man Basilikum frisch ißt oder beim Kochen verwendet. Geben Sie die frischen Blütenköpfe und Blätter kurz vor dem Servieren zu Salaten; sollen sie mitgekocht werden, geben Sie sie kurz vor Ende der Kochzeit dazu. Basilikum paßt gut zu Fisch, Hühnchen und Eiern sowie zu Paprika, Auberginen und Tomaten.

Um Geschmack und Heilwirkung des Basilikums zu erhalten, mazerieren Sie ihn in Olivenöl; getrocknet schmeckt und riecht er ziemlich schal und curryartig. Die Pflanze gedeiht auch im Garten.

Vermischtes

Die Verwendungsweisen des Basilikums sind Legion. Basilikum wurde als Streukraut, in Potpourris und Kräuterbeuteln benutzt, und das Öl wird heute noch in Seifen und Parfüms verarbeitet. In Spanien und Griechenland benutzt man die Pflanze, um Fliegen zu vertreiben; andererseits lassen sich mit dem pur angewendeten Öl oder mit zermalmten Blättern Wespenstiche lindern.

Bay

Pimenta acris – Myrtaceae

Der Bay- oder Bayfruchtbaum stammt ursprünglich aus Südamerika, wird aber jetzt auf den Antillen, in Mexiko, Venezuela, auf Barbados und Jamaica angebaut. Er hat weder mit dem Küchenlorbeer (engl. *bay* bedeutet auch »Lorbeer«, Anm. d. Ü.) noch mit den Früchten der Wachsmyrte, *Myrica pensylvanica,* zu tun, aus denen die frühen amerikanischen Siedler Kerzen machten. Er ist jedoch eng mit *Pimenta officinalis* verwandt, dem Baum, der Nelkenpfeffer liefert, auch bekannt als Allerleigewürz, Piment oder Jamaicapfeffer. Der

Baum ist dünn und gerade – 7,5 bis 9 m hoch –, hat eine glatte weißliche Rinde und aromatische ovale Blätter. Er trägt ebenfalls Früchte. Ein anderer Verwandter, *P. acris,* var. *citrifolia,* hat zitronig duftende Blätter.

Das ätherische Öl

Beschreibung: Es wird aus den getrockneten Blättern und Früchten destilliert, und das beste Öl kommt von St. Thomas auf den Jungferninseln. Das Öl ist bernsteinfarbig bis braun und duftet stark, ähnlich wie Nelke. Es ist schwierig, gute Qualität zu bekommen, da das Öl häufig mit Terpentin oder Piment oder sogar mit Nelke verfälscht wird und zwischen dem reinen und verfälschten Öl kaum ein Unterschied zu riechen ist.

Inhaltsstoffe: Das Öl enthält 65 bis 70% Phenole (Chavicol, Eugenol, Methyleugenol); daneben Myrcen, Phellandren und etwas Citral.

Gefahren: Eugenol kann Metall angreifen, benutzen Sie das Öl also mit Vorsicht.

Anwendung

Medizin
Das ätherische Öl hat fast dieselben Eigenschaften wie Nelke oder Lorbeer. Außerdem ist es wegen seines hohen Phenolgehalts ein gutes Antiseptikum für den Atemapparat, für Nase, Rachen und Lungen, was schon 1930 wissenschaftlich nachgewiesen wurde. Es ist auch ein gutes Stärkungsmittel.

Kosmetik
Bayöl wird hauptsächlich als Mittel gegen **Haarausfall** verwendet. Der in viktorianischer Zeit von den Männern als Haar- und Frisier-

wasser benutzte Bayrum war ein Destillat aus den in Rum einge-
weichten Blättern. Viele Haarmittel und Shampoos enthalten das
ätherische Öl, und die meisten der angebauten (und wilden) Blätter
werden dafür nach Amerika exportiert. Das Öl wird viel lokal gebraucht, sollten Sie also einmal nach Südamerika oder auf die Karibischen Inseln kommen, kaufen Sie es dort ein. Verwenden Sie das
Öl für ein Mittel gegen Haarausfall, fettiges Haar oder schuppige
Kopfhaut, oder um brüchiges Haar elastisch und glänzend zu machen. Mischen Sie 100 ml 40- bis 60%igen Alkohol mit 25 ml
destilliertem Wasser oder Mineralwasser und 3 ml (1 knapper TL)
Bayöl. Massieren Sie das Mittel vor dem Haarewaschen in die
Kopfhaut ein. Sie können statt dessen auch einen starken Auszug von
den Blättern herstellen, indem Sie 10 bis 12 Blätter in 600 ml Wasser
5 bis 10 Minuten aufkochen. Geben Sie nach dem Abkühlen 20 ml
(4 TL) weißen oder dunklen Rum dazu, und bewahren Sie das Mittel
im Kühlschrank auf. Verwenden Sie es als Haarwasser.

Vermischtes
Das ätherische Öl wird wegen seines stark maskulinen Dufts viel in
Rasiercremes verwendet, die dadurch auch antiseptisch wirken. Es
war schon immer eines meiner Lieblingsöle und ist Bestandteil einer
Toilettenseife, die ich für ein großes Londoner Hotel kreiert habe.
Die Seife ist so mild, daß sie von vielen männlichen Gästen als
Rasiercreme verwendet wird.

Benzoe
Styrax benzoin – Styraceae

Styrax benzoin ist ein aus Laos und Vietnam stammender Baum, der
jetzt aber in Malaysia, auf Java und Sumatra wächst. Er wird bis zu
20 m hoch. Die Blätter sind oval und behaart, die Blüten fleischig,

grünlichgelb und leicht balsamisch. Benzoe ist das Gummiharz, das nach dem Anzapfen aus der Rinde austritt, und erfahrungsgemäß harzen die Bäume 15 bis 20 Jahre lang.

Benzoe kannte man in England zunächst unter dem Namen *benjoin* (im 16. Jahrhundert schriftlich belegt), der sich im Volksmund zu *benjamin* verschliff. Es ist eine Übernahme des im Französischen, Spanischen und Portugiesischen gleichlautenden Wortes, das aus dem Arabischen *luban-jawi,* »Räucherwerk aus Sumatra (Java)«, abgeleitet worden war. In alten Rezepten wird Benzoe unterschiedlich als Gummibenzoe, Gummibenjamin, Benjamin, Benzoe, Benöl und sogar Styrax (ein aus dem Baum *Styrax officinalis* gewonnenes, süß riechendes Gummiharz) bezeichnet.

Die alten Griechen und Römer kannten Benzoe, obgleich sie es ganz anders nannten – »Silphion« die Griechen und »Laserpitium« die Römer. Sie gaben das pulverisierte Harz in Potpourris, da es stark fixierte. Benzoe war überall hoch geschätzt. 1461 sandte zum Beispiel der ägyptische Sultan Melech Elmazda dem Dogen von Venedig ein Geschenk von zwei persischen Teppichen und 30 Rotoli (100 Rotoli entsprechen etwa 80 kg) Benzoe. Die Königin von Zypern erhielt vom Sultan 1476 ein ähnlich großzügiges Geschenk: 15 Rotoli Benzoe. Der portugiesische Seefahrer Barboza soll das wertvolle Harz in Europa eingeführt haben. Später, 1623, schätzten die Briten die Eigenschaften des Harzes so sehr, daß sie in Siam eine Fabrik eröffneten, um es selbst zu gewinnen und zu exportieren.

Nostradamus, berühmt für seine Prophezeiungen, nannte in einem 1556 erschienenen Buch viele Benzoe enthaltende Rezepte. Benzoe galt als Antispasmodikum (krampflösendes Mittel) und Tonikum gegen Hautinfektionen und -ausschläge. In Frankreich nannte man es *baume pulmonaire,* »Lungenbalsam«, und man verbrannte das Harz in der Nähe des Kranken, der den Rauch inhalierte. In Frankreich basieren viele gesetzlich geschützte Arzneimittel auf Benzoe, zum Beispiel *pastilles de serail* genannte Bonbons gegen Erkältung und Grippe sowie Pastillen, die hustenlindernd und antiasthmatisch wirken. Auch in der britischen Medizin sind seine Eigenschaften nicht unbekannt, da der für Inhalationen und als Einreibemittel auf Geschwüren und Wunden gebrauchte *Friar's Balsam* eine Benzoemischung ist.

Das ätherische Öl

Beschreibung: Beim Austreten ist das Harz gelblich, doch färbt es sich braunrot, sobald es dicker und härter wird. Es duftet stark nach Vanille und ist sehr aromatisch; sein Geschmack ist ziemlich scharf. Das gereinigte Harz ist in Puderform oder in zwei Arten von Tinkturen, einer einfachen und einer zusammengesetzten (letztere reizt die Haut zu stark), und auch als ätherisches Öl erhältlich.

Inhaltsstoffe: 70 bis 80% Harz, 20 bis 25% Zimtsäure, ein geringer Anteil Vanillin (daher der Duft), Coniferylbenzoat, Benzoesäure, Phenylethylen und Phenylpropylalkohol.

Gefahren: Benzoe kann Allergien verursachen, machen Sie also zunächst einen Hautverträglichkeitstest (siehe Seite 33).

Anwendung

Medizin

Benzoe, gemischt mit pulverisierter Tonerde (am besten grüne), hilft besonders gut gegen **Ekzeme** und **Schuppenflechte**. Schütten Sie 25 ml (1 1/2 TL) Tonerde in eine kleine Schale, geben Sie 3 Tropfen Benzoe und so viel destilliertes Wasser dazu, daß eine geschmeidige Paste entsteht. Tragen Sie die Mischung sofort auf die betroffenen Stellen auf, und warten Sie mindestens 20 Minuten lang, bis Sie sie mit einem Kamillenaufguß abwaschen (geben Sie dazu 3 getrocknete Blüten in eine Tasse kochendheißes Wasser, nach 10 Minuten abseihen und abkühlen lassen). Das Ekzem und die Schuppenflechte sollten nach der Behandlung wesentlich besser aussehen, weniger gerötet und akut, da die Paste sehr beruhigend wirkt. Wiederholen Sie die Behandlung bei akutem Zustand mehrmals täglich.

Geben Sie bei Kopfhautschuppenflechte 5 Tropfen Benzoeöl in ein sehr mildes Shampoo. Vor Gebrauch gut schütteln. Spülen Sie das Haar zum Schluß mit kaltem Mineralwasser. (Ist Ihr Shampoo zu stark, verdünnen Sie es mit etwas destilliertem Wasser.)

Mit dem balsamischen Harz lassen sich viele andere Hautbeschwerden lindern – **Frostbeulen**, **Druckbrand**, **Wunden**, **Verbrennungen** und **Hautgeschwüre**. Mischen Sie 10 ml (2 TL) Mandelöl, 2 Tropfen Weizenkeimöl und 6 Tropfen Benzoeöl. Reiben Sie die betroffenen Stellen damit ein.

Geben Sie bei **Katarrh** und **Brustinfekten** 3 Tropfen Benzoeöl in eine Schüssel heißes Wasser, und stellen Sie diese über Nacht neben Ihr Bett. Tagsüber geben Sie 4 Tropfen Benzoeöl und 1 Tropfen Eukalyptus in eine Schüssel heißes Wasser und inhalieren, ein Handtuch über dem Kopf, die Dämpfe so lange wie möglich. Reiben Sie mit folgendem Öl mehrmals am Tag Brust, Rumpf und Nebenhöhlengegend ein: Mischen Sie 10 ml (2 TL) Sojaöl mit 1 Tropfen Weizenkeimöl, 8 Tropfen Benzoeöl und 2 Tropfen Eukalyptus.

(*Siehe auch* **Impetigo, Melanose** *und* **Sinuitis**.)

Kosmetik
Benzoe hilft, besonders in Verbindung mit Zitronenöl, gegen Pigmentflecken im Gesicht, auf Dekolleté und Händen. Mischen Sie 10 ml (2 TL) Mandelöl mit 2 Tropfen Zitronen-, 2 Tropfen Weizenkeim- und 4 Tropfen Benzoeöl. Eine einfache Benzoetinktur ergibt, verdünnt mit destilliertem Wasser, ein gutes Hauttönungsmittel.

Vermischtes
Benzoe gehört zu den bevorzugten Parfümfixatoren und wird in der Parfümindustrie viel gebraucht. Es war und ist noch immer in vielen

Potpourrimischungen enthalten. Benzoe kann auch in Kräuterkissen oder in Wäscheduftsäckchen verwendet werden. Früher verbrannte man in der Kirche das Harz als Weihrauch, aber auch zu Hause, um die Luft zu parfümieren.

1608 wurde im Benzoegummi die Benzoesäure entdeckt; sie wird als Nahrungskonservierungsmittel benutzt.

Bergamotte

Citrus aurantium bergamia – Rutaceae

Bergamottöl wird aus den Schalen der Bitterorange gewonnen, die Christoph Kolumbus von den Kanarischen Inseln in die Neue Welt exportiert haben soll. Der Bergamottbaum wird heute ausschließlich wegen seines Öls in und um Kalabrien herum und auf Sizilien kultiviert; kleinere Anbaugebiete gibt es in Afrika, besonders an der Elfenbeinküste. Die Bäume sind viel kleiner als andere Mitglieder der *Citrus*familie, sie werden nur bis zu 4,5 m hoch und stellen wahrscheinlich eine Orangenkreuzung dar. Die kleinen, gelblichen Früchte sind birnenförmig und werden von Dezember bis Februar geerntet. Eine frühere Birnensorte hieß Bergamottbirne, und daher stammt wahrscheinlich auch der Name – aus dem Türkischen *beg armudy* (= »Herrenbirne«). Die Bergamottorange darf nicht mit der roten Bergamotte (Virginische Melisse, Oswegotee, *Monarda didyma*) verwechselt werden, einem winterharten Kraut. Jedoch ist der Name dieses Krauts wahrscheinlich von der Orange abgeleitet, da seine Blüten ähnlich wie die Orange und ihr Öl duften.

Ätherisches Bergamottöl ist in Frankreich seit dem 16. Jahrhundert in Gebrauch und wird in vielen alten Manuskripten und Pflanzenbüchern erwähnt.

(*Siehe auch* **Neroli, Orange** *und* **Petitgrain**.)

Das ätherische Öl

Beschreibung: Das Öl wird, wie bei der Orange, durch Auspressen der Schalen oder durch Abreiben der äußersten Schicht gewonnen, wobei die weiße Schutzschicht bzw. das Fruchtfleisch nicht verletzt wird. Das aus den geplatzten Zellen auslaufende ätherische Öl wird mit einem Schwamm aufgesaugt, der dann über einem Behälter ausgedrückt wird. H. F. Macmillan schreibt 1935 in seinem Buch *Tropical Planting and Gardening:* »Etwa 1000 Schalen ergeben 0,85 l Öl, das je nach Reinheit im allgemeinen mit 35 bis 50 Shilling pro Pfund gehandelt wird.«

Das ätherische Öl hat eine wunderschöne smaragdgrüne Farbe und duftet zitronig würzig.

Inhaltsstoffe: Gutes Öl enthält bis zu 50% Linalylacetat; weitere Komponenten sind Bergamotin, Bergapten, d-Limonen und Linalool.

Gefahren: Da das ätherische Öl Bergapten und Bergamotin enthält, ist bei äußerlicher Anwendung Vorsicht geboten. Diese beiden Furocumarine regen die Melaninproduktion der Haut an, weshalb Bergamottöl oft in Markensonnencremes vorkommt. Aber die Furocumarine verursachen im Sonnenlicht (oder in manchen Fällen sogar bei normalem Lichteinfall) sehr oft eine Überpigmentierung der Haut und können Anomalien hervorrufen, die entarten können. Es ist deshalb sehr gefährlich, Bergamotte in Sonnencremes zu verwenden, besonders heutzutage, da Melanome und Hautkrebs derart zunehmen. Ich habe es bei allen Hauttypen immer mit größter Vorsicht gebraucht, ganz besonders bei blassen Hauttypen oder bei solchen mit großen Muttermalen.

Anwendung

Medizin

Bergamottöl wird in der Aromatherapie hauptsächlich wegen seiner antiseptischen Eigenschaften gebraucht, und Untersuchungen von vielen Therapeuten ergaben, daß es so wirksam ist wie Lavendel. Ich selbst rate von seiner äußerlichen Anwendung auf der Haut ab (wegen der obengenannten Gründe), aber seine antiseptischen Eigenschaften – und sein wunderbarer Duft – machen es zum Verdunsten in der Wohnung geeignet. Geben Sie heißes Wasser in eine Schüssel mit ein paar Tropfen des ätherischen Öls, oder legen Sie in einem beheizten Raum ein mit ein paar Tropfen getränktes dünnes Tuch neben den Heizkörper. Tränken Sie dieses alle paar Stunden.

(*Siehe auch* **Ödem**.)

Küche

Die Frucht wird nicht gegessen, aber man verwendet die getrockneten Schalen in der Nahrungsmittel- und Getränkeindustrie (*siehe* Neroli); und kandiert kommen sie in Konditoreiwaren vor. Weitaus bekannter ist das ätherische Öl als Aroma des Earl-Grey-Tees.

Vermischtes

Bergamottöl kommt in der Kosmetikindustrie sehr viel in Seifen, Parfüms und Aftershaves zur Anwendung. Aber selbst in dieser geringen Konzentration kann es eine Überpigmentierung der Haut hervorrufen.

Bohnenkraut

Satureja hortensis [Sommer]/Satureja montana [Winter] –
Labiatae

Die beiden Hauptarten des Bohnenkrauts sind eng miteinander verwandt. Das Sommerbohnenkraut ist eine buschige einjährige Pflanze, die etwa 30 cm hoch wird; es hat dunkelgrüne, aromatische Blätter, behaarte Stengel und kleine rosaviolette Blüten. Das mehrjährige Bergbohnenkraut, von dem es eine niederliegende und eine aufrechte Art gibt, hat graugrüne lanzettförmige Blätter und kleine rotviolette Blüten; es wird etwa genauso hoch wie sein Sommerverwandter. Beide sind mediterrane Macchiengewächse, obgleich sie auch weiter nördlich gedeihen können.

Die Griechen nannten das Kraut *satureía* (woraus jetzt *Satureja* geworden ist) in Anlehnung an das Wort *Sátyros,* weil es den Ruf eines Aphrodisiakums hatte. Martial, Ovid und Virgil haben alle Geschichten über seine Wirksamkeit erzählt. Die Römer kochten mit Bohnenkraut Fleischgerichte und führten es in Britannien ein. Im Mittelalter empfahl die heilige Hildegard von Bingen bei Gicht Bohnenkraut, und in den französischen und deutschen Pharmakopöen wird es seit 1582 als Magenmittel und Stimulans genannt. Ein französischer Arzt des 17. Jahrhunderts, Pierre Argellata, behauptete, daß es ihm bei mehr als 100 Patienten gelang, Mund- und Halsgeschwüre mit einem Bohnenkrautmazerat zu heilen; er kochte das Bohnenkraut in starkem Rotwein auf und behandelte damit die Geschwüre. In jüngerer Zeit fand ätherisches Bohnenkraut zahnmedizinische Verwendung, und Dr. Cazin behandelte damit Patienten mit Ohrenschmerzen.

Seit dem Mittelalter feiert man in der französischen Stadt Montpellier am 28. Dezember ein besonderes Bohnenkrautfest. Die Studenten machen einen der Ihren zum *petit évêque* (»kleinen Bischof«) und bekränzen ihn mit Bohnenkraut. Er führt dann die Studenten in einer

Prozession durch die Stadt, bei der mit Trommeln, Töpfen und Glocken Krach geschlagen wird. Sie endet mit einem Open-air-Fest, bei dem ein besonderer Bohnenkrautwein getrunken wird (ähnlich dem unten genannten Aphrodisiakum) – der das Denken und die Sinne gleichermaßen anregen soll, und immer wird den Bewohnern geraten, ihre Töchter in dieser Nacht besser nicht aus dem Haus zu lassen!

Das ätherische Öl

Beschreibung: Es wird aus den Blättern (manchmal auch mit den Blüten) wasserdampfdestilliert und ist blaßorange. Es ist ziemlich scharf, wie Thymian, und beißt etwas.

Inhaltsstoffe: Das Öl enthält sehr viele Phenole (wie Origano und Thymian), weitere Komponenten sind Carvacrol (30 bis 40%), Thymol (20 bis 30%), Cineol, Cymen und Pinen.

Anwendung

Medizin

Der hohe Phenolgehalt des Öls macht es, wie Origano und Thymian, zu einem starken Antiseptikum, doch darf es nie pur angewendet werden. Es beschleunigt die Narbenbildung und eignet sich zur Behandlung von Insektenbissen, **Brandwunden**, Geschwüren und **Abszess**.

Halten Sie für **Schnittwunden** ein kleines Fläschchen 70%igen Alkohol mit 3 bis 4 Tropfen Bohnenkrautöl bereit. Dies wirkt blut- und schmerzstillend. Tragen Sie später ein Öl aus 10 ml (2 TL) Sojaöl, 2 bis 3 Tropfen Weizenkeimöl und 3 Tropfen Bohnenkrautöl auf. Das fördert die Wundheilung.

Ein Kräutertee aus frischem Bohnenkraut ist ein hervorragendes Morgentonikum. Mit etwas Honig süßen.

Um einen aphrodisischen Wein ähnlich dem der Alten herzustellen, geben Sie 5 g Bohnenkrautblätter, 15 ml (1 EL) Zucker oder Fructose und 5 ml (1 TL) Magenbitter auf eine Flasche guten Portwein oder Madeira. Einige Zeit beiseite stellen, dann nach Bedarf ein Glas davon trinken.

(*Siehe auch* **Akne, Aphthen, Asthma, Blähungen, Herpes** *und* **sexuelle Probleme**.)

Küche

In der Küche schätzt man das einjährige Bohnenkraut weit mehr als das Bergbohnenkraut, da es milder schmeckt. Beide Sorten sind beißender und bitter als Thymian. Das Kraut trocknet ziemlich leicht, und getrocknet läßt sich Bohnenkraut am ehesten mit Thymian vergleichen.

Verwenden Sie Bohnenkraut in Fleischeintöpfen und -marinaden, besonders in Wildmarinaden; es paßt auch gut zu Grillfisch und -fleisch. Gebrauchen Sie es sparsam, da es leicht vorschmecken kann. In Deutschland ist Bohnenkraut, wie der Name schon sagt, ein traditionelles Gewürz für Bohnen aller Art, damit diese bekömmlicher werden und weniger Blähungen verursachen. Mit dem Kraut würzt man auch Sauerkraut, Würste und Salami, und früher wurden verschiedene französische Käse damit umhüllt.

Vermischtes

Das Kraut kann unter Potpourris gemischt werden und war früher ein beliebtes antiseptisches Streukraut. Seifen, die mit Bohnenkraut parfümiert sind, besonders wenn sie auch noch Zitrone enthalten, haben antiseptische Eigenschaften und lassen die Hände frisch riechen.

Bois de rose

Aniba roseadora – Lauraceae

Bois de rose – wörtlich »Rosenholz« – wird mit dem französischen Namen bezeichnet, um eine Verwechslung mit dem echten Rosenholz auszuschließen.

Der Baum, von dem das ätherische Öl gewonnen wird, ist im tropischen Afrika und in Brasilien (dort heißt das Öl *oleo de Pau-Rosa*) beheimatet. Er wächst überreichlich im Amazonasregenwald. Ein ähnlicher Baum kommt in Guayana vor (wo das Öl »Cayenne« genannt wird).

Die brasilianischen Destillierfabriken stehen in und um Manaus, und die riesigen Ölmengen, die man in der Vergangenheit – hauptsächlich für den amerikanischen und europäischen Markt – produziert hat (150 bis 300 t jährlich), haben zur Rodung von Abermillionen Hektar Wald geführt. Das Öl wird aus der Baumrinde destilliert, aber um diese zu erhalten, fällt man den ganzen Baum. Auch wenn in den vergangenen Jahren der Export des Öls zurückgegangen ist, wurden doch Umwelt und Klima unwiderruflich geschädigt, und ich bin der Meinung, daß Herstellung und Gebrauch des Öls gänzlich verboten werden sollten. Es gibt jedoch noch viele Aromatherapeuten, die Produkte mit diesem Öl verkaufen.

Anwendung

Medizin und Kosmetik

Die Eingeborenen des Amazonasgebietes nutzten die Rinde wegen ihrer medizinischen Eigenschaften. Tatsächlich wirkt sich Bois de rose spürbar auf die **Haut** aus und glättet Falten und **Narben**. Es ist ein sehr gutes Straffungsmittel und kann bei alternder Haut (mit Rose kann sie verjüngen) oder dann angewendet werden, wenn die Haut nach einer Krankheit oder einem Gewichtsverlust ermüdet und schlaff aussieht.

Galbanum und Rose sind die Öle, deren Eigenschaften denjenigen von Bois de rose am ähnlichsten sind.

Das ätherische Öl

Beschreibung: Der Geruch von Bois de rose wird über alles geschätzt. Es duftet holzig, moosig, blumig, sehr rosenartig. Das Öl bildet auch eine gute Grundlage, ist dickflüssiger und zähflüssiger als andere ätherische Öle, ein natürlicher Fixator, und wird in der Parfümindustrie sehr viel verwendet.

Inhaltsstoffe: Das Öl enthält zwischen 70 und 80% Linalool, und das wurde von den Parfümherstellern jahrzehntelang sehr geschätzt. Linalool kann jedoch mittlerweile synthetisch hergestellt werden, so daß es keine Entschuldigung mehr für den weiteren Gebrauch von Bois de rose gibt. Selbstverständlich hat die synthetische Variante weder genau dieselben therapeutischen Eigenschaften noch genau denselben Duft, aber trotzdem ist sie die bessere Alternative als eine weitere sinnlose Zerstörung der Natur. Es gibt außerdem noch andere Linaloolquellen: die Blätter einer taiwanesischen Pflanze (»Ho« oder »Shiu« genannt) liefern ein Öl, das 80 bis 90 % Linalool enthält. Ebenso sind andere ätherische Öle reich an Linalool: Spik, Basilikum, Bergamotte, Koriander, Lavendel, Zitrone, Thymian und Ylang-Ylang. Wenn auch ihre therapeutischen Eigenschaften nicht genau dieselben sind, bieten sie doch einen guten Ersatz.

Borneokampfer/Borneol
Dryobalanops aromatica/camphora – Dipterocarpeae

Dryobalanops camphora ist an der Westküste Sumatras und im Norden Borneos beheimatet und liefert ein Kampferöl, das unter dem Namen Borneo-, Malaysia- oder Sumatrakampfer oder Borneol(kampfer) bekannt ist.

Borneokampfer ist der Kampfer, der in der Medizin viele Jahrhunderte hoch geschätzt wurde. Im indischen Ayurvedasystem wird er in Kombination mit anderen Pflanzen zur Behandlung von Augenverletzungen und -infektionen, Kopfschmerzen und Migräne, Insekten- und Schlangenbissen, Leukorrhöe (starker Ausfluß der Scheide) und Vaginitis (Scheidenkatarrh) verwendet; er wird als nierenstärkend, harntreibend und als stark wirkendes Antiseptikum eingestuft. In der chinesischen Medizin ist er seit mehr als 2000 Jahren bekannt. In Europa war er schwer erhältlich und wurde einmal sogar teurer als Gold gehandelt. Im 11. Jahrhundert erwähnte Avicenna als einer der ersten seinen medizinischen Wert.

Viele Forscher haben die therapeutischen Eigenschaften des Borneokampfers untersucht. Dr. Leclerc hielt ihn für ein Herz- und allgemeines Stärkungsmittel sowie für ein mildes Aphrodisiakum; er entdeckte auch, daß er Rheumaschmerzen lindert und bei vielen Lungeninfektionen stark antiseptisch wirkt.

Anwendung

Medizin
Da es so schwierig ist, qualitativ gutes Öl zu bekommen, verwende ich Borneokampfer nur sehr selten und ziehe statt dessen für die Behandlung von Gelenksteifheit, Entzündungen und **Bursitis**

(Schleimbeutelentzündung) ätherische Pflanzenöle vor, die Borneol enthalten (siehe oben).

In Malaysia enthalten viele Schmerzmittel und Balsame gegen Migräne, Kopfschmerzen und Rheumaschmerzen Borneokampfer.

(*Siehe auch* **Insektenstiche und -bisse**.)

Das ätherische Öl

Beschreibung: So wie beim anderen Kampfer liefert der Baum, je älter er ist, desto mehr Öl. Borneol tritt auf natürliche Weise aus den Rissen im Stamm aus, das ätherische Öl kann aber auch durch Destillation der Zweige und Holzstücke gewonnen werden. Junge Bäume liefern flüssigeren Kampfer, der blaßgelb ist und sehr schwer kristalliert. Es ist ein ganz anderer Kampfer als der des *Cinnamomum camphora;* es handelt sich um Borneol, einen Alkohol, der in kleinen Teilchen oder Schichten kristallisiert und sich beim Erhärten weiß färbt. Er ist auch härter als der andere Kampfer. Borneol kommt in vielen ätherischen Ölen vor, unter anderem in Spik, Ingwer, Lavendel, Majoran, Rosmarin, Salbei und Thymian. Obwohl das Öl zuerst typisch nach Kampfer riecht, hat es auch eine Patchouli- und Ambernote.

Gefahren: Ich habe die Erfahrung gemacht, daß es sehr schwierig ist, qualitativ gutes Öl zu bekommen, auf das man sich absolut verlassen kann. Wenn Sie eine Bezugsquelle für Borneol gefunden zu haben glauben, seien Sie beim Kauf sehr auf der Hut, da der andere Kampfer so giftig ist.

Wenden Sie Borneokampfer niemals an, solange Sie homöopathische Medikamente nehmen, denn er hemmt deren Wirkung.

Cajeput

Melaleuca leucadendron – Myrtaceae

Cajeputöl stammt von einem Strauch (Myrtenheide), der ursprünglich auf den Molukken vorgekommen sein soll, jetzt aber auch auf den Malaiischen Inseln, in Malaysien und im tropischen Australien wächst. Der Name des Öls ist von dem malaysischen Wort *Kayu-Puti* oder *Caju-Puti* abgeleitet, das »weißer Baum« bedeutet, da der Stamm mit seinen unregelmäßigen Verzweigungen eine weißliche Rinde besitzt. Diese ist ungewöhnlich fibrös und kann in langen Streifen abgezogen werden. Es gibt mehr als ein Dutzend *Melaleuca*varianten, aus denen das ätherische Öl destilliert wird: darunter *M. hypericifolia*, *M. veridifolia* (Niaouli), *M. decussata*, *M. erucifolia* und *M. alternifolia* (der australische Teebaum). Es werden die jungen Zweige, Blätter und Knospen fermentiert und dann destilliert. Das Öl scheint erst im frühen 17. Jahrhundert in Europa aufgetaucht zu sein, während es in Malaysia und auf den anderen indonesischen Inseln schon lange vorher wegen seiner therapeutischen Eigenschaften bekannt war. Es wurde vor allem als Mittel gegen Erkältung, Grippe und chronischen Rheumatismus geschätzt und wegen seiner schweißtreibenden Eigenschaft auch gegen Cholera verschrieben. Auch die Rinde wurde von den einheimischen Medizinmännern verwendet. Bis die Holländer die Molukken eroberten, war es in Europa ein sehr seltenes und teures Heilmittel.

Dr. G. Guibourt ist einer der ersten, die die therapeutischen Eigenschaften des Baumes erwähnen. In seinem 1876 erschienenen Buch *The Natural History of Simple Drugs* behandelt er *Melaleuca* ausführlich und verweist auf ihre antiseptischen Eigenschaften bei Darmstörungen, Ruhr, Darmkatarrh, Blasenkatarrh und Harnröhreninfektionen. Er empfahl sie auch für den Atemapparat und bei Virusinfektionen wie Grippe. Diese Untersuchungen wurden viel später, im Jahr 1963, durch die Arbeit von Dr. Costet bestätigt.

Das ätherische Öl

Beschreibung: Das aus den jungen Zweigen, Blättern und Knospen destillierte Öl ist farblos und klar, und sein starkes Aroma, das an Kampfer und scharfen Pfeffer erinnert, ist von würziger Kühle.

Inhaltsstoffe: Cineol (45 bis 70 %), Aldehyde der Benzoesäure, Buttersäure, Valeriansäure sowie Pinen und Terpineol.

Gefahren: Der Apotheker Couvreur (siehe Literaturverzeichnis) warnt den Therapeuten in seinem 1939 erschienenen Buch vor der innerlichen Anwendung dieses Öls; er sagte, daß es Erbrechen und innerliche Blutungen hervorrufen kann. Es kann ein sehr gefährliches Mittel sein, darf also immer nur äußerlich angewendet werden und sollte auf jeden Fall außerhalb der Reichweite kleiner Kinder aufbewahrt werden.

Das ätherische Öl wird oft mit anderen ätherischen Ölen wie Rosmarin, Terpentin und Kampfer und mit Färbemitteln verfälscht. Dadurch verliert das Öl seine natürlichen therapeutischen Eigenschaften und kann bei Hautproblemen Bläschen und Ausschläge verschlimmern.

Verwenden Sie Cajeputöl nur, wenn Sie absolut sicher sind, daß es rein ist, und es Ihr Therapeut rät.

Anwendung

Medizin

Ich habe **Rheumatismus** und **steife Gelenke** in vielen Fällen erfolgreich damit behandelt. Mischen Sie 10 ml (2 TL) Sojaöl mit ein paar Tropfen Weizenkeimöl und 10 Tropfen Cajeput. Reiben Sie sanft die betroffenen Körperpartien ein, mehrmals am Tag wiederholen, wann immer Schmerzen auftreten.

Cajeput ist auch ein gutes Behandlungsmittel für **Blasenkatarrh**:

Geben Sie 3 Tropfen in ein heißes Bad. Niaouli (siehe dort), nah mit Cajeput verwandt, ist sogar noch wirksamer.

(*Siehe auch* **Brustinfekte, Bursitis, Erkältung, Halsentzündung, Husten, Heuschnupfen, Kopfschmerzen, Lungenentzündung, Schuppenflechte** *und* **Sinuitis**.)

Kosmetik
Cajeput hilft gut gegen **Haut**ausschläge. Mischen Sie jeweils 5 ml (1 TL) Mandelöl und Rizinusöl mit 2 Tropfen Weizenkeimöl und 5 Tropfen Cajeput. Den Ausschlag sanft damit einreiben und ein paarmal wiederholen, bis Besserung eintritt. Es ist ein mildes, reizlinderndes Mittel.

Calendula
Calendula officinalis – Compositae

Calendulaöl wird aus den Blütenblättern der Ringelblume destilliert, einer in Südeuropa beheimateten Blume, die aber auch weiter nördlich gut gedeiht, sogar auf kärgstem Boden. Sie wird bis zu 60 cm hoch, hat hellgrüne Blätter und gänseblümchenartige Blüten, die zwischen Hellorange und Gelb variieren und von Anfang Mai bis zu den ersten Reifnächten blühen können. Der lateinische Name verweist auf die Tatsache, daß sie an den Kalenden bzw. am Ersten der meisten Monate blüht. Der englische Name *marigold* ist eine Verfälschung des angelsächsischen Wortes *merso-meargealla* oder Sumpfdotterblume. Die Blume wurde später mit der Jungfrau Maria und im 17. Jahrhundert schließlich mit Königin Maria in Verbindung gebracht.
Es rankt sich ziemlich viel Volkskundliches um die Ringelblume: Die zur Sonnenwende geschnittenen Blüten sollen herzstärkend wirken. In alten Texten heißt es, es genüge schon, die Blüten täglich

ein paar Minuten zu betrachten, um schwache Augen zu kräftigen. Früher band man Ringelblumengirlanden an die Türgriffe, um das Böse, besonders die Ansteckung, außer Haus zu halten.

Der therapeutische Wert der Blüten bei der Behandlung von Hautproblemen ist seit langem bekannt. Zum Beispiel verwendete man Ringelblumenumschläge, um Pockennarben abzuheilen und zu glätten. Ringelblumenheilmittel für die Haut stehen in der heutigen Homöopathie und naturheilkundlichen oder ganzheitlichen Medizin in hohem Ansehen.

Das ätherische Öl

Beschreibung: Es wird aus den Blütenköpfen destilliert und ist sehr klebrig und zähflüssig. Es riecht sehr eigenartig – moschusartig, holzartig, sogar faulig, fast genauso wie die Blüten selbst. Dieser Geruch stößt viele Leute ab, auch wenn er in einem Heilmittel vorkommt.

Inhaltsstoffe: Flavonoide, Saponine, Triterpenalkohol und Bitterstoffe.

Anwendung

Medizin

Das Öl besitzt tonisierende, schweißtreibende, menstruationsfördernde und krampflösende Eigenschaften, wird aber hauptsächlich dermatologisch verwendet. Es eignet sich für sehr **empfindliche Haut** und ist ein gutes Narbenheilmittel, wenn jemand sehr schwere Akne hatte. Es wirkt in Verbindung mit anderen Ölen sehr beruhigend, selbst in kleinsten Mengen. Ich benutze es auch bei Verbrennungen, indem ich eine Spur davon in eine beruhigende Lotion mische. Bei einem Großteil der Präparate wird sehr wenig Öl benötigt. Aufgüsse von getrockneten Ringelblumen sind gute Straffungs- und gute Beruhigungsmittel für juckende Augen bei **Heuschnupfen**. Ein Heiltrank kann gegen **prämenstruelle** Beschwerden helfen. Etwas Öl in einer Petersilienkompresse (siehe Seite 346) empfiehlt sich bei **geplatzten Äderchen**. Ein Tropfen Öl als Badezusatz ist gut gegen **Schuppenflechte**.

(*Siehe auch* **Bauchschmerzen, Blutergüsse, Dermatitis, Dysmenorrhöe, Frostbeulen, Herpes, Impetigo, Ohrenschmerzen** *und* **Schnittwunden und Schrammen**.)

Küche
Ringelblumenblüten wurden seit dem Mittelalter als Arme-Leute-Safran zum Färben von Käse, Butter und Gerichten verwendet. Zur Elisabethanischen Zeit pflegte man sowohl Blütenblätter als auch Blätter in Salate zu geben (letztere schmecken sehr streng). Die Blütenblätter würzen Suppen und Eintöpfe und lassen sich kandieren.

Vermischtes
Ringelblumen wurden lange Zeit als Färbemittel verwendet, und die getrockneten Blütenblätter können unter Potpourris gemischt werden.

Ceylonzimt/Kassienzimt

Cinnamomum zeylanicum/Cinnamomum cassia – Lauraceae

Ceylonzimt und Kassienzimt werden aus der Rinde von Bäumen oder Sträuchern gewonnen, die zur Lorbeerbaumfamilie gehören. Sie sind immergrün, und die Bäume können eine Höhe von 18 m erreichen, häufiger sind sie aber 6 bis 9 m hoch. Die Blätter glänzen und sind eiförmig, und die gelben Rispenblüten sind klein, ebenso die Früchte. Der ganze Baum – Blüten, Früchte, Blätter, Wurzeln und Rinde – strömt einen würzigen Duft aus.

Man nimmt an, daß Kassienzimt aus Burma oder China stammt (daher in vielen Ländern sein Name, *canelle de Chine* zum Beispiel). Der Ceylonzimt kam ursprünglich aus Ceylon, wird aber jetzt auch in anderen tropischen Ländern wie Indien, auf den Seychellen und auf Mauritius angebaut.

Diese zu den ältesten Gewürzen zählende aromatische Substanz (wahrscheinlich Kassienzimt, aber Ceylonzimt und Kassienzimt werden geschichtlich seit langem verwechselt) wurde in der Monographie des legendären »Göttlichen Landmanns« Shen Nung, der etwa 2700 v. Chr. gelebt haben soll, unter dem Namen *kuei* erwähnt und im *Pen Tsao* (einem der ersten Handbücher der *Materia medica*) unter dem Namen *tien-chu-kuei,* was »Zimt aus Indien« bedeutet. Wissenschaftlich nachweisen läßt sich die Verwendung von Zimt in China aber »nur« bis etwa zum 3. und 4. Jahrhundert v. Chr. Es scheinen in China sehr wenige Rezepte ohne Einbeziehung dieses Gewürzes ausgestellt worden zu sein, und es war eingetragen als Beruhigungs-, Stärkungs-, appetitanregendes sowie als Mittel gegen Depressionen und Herzschwäche. In der Bibel wird das Gewürz unter dem Namen *quesiah* erwähnt. Gott befahl Moses vor dem Exodus, Myrrhe, Zimt, Olivenöl und Binsen aus Ägypten mitzunehmen. Es ist bekannt, daß die alten Ägypter zur Eindämmung von Epidemien und zum Einbalsamieren Zimt verwendeten.

Die arabischen Händler belieferten die Griechen und Römer mit dem Gewürz und versuchten, seine Herkunft geheimzuhalten, aber die Suche nach dem heiß begehrten Zimt wurde so enthusiastisch vorangetrieben, daß sie im 16. Jahrhundert der Hauptanlaß für die Portugiesen war, die Route um das Kap nach Indien und Ceylon ausfindig zu machen. Die Holländer, die Ceylon – das jetzige Sri Lanka – in der Mitte des 17. Jahrhunderts in Besitz nahmen, monopolisierten den Zimthandel für 150 Jahre, aber sie waren es auch, die mit seinem systematischen Anbau begannen (erst 1770). Später war das Gewürz im Westen leichter erhältlich und sein Gebrauch erschwinglicher.

Das ätherische Öl

Beschreibung: Wenn die Bäume sechs bis acht Jahre alt sind, wird die Rinde in langen Streifen abgeschält und an der Sonne getrocknet. Diese Streifen rollen sich zu Röhren, den für dieses Gewürz so typischen »Stangen«. Beim Ceylonzimt wird eine innere Korkschicht abgeschält, die man bei Kassienzimt aber daran läßt, der rötlicher ist, oft gespänt ist und eine gröbere Schärfe hat als Ceylonzimt. Damit die Rinde Zeit zum Nachwachsen hat, wird sie etwa alle zwei Jahre abgeschält, und es heißt, daß ein guter Baum bis zu 200 Jahre lang ertragreich ist.

Ätherisches Ceylonzimtöl wird durch Wasserdampfdestillation der Rinde und Blätter gewonnen, ätherisches Kassienzimtöl – das nicht leicht zu finden ist – aus Blättern, Rinde und jungen Zweigen. Kassienzimtöl ist in der Konsistenz zäher und weniger subtil und aromatisch.

Inhaltsstoffe: Ceylonzimt – Zimtaldehyd (60 bis 65%), Caryophyllen, Cymen, Eugenol, Linalool, Methylamylketon, von dem das charakteristische Aroma stammt, Phellandren, Pinen und vieles mehr. Kassienzimt enthält einen höheren Prozentsatz Zimtaldehyd, nämlich 80 bis 90%.

Gefahren: Die Öle sollten niemals eigenmächtig, sondern immer von einem erfahrenen Therapeuten gebraucht werden. Sie können bei vielen Menschen toxisch wirken und müssen immer stark mit einem Basisöl verdünnt und in Kombination mit anderen ätherischen Ölen verwendet werden. Pur als Badezusatz oder auf der Haut angewendet, können sie schreckliche Blasen und Verbrennungen hervorrufen. Der hohe Eugenolgehalt des Zimtöls bedeutet, daß es Metall korrodieren kann. Beide Zimtöle stehen auf der IFRA-Liste eingeschränkt empfohlener Öle (siehe Seite 55).

Anwendung

Medizin

Das Öl besitzt antiseptische, verdauungsfördernde und antirheumatische Eigenschaften. Da Zimtblätter in einem so hohen Maß Phenole enthalten (5 bis 10 % Eugenol), gehört Zimtöl mit zu den stärksten Antiseptika und virenbekämpfenden Mitteln, die in der Natur vorkommen. In einer Quelle heißt es, daß das ätherische Öl in weniger als einer halben Stunde eine ganze Typhuserregerkultur zerstörte. Mit einer derartigen Wirkungskraft sollten verständlicherweise nur Therapeuten umgehen.

Sicherheitshalber empfehle ich Zimt für den häuslichen Gebrauch nur in Pulver- oder Stangenform, wenn er gegen Grippe- oder Erkältungsanzeichen helfen und für das Verdauungssystem als Anregungsmittel dienen soll. Ein gesüßter Zimttrank – zum Beispiel aus Milch, mit oder ohne Branntwein – kann Husten oder Halsentzündungen lindern.

Zimt, gemahlen oder in Stangenform, kann auch in Mundwassern benutzt werden; und es vertreibt den Mundgeruch, wenn man einfach nur ein Stück Stange kaut.

(*Siehe auch* **Halsentzündung, Husten** *und* **Lungenentzündung**.)

Zimt-Panazee

Diese Panazee (Allheilmittel) können Sie bei den verschiedensten Krankheiten nehmen. Trinken Sie dann täglich vor den Mahlzeiten ein kleines Likörglas voll.

60 g Zimtstangen

30 g Vanilleschoten

30 g Ginseng

20 g Rhabarber, geschnitten

7,5 g Ingwerwurzel, geschält und zerrieben

1 l Malagawein

Zutaten mischen und die Flasche 4 Wochen im Dunkeln stehen lassen, ab und zu schütteln. Trinken Sie von der Panazee, wenn die Grippe grassiert, oder als Fitmacher nach einer schweren Krankheit, auch bei träger Verdauung. Ein oder zwei Likörgläser voll können auch zu Süßspeisen wie Kompott, Fruchtsalat und Karamelpudding gegeben werden.

Küche

Ceylon- und Kassienzimt sind für die Küche in Stangen- oder Splitterform erhältlich; Ceylonzimt kann auch gemahlen gekauft werden (es ist schwierig, ihn selbst zu mahlen), kaufen Sie jedoch kleine Mengen, da das Aroma schnell verfliegt. Im Westen wird gemahlener Zimt normalerweise für Desserts, Kuchen, Feingebäck und Kekse verwendet; das Aroma der Stangen kann Sirupe, Cremespeisen und Gewürz- oder Glühweine verfeinern. Geschmack und wohltuende Wirkung der Stangen sind schon zu spüren, wenn man sie bei heißen Getränken wie Kakao oder heißer Schokolade einfach nur als Rührstäbchen gebraucht.

Ceylon- und Kassienzimt, insbesondere letzterer, finden in arabischen und indischen Fleischgerichten Verwendung: Wegen des hohen Phenolgehalts hat dies den praktischen Zweck, die für das Verderben der Nahrungsmittel verantwortlichen Bakterien zu zerstören oder in Schranken zu halten. Getrocknete Kassienzimtblätter, die genauso aromatisch sind wie die Rinde, werden in Indien häufig gebraucht: Sie sind *tej-put,* der indische »Lorbeer«. Auch Kassienzimtblüten, die nelkenähnlich aussehen, kommen in Fleischgerichte. Natürlich gehört Kassienzimt zu den beliebtesten Gewürzen der chinesischen Küche, und Ceylonzimt befindet sich in vielen *garam masalas* (indischen Gewürzmischungen).

Vermischtes

Ceylon- oder Kassienzimt wurde früher häufig zur Inzensation (Beweihräucherung) verbrannt, und aus einem aus den Früchten gewonnenen Fett wurden einmal Kirchenkerzen hergestellt. Der kräftige Duft beider Gewürze eignet sich für Potpourris, Kräuterkissen und für Kräutersäckchen gegen Motten. Zimt ist auch eine Zutat des Karmeliterwassers. Plinius nannte in seiner *Naturalis historia* (Naturgeschichte) Zimt in einem Rezept für ein Männerparfüm, und in vielen Quellen wird das Gewürz zum Parfümieren von Bettwäsche empfohlen – aber Achtung, das Buch der Sprüche warnt vor der Frau, die ihr Bett auf diese Weise verlockend macht!

Zimt ist jetzt in vielen Seifen und Männerkosmetika populär geworden.

Citronella

Cymbopogon nardus – Gramineae

Citronella gehört mit zur selben Familie sehr ölhaltiger, aromatischer Tropengräser wie Lemongrass und Palmarosa. Diese hatten einmal den eigenen Gattungsnamen *Andropogon,* gehören aber jetzt mit zur Gattung *Cymbopogon.* Es gibt einige Spielarten, aber alle sind groß, rauh und robust und werden 1,2 bis 1,5 m hoch; sie können wild auch in höheren Lagen vorkommen, werden im allgemeinen jedoch in Meeresnähe kultiviert. Sie werden durch Wurzelteilung vermehrt, und die Blätter können acht Monate nach dem Anpflanzen geschnitten werden, danach etwa alle vier Monate, abhängig vom Wetter. Alle vier bis fünf Jahre muß neu angepflanzt werden.

Die geschätztesten Sorten kommen aus Java, Sri Lanka, von den Seychellen, Neuguinea und Guayana. 1933 sollen auf Sri Lanka auf insgesamt 121 km^2 Citronella angebaut worden sein; 1987 wurden 100 bis 120 t Öl exportiert; seitdem gingen Anbau und Produktion jedoch zurück.

Das ätherische Öl

Beschreibung: Es wird aus den Blättern destilliert, ist gelb- bis dunkelbraun und hat einen stark aromatischen, zitronenartigen Geruch. Die Ölproduktion variiert entsprechend den Jahreszeiten.

Inhaltsstoffe: Sie variieren je nach Herkunft des Öls. Das Öl aus Java hat zum Beispiel hohe Anteile von Citronellol (30 bis 50%) und Geraniol, daneben Spuren von Citral, Methyl-Eugenol und verschiedenen Terpenen. Das Öl aus Sri Lanka enthält weniger Citronellol (nur 8 bis 18%), etwas Geraniol, 5 bis 8% Eugenol und Spuren von Borneol, Citral und verschiedenen Terpenen.

Gefahren: Da Citronellaöl sehr billig ist, wird es in Verbindung mit Sandelholz zur Imitation von Geranienöl verwendet; in Verbindung mit Lemongrass und Geranie zur Imitation von Rosenöl (das Geraniol und Citronellol enthält), und zur Imitation von Verbena.

Anwendung

Medizin
Nehmen Sie ein kleines Fläschchen Citronellaöl gegen Insektenstiche und als Insektizid mit in den Urlaub. Geben Sie ein paar Tropfen auf Ihre Zudecke und neben Ihr Kopfkissen. Tragen Sie es mehrmals am Tag auf Mücken- und andere Insektenstiche auf: Es nimmt den Juckreiz und wirkt gleichzeitig **antiseptisch**. Für Kinder unter acht Jahren das Öl verdünnen (10 Tropfen auf 25 ml Mandelöl).
Haben Sie **Rheuma**- oder anderweitige Gliederschmerzen, reiben Sie die betroffenen Stellen mit einer Mischung aus 50 ml Soja- oder einem anderen Pflanzenöl mit 20 Tropfen Citronella ein.

(*Siehe auch* **Insektenstiche und -bisse**.)

Vermischtes
Das Öl kommt in der Therapie kaum zur Anwendung, wegen seiner stark antiseptischen und desodorierenden Eigenschaften ist es aber häufig in Handelsprodukten enthalten – in Seifen, Putzmitteln und Insektiziden. Den Citralgehalt nutzt man bei der Herstellung von Industriementhol.

Elemi

Canarium luzonicum – Burseraceae

Das Elemi oder Elemigummi genannte Fettharz kommt von großen Bäumen, die aus den Philippinen stammten, jetzt aber in vielen Spielarten in Australien, Indien, Süd- und Mittelamerika und Afrika zu finden sind.

Das ätherische Öl

Beschreibung: Das weiße Fettharz tritt aus der Baumrinde aus. Es hat eine starke Ähnlichkeit mit Terpentin, ist aber wesentlich dickflüssiger. Mit der Zeit wird es wächsern und gelb und verliert seinen balsamischen Duft fast vollständig. Das ätherische Öl wird durch Destillation des Fettharzes gewonnen und ist farblos bis blaßgelb. Es riecht stark balsamisch, scharf und aromatisch, was auf seinen Hauptinhaltsstoff Phellandren zurückzuführen ist.

Inhaltsstoffe: Phellandren; daneben andere Terpene wie Dipenten, Limonen und Pinen; 60 bis 70 % einer Harzsubstanz, die aus Alkoholen und Triterpensäuren besteht.

Elemi wurde in Europa im 16. Jahrhundert als Medizin gebräuchlich und hieß damals *resina elemnia.* Man behandelte damit Geschwüre und Hautinfektionen, und es war Bestandteil vieler Hautcremes und Salben wie der französischen *baume de Fioravanti* und *baume paralytique*. Ein anderes französisches Mittel aus Elemi war das *l'emplâtre* (Pflaster) *diachylon;* damit wurden Knochenbrüche verbunden. J. J. Wecker, ein Arzt im frühen 17. Jahrhundert, fand heraus, daß sich mit Elemi Kopfverletzungen und Wunden sehr erfolgreich behandeln ließen. Damals wurden auch Soldaten mit Elemi behandelt; es beschleunigte wenigstens den Heilungsprozeß von tiefen Schwertwunden.

Anwendung

Medizin

Elemi, unter eine Creme gemischt, eignet sich sehr zur äußerlichen Behandlung von Knochenbrüchen älterer Patienten. Es gelang mir, damit **Rheumaschmerzen** vorzubeugen (eine häufige Erscheinung nach Knochenbrüchen), wenn der betroffene Körperteil täglich mit dem Mittel eingerieben wurde.

Folgende Massagecreme ist sehr wirksam, wenn sie unmittelbar nach dem Unfall auf den Bruch aufgetragen wird. 20 Tropfen Elemi in 50 g leicht erwärmte, dicke Cold Cream geben. Wenn möglich, die frische Verletzung sofort sacht damit einreiben, dann mit einem dicken Wattebausch abdecken und bandagieren. Ein paar Stunden warten, um die Wirkstoffe langsam eindringen zu lassen.

Nach ein paar Wochen – etwa sobald der Gipsverband entfernt wurde – können Sie folgendes Öl herstellen und zweimal täglich einmassieren: 50 ml Sojaöl mit 3 Tropfen Weizenkeimöl und 20 Tropfen Elemi mischen. Danach die behandelte Stelle locker umwickeln, um sie warm zu halten.

Vermischtes

Elemi kommt verschiedentlich in handelsüblichen Pflastern, Salben, Firnissen und Tinten vor.

Estragon
Artemisia dracunculus – Compositae

Diese kleine, buschige, ausdauernde Pflanze stammt angeblich aus Asien, ist aber jetzt in ganz Europa verbreitet. Es gibt zwei Estragonarten: *A. dracunculus,* der »Echte«, »Französische« Estragon, ist als Küchen- und Heilkraut geschätzt; *A. dracunculoides,* der »Falsche« oder »Russische« Estragon, hat etwas größere Blätter und schmeckt gröber. Andere in der Volksmedizin gebräuchliche Mitglieder der *Artemisia*-Familie sind *A. absinthium,* Wermut (früher bei der Absinthherstellung verwendet, der jetzt aber wegen seines Thujongehalts verboten ist), *A. vulgaris,* Beifuß, und *A. abrotanum,* Eberraute. Echter Estragon hat hellgrüne, schmale, lanzettförmige Blätter, die (im Gegensatz zu den anderen *Artemisiae*) nicht gelappt sind. Sie haben einen einmaligen, angenehm aromatischen Geschmack. Die Pflanze wird 60 bis 90 cm hoch und läßt sich an einem sonnigen Platz, auch im Balkonkasten, leicht ziehen. Sie treibt im August kleine grüngelbe Blüten, aber diese öffnen sich in kalten Gegenden selten, und folglich setzt die Pflanze selten Samen an. Sie wird durch Stecklinge vermehrt, und wenn Samen erhältlich sind, handelt es sich meistens um die Samen des überaus fruchtbaren Russischen Estragons. Estragon gehört zu den nur drei allgemein gebräuchlichen Heilpflanzen der *Compositae,* der zweitgrößten Familie unter den blühenden Pflanzen (neben der Ringelblume und der Kamille).

Der botanische Name stammt aus dem Griechischen und dem Lateinischen: *artemisía* bezieht sich auf Artemis, die griechische jungfräuliche Jagd- und Mondgöttin; *dracunculus* bedeutet »kleiner Drache«. Der französische Name *estragon* stammt aus dem Lateinischen – in alten französischen Texten wird die Pflanze wirklich noch *herbe au dragon* genannt, und im Mittelalter verwendete man sie gegen Bisse von tollwütigen Hunden und anderen Tieren. Ein anderer Name damals war *targon.*

Die Pflanze soll durch die Kreuzfahrer nach Europa gebracht worden
sein. Die arabischen Ärzte kannten sie schon lange vorher als Mittel
gegen Blähungen, und Avicenna empfahl sie im 10. Jahrhundert
gegen Gärung, schlechte Verdauung und Blähungen. 1548 riet Matthiolus, man solle sie mit Blattsalat kombinieren (was Gerard später
wiederholte), ein Brauch, der noch heute in Frankreich existiert.
Estragon gewann im 18. Jahrhundert als Stomachikum, Stimulans
und Sudoriferum großes Ansehen (siehe »Glossar der medizinischen
Fachausdrücke«). In Frankreich verschrieb es Dr. Cazin mit großem
Erfolg gegen Schluckauf, Dyspepsie, Gicht und Rheumatismus.

Das ätherische Öl

Beschreibung: Das Öl wird aus den Blättern destilliert und ist
gewöhnlich farblos bis blaßgrün. Der Geruch erinnert an Anis
oder Fenchel und hat eine wunderbare, leicht würzige Note.

Inhaltsstoffe: Phenol (bis zu 70 % Estragol), daneben Cymen,
Linalylazetat, Phellandren und Aldehydspuren.

Gefahren: Da Estragol, auch Methylchavicol genannt, bei
vielen Menschen Allergien verursacht, sollte das Öl mit großer Vorsicht angewendet werden.

Anwendung

Medizin

Das Öl eignet sich für Massageöle bei **Dysmenrrhöe**, **Amenorrhöe**,
prämenstruellem Syndrom und bei **Wechseljahr**beschwerden.
Die Pflanze ist verdauungsfördernd, wenn sie frisch gegessen wird,
und ein Tee aus gehacktem Estragon ist ein gutes Diuretikum (harntreibend).

(*Siehe auch* **Zyklusstörungen** *und* **Verstopfung**.)

Küche

Estragon wird wegen seines wunderbaren Geschmacks in der Küche außerordentlich geschätzt. Man kombiniert ihn vor allen Dingen mit Hühnchen: Unterlegen Sie vor dem Grillen die Hühnchenhaut mit Estragonblättern, und geben Sie weitere Blätter und eine in Hälften geschnittene Zitrone in die Höhlung. Estragon ergibt auch einen wunderbaren Kräuteressig: Sie brauchen dazu nur ein paar Blätter in eine Flasche Weißweinessig zu stopfen und diese für 2 Wochen beiseite zu stellen (das ist eine gute Möglichkeit, Estragon aufzubewahren, da er getrocknet nahezu nach nichts schmeckt). Frischer Estragon wird zum Garnieren verwendet und kommt in Salate, *bouquets garni* (Kräutersträußchen), gehackte *Fines herbes* (Feine Kräuter, mit Petersilie und Schnittlauch) und in Saucen wie Béarnaise und Hollandaise und in Tatar. Es ist auch ein Senf- und Essiggurkengewürz und eine Zutat in einigen regionalen französischen Likörspezialitäten. Im Nahen Osten werden die jungen Zweige und Triebe als gekochtes Gemüse gegessen.

Estragon kann als Salzersatz verwendet werden, was neben seinem feinen Geschmack eine seiner wichtigsten Eigenschaften ist und ihn besonders für diejenigen empfehlenswert macht, die unter Herzproblemen oder Fettleibigkeit leiden. Dies wurde schon sehr früh erkannt: Ein Botaniker des 16. Jahrhunderts, Ruellius, sagte über Estragon, er sei »einer der angenehmsten Salate, der weder Salz noch Essig braucht, weil er bereits nach diesen beiden Gewürzen schmeckt«.

Eukalyptus ✈

Eucalyptus globulus – Myrtaceae

Alle Eukalyptusbäume – es gibt um die 600 Arten – stammen aus Australien. Man hat sie jetzt erfolgreich in viele andere warme Teile der Welt verpflanzt, besonders nach Zentralasien, Nordafrika und Kalifornien (wo sie beinahe eine Seuche geworden sind und viele einheimische Arten bedrohen). Nur wenige der insgesamt subtropischen Arten gedeihen auch in nördlicheren Regionen. Sie werden sehr groß und wachsen sehr schnell – 21 bis 27 m innerhalb von 20 Jahren –, und ein Baum in Australien soll der größte Laubbaum der Welt sein.

Die immergrünen Eukalyptusbäume werden gewöhnlich Gummibäume genannt, weil die Rinde einen süß riechenden Gummi ausscheiden kann. Es sind jedoch die Blätter, die die ätherischen Öltröpfchen enthalten, wobei diejenigen des tasmanischen Blauen Gummibaums, *E. globulus,* in der Therapie am meisten geschätzt werden. Die Blätter der jungen Bäume sind rund und silbrig (wie sie in Blumenläden zu sehen sind), aber sie werden, wenn der Baum älter wird, zu sehr langen Ovalen, von meist kräftiger blaugraugrüner Farbe. Die Blüten des Blauen Gummibaums gleichen kleinen Töpfen, aus denen duftende weiße Staubfäden treten, wenn die Deckel aufspringen.

Die kommerzielle Destillation des Öls begann 1854 in Australien und wurde dort und in jenen Ländern fortgesetzt, in denen der Baum akklimatisiert wurde.

Die ersten Arbeiten über die antiseptischen und antibakteriellen Eigenschaften des Öls wurden von den Ärzten Cloëz (1870), Faust und Homeyer (1874) in Deutschland veröffentlicht. Sie klassifizierten es als schweißtreibend, antikatarrhisch, adstringierend sowie als Stimulans. Es wurde gegen alle Erkrankungen des Atemapparats wie Bronchitis, Grippe, Asthma und Husten verschrieben. Die Eigenschaften des Öls sind noch heute unübertroffen, und viele französische Arzneimittel und handelsübliche Hustenmittel enthalten in unterschiedlicher Form Eukalyptus.

Das ätherische Öl

Beschreibung: Es wird aus den Zweigen und Blättern junger und reifer Bäume destilliert. Die reiferen Bäume liefern mehr und qualitativ besseres Öl. Das Öl ist sehr dünnflüssig und hat eine klare hellgelbe Farbe. Es duftet angenehm frisch und balsamisch.

Inhaltsstoffe: 70 bis 80% Cineol oder Eucalyptol; daneben kommen einige Aldehyde, Ketone, Sesquiterpenalkohole und Terpene vor. Eukalyptus setzt sich aus annähernd 250 Komponenten zusammen, so daß es äußerst schwierig ist, es synthetisch herzustellen.

Anwendung

Medizin
Eukalyptusöl wirkt stark antiseptisch und ist ein beliebtes Heilmittel gegen **Erkältung** und **Grippe**, **Husten**, **Bronchitis**, **Katarrh** und Virusinfektionen. Es kann auf viele Weisen zur Behandlung dieser Krankheiten eingesetzt werden.

Für eine Inhalation geben Sie 3 Tropfen in eine Schüssel heißes Wasser. 5 Minuten inhalieren und drei- bis viermal am Tag wiederholen. Geben Sie ein paar Tropfen auf ein Taschentuch, und inhalieren Sie hin und wieder. Verwenden Sie ein paar Tropfen als Badezusatz. Reiben Sie Brust und Bauch dreimal täglich mit einem Öl aus 50 ml Sojaöl, 2 Tropfen Weizenkeimöl und 15 Tropfen Eukalyptus ein.

Dasselbe Öl ist auch gegen nervöse Unruhe, Erschöpfung und in der

Rekonvaleszenz hilfreich. Mehrmals täglich im Kreuzbeinbereich, auf Solarplexus und Handrücken einmassieren. Es wirkt stimulierend auf das Nervensystem.

Rheumabeschwerden lassen sich ebenfalls mit Eukalyptus lindern (das Öl ist in vielen handelsüblichen Einreibungen enthalten) – das Öl wie oben mischen, nur anstelle der 15 Tropfen Eukalyptus 8 Tropfen Eukalyptus und 4 Tropfen Thymianöl verwenden.

Auch die Blätter können therapeutisch gegen **Erkältung** und **Grippe** eingesetzt werden. Geben Sie 15 ml (1 EL) trockene Blätter auf 600 ml kochendes Wasser. 10 Minuten ziehen lassen. Nach Wunsch mit etwas Honig süßen und davon mindestens 6 bis 8 Tassen über den Tag verteilt trinken. Ein Blätteraufguß kann auch in öffentlichen Räumen oder in einem Krankenzimmer als Desinfektionsmittel dienen.

Untersuchungen eines gewissen Dr. Trosus haben ergeben, daß Eukalyptus blutzuckersenkende Eigenschaften besitzt, und er verschrieb ihn gegen Bluthochdruck und Diabetes. Laut Dr. Trosus läßt sich durch Trinken von Eukalyptustee der Zucker im Urin auf ein normales Maß senken.

Eukalyptus-Wintersirup

Dies ist ein wunderbares Prophylaktikum, wenn **Erkältung** und **Grippe** umgehen. Es ist auch ein ausgezeichnetes Mittel für **Asthmatiker**.

20 g getrocknete Eukalyptusblätter
300 ml Wasser
300 g Fruchtzucker oder Honig

Stellen Sie einen sehr starken Auszug her, indem Sie die Blätter 10 Minuten im Wasser aufkochen; dann 20 Minuten ziehen lassen, abseihen und den Fruchtzucker oder Honig dazugeben. In einer dunklen Flasche aufbewahren und mehrmals am Tag einen Teelöffel voll davon einnehmen, wenn Erkältungen im Anmarsch sind.

(*Siehe auch* **Abszesse und Furunkel, Asthma, Brustinfekte, Bursitis, Fieber, Gelenksteifheit, Heuschnupfen, Insektenstiche und -bisse, Lungenentzündung, Neuralgie, Schnittwunden und Schrammen, Sinuitis, Brandwunden** *und* **Zystitis**.)

Vermischtes

Die Bäume sollen angeblich Insekten fernhalten. Das Öl des *E. citriodora,* des zitronig duftenden Gummibaums (dessen Blätter Citronellol enthalten), wird in der Parfümindustrie verwendet, und seine Blätter kommen in Potpourris. Ein Großteil des erzeugten Öls wird kommerziell genutzt: in so verschiedenen Produkten wie Desinfektionsmitteln und Stiefelwachs.

Die Rinde mancher Eukalyptusbäume – sie fällt wie das Laub der meisten Bäume ab – liefert eine beige Färbeflüssigkeit, das Blattwerk eine rote.

Fenchel
Foeniculum vulgare – Umbelliferae

Wie die anderen Doldengewächse ist der Fenchel in Südeuropa, besonders rund ums Mittelmeer, heimisch. Er wurde in vielen anderen nichttropischen Teilen der Welt eingebürgert – in Japan, Persien, Indien und den USA – und wächst größtenteils in Meeresnähe. Die Römer brachten ihn nach Nordeuropa und die frühen europäischen Siedler nach Amerika (in Kalifornien ist er zu einem Unkraut geworden). Er ist eine winterfeste, mehrjährige Pflanze mit einem Schleier aus blaugrünen, fedrigen Blättern und gelben Blütendolden, die die Samen ansetzen. Ein in Italien gezüchteter Verwandter ist der Florenzfenchel oder *finocchio (F. v. dulce):* Diese einjährige Pflanze liefert die dicken Stengelknollen, die wie die fedrigen Blätter und Samen roh gegessen werden können.

Das ätherische Öl

Beschreibung: Obwohl alle Teile der Pflanze aromatisch sind, werden lediglich die zerstoßenen Samen zu ätherischem Öl destilliert. Dieses ist gewöhnlich farblos, manchmal blaßgelb. Es hat ein sehr charakteristisches und intensives Aroma, das etwas an Anis erinnert, aber weicher und kampferartiger ist.

Inhaltsstoffe: Bis zu 60% Anethol; daneben Anisaldehyd, Camphen, d-Fenchon, Dipenten, Estragol, Fenon, Phellandren und Pinen.

Gefahren: Die Verbindung von Anethol und Estragol (Methylchavicol) könnte – wie bei Anis (siehe dort) – gefährlich sein. Ich habe noch niemals erlebt, daß jemand auf das Öl allergisch reagiert hätte, aber natürlich sollten empfindliche Menschen sehr vorsichtig sein.

Fenchel ist seit frühester Zeit bekannt und wurde von den Chinesen, Indern und Ägyptern sowohl als Gewürz wie auch als Medizin verwendet. Theophrast und Plinius zogen ihn dem Anis vor, und Dioskurides und Hippokrates behaupteten beide, Fenchel wirke milchtreibend (eine Eigenschaft, die noch heute geschätzt wird). Plinius bewertete ihn auch als Augenheilkraut. Die Römer verwendeten ihn wegen seiner verdauungsfördernden Eigenschaften und pflegten als letzten Gang einer Mahlzeit eine Art Kuchen zu essen, der Fenchel und andere Samen enthielt (ähnlich wie die Inder heute am Ende einer Mahlzeit *paan* servieren, eine Samenmischung, die ebenfalls Fenchel enthält). Die Griechen glaubten, Fenchel mache schlank; und da er leicht entwässernd wirkt, war dies tatsächlich nicht ganz unbegründet. Karl der Große ordnete an, Fenchel in seinen Gärten anzubauen, und die heilige Hildegard pries die Pflanze wegen ihrer vielen medizinischen Eigenschaften. Hieronymus Brunschwyg erwähnt zum erstenmal das ätherische Fenchelöl in seinem 1500 erschienenen Buch *Über die Kunst der Destillation.* Im 19. Jahrhundert klassifizierten die Ärzte Cazin, Bodard und Bontemps den Fenchel als ein Tonikum, Karminativum, Stomachikum, Emmenagogum und als milchtreibendes Mittel (siehe »Glossar der medizinischen Fachausdrücke«). In neuerer Zeit berichteten Dr. Leclerc und Dr. Maury über Behandlungserfolge mit Fenchel bei Gicht, Rheumatismus und Nierenfunktionsstörungen (besonders Nierensteine).

Anwendung

Medizin

Fenchel wird seit langem mit der **Verdauung** in Verbindung gebracht, und es ist zusammen mit seinem Doldengewächskameraden Dill in Babykolikarzneien enthalten. (Gegen Babybauchweh hilft gewöhnlich ein gekochtes Karotten-Fenchel-Wasser.)

Fenchel ist ein wunderbares Muskeltonikum und besonders gut für Sportler und diejenigen Menschen, die sehr viel Sport treiben. Es ist auch in der Rekonvaleszenz hilfreich. Man tut sich sehr viel Gutes an, wenn man das Kraut und seine Gemüseverwandten so oft wie möglich ißt und Fenchelheiltees trinkt.

Für einen Fenchelheiltrank gießt man 7,5 ml (1/2 EL) zerstoßene Samen mit 600 ml kochendem Wasser in einer Teekanne auf. Vor dem Abseihen 7 Minuten ziehen lassen. Eventuell mit etwas Honig süßen (gut für Sportler) und morgens sowie tagsüber als Tonikum trinken.

Für ein Stärkungsbad gibt man 10 Tropfen des ätherischen Öls unter das laufende heiße Wasser und entspannt sich 10 Minuten lang in der Wanne. (Dies ist auch gut gegen Blasenbeschwerden wie **Zystitis**.) Danach Beine, Arme, Rumpf, Nacken und Füße mit einem Körperöl aus 50 ml Sojaöl, 4 Tropfen Weizenkeimöl und 15 Tropfen Fenchelöl einreiben.

(*Siehe auch* **Appetitlosigkeit, Dysmenorrhöe, Muskelschmerzen, Mundgeruch** *und* **Verstopfung**.)

Kosmetik

Ein Aufguß der Samen kann zur Reinigung und leichten Tonisierung der Haut verwendet werden.

Fenchel ist auch bei Augenentzündungen, geschwollenen Augen und Bindehautentzündung hilfreich. Kochen Sie 15 ml (1 TL) zerstoßene Samen einige Minuten lang in 600 ml Wasser auf. Abkühlen lassen und abseihen. Beide Augen einige Male damit spülen. Bei mehrfacher Anwendung pro Tag sollten die Beschwerden ziemlich rasch abklingen. Suchen Sie Ihren Hausarzt oder einen Augenarzt auf, wenn die Symptome nicht besser werden.

Küche

Meistens wird mit Fenchel Fisch gewürzt: Die fedrigen Blätter kommen in Fischsaucen, -suppen und -salate; und oft legt man beim Grillen getrocknete Stengel unter die ganzen Fische. Die Blätter können für Kräuteröle und -essige verwendet werden und ergeben zusammen mit Petersilie eine herrliche weiße Sauce zu Spargel. Die Samen würzen eine italienische Salami und gehören zu den beliebtesten chinesischen Gewürzen. Sie werden oft unter Currygerichte gemischt, auf Broten gebacken und können wie Liebstöckel unter zerstoßenes Meersalz gegeben werden. Fenchelsamen passen besonders gut zu Gurke und lassen sich auch mit Käse gemischt über gedämpftes Gemüse streuen. Die Stengel können wie Stangensellerie gekocht werden, und früher wurden die Wurzeln einmal kandiert. Die Pflanze und das Öl werden für einige Spirituosen verwendet, hauptsächlich für die (meistens Sternanis enthaltenden) *Pastis*sorten. Ein französischer Kräuterlikör, *La Tintaine,* wird in Flaschen mit einem Fenchelstengel verkauft.

Der Knollenfenchel besitzt viele Eigenschaften des Heilkrauts und kann roh als Salat oder gekocht gegessen werden. Für einen Salat den Fenchel putzen und in Streifen schneiden (die fedrigen Blätter als Grünzeug verwenden), mit kleingehackter Petersilie überstreuen und mit kaltgepreßtem Olivenöl, etwas Salz und Pfeffer anmachen. Diese Salatbeilage schmeckt besonders gut zu Fisch.

Überbackener Fenchel (für 4 Personen)
Dies kann als Hauptgericht oder als Beilage zu Wild, Huhn oder Kalbfleisch gegessen werden.

4 große Fenchelknollen
Salz und frisch gemahlener Pfeffer
1 Knoblauchzehe, geschält und halbiert
85 ml Olivenöl
100 g Gruyère, gerieben

Knollen gut putzen, halbieren und 30 Minuten in Salzwasser dünsten. Gut abtropfen lassen. Eine feuerfeste Form mit der Knoblauchzehe ausreiben und mit einem Teil des Olivenöls besprenkeln. Die halben Knollen in die Form legen und mit dem restlichen Olivenöl besprenkeln. Mit Salz und Pfeffer würzen und den Käse darüberstreuen. Mit Backpapier abdecken und im vorgeheizten Rohr bei circa 180 bis 200 Grad Celsius etwa 35 Minuten überbacken.

Galbanum
Ferula galbaniflua – Umbelliferae

Galbanum ist ein Gummiharz, das aus einer Spezies der *Ferula* gewonnen wird, einer Familie mehrjähriger Riesenfenchel. Die Pflanze hat den typischen Blütenschirm und Samenkopf ihrer bekannteren Verwandten, einen dicken Stengel und kann bis zu 2 m hoch werden. Sie ist in Südeuropa, Nordafrika und Westasien heimisch, soll aber ursprünglich aus dem Iran stammen. Ein sehr naher Verwandter ist *Ferula foetida,* die Pflanze, die das Harz Asafötida liefert; beides wird sowohl als Medizin wie auch – in der östlichen, insbesondere indischen Küche – als Gewürz verwendet.

Galbanum wurde von den alten Ägyptern in religiösen Zeremonien und zum Einbalsamieren benutzt – man hat Spuren davon aus Mumienbinden isoliert. Die Hebräer gebrauchten es ebenfalls in ihren Salbölen. Dioskurides wie auch Plinius erwähnten Galbanum und nannten seine sedativen, antispasmodischen, menstruationsfördernden und diuretischen Eigenschaften. Im 19. Jahrhundert klassifizierte Lemery es in seiner Abhandlung über Naturheilmittel als Emmenagogum (siehe »Glossar der medizinischen Fachausdrücke«).

Das ätherische Öl

Beschreibung: Zur Gewinnung des Gummiharzes werden die Stengel in Wurzelnähe eingeschnitten; aus diesen Schnitten fließt der Gummi in braunen Tränen. Je nach Spezies ist er manchmal klebrig, manchmal trocken. Durch Wasserdampfdestillation werden aus dem Gummi ungefähr 14 bis 25% ätherisches Öl gewonnen. Das Öl ist dick und gelb und hat ein angenehmes, leicht erdiges Aroma.

Inhaltsstoffe: 50 bis 60% Carvon, Sesquiterpene (Cadinen und Myrcen) und Sesquiterpenalkohol (Cadinol) sowie Terpene (Limonen und Pinen).

Anwendung

Medizin

Im Iran und in Indien gedeiht die Pflanze besonders gut, und noch heute kommt das Harz in Pflasterform auf Hautgeschwüren, Schlangen- und Insektenbissen, Abszessen und **Hautentzündungen** zur

Anwendung. Ich behandle mit Galbanum **Hautkrankheiten**, wie Abszesse oder Entzündungen, und besonders günstig beeinflußt es die **Narbenbildung**. Je 5 ml (1 TL) Mandel- und Weizenkeimöl mit 5 Tropfen Galbanum mischen. Vier- bis sechsmal am Tag auftragen, bis es besser ist, danach jeweils mit Verbandmull abdecken.

In der Parfümindustrie wird es als Fixator verwendet.

(*Siehe auch* **alternde Haut, Dermatitis** *und* **Nägel**.)

Geranie
Pelargonium – Geraniaceae

Pelargonien, gewöhnlich Geranien genannt, dürfen nicht mit der europäischen Gattung *Geranium* verwechselt werden, zu der der Storchschnabel oder das Ruprechtskraut gehört. Pelargonien – ihr Name leitet sich vom griechischen *pelargós* (= »Storch«) ab und bezieht sich auf die schnabelähnlichen Früchte – stammen aus Südafrika und wurden in Europa erstmals 1690 amtlich genannt; sie sind jetzt in frostfreien Zonen eine beliebte und weitverbreitete volkstümliche Gartenpflanze. Obwohl es mehr als 200 Arten gibt, werden nur wenige zur Herstellung des ätherischen Öls kultiviert, und darunter fallen *P. graveolens* (duftet rosenähnlich), *P. roseum, P. odorantissimum, P. capitatum* und *P. radula*. Hauptzentren der Blumenzucht und Ölherstellung sind Réunion, Madagaskar, der Kongo, Ägypten und die meisten anderen nordafrikanischen Länder; Spanien, Frankreich, Italien und Korsika produzieren im kleineren Rahmen, und in China, Indien und Rußland kultiviert man andere Pelargonienarten. Das qualitativ beste Öl stammt aus Réunion und wurde früher Île de Bourbon genannt (es heißt auch *géranium Bourbon-la-Réunion*), und das aus Ägypten ist ebenfalls gut. Klima und Boden bestimmen wesentlich die Qualität der Pflanze und ihres ätherischen Öls.

Das ätherische Öl

Beschreibung: Das Öl wird aus den aromatischen grünen Teilen der Pelargonie, besonders den Blättern, wasserdampf-destilliert. Man benötigt etwa 300 bis 500 kg von der Pflanze, um 1 kg ätherisches Öl zu erhalten, daher ist es sehr teuer (obgleich nicht so sehr wie Rose). Weltweit werden jährlich circa 300 t ätherisches Öl produziert, eine enorme Menge, die zum größten Teil in Parfüms gelangt (deren wichtigster Bestandteil es ist). Das Öl ist durchsichtig und bis auf einen leichten Stich ins Grüne farblos. Es duftet wunderbar, und Rosengeranie hat ziemlich das gleiche Aroma wie Rosenöl, das ja auch Geraniol und Citronellol enthält, und deshalb wird es oft zur Verfälschung des teureren Rosenöls verwendet.

Inhaltsstoffe: Alkohole (75 bis 80% Geraniol, Borneol, Citronellol, Linalool, Terpineol), Ester, Ketone, Phenole (Eugenol) und Terpene (Phellandren, Pinen).

Gefahren: Erstklassiges Geranienöl ist sehr teuer, daher wird es oft mit künstlichen Estern, Zedernholz, Terpentin oder Lemongrass verfälscht. Solche Verfälschungen können von einem Experten leicht erkannt werden, werden aber dem Laien als echtes Geranium verkauft. Die verfälschten Öle sind natürlich für die Therapie unbrauchbar, geben Sie also beim Einkauf acht.

Geranie wird in den alten Schriften selten genannt, obwohl es bei Dioskurides einige Bezugnahmen auf *geránion* (*géranos* = »Kranich«) gibt, aber handelt es sich um dieselbe Pflanze? Es könnte auch etwas ganz anderes gemeint sein. Von dem ätherischen Öl ist erstmals in der Arbeit von Recluz die Rede, dem Chemiker, der 1819 als erster die Blätter destillierte; später führte Demarson, ein Chemiker und Botaniker, in Paris eine Studie durch, welche Varietäten sich zur

Herstellung des ätherischen Öls am besten eigneten (die Züchtung von Rosengeranien begann 1847 in Frankreich). Diese Untersuchungen machten das Öl in der Therapie bekannt.

Anwendung

Medizin
Geranienöl ist eines der wichtigsten Öle in der Aromatherapie, beinahe ein Erste-Hilfe-Koffer für sich. Es ist wundheilend, ein Tonikum, ein Antiseptikum und ein blutstillendes Mittel, und es hilft gegen Müdigkeit, allgemeine Erschöpfung und in der Rekonvaleszenz. Es kann auch bei Kindern angewendet werden, aber wie immer dürfen dann die Mittel nur halb so stark oder noch weniger stark sein.

Mit Geranie lassen sich viele **Hautkrankheiten** gut behandeln; es eignet sich bestens zur Behandlung von Schnittwunden und Schrammen, Verbrennungen, Frostbeulen, Pilzinfektionen, **Fußpilz** und **Ekzemen**. Auf Schnittwunden und Schrammen das pure Öl wie ein Antiseptikum auftragen und mit Verbandmull umwickeln. Mehrmals am Tag wiederholen, wann immer der Verband gewechselt wird.

Bei **Hämorrhoiden** geben Sie 1 Tropfen Geranienöl in einen kleinen Topf Cold Cream oder in 5 ml Weizenkeimöl. Mit Gaze anwenden und diese möglichst an Ort und Stelle lassen; mehrmals am Tag wiederholen oder wann immer Schmerzen auftreten.

Anti-Fußpilz-Mittel
Nehmen Sie vor der Anwendung des Öls ein warmes Fußbad, geben Sie dazu etwas Meersalz und 5 Tropfen Geranienöl in das Wasser.

15 ml (1 EL) Sojaöl
3 Tropfen Weizenkeimöl
10 Tropfen Geranienöl

Gut mischen und in einem dunklen Fläschchen aufbewahren. Morgens und abends gründlich die Füße damit einreiben.

Geranientonika
Verbreiten Sie den stärkenden Geranienduft in dem Zimmer, in dem Sie noch spätabends studieren oder arbeiten wollen. Geben Sie einige Tropfen ätherisches Öl auf ein Stück Watte oder ein zusammengefaltetes Taschentuch, und legen Sie dieses in den Wärmestrahlungsbereich Ihrer Schreibtischlampe. Ab und zu tief durchatmen.

Fühlen Sie sich sehr müde und brauchen Sie eine Stärkung, bevor Sie mit einer Arbeit – oder einem Hobby – anfangen, mischen Sie 10 ml (2 TL) Sojaöl mit 5 Tropfen Geranie. Massieren Sie dies auf Schläfen, Nacken, Nebenhöhlenbereich, Handrücken und im Uhrzeigersinn auf den Solarplexus ein. Ruhen Sie sich 5 Minuten lang auf dem Boden aus, und Sie werden sich wieder erfrischt und viel tatkräftiger fühlen. Dies empfiehlt sich besonders dann, wenn Sie von der Arbeit nach Hause kommen und Ihnen nicht mehr genügend Zeit für ein Entspannungsbad bleibt, bevor Sie wieder aus dem Haus müssen.

(*Siehe auch* **Abszesse und Furunkel, Anthrax, Blutergüsse, Bursitis, Erkältung, Gürtelrose, Insektenstiche und -bisse, Halsentzündung, Kopfschmerzen, Krämpfe, Pedikulose** *und* **Zahnabszesse.**)

Küche
Rosengeranienblätter können Rosenwasser ersetzen, aber es sind auch viele andere duftende Blättersorten erhältlich – Orange, Zitrone, Apfel und Muskat. Mit den Blättern kann man Schwarzbeermarmelade und Zitronenwassereis aromatisieren. Geben Sie frische oder getrocknete Blätter in Kuchen oder Puddings.

Vermischtes

Auf Reisen kann Geranienöl ein wunderbarer Insektenvertreiber sein – der wesentlich angenehmer riecht als die meisten Markenprodukte. Mischen Sie sich ein einfaches Körperöl aus 20 ml (4 TL) Sojaöl und 16 Tropfen Geranie, und reiben Sie sich am ganzen Körper damit ein. Sind Sie gestochen worden, das Geranienöl mehrmals am Tag pur auf den Stich auftragen, um den Juckreiz zu nehmen. (Sie dürfen das Öl auch im Gesicht anwenden, aber niemals in zu großer Augennähe.) Man kann auch einige Tropfen pures Öl auf einem Stück Watte oder Taschentuch über Nacht neben das Bett legen, um Insekten fernzuhalten.

Guajak

Cuaiacum officinale – Zygophyllaceae

Guajaköl stammt von einem kleinen immergrünen Baum, auch *Lignum vitae* oder »Lebensbaum« genannt, der bis zu etwa 6 m hoch werden kann. Er bildet eine Vielzahl verkrümmter Zweige und hat eine ausgeprägte Kuppelform. Die blauen Blüten wachsen zu fünft bis zehnt in blattachselständigen Trauben, und die Früchte sind fleischig und orange. Er hat eine sehr harte, konsistente Rinde, die nicht fault – der aromatherapeutisch genutzte Teil –, und erinnert an den Buchsbaum. Seine Heimat ist Südamerika, insbesondere Argentinien (im Gran-Chaco-Gebiet und entlang des Río Berjamo) und Paraguay. In vielen alten Büchern wird er als *palo santo* (gesundes Holz) oder *palo balsamo* bezeichnet. Und in der Karibik trifft man ihn ebenfalls an: Er ist der Nationalbaum der Bahamas, und seine Blüte ist die Nationalblume Jamaicas.

Die *Konquistadoren* brachten die Geschlechtskrankheiten unter den südamerikanischen Indianern auf, und es war die Verwendung der Rinde als Heilmittel gegen diese neuen Leiden, besonders gegen Syphilis, die sie auch in Europa bekannt machte.

Das ätherische Öl

Beschreibung: Beim Abschaben ist die Rinde weißlich, sie verfärbt sich aber an der Luft ins Grüngelbe. Die Rinde enthält sehr viel Harz, das normalerweise von selbst austritt. Es ist viskos, bräunlich und hat einen exotischen und aromatischen Duft – der an Jasmin, Vanille und Tee erinnert. Das Harz kristallisiert zu festen Brocken und schmilzt erst, wenn es auf 40 bis 50 Grad Celsius erwärmt wird.

Inhaltsstoffe: Guajakol (circa 20 bis 30%), Guajaretsäure, Guajol, Harze und Terpenkohlenwasserstoff.

Gefahren: Es empfiehlt sich nicht zur Selbstbehandlung und sollte nur von einem erfahrenen Therapeuten verwendet werden. Dafür gibt es mehrere Gründe. Da das Öl eine harte Konsistenz hat, muß es immer erst verflüssigt werden. Außerdem ist die Herkunft des Öls sehr wichtig – es darf auf keinen Fall verfälscht sein –, da sonst die Behandlung möglicherweise schrecklich endet. Es sind Alter und Empfindlichkeit des Patienten zu berücksichtigen, und die Dosierung ist sehr genau vorzunehmen. 1971 haben Untersuchungen von Dr. Perrot ergeben, daß Überdosierungen Kolitis (Dickdarmentzündung), Enteritis (Dünndarmentzündung) und schwere Blutungen bei Frauen hervorrufen können und es infolge starker Schweißausbrüche zu einer bedenklichen Dehydratation (Wasserverlust) kommen kann.

Zum Beispiel wird Guajaköl oft mit Geranium vermischt, um Bulgarische Rose zu imitieren. Und Guajak selbst wird häufig durch synthetisiertes Guajakol ersetzt, um den lieblichen Duft von Linalool zu imitieren.

Die Eingeborenen stellten aus der abgeschabten Rinde Dekokte her, die sie sowohl tranken als auch als Umschläge auf die betroffenen Körperpartien auflegten. Spätere Untersuchungen von Ambroise Paré im Jahr 1585 bestätigten die schweißtreibende, stimulierende und heilende Wirkung der Rinde bei Viruserkrankungen, besonders bei Syphilis. Guajakgummi, wie das Erzeugnis des Baumes heißt, wurde bis vor kurzem in der Karibik und anderswo bei der Behandlung von Arthritis und Syphilis verwendet.

Anwendung

Medizin
Guajak gehört zu den stärksten schweißtreibenden Mitteln in der Aromatherapie. Es ist ein Diuretikum, ein Stimulans, ein Antiseptikum und ein antirheumatisches Mittel. Es hilft gegen **Gicht**, **Blasen-** und **Hautkrankheiten** und gegen **Virusinfektionen**.

Ingwer
Zingiber officinale – Zingiberaceae

Der als Gewürz weithin bekannte Ingwer ist ein mehrjähriges tropisches Kraut, das eine Höhe von 60 bis 90 cm erreicht. Es liebt Wasser, Feuchtigkeit und Hitze, und seine langen, spitzen Blätter ähneln Schilfblättern. Die orchideenartige Blüte ist gelb und hat ein purpurnes Labellum, das Gewürz liefern jedoch die Thizome oder Wurzelstöcke. Diese sind auch als »Hände« bekannt, da sie oft mehrere fingerartige Auswüchse bilden.
Die Pflanze soll aus Indien stammen und war unter den ersten Gewürzen, die aus Asien nach Europa kamen. Die spanischen Konquistadoren brachten sie nach Westindien, wo sie schnell heimisch

wurde, und Jamaica wurde weltweit einer der Hauptlieferanten des Gewürzes. Ingwer wird heute in vielen Ländern mit geeignetem Klima angebaut, unter anderem in Indien (50 % der weltweiten Produktion), Malaysia, Afrika, Japan (wo 40 Sorten gezählt wurden), China, Queensland und Florida.

Ingwer findet seit Jahrhunderten in Indien, China und Japan medizinische Anwendung und charakterisiert auch die traditionelle Küche dieser Länder. Die alten Ägypter bauten Ingwer an und verwendeten ihn in der Küche, um Epidemien in Schranken zu halten. Die Griechen und Römer verwendeten ihn ebenfalls in der Küche und zu medizinischen Zwecken. Dioskurides ordnete ihm ähnliche Eigenschaften wie dem Pfeffer zu und empfahl ihn als Stomachikum zur Kräftigung eines nervösen Magens und als Digestivum. Die Römer verwendeten Ingwer interessanterweise in der Augenheilkunde: Bei fortgeschrittenem grauen Star stellte man ein Ingwerpräparat her, das mehrmals täglich auf die Augen aufgetragen wurde. Die heilige Hildegard empfahl ihn als Stimulans und Tonikum und verwies erneut auf seine Wirksamkeit bei Augenkrankheiten. Sie behauptete außerdem, er habe aphrodisische Eigenschaften, besonders steigere er die Vitalität jener älteren Männer, die mit jüngeren Frauen verheiratet seien! Im Mittelalter setzte man Ingwer gegen die Pest ein; er trieb den Schweiß (ähnlich wie das Gewürz in einem guten Currygericht wirkt).

Den Eingeborenen der pazifischen Insel Dohu ist der Ingwer heilig, und sie verwenden ihn überreichlich in der Küche, in magischen Ritualen und in der Medizin. Der Medizinmann kaut die Wurzeln und spuckt sie auf Wunden und Verbrennungen des Kranken. Die Insulaner sind von der außergewöhnlichen Heilkraft des Ingwers überzeugt. Man erzählt sich auf der Insel, daß auch die Fischer bei stürmischer See die Wurzeln kauen und sie in die Luft spucken, damit sich der Sturm legt. Es scheint zu funktionieren!

Das ätherische Öl

Beschreibung: Das Öl wird aus den Rhizomen destilliert. Es ist mehr oder weniger flüssig und gelb, manchmal heller, manchmal dunkler. Es ist sehr aromatisch und kampferartig mit einer Spur hin zum Zitronigen und sehr pfeffrig, ähnlich wie Piment.

Inhaltsstoffe: Sesquiterpene (Camphen, d-Phellandren, Zingiberen), Sesquiterpenalkohole (Isoborneol-Linalool) und Terpene, daneben Citral und Harze.

Gefahren: Das ätherische Öl sollte niemals pur auf die Haut aufgetragen oder als Badezusatz verwendet werden, da es zu schlimmen Hautreaktionen, nämlich zu Ausschlägen und Bläschenbildung kommen kann. Es muß immer mit einem kaltgepreßten Pflanzenöl verdünnt werden.

Anwendung

Medizin

Ingwer ist als wärmendes Stimulans und als Mittel zur Appetitanregung und Überwindung von **Verdauungsbeschwerden** wohlbekannt. Es ist auch bei **Erkältung**, **Husten** und **Halsentzündung** angezeigt. Etwas Ingweröl, mit einem Pflanzenöl vermischt, ergibt eine hervorragende, wärmende Einreibung gegen durch Wasseransammlung entstandene Schwellungen oder **Rheumatismus**.

(*Siehe auch* **Dyspepsie**.)

Ingwer-Aphrodisiakum

Seine angeblich aphrodisischen Eigenschaften tragen wahrscheinlich sehr zum Ansehen des Ingwers bei. (Die Römer wußten davon, und nur deshalb gaben sie Ingwer in ihren Wein!)

10 ml (2 TL) Sojaöl

3 Tropfen Ingweröl

3 Tropfen Weizenkeimöl

2 Tropfen Bohnenkrautöl

2 Tropfen Nelkenöl

1 Tropfen Rosmarinöl

Die Zutaten mischen und die Wirbelsäule einige Minuten damit einreiben und sich auf den unteren Wirbelsäulenbereich konzentrieren.
Danach aus etwas gemahlenem Ingwer, je einer Prise Bohnenkraut
und Rosmarin und einer Zimtstange einen Tee aufbrühen, 5 Minuten
ziehen lassen und eventuell mit Honig gesüßt trinken.

Küche

Ingwer regt die Magensaftproduktion an, und das wiederum erleichtert die Verdauung. Früher nutzte man die antiseptische Wirkung des
Ingwers, um das Fleisch bakterienfrei zu halten, heute kennt man ihn
jedoch als wichtige Zutat vieler Curry- und chinesischer Pfannenge-
richte am besten. Im Westen werden hauptsächlich Süßspeisen mit
Ingwer gewürzt – er kommt in den Küchen vieler europäischer Länder in Lebkuchen, Kuchen und Kekse –, aber man verwendet ihn auch
in Konserven, Konfekt, Gingerbeer und Ingwerlimonade (Ginger-ale).
Frischer Ingwer ist heute überall erhältlich (die Rhizome halten sich
ziemlich lange frisch), aber auch getrockneter Ingwer (der vor Gebrauch zerstoßen werden muß, damit sich der Geschmack entfaltet).
In China ist in Sirup eingelegter Ingwer weit verbreitet, es gibt ihn außerdem kandiert, süß-sauer und in hochprozentigen Alkohol oder Sherry
eingelegt. Ingwer wird herkömmlich gemahlen gekauft, aber das ätherische Öl, das für den Geschmack verantwortlich ist, verfliegt schnell.
Kochen Sie im Winter häufiger mit Ingwer, er wärmt auf und hilft
gegen Husten und Erkältung: Geben Sie ihn in Puddings und in
gewürzte heiße Getränke wie heiße Schokolade oder der Festpunsch
zu Weihnachten.

Vermischtes
Ingwer ist manchmal in würzigen Potpourris enthalten, aber seine ungewöhnlichste Verwendung findet er wohl in den skrupellosen Praktiken mancher französischer Pferdehändler. Um dem Käufer oder Sachverständigen etwas vorzumachen, reiben sie gemahlenen Ingwer unter den Schwanz des Pferdes. Dieses hebt den Schwanz, sobald das Brennen unerträglich wird, und vermittelt so die Illusion, vor Gesundheit und Energie zu strotzen!

Jasmin
Jasminum officinale – Oleaceae

Jasmin ist eine 300 Arten umfassende Gattung einjähriger und winterharter, laubabwerfender und immergrüner Sträucher und Kletterpflanzen, deren Blüten meistens wunderbar duften. Die Blätter des Jasmins sind meistens fiederförmig, und die normalerweise weißen Blüten sind röhrenförmig und wachsen in Trauben oder Rispen. Die Gattung stammt aus Indien, China und Persien, und der Name leitet sich aus dem persischen *yasaman* ab.

Jasmin ist eine der wichtigsten Pflanzen für die Parfümindustrie (er bildet die mittleren Noten) und wird in vielen Ländern angebaut: weltweit werden jährlich 12 bis 15 t dieser Pflanze geerntet, Ägypten, das wichtigste Erzeugerland, exportiert 6 bis 8 t, gefolgt von Marokko und Indien; kleinere Mengen stammen aus Frankreich, Italien und China. Die beliebteste Varietät im Westen ist *J. grandiflorum,* und es gibt unter den rund 40 kultivierten Varietäten viele Veredlungen. Die Pflanze kam um die Mitte des 16. Jahrhunderts nach Südeuropa und akklimatisierte sich gut. Viele Arten gedeihen auch etwas weiter nördlich, solange sie nicht eisigen Winden und Frösten ausgesetzt sind, aber manche müssen im Gewächshaus gezogen werden. Die Blüten entfalten sich erst zwei Jahre nach der Veredlung mit voller

Kraft, dann werden sie von Juli bis Oktober geerntet. Am stärksten duften die im August und September scheinenden Blüten, wenn ihre Duftmoleküle die höchste Konzentration erreicht haben.

Es ist bislang sehr umstritten gewesen, ob Jasmin in der Therapie angewendet werden soll. In einem US-Dispensarium aus dem frühen 19. Jahrhundert wird über den Fall eines Kindes berichtet, das eine Jasminfruchtvergiftung erlitt; die Symptome waren Koma, erweiterte Pupillen, Atemnot, Blässe, schwacher Puls, Krämpfe und Lähmungs- erscheinungen. Doch später, in den 1830ern, wurde ein aus den Blüten hergestellter Sirup gegen Husten und Heiserkeit verschrieben.

Anwendung

Medizin

In Indonesien werden die Blüten von *J. sambac* gekocht; der starke Tee wird bei **Augenentzündungen** zu Spülungen und für Kompres- sen benutzt. In Kotschinchina wurde ein Dekokt aus den Blättern und Zweigen von *J. nervosum* zur Blutreinigung getrunken. Mit einer anderen Art, *J. floribundum,* werden Bandwurmkranke behandelt; manchmal gibt man auch Blätter und Zweige zur Mischung dazu, um sie wirksamer zu machen.

Ich glaube, daß Jasmin therapeutisch keine große Rolle spielt, aber zweifellos ist sein Duft so köstlich, daß allein ihn zu riechen das Wohlbefinden steigern kann: Pflanzen Sie ihn in Fenster- oder Türnähe, um seinen Duft zu genießen (aber besser nicht vor dem Schlafzimmer, da der Duft anregend wirkt und Sie eventuell am Einschlafen hindert). Ich weiß außerdem, daß viele Menschen auf Jasmintee – ein mit getrockneten Jasminblüten aromatisierter grüner Tee – positiv reagieren. Viele meiner Klienten sagen, er helfe gegen Migräne und wirke beruhigend. Mich hingegen regt er an, so daß es offensichtlich unterschiedliche Reaktionen auf die Blütenkompo- nenten gibt.

Das ätherische Öl

Beschreibung: Die Pflanze wurde bis vor kurzem in drei verschiedenen Formen genutzt: als ätherisches Öl, als Absolue oder als Concrète (siehe Seite 30), die durch unterschiedliche Extraktionsverfahren zustande kommen. Am teuersten war das wasserdampfdestillierte ätherische Öl, da die Blüten verhältnismäßig wenig Öl liefern. Heute ist es fast unmöglich geworden, an ätherisches Öl heranzukommen.

Inhaltsstoffe: Hauptkomponente ist das Keton Jasmon, das für den wunderbaren Duft sorgt; weitere Komponenten sind α-Terpineol, Benzylacetat, Benzylalkohol, Indol, Linalool und Linalylacetat. Das Keton Jasmon klingt an Orangenblüten, Gelbe Narzisse und Osmanthus (ein immergrüner chinesischer Baum mit aprikosenartig duftenden Blüten) an, duftet aber doch ganz anders, und zwar so exquisit, daß es sich lohnt, beste Qualität zu kaufen, ganz gleich, was sie kostet!

Der Indolgehalt ist bei spanischen und nordafrikanischen Blüten viel höher als bei französischen. Er erreicht in der Nacht seinen Höhepunkt, deshalb werden die Blüten nachts geerntet.

Gefahren: Seit den späten achtziger Jahren gibt es kein ätherisches Jasminöl mehr zu kaufen, da die Destillateure von der teuren Methode der Wasserdampfdestillation auf die Extraktion durch Lösungsmittel umgestiegen sind. Das Absolue, das durch dieses Verfahren gewonnen wird, ist nicht für den therapeutischen Gebrauch geeignet. Wahrscheinlich handelt es sich bei allen als ätherisches Jasminöl bezeichneten Produkten in Wirklichkeit um Absolues, die nur als Duft brauchbar sind.

Kosmetik
In Indonesien, Indien und China war es bei den Frauen Tradition,
Jasminblüten in das frisch gewaschene und geölte Haar zu binden.
Im Laufe der Nacht oder des Tages ging der Blütenduft (im wesent-
lichen durch den Prozeß der Enfleurage) auf das Haar über und hielt
sich dort für einige Zeit.

Vermischtes
Die Bedeutung des Jasmins für die Parfümindustrie ist bekannt, aber
die Blüten können auch unter Duftpotpourris gemischt und zum
Wäschespülen verwendet werden – Ludwig XIV. mochte offensichtlich jasminduftende Bettwäsche.

Kamille
Chamaemelum nobile; Matricaria chamomilla/recutita –
Compositae

Es gibt viele Kamillenarten in den gemäßigten Klimazonen. Alle
haben reizvolle, zart gefiederte Blätter und gänseblümchenartige
Blüten. Die süße, gemeine oder Römische Kamille (*Chamaemelum
nobile,* früher *Anthemis nobilis* genannt) ist ein hochgeschätztes
Heilkraut, ebenso die wilde oder Deutsche Kamille (*Matricaria
chamomilla* oder *recutita,* auch duftende Hundskamille genannt).
Chamaimelon heißt auf griechisch wörtlich »Erdapfel«, weil die
Pflanze am Boden wuchert, und die Blätter und Blüten apfelähnlich
duften; *matricaria* stammt vom lateinischen Wort *matrix* (= »Gebärmutter«) ab, und die Kamille ist auch bei Regelbeschwerden seit
jeher wirksam. Die süße Variante blüht von Juni bis August, die
wilde von Mai bis August; erstere wird 15 bis 23 cm, letztere bis
1 m hoch.
Den alten Ägyptern war die Kamille wahrscheinlich heilig, wie

Hippokrates berichtet, der »sie der Sonne weihte, weil sie Wechselfieber heilte«. Im 17. Jahrhundert hatte sich die Kamille in Kloster- und häuslichen Kräutergärten als Heil- und Schönheitskraut durchgesetzt – sie war von den Pilgervätern in die Neue Welt mitgebracht worden –, und im späten 19. Jahrhundert wurde das Heilkraut für medizinische Zwecke angebaut.

Das ätherische Öl

Beschreibung: Das von den frisch getrockneten Blüten destillierte Öl der süßen Kamille ist bläulich-pastellfarben und wird mit der Zeit grüngelb. Das Öl aus der wilden Kamille ist dunkelfarbiger und ergibt ein stärkeres, weniger herbes ätherisches Öl.

Inhaltsstoffe: Der wichtigste Bestandteil ist Azulen, eine fettige aromatische Substanz, die entzündungshemmend wirkt und das Abheilen von Hautbeschwerden und Wunden beschleunigt. Diese Substanz kommt nicht in den Blüten vor, sondern bildet sich bei der Destillation des Öls.

Anwendung

Medizin

Das Öl besitzt hauptsächlich tonisierende, verdauungsfördernde, sedative, antiallergene und antiseptische Eigenschaften. Tatsächlich wurden in Krankenhäusern und Sprechzimmern bis zum Zweiten Weltkrieg gewöhnlich Kamillenöl und einige andere Öle als natürliche **Desinfektionsmittel** und **Antiseptika** benutzt. Die keimtötende Kraft der Pflanze und ihres Öls soll angeblich 120mal stärker als die von Meer- oder Salzwasser sein.

Vieles, was die großen Pflanzenkenner über die Kamille gesagt haben, gilt auch heute noch. In seinem 1656 erschienenen Buch

Earthly Paradise schrieb Parkinson, daß Kamillenbäder angewendet werden könnten, um »die Schmerzen des Erkrankten zu lindern und ihn gesundheitlich zu stärken«. Als Badezusatz genügen ein paar Tropfen des ätherischen Öls, um Müdigkeit zu vertreiben und Schmerzen, ganz gleich, wo sie am Körper auftreten, zu lindern. Ein solches Duftbad ist für Kinder und alte Menschen auch zur Stärkung nach einer Krankheit geeignet. Bei allgemeinen Schmerzen reiben Sie sich nach einem Kamillenbad mit einer Mischung aus 10 ml (2 TL) Traubenkernöl, 2 Tropfen Kampferöl und 4 Tropfen Kamillenöl ein. Mit einem einfacheren Massageöl, hergestellt aus 10 ml (2 TL) Soja- und 3 Tropfen Kamillenöl, kann man den Rücken eines erschöpften Kindes einreiben, nachdem es auch ein Kamillenbad genommen hat. Kamille ist eines der mildesten ätherischen Öle und daher für die Behandlung von Kindern ideal geeignet: Das Zahnfleisch eines gereizten zahnenden Babys kann gefahrlos mit einer auf den Zeigefinger gegebenen, schmerzlindernden Mischung aus einem Tropfen des ätherischen Öls und einem Teelöffel voll Traubenkernöl eingerieben werden.

Aus den getrockneten Blüten bereitete Heiltränke und Inhalationen wirken ebenfalls schmerzlindernd bei **Kopfschmerzen**, **Migräne**, **Husten**, Gesichts**neuralgie** und **Sinuitis**. Gegen letztere stellen Sie eine Mischung aus 5 ml (1 TL) Sojaöl und 4 Tropfen Kamille her und massieren diese einige Minuten lang im Nebenhöhlenbereich und um die Augen von der Nase zu den Schläfen hin ein; es sollte sofortige Besserung eintreten. Bei allgemeiner Gereiztheit oder intermittierendem Nervenfieber reiben Sie zweimal täglich den Solarplexus im Uhrzeigersinn und das untere Ende der Wirbelsäule mit einer Mischung aus 5 Tropfen Kamille und 5 ml (1 TL) Sojaöl ein. Kamille hilft ebenfalls gut gegen Allergien wie **Heuschnupfen**. Geben Sie ein paar Tropfen in eine neben das Bett gestellte Schüssel heißes Wasser oder auf ein neben das Kopfkissen gelegtes, sauberes Taschentuch. Dasselbe bringt auch bei Asthma, Schnupfen, Bronchitis und Lugenentzündung Erleichterung.

Kamille ist noch jetzt bei der Behandlung vieler Frauenleiden wie **Amenorrhöe**, **Dysmenorrhöe**, **prämenstruellem Syndrom** und **Zystitis** äußerst hilfreich. Kamillenbäder, -einreibemittel und -heiltränke können zyklusbedingte Wasseransammlung und alle ödematösen Beschwerden vermeiden helfen.

Kamille wirkt vor allen Dingen auch verdauungsfördernd, und Aufgüsse helfen ausgezeichnet gegen **Verdauungsstörung**, **Kolik**, **Appetitlosigkeit**, **Gicht** und können bei Kindern Sommer**diarrhöe** stoppen.

Ein einfacher Tee vor dem Schlafengehen wirkt nicht nur verdauungsfördernd, sondern kann auch beim Einschlafen helfen und Alpdrücken verhindern.

(*Siehe auch* **Abszesse, geplatzte Äderchen, Amenorrhöe, Anosmie, Probleme mit den Augen, Bauchschmerzen, Druckbrand, Erschöpfung, Frostbeulen, Herpes, Impetigo, Katarrh, Klimakterium, Kolitis, Krämpfe, Mundgeruch, Ohrenschmerzen, Ödem, Schnittwunden und Schrammen** *und* **Zahnungsbeschwerden**.)

Kosmetik

Ich habe Kamille bei der Behandlung von Hautleiden wie **Dermatitis**, **Akne** und **Ekzem** äußerst wirksam gefunden. Dank der Eigenschaften des Azulens können auch **Abszesse und Furunkel** sehr rasch geheilt werden: Gießen Sie einige Kamillenblüten mit kochendem Wasser auf, und machen Sie daraus einen Umschlag (oder verwenden Sie einen aufgebrühten Kamillenteebeutel). Sie können aber auch etwas pures Öl auftragen.

Ein aufgebrühter Kamillenteebeutel hilft gegen geschwollene Augen, die bei manchen Frauen vor der Regel oder bei Allergien wie Heuschnupfen vorkommen. Kamillenöl kann mit anderen Ölen zu für viele Hauttypen verträglichen Gesichtsölen gemischt werden, und Kamillenaufgüsse ergeben ein gutes Gesichtsreinigungswasser

für trockene Haut. Zudem helfen Kamillengesichtsdampfbäder bei
vielen Hautproblemen.
Die Anwendung von Kamille in Haarpflegemitteln ist am meisten
bekannt. Sie wird kommerziell in Shampoos für blondes Haar verwendet und kann die Haarfarbe aufhellen. Spülen Sie blondes Haar
am Schluß der Haarwäsche mit einem Aufguß.

(*Siehe auch* **Haarprobleme, Schuppen** *und* **Schuppenflechte**.)

Küche
Kamille wird in der Küche wenig benutzt, obwohl sie Kalzium
enthält, das Mineral, das für gesunde Zähne und Knochen so wichtig ist (und das für die natürlichen beruhigenden Eigenschaften
des Heilkrauts verantwortlich ist). Um aus der frischen oder getrockneten Kamille Nutzen zu ziehen, trinken Sie diese als Tee, oder
streuen Sie zerkleinerte Blätter in Salate, Soßen, Omelettes oder
Brotteige.

Vermischtes
Kamille kann unter Potpourris und Allerlei gemischt werden; sie
war bei Thomas Tusser, dessen Buch *500 Pints of Good Husbandry*
1573 erschien, als Streukraut und in den Haushaltsverzeichnissen zur
Zeit Eduards III. als Kleiderduftkraut aufgelistet. Im Elisabethanischen Zeitalter rauchte man Kamille gegen Schlaflosigkeit. Eine
verwandte Pflanze – *Anthemis tinctoria,* die Färber- oder Ochsen-
augenkamille – liefert einen orangebraunen Farbstoff.
Natürlich trifft man die Kamille auch viel in Gärten an. In Elisabethanischer Zeit züchtete man sie zusammen mit Thymian, um Kräu-
terplätze und auch feste, duftende Rasen zu erhalten. Starke Kamillenaufgüsse sollen ein guter Kompostaktivator sein und ergeben
einen guten »Stärkungsspray« für junge Pflanzen. Viele moderne,
naturwissenschaftlich orientierte Gärtner jäten Kamille rücksichts-
los, weil sie behaupten, sie ziehe so viele Nährstoffe aus dem Boden;

aber altmodische Gärtner und viele Kräuterexperten sagen, sie sei der beste »Pflanzendoktor«, den es gibt, da sie sämtliche kranken Pflanzen in ihrer Nähe wiederbelebt. Die Pflanze wird auch wegen ihrer Wirkung auf Rosen geschätzt; ein französischer Gärtner erzählte mir einmal, er hätte einen berühmten Busch gerettet, weil er Kamille darum gepflanzt hatte.

Kampfer
Cinnamomum camphora – Lauraceae

Die als Kampfer allgemein bekannte, kristalline Substanz (der ehemalige Bestandteil von Mottenkugeln) stammt von einem Mitglied der Lorbeerfamilie, *Cinnamomum camphora,* auch *Camphora officinarum* und *Laurus camphora* genannt, die mit den Zimt- und Kassiabäumen verwandt ist. *C. Camphora,* der eine Höhe von über 30 m erreichen kann, ist in China, Taiwan und Japan zu Hause, wird aber auch auf Sri Lanka und in Kalifornien kultiviert. Er ist eine immergrüne Pflanze mit oft bis zum Boden reichendem Laub und kann einen beträchtlichen Umfang haben (über 12 m hat man in China gemessen); er kann bis zu 1000 Jahre alt werden, sagen die Chinesen.

Anwendung

Insektizid
»Fester« Kampfer wurde früher als Insektizid verwendet, doch jetzt werden Mottenkugeln aus Naphthalin hergestellt, eine aus Kohleteer oder Benzin gewonnene kristalline Substanz. Natürlicher Kampfer wird heute kaum mehr gewonnen, da er sich synthetisch aus Terpentinöl herstellen läßt.

Das ätherische Öl

Beschreibung: Je älter der Baum, desto mehr Öl enthält er. Aus Abfällen, Holz und Wurzeln werden sowohl der kristalline Ketonkampfer ($C_{10}H_{16}O$) als auch das Öl destilliert.

Inhaltsstoffe: Die Zusammensetzung des Öls ist extrem komplex, und zu den Komponenten gehören Azulen, Borneol, Cadinen, Camphen, Carvacrol, Cineol, Citronellol, Cuminalkohol, Dipenten, Eugenol, Phellandren, Pinen, Safrol und Terpineol.

Gefahren: Als Terpenketon kann das ätherische Öl starke Vergiftungen bewirken, besonders bei denjenigen, die zu Allergien neigen und unter Asthma leiden. Die sehr scharfen und stechenden Dämpfe sollten niemals inhaliert werden. Ich rate vom therapeutischen Gebrauch des Kampferöls ab.

Kanadabalsam

Abies balsameae – Pinaceae

Alle Silbertannen oder echten Tannen riechen aromatisch und liefern in größerem oder kleinerem Umfang Harz. Aus diesem Grund nennt man die Tannen in Nordamerika schon seit langem Balsambäume. Tannen sind immergrüne Nadelbäume mit einzelnen Nadeln und männlichen und weiblichen Blütenständen an ein und demselben Baum. Die äußersten Zweige tragen die massiven, zylindrischen Zapfen. Die Balsamtanne aus Kanada und den Seenstaaten erreicht eine mittlere Höhe von maximal 18 m, obgleich sie in Gärten gewöhnlich nicht höher als 7,5 m wird.

Die therapeutischen Eigenschaften des Öls hat zum erstenmal Marc Lescarbot 1606 in seinem Tagebuch erwähnt, nachdem er Kanada besucht hatte. Er berichtete, wie die Indianer das Öl zu medizinischen sowie zu häuslichen Zwecken nutzten: als sehr starkes Desinfektionsmittel auf Wunden und Geschwüren in Form eines Einreibemittels, veterinärmedizinisch an Tieren und als Politur für ihre Bügen. Erst viel später, im 18. Jahrhundert, tauchte das Öl in den europäischen Pharmakopöen auf.

Das ätherische Öl

Beschreibung: Das Harz wird im Juli und August, den ertragreichsten Monaten, durch Anzapfen der Bäume gesammelt. Dann wird es dampfdestilliert. Das ätherische Öl ähnelt stark dem Pinienöl, das Terpentinöl enthält. Es ist sehr aromatisch und riecht angenehm nach einer Mischung aus Kümmel und Wacholder. Sein Geschmack ist bitter.

Inhaltsstoffe: Camphen, Pinen und Harzsäure.

Gefahren: Das Öl sollte lieber nur von erfahrenen Therapeuten verschrieben und nicht zur Selbstbehandlung gebraucht werden.

Anwendung

Medizin

Kanadabalsam wirkt antirheumatisch, schleimlösend und antiseptisch. Er ist ein gutes Mittel gegen Krankheiten des Urogenitaltrakts und des Atemapparats.

(*Siehe auch* **Husten, Lugenentzündung** *und* **Sinuitis**.)

Vermischtes

Um die Balsamtanne hat sich in Nordamerika eine beträchtliche Industrie entwickelt. Der einzigartige Duft der Nadeln wird für Seifen und andere Kosmetika genutzt.

Falls Sie an das Harz herankommen, könnten Sie es zum Polieren alter Möbel verwenden, die damit zugleich gegen Holzwürmer geschützt werden.

Kardamom
Elettaria cardamomum – Zingiberaceae

Kardamom, ein großes, ausdauerndes Staudengewächs, das in Indien und Sri Lanka beheimatet ist, tritt in mehreren botanischen Varianten auf. *Elettaria* liefert die kleinen Samenkapseln, die normalerweise nach Europa importiert werden; man kennt zwei Haupttypen: Mysore und Malabar. Andere Pflanzen, deren Samenkapseln auch als Kardamom verkauft werden, sind Mitglieder der *Amomum*-Familie, zu der *A. melegueta* gehört, bekannt als Paradies- oder Guineakörner und Guinea- oder Malagettapfeffer. Dieser wurde von der Westküste Afrikas – daher ihr Name Pfefferküste – nach Europa importiert, und er war in Rezepten des Mittelalters und der Tudorzeit sehr beliebt. *Elettaria* wächst wild und in Kulturen, bevorzugt auf feuchten Böden in 600 bis 1500 m über dem Meeresspiegel. Die Blätter sind lang und lanzettförmig, und der blüten- und fruchttragende Stengel wächst aus dem Wurzelstock; die Scheinstengel des Mysore-Kardamom wachsen senkrecht, die des Malabar-Kardamom kriechen am Boden entlang. Im Mai erscheinen die normalerweise gelblichen Blüten mit ihren purpurnen Lippen; die Früchte, die Anfang Oktober folgen, sind bis zu 2 cm große, ovale Kapseln mit drei Kammern, die jeweils eine Reihe rötlich dunkelbrauner Samen enthalten. Die Pflanze besitzt starke, kriechende Wurzelstöcke, was ihre nahe Verwandtschaft mit Ingwer und Gelbwurz beweist. »Feinschmeckereidechsen« sind angeblich eines der Hauptprobleme bei der Kultivierung von Kardamom – sie haben eine besondere Vorliebe für die Samen!

Die Kapseln müssen kurz vor der Reife geerntet werden; würden sie ganz reif geerntet, sprängen die Samen während des Trocknens heraus und hätten auch kein ätherisches Öl und damit kein Aroma mehr. Die Kapseln werden auf Tabletts an der Sonne getrocknet und gebleicht oder in Darröfen. Es ist eine Zeitlang Mode gewesen, die Kapseln zu schwefeln – da auf dem Exportmarkt weiße statt der in der indischen Küche so hoch geschätzten, frischen, blaßgrünen Kapseln bevorzugt wurden –, aber diese Praxis ist nun wieder rückläufig. Der Großteil der indischen Produktion ist für den heimischen Gebrauch bestimmt, der Export liegt bei knapp 5 Tonnen jährlich. Andere Erzeugerländer sind Sri Lanka, Guatemala, Indochina und Thailand. Tansania hat sich kürzlich auch auf den Kardamomanbau verlegt. Kardamom ist nach Safran und Vanille das dritteuerste Gewürz.

Kardamom wird in Indien seit der frühesten Zeit als Gewürz und Medikament verwendet: Im Ayurveda, dem hinduistischen Medizinsystem, das mindestens 1000 v. Chr. entstanden ist, wird er unter dem Namen »Ela« erwähnt. Im 1. Jahrhundert n. Chr. schilderte der griechische Philosoph Plutarch, wie ihn die alten Ägypter bei religiösen Ritualen verwendeten und in ihre Parfüms gaben. Nach Europa gelangte er über die arabische Karawanenroute, und zur Zeit der alten Griechen und Römer verwendete man ihn hauptsächlich in Parfüms. Tatsächlich soll der Name aus dem arabischen *hehmama* abgeleitet sein, das selbst wieder von einem Sanskritwort abstammt, das etwas Scharfes und Durchdringendes bezeichnet. Hippokrates nannte ihn *kardámomon,* und von Dioskurides ist überliefert, daß er die aus Armenien stammende Sorte bevorzugte. Ovid und andere Dichter sangen Lobeshymnen auf das vorzügliche Aroma des Kardamoms.

In medizinischer Hinsicht hielten ihn die Alten für harntreibend und für ein effektives Mittel gegen Epilepsie, Spasmus, Paralyse und rheumatische Gelenksteifheit. Sie gaben ihn in Wein, um den therapeutischen Wert der Samen zu extrahieren. Die Schule von Salerno behandelte mit Kardamom Herzkrankheiten und klassifizierte ihn als schweißtreibend und magenstärkend. In der chinesischen Medizin, der alten und der neuen, wird ihm eine Vielzahl therapeutischer Eigenschaften zugeschrieben, und er gilt als Universalheilmittel bei allen Darmkrankheiten.

In neuerer Zeit maß Dr. Leclerc den Samen karminative (Blähungen vertreibende) und magenstärkende Eigenschaften bei, und er betrachtete sie als gutes Stimulans für alle Verdauungsfunktionen. Madame Maury hielt die Samen für ein hervorragendes Lungenantiseptikum, ein gutes Antispasmodikum (krampflösendes Mittel) und für ein Stärkungsmittel bei emotional bedingten Herzschwächen.

Das ätherische Öl

Beschreibung: Es wird durch Wasserdampfdestillation aus den würzig duftenden Samen gewonnen. Das ätherische Öl ist dünnflüssig und farblos mit einem Stich ins Gelbgrüne. Es hat einen lieblichen, warmen, weichen und würzigen Duft und wird daher häufig in blumigen Parfümkompositionen verwendet.

Inhaltsstoffe: Cineol und Terpineol, daneben etwas Limonen und Spuren von Eucalyptol und Zingiberen. Das gewonnene Öl variiert stets leicht in seinen Komponenten, abhängig vom Pflanzentyp und freilich auch vom Klima, Boden etc.

Es gibt wenige dem Kardamomduft vergleichbare Düfte, so daß er nicht synthetisch hergestellt werden kann.

Anwendung

Medizin

Als Gewürz verwendet, wirkt Kardamom auf natürliche Weise entwässernd und kann in **perioden**nahen Tagen oder im **Klimakterium** Erleichterung bringen. Auch folgendes Massageöl hilft gegen diesbezügliche Beschwerden. Mischen Sie 20 ml (4 TL) Sojaöl, mit 2 Tropfen Weizenkeimöl, 2 Tropfen Zypressenöl und 8 Tropfen Kardamomöl. Am besten morgens im Uhrzeigersinn auf Bauch, Solarplexus und Oberschenkel einreiben.

Die Samen können als Auszug gegen **Verdauungsschwäche** und **Blähungen** getrunken werden. Einige Samen in 600 ml kochendem Wasser 2 Minuten mitkochen, dann ein wenig frische Pfefferminze dazugeben. Wenn gewünscht, mit Honig gesüßt nach den Mahlzeiten trinken.

Küche

In der indischen Küche sind die kleinen, grünlichen, ungebleichten Kapseln *(Choti elaichee)* am meisten geschätzt; die großen schwarzen Kapseln, die ebenfalls als kardamom *(Bari elaichee)* verkauft werden, haben einen wesentlich gröberen Geschmack und sind minderwertiger und billiger. Die Kapseln kommen ganz oder leicht zerkleinert in Currygerichte, und die gemahlenen Samen sind Bestandteil vieler Currypulver. Mahlen Sie die Samen immer frisch; gekauftes Pulver kann verfälscht sein, außerdem verliert es, wie alle Gewürzpulver, sehr schnell sein Aroma. Kardamom wird in Indien auch als Gewürz für Süßigkeiten und Süßspeisen verwendet, und für hinduistische Feiern und Zeremonien gibt es die Samen mit Zucker glasiert.

In Schweden (es importiert angeblich ein Viertel der indischen Produktion) wird Kardamom als Gewürz für Kuchen, Brote und Pasteten verwendet, ebenso in Deutschland, in den anderen skandinavischen Ländern und in Rußland. In Deutschland findet es oft seinen Weg in Fleischgerichte wie Sauerbraten ebenso wie in Pasteten, Würste und Gewürzgurken. In Frankreich, kwo Kardamom etwas vernachlässigt wird, ergänzt sein feines Aroma hervorragend einige *pains d'épices* (Pfefferkuchen) und weniger geglückt einige *bouquets garni* (Kräutersträußchen) für Fisch. Kardamom findet in Punschen und heißen Gewürzweinen, wie dem deutschen Glühwein,

Verwendung. Die Beduinen würzen ihren Kaffee mit Kardamom-
kapseln, die sie in die Kaffeekannenschnauze stopfen.

Vermischtes
Das Öl kommt in Frankreich in Zahnpasta vor und auch in einem
Sirup gegen Lungenbeschwerden. Grob gemahlen eignen sich die
Samen für Potpourris und Kräuterkissen. In Indien betrachtet man
die Samen sowohl als Aphrodisiakum wie auch als Verdauungshilfe;
man findet sie in *paan*, einer Gewürzmischung, die nach den Mahlzeiten, insbesondere nach dem Verzehr von Knoblauch, zur Verdauungsanregung und Vertreibung des Mundgeruchs serviert wird (auch
gut gegen Nikotingeruch).

Karotte
Daucus carota – Umbelliferae

Die Karotte ist weltweit zu einem der wichtigsten Wurzelgemüse
geworden, sie ist nährstoffreich und besitzt viele heilende Eigenschaften. Sie stammt aus Afghanistan und war bei den Griechen und
Römern bekannt. Die wilde Variante verbreitete sich überall in
Europa und ist in Meeresnähe noch immer auf kalkhaltigen Böden
anzutreffen; die spitz zulaufende Wurzel ist weißlich, klein, holzig
und schmeckt beißend scharf. Die kultivierte Variante – die bekannte, orangefarbene *D. carota* – wurde erst im 17. Jahrhundert von den
Holländern gezüchtet. Die Wurzel ist knackig und hat ein süßes, angenehmes Aroma. Die Blätter sind zart gefiedert. Auf dem Festland
begegnet man auch weißen, purpurnen und dunkelroten Karotten.
Karotten und Pastinaken sind beides Doldengewächse und wurden
jahrhundertelang mit demselben Namen bezeichnet wie Anis, Kerbel
– beides Fenchelarten –, Petersilie und, noch viel erschreckender, der
tödlich giftige Schierling. Die wilde Mähre, die in der Neuen Welt

so häufig als Wildblume am Straßenrand gedeiht, wurde von den englischen Kolonisten mitgebracht. Die Karotte ist eine winterharte zweijährige Pflanze und gehört zu den Gemüsen, die sich sehr leicht im eigenen Garten anbauen lassen.

Im 16. Jahrhundert verschrieb man in Frankreich Karotten als Heilmittel wegen ihrer windtreibenden, magenstärkenden und hepatischen Eigenschaften. Sie wurden gerieben auf Geschwüren aufgetragen, und man betrachtete sie seit jeher als guten Blutreiniger, als das Universalheilmittel bei Haut- und Leberleiden, allen Lungenbeschwerden, Allergien, Darmentzündungen und als Stärkungsmittel für die Nerven. Karotten sollen außerdem gut für die Augen sein: Das Gemüse erhielten im Zweiten Weltkrieg die Piloten, um nachts besser zu sehen.

Das ätherische Öl

Beschreibung: Es sind die kleinen behaarten Samen, aus denen das ätherische Öl gepreßt wird. Karottensamenöl wird außer in der Therapie auch in der Parfümindustrie gebraucht. Es ist gelborange, sehr dünnflüssig und riecht würzig-scharf nach Karotte. Das in der Therapie benutzte Öl stammt hauptsächlich aus Europa.

Inhaltsstoffe: Essigsäuren, aliphatische Aldehyde, Carotal, Beta-Carotin, Ameisensäure, Limonen, Pinen und Terpineol.

Anwendung

Medizin

Die Karotte, wild oder kultiviert, ist eines der gesündesten Gemüse, die es gibt, da sie so viele wichtige Vitamine und Mineralien enthält: Vitamin A und Carotin, Vitamine des B-Komplexes, Vitamin C, D, E und K ebenso wie Kupfer, Eisen, Magnesium, Mangan, Phosphor,

Kalium und Schwefel. Es enthält weiterhin leichtverdaulichen Zucker, Fructose und Dextrose.

Karotten enthalten reichlich Carotin (der Vorläufer des Vitamins A), und dieses stärkt, wie in den Arbeiten von Dr. Leclerc und Artault de Vevey gezeigt, das körpereigene Immunsystem. Man sollte sie wegen ihrer vielfältigen therapeutischen Eigenschaften täglich essen – mindestens 150 bis 200 g. Während der Stillzeit gegessen, regen sie die Milchbildung an. Karotten wirken bei Leberproblemen, **Durchfall**, **Verstopfung** (sie sind ballaststoffreich), **Anämie** und **Rheumatismus**.

Ein Karotten-Fenchel-Wasser kann **Babykoliken** vertreiben. Dazu zwei Karotten zusammen mit einigen Fenchelrispen 10 Minuten in 300 ml Wasser kochen, abseihen, abkühlen lassen und mit einem Tropfen Honig süßen. Nichts ist für ein zahnendes Baby besser als ein Stück Karotte, auf dem es herumkauen kann: Die natürlichen Öle lassen die Zahnfleischentzündungen schneller abklingen (reiben Sie das Zahnfleisch des Babys auf keinen Fall mit dem ätherischen Öl ein).

(*Siehe auch* **Aphthen, Brandwunden, geplatzte Äderchen, Husten** *und* **Impetigo**.)

Kosmetik

Karotten machen auch eine schöne **Haut**; ihre bekanntermaßen blutreinigenden Eigenschaften helfen gegen Pickel und Hautflecken. Gegen alternde Haut, Falten und Blässe mischen Sie 10 ml (2 TL) Mandelöl mit 4 Tropfen Karottenöl (*siehe auch* **Brandwunden**). Machen Sie zweimal jährlich eine einmonatige Kur, während der Sie das Öl zweimal am Tag auftragen, und Ihre Haut wird wieder elastischer und straffer werden und eine gute Farbe bekommen. Der Geruch des Öls ist nicht jedermanns Sache, fügen Sie also eventuell 1 Tropfen Rosenöl hinzu, wenn Sie es als Gesichtsöl verwenden wollen. Mit Karotten kann man sich, besonders bei sehr empfindlicher Haut, sehr gut auf Sonnenbäder vorbereiten. Sie helfen Austrocknen, Sonnenbrand und sehr frühe Stadien von Hautkrebs vermeiden. Trinken Sie zwei Monate vor einem Sonnenurlaub täglich etwas Karottensaft. (Benützen Sie das beim Auspressen zurückgebliebene Karottenmark einmal in der Woche für Feuchtigkeitsmasken.) Reiben Sie sich jeden Abend mit der oben genannten Karottenölmischung ein. Statt Mandelöl ist auch Haselnußöl sehr gut geeignet, da es die Bräunung unterstützt.

Ein anderer Trick ist es, Gesicht und Dekolleté mit etwas Karottensaft einzureiben: das läßt die Haut leicht getönt erscheinen und empfiehlt sich besonders, wenn Sie abends ausgehen wollen, weil es kleine Mängel abdeckt.

(*Siehe auch* **alternde Haut** *und* **Dermatitis**.)

Küche

Karotten sind wie die Zwiebel ein Basisgemüse und bilden die Grundlage von Eintöpfen, Aufläufen und Schmortöpfen, denen sie Geschmack, Farbe und Struktur verleihen. Karotten ergeben eine köstliche Suppe und sind – ältere Wurzeln in Würfel oder Streifen geschnitten, junge im ganzen – gedämpft eine herrliche Beilage. Und früher pflegte man nach Essensexzessen und gegen Verdauungsprobleme Carottes Vichy zu verschreiben, das heißt in Quellwasser gekochte Wurzeln. Der Nährwert der Karotten ist jedoch am höchsten, wenn sie roh gegessen werden: als Snack, gerieben in Salaten oder in Stücke geschnitten mit einem Dip, ebenso als Karottensaft, den es inzwischen überall in Supermärkten gibt.

Eine wichtige Anmerkung: Aroma und Nährstoffe befinden sich in der Schale oder deren unmittelbarer Nähe, so daß Karotten niemals geschält oder geschabt, sondern immer nur gebürstet werden sollten.

Karottenquiche (für 4 bis 8 Personen)

Karotten sind sehr Vitamin-A-haltig, und sie ergeben eine köstliche Quiche, die gut für Haut- und Atemwegsbeschwerden ist. Sie können sie vor dem Backen mit kleinen Kreisen aus rohen Karotten dekorieren.

225 g Mürbeteig
Für die Füllung:
1 kg Karotten, abgebürstet und kleingeschnitten
1 Zwiebel, geschält und kleingeschnitten
15 g Butter
2 Zweiglein Thymian
150 ml Buttermilch
1 mittelgroßes Ei, verquirlt
30 ml (2 EL) kleingeschnittene, frische Petersilie
Salz, Pfeffer und Muskat, frisch gemahlen
30 ml (2 EL) geriebener Gruyère oder Emmentaler

Den Teil ausrollen und den Boden einer Springform von etwa 18 bis 20 cm Durchmesser damit auslegen. Kalt stellen.
Die Karotten weich kochen, dann zerdrücken. Unterdessen die Zwiebel in Butter glasig dünsten. Zwiebel und Karotten vermischen, dann Thymian, Buttermilch, Ei und Petersilie unterrühren. Mit Salz, Pfeffer und Muskat würzen. Die Masse in die vorbereitete Springform gießen und die Torte im vorgeheizten Backofen bei 180 Grad Celsius 40 Minuten lang backen. Nach 10 Minuten Backzeit mit dem Käse bestreuen.

Vermischtes
Der rötliche Saft der wilden Karotten wurde früher als Speisefarbe benutzt; in manche Liköre kam eine Spur Karottensamenöl, und geröstete Karottenwurzeln wurden in Notzeiten als Kaffee-Ersatz verwendet. Karotten benutzt man auch zum Färben von Naturkosmetika.

Kiefer, siehe **Waldkiefer.**

Koriander

Coriandrum sativum – Umbelliferae

Der Name Koriander stammt von griechisch *kóris* (= »Wanze«) ab, da angeblich die jungen Blätter wanzenartig riechen (auch die unreifen Früchte, Anm. d. Ü.). Der in Südeuropa, Indien, Nordafrika, Südamerika und Rußland beheimatete Koriander ist ein Doldengewächs; seine Blätter sind hellgrün, unten stark gezähnt wie die kontinentale Petersilie und oben fiedrig. Die Pflanze hat Dolden mit malvenfarbigen Blüten, die später Samen ansetzen. Verwendet werden sowohl Blätter als auch Samen.

Als Gewürz und Heilkraut läßt sich die Verwendung des Korianders viele Jahrhunderte zurückverfolgen, und er dürfte eines der ältesten Würzmittel der Welt sein. Er wurde im alten Ägypten angebaut, wo seine zerstoßenen Samen ins Brot kamen und ein aus den Samen gewonnenes ätherisches Öl zu religiösen Zwecken benutzt wurde. Er war eines der bitteren Kräuter, die laut Bibel am Passahfest gegessen werden sollten, und in Indien wurde er bei magischen Götteranrufungen verwendet und kam – und kommt noch immer – in viele Gerichte. Koriander galt zudem als Aphrodisiakum.

Die Griechen und Römer glaubten, Koriander hätte stimulierende, verdauungsfördernde und karminative (Blähungen vertreibende) Eigenschaften. Dioskurides behauptete, er sei ein Beruhigungsmittel, und Galen pries ihn als Tonikum. Manche hielten ihn für ein Gift, ein Verdacht, der in den Warnungen einiger Renaissanceärzte widerhallt, Apotheker sollten ihn mit äußerster Vorsicht verkaufen. Andere schworen auf seine therapeutischen Eigenschaften. Eine Zeitlang wurde er hauptsächlich in der Geburtshilfe verwendet: Man legte zur Erleichterung der Geburt und zur Linderung der Schmerzen ein paar Samen auf den Oberschenkel einer in Wehen liegenden Frau; und durch regelmäßiges Einnehmen der Samen konnte eine Frau angeblich die Menstruation einstellen und schnell schwanger werden.

Das ätherische Öl

Beschreibung: Das aus den Samen destillierte ätherische Öl ist gelblich und hat einen moschusartigen, aromatischen, angenehmen Geruch. Ungefähr 100 kg ergeben 2 bis 3 kg ätherisches Öl.

Inhaltsstoffe: Ein Alkohol (Coriandrol, 60 bis 65%), Geraniol und Pinen, daneben geringe Spuren Borneol Cymen, Dipenten, Phellandren und Terpinen. Es muß sich um 100%ig reines Korianderöl handeln, denn es läßt sich mit ätherischem Orangen- und Terpentinöl leicht imitieren.

Gefahren: Das Öl sollte nur von äußerst erfahrenen Therapeuten innerlich verschrieben werden; die Einnahme der falschen Dosis kann fatale Auswirkungen haben.

Anwendung

Medizin

In der neueren aromatherapeutischen Praxis vertrat Dr. Leclerc die Meinung, Koriander wirke bei Erschöpfung, und Madame Maury verschrieb ihn äußerlich gegen **Rheumabeschwerden** und **Fieber**. Äußerlich lindert Koriander **Gesichtsneuralgien**, **Zahnschmerzen**, **nervöse Verspannungen im Gesicht** und die Gesichtsschmerzen, die durch die **Gürtelrose** hervorgerufen werden. Er ist auch nach einer **Grippe** und gegen **Solarplexusverkrampfungen** hilfreich: Ein paar Tropfen, mit Mandelöl vermischt, können täglich im Uhrzeigersinn einmassiert werden. Dies wirkt auch atemregulierend.

(*Siehe auch* **Kopfschmerzen**.)

Küche

Koriander verfeinert kulinarische Spezialitäten aus aller Welt. Die

Chinesen nennen ihn chinesische Petersilie und betrachten ihn als ihr Gewürz; dort, wo er in Mexiko wächst, wird er sehr viel verwendet; sein Duft bezaubert in marokkanischen Souks; und er ist auch im Mittleren Osten, Afrika, Asien und Südspanien populär. Die Samen sind ein wesentlicher Bestandteil von Currypulvern – doch wird mit ihnen auch Fleisch konserviert –, und selbst die Blätter sind wichtige Zutat vieler Currygerichte. Sparsam verwendet, rundet Koriander auch Pilzgerichte, Fleischklößchen, Lammeintöpfe und Lamm- oder Schweinefleischkebabs hervorragend ab.

Unter den Brotteig gemischte, gemahlene Samen verleihen dem Brot eine besondere Note und helfen die Stärke verdauen.

Koriandersuppe (für 4 Personen)
Diese Suppe ist für Streßgeplagte eine Wohltat, da sie blähungsvertreibende, wärmende und harntreibende Eigenschaften hat. Sie empfiehlt sich zur Linderung von prämenstruellen Symptomen und Wechseljahrbeschwerden und zur Vorbeugung von Wasseransammlung und Zellulitis.

1,8 l Wasser
etwas Meersalz
1 TL reines Olivenöl
225 g Korianderblätter
2 Kartoffeln, geschält und gewürfelt
1 große Zwiebel, geschält und gewürfelt
etwas Zitronensaft
1 Lorbeerblatt
10 ml (2 TL) Koriandersamen, frisch gemahlen
etwas Ziegenmilch oder Sauerrahm (wenn gewünscht)

Das Wasser mit dem Salz und dem Olivenöl zum Kochen bringen. Korianderblätter (davon ein Sträußchen zur Seite legen), Kartoffeln, Zwiebel, Zitronensaft und Lorbeerblatt dazugeben. 15 bis 20 Minuten lang bei schwacher Hitze kochen, bis die Kartoffeln weich sind. Dann pürieren.

Zum Schluß den gemahlenen Koriander und nach Wunsch etwas Ziegenmilch oder Sauerrahm dazugeben. Feingeschnittene restliche Korianderblätter kurz vor dem Servieren auf die Suppe streuen.

Eine Geschichte zur Warnung

In einer Destillieranlage war ein großer Behälter mit 50 l Korianderöl (die Ausbeute von 5000 kg zerstoßenen Koriandersamen) umgekippt und hatte den Zementfußboden überschwemmt. Acht Arbeiter kamen, um das Öl, soweit es ging, aufzufangen; aber es war zu spät: Das ätherische Öl war überallhin geflossen und in alle Ritzen und Löcher des großen Raumes eingedrungen. Die Arbeiter versuchten dennoch zu retten, was zu retten war, aber die Luft wurde unerträglich.

Innerhalb der folgenden halben Stunde begannen alle zu lachen, zu kichern und alberne Witze zu erzählen; keiner schien mehr über das Unglück besorgt oder sich über die Auswirkungen der Dämpfe im klaren zu sein. Nach einer Weile kamen Aggressionen auf, und laute Stimmen konnten an verschiedenen Stellen der Destillieranlage gehört werden. Als der Chefchemiker kam, fand er zwei Arbeiter, die in der vergifteten Luft miteinander rauften. Zwei anderen war ganz übel, und alle mußten wegen der nachfolgenden, extremen Erschöpfung für einige Tage nach Hause geschickt werden. (Schmoller & Bompard, Grasse, 1973.)

Kreuzkümmel, siehe **Mutterkümmel**.

Kubebe
Piper cubeba – Piperaceae

Kubeben sind die Früchte einer Kletterpflanze, die zur gleichen Familie gehört wie jene, die den bekannten schwarzen, weißen und grünen Pfeffer liefert *(Piper nigrum). P. cubeba* ist ein ausdauernder Kletterstrauch mit zweihäusigen Blüten und kugelförmigen Steinfrüchten. Die Früchte wachsen wie beim schwarzen Pfeffer in Ähren, nur sitzen sie nochmals an kleinen Stielen, daher der Volksname Schwanzpfeffer (auf französisch *poivre à queue*). Die Früchte sehen schwarzem Pfeffer sehr ähnlich, sind aber etwas größer. Auch duften sie schwächer als dieser; sie schmecken pfefferig-aromatisch, scharf und bitter.

Kubebenpfeffer ist auf den ostindischen »Gewürzinseln« Java, Borneo und Sumatra heimisch und wird auch in Indien, auf Sri Lanka und Réunion angebaut.

Kubebenpfeffer dient seit alters in China und Indien als Gewürz und in der indischen Ayurvedapraxis als Medizin. Auch die Araber gebrauchten ihn zu medizinischen Zwecken: Der Name *kubeba* taucht seit über 400 Jahren in arabischen Schriften auf. Die heilige Hildegard schätzte Kubebe als Medizin hoch ein, hielt sie für ein sehr gutes Nerventonikum, ein gutes Antiseptikum und Wundmittel. (Sie empfahl sie zur Erwärmung von Magen und Gehirn, Schwachen und jenen, die keine Farbe im Gesicht hatten!) In Indien behandelte man Gonorrhöe, eine Geschlechtskrankheit mit übermäßiger Schleimabsonderung, mit Kubebe, und aus diesem Grund wurde sie auch Anfang des 19. Jahrhunderts nach Europa eingeführt. Das ätherische Öl war bis 1937 wegen obengenannter Eigenschaften in den französischen Pharmakopöen verzeichnet.

Das ätherische Öl

Beschreibung: Es ist viskos, dickflüssig und blaßgrün bis bläulich und duftet sehr charakteristisch nach Pfeffer und leicht nach Kampfer.

Inhaltsstoffe: Kubebe ist ähnlich wie Pfeffer (siehe dort) zusammengesetzt, enthält jedoch sehr viel Cubebin (40 bis 50%), weitere Wirkstoffe sind amorphe Kubebensäure, Azulen, Kampfer, Cubebin, Dipenten, Lineol, Pinen und ein Alkohol, der kalt kristallisiert.

Gefahren: Kubebenöl wird oft zur Verfälschung anderer ätherischer Öle benutzt und auch umgekehrt oft mit anderen Ölen verfälscht. Dadurch verliert es natürlich seinen therapeutischen Wert. Es wäre schön, wenn das Interesse an Kubebenöl wiedererwachte, aber dazu müßten die Destillateure erst wieder absolut reines Öl herstellen. Lange Zeit gelang es mir nicht, eine 100%ig verläßliche Bezugsquelle zu finden. Es gibt in Indien tatsächlich einige Kubebendestillieranlagen, aber das Öl wird nicht exportiert, da die Nachfrage im Westen zu gering ist.

Anwendung

Medizin

Kubebe empfiehlt sich bei **Hautausschlägen und -entzündungen**: Mischen Sie 50 ml Mandelöl mit 2 Tropfen Weizenkeim- und 5 Tropfen Kubebenöl. Dies hilft auch gegen Laryngitis, Halsentzündung und andere Infektionen des Rachenraumes. Geben Sie für eine Inhalation 3 Tropfen Kubebenöl in eine Schüssel heißes Wasser, oder benutzen Sie dieses nach dem Abkühlen als antiseptisches Mundwasser.

Vermischtes

Kubebe wird wenig als Gewürz gebraucht, obgleich sie im Mittelalter mit anderen seltsam oder wunderbar heißenden Gewürzen wie Galgant und Paradieskörner zusammen verwendet wurde. Sie zählte zu den Gewürzen des ehemaligen Herzstärkungsweins *Hippocras.*

Kümmel

Carum carvi – Umbelliferae

Der Kümmel ist eine zweijährige Pflanze, in Südosteuropa beheimatet, und wächst nun in wilder oder kultivierter Form überall in Europa und in den gemäßigten Klimazonen Asiens. Er kam ursprünglich nicht in England vor und wurde in die USA eingeführt. Wie Kreuz- bzw. Mutterkümmel und Koriander gehört er zu den Doldengewächsen und wird ungefähr 60 cm hoch. Seine Blätter sind fiederteilig, ähnlich den Karottenblättern (*Umbelliferae* ist die Karottenfamilie), und aus den Dolden weißer oder rosafarbener kleiner Blüten entstehen die Samenfrüchte. Diese sind sichelförmig und hell gestreift, wodurch eine Verwechslung mit Mutterkümmel möglich ist (geschmacklich besteht ein wesentlicher Unterschied). Die Pflanze verbreitet sich leicht und kommt in Frankreich wild in den Vogesen und im Elsaß vor. Sie wird für kulinarische Zwecke kultiviert, besonders in Holland, Deutschland, Österreich und Rußland. Es gibt noch eine weitere Sorte, *C. copticum* oder Ajowan, und diese wird in der indischen Küche und Volksmedizin verwendet; die Samen sind sehr thymolhaltig.

Der Name leitet sich vom lateinischen *cuminum* bzw. dem griechischen *kyminon* (= »Kümmel«) ab. Da Kümmel im Französischen auch *carvi* heißt, schloß Lemery, ein Botaniker des 17. Jahrhunderts, der Name verweise auf die Provinz Karien in Kleinasien, die man als seine Heimat ansah (dabei handelte es sich aber wahrscheinlich um den Mutterkümmel – der Verwechslungen sind viele).

Man hat fossilen Kümmel sowohl in neolithischen Siedlungen in der Schweiz gefunden als auch in mesolithischen Siedlungen, also war er schon vor mehr als 8000 Jahren in Gebrauch. Die alten Ägypter benutzten das Gewürz in religiösen Ritualen und in der Küche, um Nahrungsmittel wie Brot und Zwiebeln leichter verdaulich zu machen. Theophrast überlieferte ein Austernrezept, bei dem aus demselben Grund Kümmel beigegeben wurde; ein anderer Küchenexperte kochte Linsen mit Kümmel und Thymian. Die Römer aßen die Samen nach den Mahlzeiten in Form eines Gewürzkuchens, der auch andere Samen enthielt, zur Vertreibung des Mundgeruchs und zur Verdauungsanregung. Kümmel wird in Indien häufig nach den Mahlzeiten gegen Mundgeruch gereicht.

Die Schule von Salerno und die heilige Hildegard von Bingen hielten Kümmel für karminativ (blähungswidrig), stimulierend, harntreibend, menstruationsfördernd, milchbildend und magenstärkend.

Das ätherische Öl

Beschreibung: Das Öl, das aus den Samen destilliert wird, ist farblos, manchmal mit einem Stich ins Gelbe, der dunkler wird, wenn das Öl reift. Der Geruch ist moschusartiger, fruchtiger und schärfer als von Mutterkümmel.

Inhaltsstoffe: 50 bis 60% Carvon, daneben Carvacol, Carven und Limonen. Untersuchungen haben bestätigt, daß der hohe Carvonanteil verdauungsfördernd wirkt, indem er die Magensaftproduktion und -ausschüttung anregt.

Anwendung

Medizin

Kümmel hilft ausgezeichnet gegen alle Verdauungsbeschwerden wie Blähsucht, Bauchweh, Dyspepsie, Kolik und Kolitis. Das Öl gilt auch als leichtes Antiseptikum.

Zerkauen Sie bei **Verdauungs**trägheit und Völlegefühl langsam einige Samen, trinken Sie ein Glas warmes Wasser nach, und versuchen Sie, einige Minuten tief durchzuatmen. Das sollte die Verdauung wieder in Gang setzen und das Völlegefühl vertreiben. Für einen Heiltrank gegen Verdauungsstörungen brühen Sie 5 ml (1 TL) schwach zerkleinerte Samen mit 600 ml Wasser auf; 10 Minuten ziehen lassen. Nach den Mahlzeiten trinken. Der Trank hilft auch gegen **Dysmenorrhöe**.

Gegen nervöse **Koliken** bei Kindern verschütteln Sie 50 ml Sojaöl, 2 Tropfen Weizenkeimöl mit 12 Tropfen Kümmelöl. Halten Sie die Flasche unter laufendes heißes Wasser, um das Öl zu erwärmen, dann reiben Sie einige Minuten im Uhrzeigersinn sanft den Bauch des Kindes damit ein. Machen Sie danach einen warmen Leinsamen- oder Hafergrützeumschlag (siehe Seite 48f.), mit einem Handtuch zudecken und 15 Minuten wirken lassen. Die Schmerzen sollten dann verschwunden sein.

(*Siehe auch* **Dysmenorrhöe** *und* **Dyspepsie**.)

Küche

Kümmel ist im wesentlichen ein mitteleuropäisches Gewürz. Besonders in Deutschland und Österreich würzt man damit Würste, Pasteten, Käse, Roggen- und andere Brote, Sauerkraut, Krautsalate, Rote-Bete-Gerichte, Fleisch (insbesondere Schweinefleisch), einige Gulascharten und Fleischaufläufe. Zu Brotteigen und Quarkkäsen hinzugefügter Kümmel macht diese viel leichter verdaulich. Sie können ihn aus demselben Grund auch unter die Butter mischen, die

Sie zu Käse essen. Und Vollkornbrot liegt weniger schwer im Magen, wenn es mit Butter gegessen wird, unter die Kümmel-, Anis- und Fenchelsamen gemischt wurden.

Vermischtes
Das Öl wird auch in der Parfüm- und Seifenindustrie verwendet. Früher hat man die Samen in Säckchen gefüllt, um Schubladen und Kleider zu parfümieren und Motten fernzuhalten. Napoleon soll Kümmelseife benutzt haben. Kümmelöl wird auch im Bäcker- und Konditoreigewerbe verwendet.
Kümmelsamen (oft in Verbindung mit etwas Mutterkümmel) bilden das Gewürz des ebenfalls »Kümmel« genannten Likörs. Der erste überlieferte Kümmellikör wurde 1575 von Lucas Bols in Amsterdam hergestellt. Selbst in der Getränkeindustrie herrscht Verwechslung zwischen Kümmel und Mutterkümmel, denn der angeblich beste aller Kümmel heißt *Crème de Cumin!*

Lavandin
Lavandula fragrans/delphinensis – Labiatae

Das ätherische Öl namens Lavandin wird durch Wasserdampfdestillation aus einer Lavendelhybride gewonnen, die durch die Kreuzung von Lavendel und Spik entsteht. Hybridisierung ist ein natürliches Phänomen, da die Bienen den Pollen von einer Lavendelart zur anderen tragen. Die Pflanzen wachsen in denselben Höhenlagen wie Lavendel und Spik und werden 60 bis 80 cm hoch. Die Blüten sind dunkelblau, duften stark und sind größer als beim echten Lavendel. Es ist die im Handel üblichste Lavendelsorte, da sie den Pflanzenzüchtern am wenigsten Schwierigkeiten macht: Die Pflanze ist wetterbeständiger, weniger krankheitsanfällig und größer als Lavendel; sie läßt sich leichter anbauen und bildet mehr Blüten aus. 100 kg echte Lavendelblüten ergeben 500 bis 600 g wasserdampfdestilliertes ätherisches Öl, wohingegen dieselbe Menge Lavandinblüten 3 kg ätherisches Öl liefern.

Lavandin wird hauptsächlich in Frankreich, Spanien, Italien, Ungarn und der Schweiz kultiviert. 1991 wurden in Südostfrankreich ungefähr 750 bis 900 t Lavandin erzeugt, vom echten Lavendel hingegen 50 bis 200 t. Frankreich ist zu drei Vierteln an der weltweiten Produktion von Lavandinöl beteiligt. Die USA importieren jährlich circa 100 t, die EG-Länder beziehen 50 bis 60 t, gefolgt von Japan mit 40 t.

Das ätherische Öl

Beschreibung: Das ätherische Öl ist gelb bis dunkelgelb und riecht herb aromatisch und ein wenig kampferartig. Es ist dem Lavendelöl sehr ähnlich, aber weniger subtil.

Inhaltsstoffe: Borneol (40 bis 50%), Kampfer (10%), Cineol (10%), Geraniol, Linalool und Linalylazetat (15 bis 35 %). Es unterscheidet sich vom Lavendel durch seine Kampferkomponente, seinen größeren Anteil Borneol und seinen geringeren Anteil Linalool.

Gefahren: Lavandin ist therapeutisch weniger wertvoll als Lavendel, wird aber oft als Lavendel verkauft.

Anwendung

Vermischtes

Ich verwende Lavandin nicht in der Therapie, aber es ist ein wunderbarer Duftspender für zu Hause. Parfümieren Sie damit Ihren Wäsche- oder Kleiderschrank (oder geben Sie ein paar Tropfen in das letzte Wäschespülwasser). Es hat die gleiche beruhigende Wirkung wie Lavendel, so daß Sie ein paar Tropfen in eine Wasserschale oder auf ein Stück Baumwolle geben können, die Sie in der Nähe einer Heizung oder Glühbirne plazieren.

Lavandin ist wie Spik in vielen Seifen, Putzmitteln und billigeren Parfüms enthalten.

(*Siehe auch* **Erfrierung**.)

Lavendel
Lavandula angustifolia und officinalis – Labiatae

Lavendel ist ein immergrüner, duftender Strauch, der in Südeuropa, besonders rund ums Mittelmeer, heimisch ist. Der größte Teil der Handelsware stammt aus Frankreich, Spanien, Bulgarien und der ehemaligen Sowjetunion. Ein geringerer Anteil kommt aus Tasmanien, und es gibt eine kleinere, aber aufstrebende Industrie in Norfolk, England. Lavendel kann in beträchtlicher Höhe wachsen – ein provenzalischer Biobauer nennt sein Produkt »Lavande 1100«, um auszudrücken, in welcher Höhenlage er seine Pflanzen anbaut. Einzelne Pflanzen werden bis zu 1 m hoch, können stark verholzen und sehr ausladend sein. Die schmalen Blätter sind grau und bereift; die Blüten sind blaugrau und erscheinen an langen, schlanken Stengeln. Die Öldrüsen liegen bei den kleinen sternförmigen Härchen, die Blätter, Blüten und Stengel bedecken; das Öl tritt aus, wenn Sie eine Blüte oder ein Blatt zwischen den Fingern zerreiben (der Duft ist sehr flüchtig).

Es gibt mehrere Varietäten der Gattung, zu den Hauptarten gehören *L. angustifolia, L. stoechas* und *L. spica*. Lavendelöl stammt von *L. angustifolia,* auch *L. officinalis* (Medizinischer Lavendel) und *L. vera* genannt (Echter oder Holländischer Lavendel, obwohl manche behaupten, letzterer sei eine eigenständige, gedrungene Spielart der *L. spica*). *L. spica* selbst (Spik oder Altenglischer Lavendel) liefert Spiköl. Lavandinöl wird durch Wasserdampfdestillation einer Hybride gewonnen, einer Kreuzung aus echtem Lavendel und Spik (siehe auch Spik und Lavandin).

Lavendel wurde seit alter Zeit sowohl wegen seines eleganten Duftes als auch wegen seiner medizinischen Eigenschaften genutzt. Spik- und Stoechasöl sind bei Dioskurides, Galen und Plinius erwähnt. Die Römer benutzten Lavendel (sein Name ist vom lateinischen *lavare* [= »waschen«] abgeleitet) als Badezusatz. Er war im 12. Jahrhundert bekannt, da ihm die heilige Hildegard ein ganzes Kapitel in ihrer medizinischen Schrift widmet. Auch im 13. und 14. Jahrhundert baute man ihn in Europa in den klösterlichen Heilkräutergärten an.

1568 wurden bei Hitchin, Hertfordshire, Lavendelkulturen angelegt, die man bis nach 1823 bewirtschaftete. Im 18. Jahrhundert stellte die Parfümgenossenschaft Yardley Lavendelseifen und -parfüms aus Pflanzen her, die von den Feldern bei Mitcham, Surrey, stammten. Wie bei so vielen anderen Pflanzen, die ätherisches Öl liefern, zeugen Straßennamen in den Städten und Großstädten von ehemaligen Umschlagplätzen – darunter Lavender Hill im Süden Londons. Norfolk ist heute für seine Lavendelfelder ebenso bekannt wie die französische Provence, insbesondere die Berge um Grasse.

Früher wurden sämtliche Lavendelarten unsortiert zusammen destilliert, und man nannte das so gewonnene Öl oft Sticadore oder Spiköl. 1760 begann man jedoch die botanischen Merkmale der Pflanzen genauer zu unterscheiden.

Im Altertum stufte man Lavendel als Stimulans, Tonikum, Stomachikum (appetitanregendes und verdauungsförderndes Mittel) und Karminativum (Blähungen vertreibendes Mittel) ein. Matthiolus, ein Botaniker des 16. Jahrhunderts, hielt Lavendelblüten für ein äußerst wirksames Allheilmittel und nannte Lavendelheilmittel gegen Epilepsie, Apoplexie (Schlaganfall) und Geistesstörungen; in einem seiner Rezepte zur Verhinderung von Wasseransammlung sind die Blüten in Wein zu kochen und zwei Gläser täglich von diesem zu trinken. Die Franzosen pflegten einen Kräutertee aus Lavendelblüten, Zimt und Fenchel herzustellen; dieser galt als Mittel gegen Gelbsucht und auch als Herztonikum. Lavendel besitzt viele ähnliche Eigenschaften wie Salbei, Rosmarin und andere Mitglieder der Lippenblüterfamilie: über die obengenannten Klassifizierungen hinaus wertet man Lavendel auch als krampflösendes, harntreibendes, Bakterienwachstum hemmendes Wund- und Kreislaufmittel.

Anwendung

Medizin

Lavendel ist *das* Öl zur Behandlung von **Verbrennungen** und Hautleiden. Jeder aromatherapeutisch Interessierte wird schon einmal von der Lavendelgeschichte des Dr. Gattefossé, einem der Gründerväter der Therapie, gehört haben. Als er sich einmal seine Hand im Labor schwer verbrannt hatte, tauchte er sie unwillkürlich in die nebenstehende Schüssel voll ätherischem Lavendelöl. Der Schmerz ließ nach, und kurze Zeit später war die Verbrennung verheilt. Geben Sie zu Hause reines Lavendelöl auf eine Verbrennung, und verbinden Sie diese mit Verbandmull (damit die Haut atmen kann). Oder, falls kein Öl greifbar ist, holen Sie einige Lavendelblüten oder -blätter aus dem Garten: diese auf die Verbrennung legen und wie oben verbinden. Dies ist auch bei anderen Hautproblemen geeignet.

Lavendel hilft sehr gut gegen **Zystitis**, Vaginitis und **Leukorrhöe**. Machen Sie sich aus 600 ml kochendem Wasser und 5 ml (1 TL) getrockneten Lavendelblüten einen Kräutertee; 5 Minuten ziehen lassen und mit Honig süßen. Trinken Sie den Tee sechsmal täglich, bis die Symptome verschwunden sind. Der Aufguß kann bei denselben Beschwerden, bei Blasenentzündung und bei Beschwerden nach dem Geschlechtsverkehr auch in ein Bidet voll kaltem Wasser gegossen werden (oder Sie geben 3 Tropfen ätherisches Öl in das mit warmem Wasser gefüllte Bidet).

Das ätherische Öl

Beschreibung: Die Blüten werden auf den Feldern, auf denen man sie erntet, wasserdampfdestilliert, und circa 100 kg ergeben 500 bis 600 g ätherisches Öl.

Das Öl schwankt farblich zwischen Dunkelgelb und Dunkelgrüngelb und duftet sehr stark. Inhaltsstoffe und Qualität des Öls hängen großenteils von Klima, Boden und Höhenlage ab. Der französische Lavendel wird zum Beispiel qualitativ mehr geschätzt als der englische, weil er mehr Linalylacetat enthält; dadurch erhält er eine fruchtigere und süßlichere Note, die angenehmer empfunden wird als der kampferartige englische Lavendel mit seinem höheren Lineolgehalt.

Auch die Stiele ergeben ein Öl, aber der Duft ist gröber als der von den Blüten.

Inhaltsstoffe: Alkohole, zum Beispiel Borneol, Geraniol und Linalool, Ester, zum Beispiel Geranyl und Linalyl, und Terpene, zum Beispiel Pinen und Limonen. Lavendel enthält auch einen hohen Anteil Phenol, daher wirkt er stark antiseptisch und antibiotisch.

Gefahren: Lavendel ist eines der am wenigsten toxischen Öle, doch muß man trotzdem Vorsicht walten lassen. Oft wird Lavandin (siehe dort) als Lavendel verkauft, weil es billiger herzustellen ist. Die Rezepte helfen nicht, verwendet man statt Lavendel versehentlich Lavandin. Orientieren Sie sich am Preis: Lavandin ist nur ein Drittel so teuer wie Lavendel. Es wird viel gefälscht, und man muß genau wissen, woher das Öl stammt. Man kann sich aber leicht sein eigenes Lavendelöl herstellen (siehe Seite 53).

Obengenannter Kräutertee eignet sich auch als Morgentonikum für Rekonvaleszenten, **Digestivum** nach den Mahlzeiten, gegen **rheu-**

matische Beschwerden und gegen die ersten **Grippe-** und **Erkältungs**anzeichen. Gegen letztere trinken Sie den Tee mindestens fünfmal am Tag, und gurgeln Sie mit ihm, nachdem Sie ein paar Tropfen ätherisches Öl hinzugefügt haben.

Da Lavendel so mild ist, kann er während der Schwangerschaft angewendet werden (obwohl sein Geruch bei zwei meiner Klientinnen Übelkeit hervorrief). Um Kreislaufleiden wie **Krampfadern** vorzubeugen, die Beine mit einer Mischung aus 3 Tropfen Zypresse, je 2 Tropfen Lavendel und Zitrone und 25 ml Sojaöl einreiben.

Lavendel soll **Kopfschmerzen** beseitigen (Pflücker pflegten einen Zweig in ihre Hüte zu stecken). Und Shakespeare spielte auf seine aphrodisische Wirkung an: Perdita offeriert in *The Winter's Tale (Wintermärchen)* »leidenschaftlichen Lavendel, Pfefferminze, Liebstöckel, Majoran ... ich glaube, diese Blüten des Hochsommers gibt man Männern mittleren Alters«.

(*Siehe auch* **Abszesse** und **Furunkel, Anämie, Arthritis, Blutergüsse, Bronchitis, Erschöpfung, Gicht, Gürtelrose, Husten, Insektenstiche** und **-bisse, Klimakterium, Kolik, Ödem, Pedikulose, Rückenschmerzen, Schnittwunden** und **Schrammen** *und* **Streß**.)

Kosmetik

Genauso wie Lavendelöl Verbrennungen rasch abheilen läßt, hilft es gegen **Blutergüsse, Erfrierung, Akne, Dermatitis** und **Schwellungen**. 3 Tropfen mit 10 ml (2 TL) Sojaöl mischen und auftragen. Geben Sie das Öl in ein Gesichtsdampfbad gegen Akne. Verwenden Sie gegen **Zellulitis** ein paar Tropfen als Badezusatz.

Der obengenannte Lavendeltee hilft auch gegen **fettige Haut**, denn durch die Pflanze wird die Sekretion der Talgdrüsen normalisiert, Lavendelwasser (beim Apotheker erhältlich oder es selbst herstellen) ist deshalb auch sehr gut als Gesichtswasser geeignet. Es empfiehlt sich auch als Spülung bei fettigem Haar (besonders bei dunklem Haar).

Vermischtes
Im Elisabethanischen Zeitalter kamen junge Lavendelblätter in Salate und statt Pfefferminze in pikante Sülzen.
Die Pflanzen wurden in elisabethanischen Knotengärten und als Streukraut verwendet: Thomas Tussers (Autor des 1573 erschienenen Buches *500 Points of Good Husbandry*) Liste enthielt »Lavendel, Spik, Heiligenkraut [Santolina]«. Feine Damen nähten sich Lavendelduftkissen in ihre Röcke und mischten die Blüten unter Potpourris (an Beliebtheit wird der Lavendel nur noch von der Rose übertroffen). Im 14. Jahrhundert pflegte Karl VI. von Frankreich auf Lavendel gepolsterten Kissen zu sitzen. Lavendelduftsäckchen für Kleider- und Wäscheschränke sind heute noch genauso beliebt wie zu Elisabethanischen Zeiten, wenn auch Lavendelsalz und Lavendelessig an Bekanntheit verloren. Mit Lavendelblüten wurden Fußböden gescheuert und mit dem Öl Möbel poliert. Noch heute ist Lavendel ein äußerst beliebter Duft in Parfüms, Seifen und Möbel- und Fußbodenpolituren.
Lavendel vertreibt Hunde- und Katzenflöhe und auch Motten.

Lemongrass
Cymbopogon citratus und flexuosus – Gramineae

Lemongrass ist ein mit Palmarosa und Citronella verwandtes aromatisches Tropengras (und hatte früher, wie diese, den Gattungsnamen Andropogon). Es ist im tropischen Asien heimisch und wird in Indien, Indonesien und Afrika, auf Sri Lanka, Madagaskar und den Seychellen, in Südamerika und im tropischen Nordamerika angebaut. Öl wird aus zwei Lemongrass-Sorten hergestellt: *C. citratus,* die Pflanze, die als Küchengewürz verwendet wird, hat starke Ähnlichkeit mit Citronella (siehe dort), läßt sich aber durch den andersartigen Zitronenduft der Blätter und den zarteren Wuchs – es wird

30 bis 50 cm hoch – unterscheiden. Verschiedentlich heißt sie auch Melissen-, Fieber-, Zitronen- und Geraniengras. *C. flexuosus* ist ein größeres Gras mit großen, lockeren graugrünen Rispen und wird auch Malabar- oder Kotschingras genannt. Lemongrass wird in der Regenzeit durch Wurzelteilung angepflanzt und kann nach sechs bis acht Monaten geschnitten werden.

Das ätherische Öl

Beschreibung: Beide Lemongrassarten spielen in der Therapie eine Rolle. In Frankreich wird *C. citratus* »Lemongrass Indes oriental«, *C. flexuosus* »verveine des Indes« genannt. Beide Öle sind gelbbraun mit einem leichten Stich ins Rötliche und haben ein ausgesprochen starkes Zitronenaroma.

Inhaltsstoffe: Sowohl *C. citratus* als auch *C. flexuosus* haben einen hohen Citralgehalt (70 bis 85%). *C. flexuosus* enthält außerdem Citronellol, Dipenten, Farnesol, Geraniol, Limonen, Linalool, Methylheptenol, Myrcen, n-Dezylaldehyd und Nerol. *C. citratus* ist etwas anders zusammengesetzt und enthält Caprinate, Citronellol, Dipenten, Farnesol, Furfural, Geraniol, Isopulegol, Isovalerianaldehyd, l-Linalool, Methylheptenon, Myrcen, n-Dezylaldehyd, Nerol, Terpineol und Valerianester.

Gefahren: Da Lemongrass ziemlich billig ist, verwendet man es oft zusammen mit Geranie und Citronella zur Imitation von Rose (die auch Geraniol und Citronellol enthält) und Verbena.

Anwendung

Medizin

Lemongrass wird seit sehr langer Zeit therapeutisch genutzt, besonders in der ayurvedischen Medizin in Indien. Man gibt es als Gegenmittel bei Virusinfektionen oder hohem Fieber, besonders zur Behandlung von Cholera. Es gilt als Stomachikum, Karminativum und Digestivum, und man behandelt damit Enteritis, **Kolitis**, **Blähungen** und streßbedingte **Verdauungs**trägheit (siehe »Glossar der medizinischen Fachausdrücke«).

Wegen seines hohen Citralgehalts wirkt das Öl stark antiseptisch und hilft gegen einige Hautleiden und gegen Fußpilz (siehe unten). Es eignet sich wunderbar zum Desodorieren und Desinfizieren von Krankenzimmern. Geben Sie 250 ml warmes Wasser und 5 ml (1 TL) Lemongrassöl in einen Zerstäuber; gut schütteln und mehrmals täglich das Zimmer aussprühen. Mit dem puren Öl können auch Küchen-, Badezimmer- und Schlafzimmerschränke ausgerieben werden, um Parasiten fernzuhalten (sie mögen den Geruch nicht).

Anti-Fußpilz-Mittel

Geben Sie für ein Fußbad gegen Fußpilz oder Schweißfüße einige Tropfen Lemongrassöl in eine Schüssel warmes Wasser. Benutzen Sie nach dem Fußbad folgendes Öl:

200 ml Mandelöl
5 Tropfen Weizenkeimöl
10 Tropfen Lemongrassöl

Die Zutaten vermischen und morgens und abends die Zehenzwischenräume damit einreiben.

(*Siehe auch* **Migräne** *und* **Zahnabszesse**.)

Küche

Lemongrass prägt sehr stark die südostasiatische Küche, besonders die von Thailand, und ist in den letzten Jahren auch im Westen bekannter geworden. Es ist frisch in Büschelform erhältlich. Stengel und Knollen sollten vor Gebrauch zerstoßen und später aus dem Gericht entfernt werden. Sie werden nicht gegessen. Es gibt auch getrocknetes Lemongrass zu kaufen, das man 2 Stunden vor Gebrauch einweichen sollte. Pulverisiertes Lemongrass gibt es als *sereh* in Asienläden zu kaufen.

Lemongrass verleiht vielen Fischsuppen, Reis- und Currygerichten eine einmalige Zitronennote – wenn nicht erhältlich, ersetzen Sie es durch Zitronenschale, deren äußerer Teil ebenfalls Citral enthält.

Vermischtes

Lemongrass ist ein mildes Insektenvertreibungsmittel (obgleich es viel schwächer wirkt als das verwandte Citronella) und in manchen Markenprodukten enthalten. Das Öl wird auch für die Seifen- und Parfümindustrie extrahiert.

Liebstöckel
Levisticum officinale – Umbelliferae

Liebstöckel ist ein winterhartes mehrjähriges Kraut, das aus Südeuropa stammt und bis zu 2 m hoch werden kann. Es unterscheidet sich wenig von anderen Doldengewächsen (Fenchel, Koriander, Petersilie etc.) mit seinen großen Dolden aus gelbgrünen Blüten, denen die Samen folgen. Es hat einen kräftigen, dicken, hohlen Stengel, und seine großen Blätter sehen aus wie Sellerieblätter und schmecken tatsächlich auch wie diese. Deshalb sagt man in Frankreich zu Liebstöckel oder *livèche* auch »Falscher Sellerie«. In England nennt man ihn auch (hoffnungsvoll) Liebespetersilie. Der alte Gattungsname *Ligusticum officinalis* bezieht sich vielleicht auf Ligurien in Italien, wo die Pflanze im Übermaß gedeiht. Ich habe sie auch in den Bergen Südfrankreichs wild wachsen gesehen. Eine verwandte Art, *Ligusticum scoticum,* wird »Schottischer Liebstöckel« oder »Meeresliebstöckel« genannt; sie wächst wild an den nördlichen Küsten Großbritanniens und an den nordatlantischen Küsten Amerikas.

Liebstöckel wurde von den Griechen und Römern therapeutisch und kulinarisch gleichermaßen geschätzt. Galen, Dioskurides, Plinius und Apicius erwähnten ihn alle, und die römischen Legionen brachten ihn nach Nordeuropa und Großbritannien. In den Gärten Karls des Großen soll er überreichlich gewachsen sein. Die heilige Hildegard empfahl ihn im 12. Jahrhundert gegen Husten, Bauchschmerzen und Herzbeschwerden. Die Schule von Salerno pries ihn als Mittel gegen Leberleiden, was Jahrhunderte später von Dr. Leclerc übernommen wurde, der gegen Gelbsucht und alle anderen Leberstörungen Liebstöckelaufgüsse und -tinkturen verschrieb.

Das ätherische Öl

Beschreibung: Obwohl alle Teile der Pflanze – Wurzel, Stengel, Blätter und Samen – medizinisch wertvoll sind, wird das ätherische Öl nur aus den Wurzeln destilliert. Das Öl kann gelb oder dunkelbraun sein, je nachdem, ob es aus frischen oder getrockneten Wurzeln gewonnen wurde; es ist leicht harzig und dickflüssig und hat ein starkes Aroma, das an Angelika erinnert mit einer Spur ins Bittere und Sellerieartige.
Inhaltsstoffe: Cineol, Limonen, Selinen und Terpineol, daneben geringe Spuren Guajakol, Isovalerian- und Palmitinsäure.

Anwendung

Medizin
Als Heiltrank wirkt Liebstöckel auf natürliche Weise blutreinigend, und er sollte gegen Leberstörungen aller Art, gegen **Hautausschläge**, **Gicht** und **Rheumatismus** genommen werden. Er ist auch ein Digestivum. Trinken Sie, um den Körper nach üppigen Feiern zu reinigen und zu entgiften, einen Heiltrank aus Liebstöckelblättern:

15 ml (1 EL) Blätter mit 600 ml kochendem Wasser aufgießen und 7 Minuten ziehen lassen; davon mehrere Tassen über den Tag verteilt trinken. Er schmeckt sehr angenehm, eher nach Bouillon als nach Tee.

Bei Leberproblemen können Sie einen Leinsamenumschlag machen, unter den Sie 8 Tropfen Liebstöckelöl mischen. Über der Leber auflegen, warm halten und am gleichen Tag noch einmal wiederholen. Fasten Sie außerdem den ganzen Tag lang, und trinken Sie lediglich jeweils 1 bis 2 Tassen des obengenannten Heiltranks, mit Pfefferminze gemischt, zu den drei Essenszeiten.

Liebstöckel ist auch gut für die Haut, da er blutreinigend wirkt.

Küche

Liebstöckel gibt es als getrocknete Blätter, ganze Samen oder in Wurzelform zu kaufen; er ist leicht im Garten anzubauen, will man alle drei und die köstlichen frischen Blätter dazu. Diese passen wegen ihres hefigen, sellerieartigen Geschmacks gut zu Suppen, Brühen und Kasserollen, wenn wenig Fleisch da ist – und sind für vegetarische Gerichte und Salate wirklich ideal. Man kann die Stengel blanchieren und zusammen mit einer Käsesauce als Gemüse essen (ein altes französisches Rezept) oder sie wie Angelikastengel kandieren. Die Wurzeln können geschält und als Gemüse gekocht werden, aber sie schmecken sehr streng; früher wurden sie gemahlen und zu Brot verbacken. Man kann die Samen vor dem Backen über Brot oder Kekse streuen, und sie ergeben ein sehr aromatisches Gewürz, wenn man sie mit Steinsalz im Mörser zerstößt.

Lorbeer
Laurus nobilis – Lauraceae

Kein Baum wurde für seine Eleganz, seinen Duft und seine therapeutischen Eigenschaften mehr gelobt als der Lorbeer. *Laurus* ist eine Gattung von getrenntgeschlechtlichen, ausdauernden, immergrünen Sträuchern oder Bäumen, die aus Kleinasien stammen, aber seit vielen Jahrhunderten im gesamten Mittelmeerraum und auch weiter nördlich heimisch geworden sind; der Baum wurde zum Beispiel in vorchristlicher Zeit in Italien eingebürgert. Er wurde im 16. Jahrhundert nach England gebracht, kann dort blühen, bleibt aber kleiner als in wärmeren Gebieten (wo er bis zu 19 m hoch werden kann). In Griechenland wie in Süd- und Westfrankreich gibt es sehr viele wildwachsende Lorbeerbäume.

Der Edle Lorbeer hat eine schwarzgrüne Rinde und immergrüne, glänzende, lanzettförmige Blätter, die zerstoßen ein wunderbares Aroma verströmen. Im April erscheinen sowohl an den männlichen als auch an den weiblichen Bäumen unscheinbare, cremegelbe Blütenrispen, aber nur die weiblichen Bäume bilden die kleinen schwarzblauen Beeren aus. Andere aromatische Bäume der Lorbeerfamilie sind der Kampferlorbeer *(Cinnamomum camphora)* aus Südostasien, der Kalifornische Lorbeer oder Berglorbeer *(Umbellularia californica)* und der Sassafraslorbeer *(Sassafras albidum)* aus dem Osten der Vereinigten Staaten. *Laurus nobilis,* der Edle Lorbeer, darf nicht mit dem Gemeinen Lorbeer verwechselt werden, einem immergrünen Zierkirschenbaum *(Prunus laurocerasus),* der giftig ist (die Blätter sind blausäurehaltig).

Der griechische Name für Lorbeer – *dáphne* – verehrt die Nymphe, die die anderen Götter um Hilfe bat, als ihr Apollon nachstellte. Diese verwandelten sie in einen Lorbeerbaum, der seitdem unter dem Schutz aller olympischen Götter steht. Die Franzosen nennen den Baum jedoch oft *laurier d'Apollon,* und viele Quellen berichten, der

Baum sei Apollon geweiht, dem Gott der Musik und Dichtung. Der Baum wurde bei den Griechen auch zu einem Symbol militärischen Ruhms, und die Feldherren krönten sich mit Lorbeer und winkten mit einem Lorbeerzweig in der Hand. Daher stammt die Ehrenbezeichnung »Poeta laureatus« und das französische *baccalauréat* (= »Reifeprüfung«). Letzteres kam in der Renaissance auf, als begabte Schüler wie einst mit Lorbeer bekränzt wurden. Andere Redewendungen sind »Lorbeeren ernten« und »sich auf seinen Lorbeeren ausruhen«.

Die Griechen glaubten außerdem, Lorbeer hätte divinatorische und prophetische Kräfte und könnte vor Gewittern und vor bösen, ansteckenden Krankheiten schützen. Asklepios, der Gott der Medizin, wurde stets mit den magischen Blättern gekrönt dargestellt.

Auch die Römer glaubten an die starken Kräfte des Lorbeers. In der *Naturgeschichte* des Plinius steht eine amüsante Anekdote, wie einst eine weiße Henne mit einem Lorbeerzweig im Schnabel auf dem Schoß von Augusta landete, der Verlobten von Caesar. Dies war offensichtlich ein glückliches Vorzeichen: Der Zweig wurde eingepflanzt und wuchs schnell zu einem wunderschönen Baum heran. Später bekränzte sich Caesar als siegreicher Feldherr mit den Lorbeerblättern von ebendiesem Baum – doch viele glaubten, er trage die Krone aus einem ganz anderen Grund, nämlich um seine Glatze zu verstecken!

In der Medizin sind dem Baum seit frühesten Zeiten viele therapeutische Eigenschaften zugesprochen worden. Dioskurides hielt die Blätter für ein Vomitiv (Brechmittel), die Früchte für ein Brust- und Lungenmittel und die Wurzeln für ein Mittel, das Nierensteine auflösen half. Galen betrachtete Lorbeer als gutes Heilmittel gegen Leberbeschwerden und als allgemein stimulierend und aufwärmend. Im Mittelalter beschrieb die heilige Hildegard Lorbeer als ein Universalheilmittel gegen eine Reihe von Leiden, einschließlich Fieber, Asthma, Migräne, Gicht, Herzklopfen, Angina pectoris sowie Leber- und Milzbeschwerden. Sie übernahm auch einige frühere Überzeugungen; so sagte sie, Lorbeer könne das Böse »in die Schranken« weisen und die Leute sollten seine Zweige mitnehmen oder unter ihnen gehen, um sich vor einem Gewitter zu schützen. Ein mittelalterliches französisches Sprichwort heißt: *»Foudre ne chiet sur le lorier«* (»Der Blitz schlägt nicht in den Lorbeer ein«).

Das ätherische Öl

Beschreibung: Man destilliert aus den Blättern ein grüngelbes ätherisches Öl. Es hat einen angenehmen Duft, erinnert etwas an Cajeput, das jedoch milder und herber ist.

Inhaltsstoffe: Bis zu 50 % Cineol, daneben α-Pinen, Eugenol, Geraniol, Linalool, Phellandren, Sesquiterpen und Sesquiterpenalkohol.

Gefahren: Wegen seines Eugenolgehalts kann Lorbeeröl Metall zersetzen. Beachten Sie die empfohlenen Dosierungen.

Anwendung

Medizin

Im letzten Jahrhundert klassifizierte Dr. Cazin Lorbeer als ein Karminativum, ein Expektorans, ein Diuretikum und ein Sudoriferum und verschrieb ihn gegen **Blähungen**, langsame und schwere **Verdauung**, **asthmatische Beschwerden** und **Bronchialkatarrh** (siehe »Glossar der medizinischen Fachausdrücke«). In neuerer Zeit empfahl Dr. Leclerc Lorbeer gegen **chronische Bronchitis**, **Grippe** und **Grippefieber**, **Dyspepsie**, **Blähungen** und Virusinfektionen; sein Rezept war ein Aufguß der Blätter oder Beeren.

Ich verordne Lorbeerheiltränke gegen die von Dr. Leclerc genannten Leiden. Dazu 5 g Blätter und 19 g ungespritzte Orangenschale mit 300 ml kochendem Wasser aufgießen, 10 Minuten ziehen lassen, abseihen und eventuell mit etwas Honig gesüßt trinken. Es ist ein wunderbares Sudoriferum – es bringt zum Schwitzen – und ist bei Grippe wirklich eine Hilfe.

Zur Behandlung rheumatischer Schmerzen geben Sie 10 Tropfen Lorbeeröl – oder einige frische Blätter – in ein heißes Bad, in dem Sie sich eine Weile entspannen. Nach dem Bad reiben Sie die schmerzenden Stellen mit einem Öl aus 20 ml (4 TL) Traubenkernöl und 12 Tropfen Lorbeeröl ein; ruhen Sie sich danach für mindestens eine halbe Stunde, in einen warmen Morgenrock gehüllt, im Liegen aus.

Folgendes Soja-Lorbeer-Öl hilft gut gegen ein steifes Genick: 5 Tropfen Lorbeer mit 10 ml (2 TL) Sojaöl mischen und gründlich auf dem Hals einmassieren, bis das Öl absorbiert ist; dann wickeln Sie sich einen dicken Schal um und ruhen sich, den Kopf auf ein Kissen gelegt, mindestens 20 Minuten aus. Sie können dazu auch die Blätter verwenden: Kochen Sie diese 10 Minuten auf, dann ein kleines Handtuch oder eine Windel in der Flüssigkeit einweichen und um den Hals legen. Beide Behandlungen eignen sich auch bei Verstauchungen.

Das ätherische Öl wirkt auch bei **Pedikulose**, **Krätze** und **Haarausfall** nach einer Infektionskrankheit.

Küche

Lorbeerblätter können frisch verwendet werden, wo sie ziemlich bitter sind, oder getrocknet, wo sie immer noch aromatisch sind, aber weniger bitter. (Überalterte Lorbeerblätter schmecken nach gar nichts.) Lorbeerblätter werden auf der ganzen Welt in der Küche verwendet, aber besonders in Europa werden damit Fleischbrühen, *court-bouillons* (stark gewürzte Fleischbrühe), Marinaden, Saucen, *bouquets garni* (Kräutersträußchen) und Pasteten gewürzt: Das *tejpat* der indischen Küche ist kein Lorbeerblatt, wie so oft geglaubt wird, sondern ein getrocknetes Kassienzimtblatt (des mit dem Lorbeer relativ nah verwandten *Cinnamomum cassia*).

Lorbeer schmeckt auch zu Süßspeisen: Kochen Sie ihn zum Beispiel in Puddingmilch mit.

Fleischmarinade
Durch Marinieren wird jedes Fleisch zarter, das aufgrund der vielen Gewürze zudem weniger rasch verdirbt.

500 ml trockener Weißwein
je 1 Sträußchen Thymian und Bohnenkraut
4 bis 5 Schalotten
3 bis 4 Lorbeerblätter
3 bis 4 Knoblauchzehen, grob zerkleinert
2 Nelken

Geben Sie den Wein mit den Kräutern und Gewürzen in eine große Schüssel, und legen Sie das Fleisch darin ein. 24 Stunden ziehen lassen, dann das Fleisch abtrocknen, würzen und wie üblich kochen.

Vermischtes
Edler Lorbeer wurde in Elisabethanischer Zeit als Streukraut verwendet. Man legt Lorbeerblätter in Feigenschachteln, um Samenkäfer fernzuhalten; und ähnlich können ein oder zwei Blätter, in Mehl- oder Hülsenfruchtgefäße gegeben, auch zu Hause die Insekten vertreiben. Ätherisches Lorbeeröl war und ist noch heute in sehr vielen Medikamenten enthalten; man findet es in Badezusätzen und antiseptischen Seifen genauso vor wie in Speisegewürzen und in Parfüms.

Majoran
Origanum majorana – Labiatae

Majoran soll ursprünglich in Asien heimisch gewesen sein, wird aber heute überall in Europa angebaut. In Tunesien gedeiht er im Überfluß – wo er *khezama* genannt wird, das der arabische Name für »Lavendel« ist – und übersät das freie Land zwischen Mandel- und Olivenbäumen. Es gibt drei Hauptvarianten: den Gartenmajoran *(O. majo-*

rana), den Kretischen Majoran *(O. onites)* und den Wilden Majoran
(O. vulgare) oder Origano; Majoran und Origano wurden die ganze
Geschichte hindurch immer wieder verwechselt. Der Gartenmajoran
ist ein kleiner Halbstrauch von etwa 50 cm Höhe; er hat rötliche
Stengel mit behaarten, ovalen, gräulichen Blättern. Die rosafarbenen,
weißen oder malvenfarbigen Blüten blühen von Juni bis September
in knotenförmigen Trauben. Die Herkunft des Namens »Majoran«
liegt im dunkeln, aber man vermutet, er wurde vom mittellateini-
schen *majorana* und altfranzösischen *mariol* abgeleitet; letzteres
spielt auf die Blütenknoten an, die wie kleine Marionetten aussehen.
Die Pflanze war in Indien Shiva und Vishnu geweiht und in Ägypten
Osiris. Den Griechen galt sie als *amárakon,* als ein Symbol der
Ehrfurcht und Liebe, und jungverheiratete Paare wurden mit den
Blüten bekränzt. Mit Majoran heilte Aphrodite die Wunden ihres
Sohnes Äneas (und erst durch ihre Berührung soll die Pflanze ihren
Duft erhalten haben). Und man stellte Majoransalben her, um den
natürlichen Farbglanz des Haares und der Augenbrauen zu erhalten.
Dioskurides mischte gegen nervöse Leiden eine Majoransalbe na-
mens *amaricimum;* Plinius verschrieb Majoran gegen Magenbe-
schwerden und Blähungen. Im Mittelalter warnte die heilige Hilde-
gard, man solle die Pflanze nicht berühren, da sie glaubte, diese helfe
nur gegen Lepra und könne andere Hautleiden hervorrufen. Die
Schule von Salerno klassifizierte Majoran als Antispasmodikum
(Krampflöser) und wirksames Expektorans (auswurfförderndes Mittel) und verordnete ihn zur Erleichterung der Wehen.
In der Renaissance wurde Majoran in Mengen angebaut, und man
stellte aus ihm Marmeladen und Duftsäckchen zur Behandlung von
Brustinfektionen her; mit Honig vermischt, wurde er gegen Husten
eingenommen. Und gegen Gelbsucht und andere Leberleiden halfen
Majoranumschläge. Im 17. Jahrhundert erhielt der dänische Arzt
Fabricius 200 Goldtaler, weil er Wallenstein von einer Erkältung und
rheumatischen Schmerzen geheilt hatte. Später, im 18. Jahrhundert,
führten die Apotheker den Majoran als Niesmittel!

J. B. Chomel, Präsident der Akademie der Medizin in Frankreich, empfahl im Jahr 1720 das Schnupfen von getrocknetem und pulverisiertem Majoran zur geistigen Stärkung und Belebung; das in Wein gelöste Kraut galt als Nerven- und Kreislaufmittel. Und F. J. Cazin verordnete in seiner Geschichte der Heilkräuter aus dem Jahr 1876 Majoran gegen nervöse Beschwerden wie Apoplexie (Schlaganfall), Paralyse (Bewegungslähmung), Schwindelanfälle, Epilepsie und Gedächtnisverlust.

Das ätherische Öl

Beschreibung: Das Öl wird aus den oberen Abschnitten des blühenden Krauts destilliert. Es hat zunächst eine grüngelbe Farbe, die mit der Zeit ins Braune umschlägt. Der Geruch ist sehr aromatisch, erinnert an Kampfer, Thymian und Kardamom und hat eine leicht pfeffrige Note.

Inhaltsstoffe: Über 80% Phenole (Carvacrol und Thymol), daneben Borneol, Kampfer, Cineol, Cymen, Pinen, Sabinen und Terpineol.

Gefahren: Das Öl wirkt offensichtlich bei älteren Menschen besser, denn bei jüngeren Menschen wirkt es gelegentlich entgegengesetzt.

Halten Sie sich stets genau an die Dosierungen, und ich empfehle, es niemals bei jungen oder empfindlichen Menschen oder bei Kindern anzuwenden, wenn es nicht ausdrücklich verschrieben worden ist.

Anwendung

Medizin

Majoran ist ein Stomachikum, Expektorans und Sedativum (siehe »Glossar der medizinischen Fachausdrücke«) und eignet sich gut zur

Behandlung von **Schlaflosigkeit**, **Migräne**, **Dysmenorrhöe** und **Durchfall**. Er ist auch ein gutes, aber nicht ganz so starkes Antiseptikum wie sein Bruder Origano.

Majoran empfiehlt sich besonders, wenn Sie müde sind oder unter Schlaflosigkeit oder Nervosität leiden. Dr. Leclerc bestätigte seine sedativen oder betäubenden Eigenschaften wie auch Dr. Gattefossé und sein Team, und er ist als Sedativum klassifiziert. Majoran kann auf mehrere Weisen angewendet werden. Bei Schlaflosigkeit und nervöser Erschöpfung geben Sie 5 Tropfen Majoranöl und 2 Tropfen Orange in ein heißes Bad. Reiben Sie sich danach mit einem Massageöl aus 10 ml (2 TL) Sojaöl, 6 Tropfen Majoran und 4 Tropfen Orange ein. Ein anderes, sehr gutes Massageöl gegen dieselben Beschwerden besteht aus 10 ml (2 TL) Sojaöl, 2 Tropfen Weizenkeimöl, 4 Tropfen Muskat, 3 Tropfen Rosmarin und 8 Tropfen Majoran. Gegen Schlaflosigkeit machen Sie sich eine halbe Stunde vor dem Zubettgehen einen Tee aus je einer Prise getrocknetem Majoran und getrockneten Lindenblüten. Ein neben das Bett gelegtes Taschentuch mit je einem Tropfen Majoran- und Orangenöl beruhigt ebenfalls und erleichtert das Einschlafen.

Wegen seiner antiseptischen Eigenschaften eignet sich Majoran gut zur Behandlung von Mundleiden. Bei **Soormykose**, **Zahnfleischentzündung** oder erkältungsbedingtem **Halsweh** mischen Sie sich aus 300 ml abgekochtem Wasser und 1 Tropfen Majoranöl ein Mundwasser. Sollten Sie kein ätherisches Öl zur Hand haben, kochen Sie aus Blättern und Blüten ein starkes Dekokt, und benutzen Sie dieses zur Mundspülung.

Ich verwende Majoranöl auch bei erkältungsbedingten **Ohrenschmerzen**. Erwärmen Sie eine Flasche Mandelöl unter laufendem heißem Wasser, und geben Sie dann auf 5 ml (1 TL) erwärmtes Mandelöl 1 Tropfen Majoranöl. Tränken Sie damit ein wenig Baumwollwatte, und geben Sie diese in das schmerzende Ohr. Über Nacht im Ohr lassen und am nächsten Morgen wiederholen, wenn der Schmerz nicht nachgelassen hat.

(*Siehe auch* **Anorexia nervosa, Asthma, Blutergüsse, Blähungen, Depressionen, Schnittwunden und Schrammen** *und* **Streß**.)

Küche

Der Duft von frischem Majoran erinnert mich ein wenig an Basilikum; geschmacklich hat er eher Ähnlichkeit mit Thymian, er ist aber süßer und aromatischer. Kretischer Majoran ist nicht annähernd so süß, sondern eher bitter. (Origano schmeckt schärfer als jene beiden.) Majoran prägt viele tunesische, italienische, portugiesische und provenzalische Gerichte und ist eines der wichtigsten Küchenkräuter. Er ist gut zum Trocknen geeignet.

Die alten Ägypter benutzten ihn, um Fleisch schmackhafter und bekömmlicher zu machen, und noch heute tut Majoran in Marinaden, *bouquets garni* (Kräutersträußchen) und Fleischbrühen ausgezeichnete Dienste. Geben Sie ihn gegen Ende der Kochzeit an Eintöpfe, Fleischgerichte und gekochte Gemüse (Gemüse wie Kohl oder Bohnen werden dadurch bekömmlicher), und würzen Sie damit auch Fleisch- und Gemüsefüllungen, Omelettes und Salate. Sie können sich seine therapeutischen Eigenschaften auch in einem selbstgemachten Kräuteröl und -essig zunutze machen.

Vermischtes

Die getrockneten Blüten und Blätter wurden früher als Streukraut verwendet und können für Potpourris oder beruhigende Duftkräuterkissen verwendet werden.

Mandarine (einschließlich Tangerine)

Citrus reticulata, syn. C. nobilis – Rutaceae

Ein weiterer Verwandter der Orangenfamilie, der Mandarinenbaum, ist kleiner und ausladender als der Orangenbaum, hat kleinere Blätter und Früchte, die an beiden Enden leicht abgeflacht oder zusammengedrückt sind. Die Früchte unterscheiden sich von den anderen Orangenvarietäten durch ihre locker sitzende Schale und leicht trennbaren Segmente. Es sind die köstlichsten Zitrusfrüchte, doch auch die robustesten. Mandarinen werden in China seit Jahrhunderten kultiviert, und man hat sich über die Herkunft des Namens noch nicht geeinigt: Es heißt einerseits, sie seien den Mandarinen, chinesischen Staatsbeamten, geschenkt worden, andererseits, ihre Größe, Farbe und Form habe an die Knöpfe auf den Hüten dieser Offiziere des kaiserlichen Chinas erinnert. Über die Beziehung zwischen Mandarinen und Tangerinen wird ebenfalls diskutiert. Manche glauben, sie sind ein und dasselbe; viele sagen, letztere seien eine Mandarinenvarietät, die ihren Namen dadurch erhielt, daß man sie von Tanger aus verschiffte; während man in Ceylon beispielsweise die beiden Früchte verschieden benennt, Mandarine heißt dort *Jama-naran,* Tangerine *Nas-naram.*

Obwohl Mandarinen und andere lockerschalige Orangen in Japan und China seit langem bekannt waren, kamen sie erst Ende des 19. Jahrhunderts nach Europa. Sie werden jetzt in den Mittelmeerregionen Europas und Nordafrikas und in Süd- und Nordamerika angebaut. Viele Hybriden sind gezüchtet worden, einschließlich der Tempelorange (eine Mandarinen-Süßorangen-Kreuzung), der Tangelo (eine Mandarinen-Grapefruit-Kreuzung) und der Klementine (angeblich eine Tangerinen-Süßorangen-Kreuzung).

Ätherisches Mandarinenöl kam früher aus Italien und Tangerinenöl aus den USA. Doch jetzt hat sich Brasilien zum Hauptlieferanten beider Öle entwickelt und exportiert jährlich 200 t (Zahlen von

1987). Hauptanbaugebiet ist der Bundesstaat São Paulo. Beide brasilianischen Öle haben eine etwas gröbere Duftnote und sind weniger geschätzt als die italienischen Öle. Hauptabnehmer in Europa sind Deutschland, Frankreich, Spanien, Großbritannien und Holland.

Das ätherische Öl

Beschreibung: Es wird, wie bei der Zitrone, durch Kaltpressung der ölhaltigen Fruchtschalen gewonnen. Das Öl ist goldfarben und schimmert wunderbar blauviolett (was unter Hinzufügung von Alkohol noch deutlicher wird). Der Duft des Öls erinnert gleichzeitig an Orange und Zitrone, ist aber süßer und noch lieblicher.

Inhaltsstoffe: Der Farbschimmer (und großenteils der Duft) ist auf den Anthranilsäuremethylester zurückzuführen. Das Öl enthält außerdem Limonen und kleinere Mengen Geraniol und Terpenaldehyde (Citrol und Citronellol).

Gefahren: Mandarinenöl wird oft mit ätherischem Orangen- und Zitronenöl verfälscht, seien Sie also vorsichtig. Wie alle Zitrusöle verdirbt es rasch.

Anwendung

Medizin

Mandarinen und Tangerinen haben die gleichen therapeutischen Eigenschaften wie Orangen – sie wirken tonisierend, magenstärkend, leicht schlaffördernd und beruhigen die Nerven. Sie sind sehr gut gegen **Streß** und Gereiztheit. Trinken Sie Mandarinensaft anstelle von Orangensaft.

Nervöse Menschen, die Probleme mit dem **Einschlafen** haben, sollten nach dem Abendessen ein paar Mandarinen essen. Mandarinen enthalten mehr Brom, eine das Nervensystem beruhigende Substanz, als alle anderen Zitrusfrüchte. Außerdem ist die Frucht sehr Vitamin-C-haltig.

(*Siehe auch* **Kopfschmerzen** *und* **Ödem**.)

Vermischtes
Die ätherischen Öle werden in der Nahrungsmittel- und Parfüm-industrie gebraucht. Sowohl Mandarinen- als auch Tangerinenscha-len können getrocknet zum Kochen verwendet werden – früher waren sie ein beliebtes Gewürz für einige chinesische Gerichte. Achten Sie darauf, daß die Früchte ungespritzt und nicht gewachst sind. Aus Mandarinen- und Tangerinenschalen werden auch Liköre hergestellt. Angeblich wird der belgische *Mandarine Napoléon* nach einem Rezept hergestellt, mit dem Napoleon seiner Lieblingsschau-spielerin, Mademoiselle Mars, den Hof machte.

Meerrettich
Cochlearia armoracia [bzw. Armoracia rusticana] – Cruciferae

Meerrettich ist eine winterharte, mehrjährige Pflanze, gehört zur Kohlfamilie und wird wegen seiner eßbaren Wurzeln angebaut. Er soll aus Osteuropa stammen, wird jetzt gewöhnlich in den nördlichen Ländern kultiviert, hat sich aber in vielen Teilen Europas und in Nordamerika wild verbreitet. Man findet ihn in einigen Teilen Groß-britanniens, besonders an verlassenen Küstenabschnitten, und er wächst auf den ärmsten Böden; Richard Mabey sagt in *Food für Free,* daß »die British Rail wahrscheinlich aus ihrem Defizit herauskäme, wenn sie die Pflanzen erntete, die entlang den Gleisen wachsen«.
Die Pflanze kann bis zu 1 m hoch werden und hat einen harten Stengel mit großen, gekerbten, dunkelgrünen Blättern, die wie gestutzte Schwanzfedern aussehen; im Sommer bildet sich eine Rispe aus

kleinen, weißen, kreuzförmigen Blüten. Die Wurzel ist dick, lang und läuft spitz zu und erweitert sich bei mehrjährig gezüchteten Pflanzen zu einem mehrköpfigen System; viele Gärtner züchten allerdings nur einjährige Wurzeln und lagern sie den Winter über in Sand ein.

Das ätherische Öl

Beschreibung: Das Öl wird aus den sehr ölhaltigen Wurzeln wasserdampfdestilliert. Es ist blaßgelb und relativ dickflüssig. Der Geruch erinnert an scharfes Senfsamenöl. Die Meerrettichschärfe liegt im äußeren Teil der Wurzel und verfliegt schnell, wenn diese gerieben wird; sie tritt überhaupt nicht auf, wenn die Wurzel gekocht wird.

Inhaltsstoffe: Hauptinhaltsstoff ist Sinigrin, ein Glykosid, das in Verbindung mit Wasser die sogenannten Senföle oder Isothiocyanate abspaltet.

Gefahren: Das ätherische Öl ist schwer erhältlich, doch habe ich es nur äußerlich verwendet, wenn ich eine Bezugsquelle fand.

Bei innerlicher Anwendung kann es toxisch, ja sogar kaustisch (ätzend) wirken und Entzündungen hervorrufen.

Die Pflanze ist seit dem Altertum bekannt. Junge Meerrettichblätter zählten zu den fünf bitteren Kräutern, die den Juden am Passahfest zu essen aufgetragen waren. Theophrast erwähnte die Wurzel als Diuretikum und nannte viele Varietäten. Dioskurides pries sie gegen Verdauungsstörungen, als Verdauungsstimulans und riet, beleibte Menschen sollen sie zu fetten Fleischgerichten essen! Galen hielt sie für ein gutes Diuretikum und menstruationsförderndes Mittel und empfahl sie Frauen, die unter Zyklusstörungen litten wie Amenorrhöe und Wasseransammlung. 1567 schrieb ein gewisser Jean Wien von Basle ein Buch über Heilpflanzen – *Medicarum* – und klassifizierte darin Meerrettich als ein skorbutverhinderndes Mittel.

Alle obengenannten Heilanzeigen wurden in diesem Jahrhundert bestätigt, und die Ärzte Cazin, Leclerc und Madame Maury klassifizierten ihn als Stomachikum und empfahlen ihn außerdem bei allen lymphatischen und chronisch rheumatischen Erkrankungen.

Anwendung

Medizin

Früher wurde bei drohender oder akuter Lungenentzündung die geriebene Wurzel als Einreibung verwendet (genauso wie der altbewährte Senfumschlag).

Marguerite Maury riet Patienten, die unter **Verstopfung** litten, die geriebene Wurzel roh zu Salaten oder fettem Fleisch zu essen. Gegen andere Verdauungsschwierigkeiten empfahl sie diesen Wein: 1 l guten Weißwein und 400 g Fructose einige Minuten aufkochen, dann 20 bis 50 g Meerrettich, geschält und kleingeschnitten, dazugeben. Die Mischung in eine Flasche abfüllen und 2 bis 3 Wochen im Dunkeln stehenlassen; ab und zu die Flasche schütteln. Um Husten und Erkältung vorzubeugen, im Winter mehrmals täglich 30 ml (2 EL) davon einnehmen. Bei **prämenstruell** bedingter Wasseransammlung vor den Mahlzeiten jeweils 15 ml (1 EL) Wein mit Mineralwasser gemischt trinken. Bei **schlechter Verdauung** oder **Blähsucht** 5 ml (1 TL) in einem Glas heißen Wassers verdünnt trinken.

Bei **Rheumabeschwerden** und -schmerzen 15 bis 30 g geschälten und kleingeschnittenen Meerrettich 7 bis 10 Minuten lang mit 1 Liter Wasser aufkochen. Abgedeckt an einem dunklen und kühlen Platz 24 Stunden lang mazerieren lassen, dann zwei bis drei Tassen täglich zwischen den Mahlzeiten trinken, wenn gewünscht, mit etwas Honig gesüßt.

Bei **Parodontose** und Zahnfleischentzündungen langsam die fleischige Wurzel zerkauen. Man kann auch das Zahnfleisch mit dünnen Meerrettichscheiben einreiben, um es zu kräftigen. Machen Sie dies so oft wie möglich. Dies war besonders in Nordamerika neben dem Kauen von geschälten Hartriegeltrieben als Zahnfleischmassage sehr beliebt.

Kosmetik

Bei **Haarproblemen** ist Meerrettich eines der wichtigsten Kopfhautöle, da es stark stimuliert. Es wirkt ausgezeichnet, wenn es bei beginnendem Haarausfall angewandt wird. Stellen Sie eine Mischung aus 10 ml (2 TL) Sojaöl, 40 ml Traubenkernöl, 2 Tropfen Weizenkeimöl und 30 Tropfen Meerrettichöl her. Auf die Kopfhaut auftragen und mit den Fingerspitzen einmassieren. Einige Stunden einwirken lassen, dann mit einem milden Shampoo auswaschen.

(*Siehe auch* **Alopezie**.)

Küche

Die Wurzel wird gewaschen und geschält – meistens bei guter Luftzufuhr, da sie noch mehr beißt als die schärfste Zwiebel. Dann wird sie gerieben und mit anderen Zutaten gewöhnlich zu einer Begleitsauce verarbeitet. Joghurt, Sahne und Essig sind alles Grundlagen für diese Saucen, die meist deutschen oder skandinavischen Ursprungs sind, aber am bekanntesten ist die Sauce, die in Großbritannien zu Roastbeef serviert wird. Meerrettichsaucen wurden einst zu Eiern, Huhn und Würsten gereicht und schmecken besonders gut zu geräuchertem Fisch. Die jungen Blätter kann man als Salat essen. Die Wurzeln können auch in Essig mazeriert oder in Scheiben getrocknet werden.

Melisse
Melissa officinalis – Labiatae

Die normalerweise Garten- oder Zitronenmelisse (aber auch Bienen-
kraut oder Frauenwohl) genannte Melisse ist ein ausdauerndes, winterhartes Kraut aus Südeuropa. Es wurde von den Römern nach
Nordeuropa gebracht. Die Melisse hat gekräuselte und gezähnte,
blaßgrüne, nesselartige Blätter, in deren Achseln an den Triebenden
im Juni und Juli kleine weiße Blüten stehen. Die ganze Pflanze duftet
stark zitronig. Sie ist eine dankbare Gartenpflanze, wächst aber in
Europa auch wild und übersät Felder und Wälder, besonders in der
Gegend um Anger in Frankreich.

Der Name »Melisse« ist von dem griechischen Wort *mélitta* für
»Biene« abgeleitet, da die Pflanze Bienen unwiderstehlich anzieht
und aus diesem Grund seit Jahrhunderten angebaut wird.

Die Melisse ist seit alters bekannt und geschätzt. Theophrast und
Dioskurides verzeichneten Melissenblätter als menstruationsförderndes, beruhigendes und Wundmittel. Avicenna empfahl sie wegen ihrer anregenden Wirkung, eine Eigenschaft, die der Melisse
noch heute zugeschrieben wird; andere moslemische und arabische
Autoren maßen ihr bei der Behandlung von Melancholie und Herzbeschwerden große Bedeutung bei. Der Ruhm der Melisse setzte sich
in Frankreich fort, da sie *die* Zutat des Karmelitergeists schlechthin
war, dem in Paris seit 1611 von Mönchen destillierten *Eau de mélisse
des Carmes*. Diese frühe Version des Eau de Cologne wurde medizinisch als verdauungsanregendes und krampflösendes Mittel gebraucht und hat noch heute in vielen französischen Haushalten ihren
Platz.

Das ätherische Öl

Beschreibung: Die Pflanzen werden in Frankreich von Mai bis Juni kurz vor der ersten Blüte geerntet, da das Aroma mit der Blüte nachläßt. Das Öl wird aus Blättern und Stengeln wasserdampfdestilliert, ist blaßgelb und duftet angenehm zart und warm nach Zitrone. Melissenöl wird kaum gebraucht und ist sehr teuer, da zur Gewinnung von 1 kg Öl 7 t Pflanzen benötigt werden. Das ist sehr selten.

Inhaltsstoffe: Citral, Citronellol (für den Zitronenduft verantwortlich), Geraniol, Limonen, Linalool und Pinen.

Gefahren: Da Melissenöl in der Herstellung so teuer ist, wird es gerne verfälscht, normalerweise mit Zitrusölen oder Lemongrass (das selbst manchmal Zitronenmelisse genannt wird). Sie sollten daher beim Einkauf von Melissenöl sehr aufpassen, denn verfälschte Öle haben so gut wie keine Heilwirkung. Melisse wird oft mit Citronella gestreckt.

Das Öl ist in Frankreich als *stupéfiant* (Narkotikum) klassifiziert und daher mit großer Vorsicht anzuwenden. Untersuchungen von Cadéac und Meunier ergaben im 19. Jahrhundert, daß das Öl, auf nüchternen Magen eingenommen, sehr unangenehme Reaktionen hervorrufen kann – schweres Kopfweh, plötzliches Absacken des Blutdrucks und Atemnot.

Das Öl muß mit äußerster Vorsicht verabreicht werden, besonders wenn Kinder damit behandelt werden sollen, und ich rate Nicht-Therapeuten von seinem Gebrauch ab.

Anwendung

Medizin

Melisse ist ein krampflösendes und menstruationsförderndes Mittel, sie stimuliert das Nervensystem und stärkt die Herzfunktionen. Sie hilft besonders gegen **Kopfschmerzen**, **Depressionen**, nervöse Beklemmung, **Herzklopfen** und **Schlaflosigkeit**.

Zwar rate ich vom Gebrauch des ätherischen Öls ab, doch können Sie die Pflanze selbst nutzen, indem Sie entweder aus den Blättern einen Tee zubereiten oder diese in Salate geben oder in Alkohol einweichen. Mazerieren Sie für ein allgemeines Tonikum und schlichtes Mittel gegen **Migräne**, **Depressionen**, **prämenstruelles Syndrom** und **Wechseljahrbeschwerden** 50 g Melissenblätter 48 Stunden lang in 1 l gutem Weißwein, abgießen und 30 ml (2 EL) davon trinken, wann immer Beschwerden auftreten.

Melissentonikum

Dieses alte Familienrezept ist etwas komplizierter herzustellen als das obengenannte Mittel, ist dafür aber wirksamer.

1 l Wodka

50 g Melissenblätter

15 g Zitronenschale, unbehandelt

15 g Muskat, gemahlen

10 g frische Angelika

10 g Nelken

5 g Zimt, gemahlen oder in Stangenform

Kräuter und Gewürze 14 Tage lang im Wodka mazerieren, dazu die fest verkorkte Flasche im Dunkeln aufbewahren. Filtern, die Zutaten gut ausdrücken und die Flasche wieder fest verkorken. Wann immer Beschwerden auftreten, einen Teelöffel voll – nicht mehr – davon einnehmen.

Melissentee

Melissentee wirkt leicht beruhigend (wegen des Citronellols) und hilft gegen Schlaflosigkeit bei erhöhtem Blutdruck vor der Regel oder in den Wechseljahren. Er empfiehlt sich ebenfalls sehr gegen Nervosität und Depression. 15 ml (einen gehäuften EL voll) Blätter in eine Teekanne geben und mit 600 ml kochendem Wasser aufgießen; 10 Minuten ziehen lassen. Eventuell mit etwas Honig gesüßt, zwei- bis dreimal am Tag trinken. Es ist ein sehr wohlschmeckender Tee, und ich weiß ihn besonders als Morgentonikum zu schätzen.

(*Siehe auch* **Anämie, Anorexia nervosa, Dysmenorrhöe, Husten, Insektenstiche und -bisse, Kolik, Krämpfe** *und* **Streß.**)

Küche

Zitronenmelissenblätter sind eine traditionelle Zutat zu Bowlen und eisgekühlten Sommerdrinks – wahrscheinlich weil sie anregend wirken! Die jungen Triebe und Blätter verleihen Füllungen, pikanten Salaten, Fruchtsalaten, Saucen und Omelettes einen feinen Zitronengeschmack; in Spanien würzt man damit Suppen, Geflügel-, Wild- und Fischgerichte. Ein paar frische Blätter können bei den meisten Rezepten Zitrone oder Lemongrass ersetzen. Zitronenmelisse ist ein *süßes* Kraut, es eignet sich also auch für Desserts wie Sillabub (ein joghurtähnliches Erfrischungsgetränk aus Milch mit Wein oder Cidre vermischt und gezuckert, Anm. d. Ü.). In Spanien gibt es Melissenmilch – *leche perfumada con melisa* –, man kann Melisse also auch in Puddings geben. Die Blätter können außerdem kandiert und Marmeladen und Gelees zugefügt werden.

Vermischtes

Melissenblätter pflegt man seit langem wegen ihrer anregenden Wirkung unter Duftpotpourris zu mischen. Sie wurden auch als Streukraut, beim Wäschespülen sowie in Kräutersäckchen und -kissen verwendet. In Frankreich wird die Pflanze auch »Bienenpiment«

genannt, und es heißt, Bienen würden durch diesen Blütennektar besonders erquickt! Daß Zitronenmelisse Bienen anzuziehen vermag, war auch schon im Altertum bekannt: Plinius schrieb, daß Bienenstöcke mit Melissenblättern eingerieben wurden, um Bienenschwärme anzulocken und zu halten. Melissenöl war auch in einem Sirup zum Anlocken von Königinnen enthalten, und um Orchideen pflegte man Melisse anzupflanzen, um die Bienenbestäubung zu fördern. Praktischerweise vertreibt Melisse auch den Schmerz, sollten Sie einmal von einer jener Bienen gestochen werden, die sie so leicht anlockt – dazu einfach den Stich mit ein paar zermalmten Blättern einreiben.

Muskatnuß und -blüte

Myristica fragrans – Myristicaceae

Die Bäume, die sowohl Muskatnüsse als auch -blüten liefern, sind große immergrüne Pflanzen, die von den Molukken stammen, jetzt aber in allen tropischen Gegenden angebaut werden, besonders in Grenada (Westindische Inseln). Die Bäume können 18 bis 24 m hoch werden und sind entweder männlich oder weiblich. Normalerweise kommt in den Kulturen ein männlicher auf zehn bis zwölf weibliche Bäume, was zu der Bezeichnung »Haremsbäume« führte! Die Bäume bilden erst nach acht oder neun Jahren Blüten aus (können also bis dahin nicht geschlechtlich unterschieden werden) und tragen dann rund 100 Früchte; wenn sie 30 Jahre alt sind, liefern sie durchschnittlich 3000 bis 4000 Früchte pro Jahr. Die Bäume sind gut 70 Jahre lang fruchtbar.

Große, gelbe, aprikosen- oder pflaumenähnliche Früchte folgen auf die bleichgelben Blüten. Wenn sie aufspringen, wird der schwarze Samen (die Muskatnuß) in seinem leuchtendroten Samenmantel (die Muskatblüte) sichtbar. Die beiden Gewürze werden getrennt getrocknet. Hauptproduzenten sind die Molukken und Grenada, das etwa 2000 t jährlich in die USA importiert. Muskatnuß war schon immer leichter erhältlich und bekannter als Muskatblüte, die wesentlich teurer ist; das ist kein Wunder, denn diese macht nur ein Fünftel des Samengewichts aus, und 100 Muskatnüsse liefern erst 73 g Muskatblüte.

Man nimmt an, daß die Menschen im Altertum Muskatnuß und -blüte kannten, doch nachweislich gelangten beide Gewürze erst im 12. Jahrhundert durch arabische Händler ins Mittelmeergebiet. Wenig später teilte die Schule von Salerno mit, daß Muskatnuß in zu großer Menge giftig ist; sie pries diese als Herzmittel, berichtete aber, daß es durch Überdosierung zu Blutstürzen und Todesfällen kam. *»Unica nux prodest, nocet altera, tertia necat«* (»Eine Nuß tut gut, die zweite weniger, die dritte tötet«).

Lange Jahre hatten zunächst die Portugiesen und dann die Holländer das Monopol auf beide Gewürze, bis Pierre Poivre einige junge Bäume von den Gewürzinseln schmuggelte. Als die Molukken Teil des britischen Kolonialreiches wurden, verpflanzte man einige Bäume nach den Westindischen Inseln, wo sie prächtig gediehen.

Im 18. Jahrhundert wurden Muskatnuß und -blüte in die französischen Pharmokopöen aufgenommen, und im 19. Jahrhundert schrieb Pulligny ein 876 Seiten starkes Buch nur über den Muskatbaum und dessen Gewürze.

In der Volksmedizin heißt es, man solle gegen Hexenschuß und Rheuma eine Muskatnuß bei sich tragen.

Hauptproduzenten für die Öle sind die USA, Kanada und Singapur (bei Muskatnuß sind das 20 bis 30 t, 5 bis 10 t und 1 bis 2 t jährlich, Zahlen von 1987). Die USA sind der Hauptverbraucher von Muskatnußöl (30 t), gefolgt von Großbritannien (10 t). Geringe Mengen werden von der Parfümindustrie gebraucht, womit sich die besorgniserregende Frage stellt (siehe unten), wer denn den Rest braucht – die Lebensmittelindustrie?

Das ätherische Öl

Beschreibung: Muskatnußöl wird aus zu Mus gepreßten Nüssen dampfdestilliert; in Frankreich wird das von den Inseln stammende Öl nochmals destilliert, um die Qualität zu verbessern. Muskatblütenöl wird aus den Arilli (Samenmänteln) destilliert. Die beiden Öle ähneln sich stark, sind blaßgelb und dünnflüssig. Muskatnuß riecht würzig und angenehm scharf, Muskatblüte stark würzig. Beide Öle werden bei Überlagerung dunkelbraun und riechen unangenehm sauer und terpentinartig – kaufen und verwenden Sie sie nicht in diesem Zustand.

Inhaltsstoffe: Beide Öle enthalten Myristicin, daneben geringe Mengen Borneol, Camphen, Cymol, Dipenten, Geraniol, Linalool, Pinen, Safrol und Terpineol und Essig-, Butter-, Kapryl-, Ameisen- und Myristinsäure.

Gefahren: Myristicin wirkt narkotisch, halluzinogen und ist sehr giftig, besonders während der Schwangerschaft (Spuren davon sind auch in schwarzem Pfeffer, Karotten, Petersilie und Selleriesamen enthalten). Muskatblüten- und Muskatnußöl sollten also ausschließlich von Therapeuten angewendet werden. Beide Öle müssen vor Kindern absolut sicher aufbewahrt werden und dürfen *niemals* in der Küche benutzt werden. Die Überdosierung der Gewürze allein kann Nebenwirkungen wie schweres Kopfweh, Krämpfe und Übelkeit hervorrufen (die Gewürze wurden wegen ihrer halluzinogenen Eigenschaften als Droge gebraucht); die Einnahme des unverdünnten ätherischen Öls kann den Tod herbeiführen. Ich verwende beide Öle sehr selten, da insbesondere Muskatnuß zu scharf für die Haut ist und Ausschläge und Allergien verursachen kann. (In Indonesien schützen sich die Arbeiter vor durch die Nüsse selbst verursachten Reizungen, indem sie sich mit Sagopalmpulver einpudern.) Machen Sie sich die unbestrittenen therapeutischen Eigenschaften beider Gewürze in der Küche zunutze, und verzichten Sie auf deren ätherische Öle lieber ganz.

Anwendung

Medizin

Im 18. Jahrhundert klassifizierte man Muskatblüte in Frankreich als Tonikum und Stimulans, als Herzstärkungsmittel, als Mittel gegen allgemeine Erschöpfung und zur Steigerung der Leistungskraft. Sie wird noch heute wegen ihrer verdauungsfördernden Eigenschaften geschätzt, wirkt bei Verdauungsschwäche, **Blähsucht** und **prämenstruellem Syndrom**. Auch Muskatnuß ist ein Tonikum, das gut für das Herz, für Rekonvaleszenten und gegen allgemeine Erschöpfung ist. Muskatnuß gilt als Abtreibungsmittel (in Malaysia nahm man sie früher zur Unterstützung der Wehen), sollte also während der Schwangerschaft gemieden werden.

(*Siehe auch* **Rückenschmerzen**.)

Küche

Beide Gewürze können – aber bitte sparsam – zum Verfeinern von Speisen verwendet werden und werden Ihnen gleichzeitig wohltun. Zur Beruhigung sei gesagt, daß Sie mindestens zwei ganze Muskatnüsse essen müßten, bis irgendwelche halluzinatorischen Wirkungen spürbar werden.

Muskatblüte gibt es in Blattform (der getrocknete Samenmantel selbst) oder als Pulver zu kaufen (man kann sie unmöglich selbst mahlen). Sie verliert rasch ihr Aroma, kaufen Sie sie also in kleinen Mengen ein. Sie wird für Kuchen und Süßspeisen und für einige Wurst- und Currygerichte verwendet. Ich benutze sie gerne gegen Verdauungsträgheit und zur Anregung des Nervensystems, in Milchreispuddings und mit einigen Korianderblättern in Omeletteigen.

Muskatnuß gibt es ebenfalls gemahlen oder im ganzen zu kaufen, und am besten reibt man sie frisch auf einer speziellen Muskatnußreibe, um damit Eiergerichte, Saucen (beispielsweise eine weiße Sauce zu Blumenkohl) und Kuchen zu würzen. Sie paßt besonders gut zu Zwiebeln und Spinat, und Kartoffelbrei gewinnt durch eine gute Prise. Muskatnuß ist auch in Würsten, Ravioli und vielen östlichen Fertiggerichten enthalten. Eine Prise Muskatnuß, in ein heißes Getränk gegeben – Kakao zum Beispiel –, kann munter machen (abends weniger zu empfehlen, es sei denn, Sie müssen noch spät arbeiten).

In Indonesien wird aus dem wenigen Fruchtfleisch, das die Muskatnuß und Samenschale umgibt, eine Süßigkeit hergestellt; und in der Karibik stellt man aus dem gegorenen Fruchtfleisch ein brandyähnliches Getränk her.

Mutterkümmel

Cuminus cyminum – Umbelliferae

Kreuz- bzw. Mutterkümmel ist ein einjähriges, zartes Doldengewächs, das aus Ägypten stammen soll, aber schon viele Jahre vor Christi Geburt rund ums Mittelmeer kultiviert wurde und jetzt weltweit in heißen Ländern angebaut wird – an der Küste Nordafrikas, auf Malta, im Mittleren Osten und in Amerika. Die Pflanze hat einen zarten, schlanken Stengel, dünn gefiederte Blätter und Teildöldchen aus weißen bis rosafarbenen Blüten. Später setzt sie die schmalgestreiften Samenfrüchte an, die das Gewürz darstellen und als einziger Teil der Pflanze genutzt werden. Diese Samen sehen denen des Kümmels sehr ähnlich, und tatsächlich werden sie in Europa oft verwechselt: Kümmel wird in Frankreich *cumin des prés* und in Spanien *cumino holandese* (»holländischer Mutterkümmel«) genannt. Geschmacklich besteht keine wirkliche Ähnlichkeit. Der Name leitet sich aus dem Hebräischen *kammon* oder Arabischen *kammun* ab und ist später zu griechisch *kyminon* geworden.

Es gibt zwei Mutterkümmelsorten, die in der indischen Küchenfachsprache klar unterschieden werden. *Kala* oder *shah zeera* ist der

»echte« oder schwarze Mutterkümmel, und dieser ist sehr selten und teuer. Weißer Mutterkümmel, *safeid zeera*, ist in ausländischen Läden oder besseren Supermärkten häufiger erhältlich.

Das ätherische Öl

Beschreibung: Das Öl wird aus den Samen destilliert und ist farblos, manchmal mit einem Stich ins Gelbe, das mit der Zeit kräftiger wird. Der Duft des Öls ist sehr scharf, erinnert an Anis, hat aber eine sehr würzige, moschusartige Note.

Inhaltsstoffe: Etwa 35 bis 50% Cuminol oder Cuminaldehyd; weitere Komponenten sind Cymen, Pinen und Terpineol.

Gefahren: Das Öl ist auf der IFRA-Liste (siehe Seite 55) eingeschränkt empfohlener Öle verzeichnet und kann Dermatitis verursachen, wenn man sich nach seiner Anwendung direktem Sonnenlicht oder UV-Strahlen aussetzt.

Man fand Mutterkümmelsamen in den Grabkammern ägyptischer Pharaonen. Die Pflanze wurde, ähnlich wie heute, sowohl von den alten Ägyptern als auch von den Hebräern kultiviert. Sie wurde im Alten und im Neuen Testament erwähnt, und die Hebräer verwendeten sie bei der Beschneidungszeremonie als Antiseptikum.

Bei den Griechen war der Mutterkümmel ein Symbol der Selbstsucht, und sie dachten dabei an Menschen, die so geizig waren, daß sie alles zerteilten, selbst ihre Mutterkümmelsamen. Dioskurides hielt ihn für eines der besten Gewürze, das gegen Blähungen half, und lobte ihn als Stimulans für das Verdauungssystem. Die Römer benutzten Mutterkümmel sehr häufig in der Küche: um ihr Olivenöl zu würzen, in Saucen für Schaltiere und gegrilltem Fisch, zum Frischhalten von Fleisch, als Brotzutat und Pfefferersatz. Mutterkümmelsamen kamen auch mit Kümmel, Dill und Fenchel in die zur Nachspeise gereichten Verdauungskuchen. Menschen mit Blutandrang erhielten durch Mutterkümmel angeblich schneller ihre normale Gesichtsfarbe zurück, daher war er bei Schlemmern und starken Trinkern sehr beliebt; und Plinius behauptete sogar, daß dieser »Bleichmachereffekt« von Schülern ausgenutzt wurde, um den Lehrern größeren häulichen Fleiß vorzutäuschen!

Pierre Pomet empfahl in seinem Buch *History of Drugs* (1694) ätherisches Mutterkümmelöl gegen rheumatische Beschwerden. In neuerer Zeit klassifizierte es Dr. Leclerc als allgemeines Herz- und Nerventonikum. Eugene Perrot entdeckte es bei seinen Untersuchungen in den vierziger und siebziger Jahren als Tonikum und Aphrodisiakum.

Anwendung

Medizin
Mutterkümmel ist ein gutes allgemeines Tonikum, Antiseptikum und Bakterizid.

Ein Auszug der Samen hilft gegen Taubheit, die oft nach schweren **grippalen Infekten** auftritt. Kochen Sie gut 15 ml (1 gehäufter El) der Samen 15 Minuten lang in 600 ml Wasser. Abkühlen lassen und abseihen. Geben Sie mehrmals am Tag etwas von der Flüssigkeit ins Ohr. Zusätzlich eine Mischung aus 5 ml (1 TL) Weizenkeimöl und 4 Tropfen Mutterkümmelöl hinter den Ohren und auf dem Nacken einreiben. Mutterkümmel hilft ausgezeichnet gegen **Zellulitis**. Für einen Heiltrank 5 bis 10 ml (1 bis 2 TL) leicht zerstoßenen Mutterkümmelsamen in 600 ml kochendes Wasser geben und 5 Minuten ziehen lassen. Warm nach den Mahlzeiten trinken, eventuell mit etwas Honig süßen.

Körperöl gegen Zellulitis
Der einzige Nachteil vn Mutterkümmel ist sein Geruch, den viele Leute nicht ausstehen können, aber dies ist durch die Beigabe von etwas Orangen- oder Zitronenöl leicht zu beheben. Führen Sie vor Gebrauch des Körperöls einen Hautverträglichkeitstest (siehe Seite

33) durch, und legen Sie sich niemals unmittelbar nach seinem Gebrauch in die Sonne oder unter das Solarium.

15 ml (1 EL) Mandelöl
2 Tropfen Weizenkeimöl
8 Tropfen Mutterkümmelöl
2 bis 3 Tropfen Orangen- oder Zitronenöl

Die Zutaten mischen und Unterschenkel, Oberschenkel und Bauchgegend damit einreiben. Dieses Öl tut auch vor der Periode gut. Auf dem Bauch einmassieren und danach abtrocknen.

Küche
Mutterkümmel wird in der europäischen Küche wenig verwendet, aber er ist in der indischen, nordafrikanischen und der Küche des Mittleren Ostens äußerst geschätzt.
Mutterkümmel gibt es im ganzen oder gemahlen zu kaufen; letzteres in kleinen Mengen einkaufen, da die duftenden ätherischen Öle schnell verfliegen. Um den Geschmack der Samen hervorzuheben und sie nussiger zu machen, kann man sie in einer trockenen Pfanne kurz anrösten – im Mittleren Osten ein beliebtes Horsd'œuvre und Digestivum.

Myrrhe
Commiphora myrrha – Burseraceae

Commiphora hat viele Varietäten, dornige, knorrige und gedrungene Sträucher und Büsche, die im Mittleren Osten, in Nordafrika und Nordindien heimisch sind. Sie wachsen im Überfluß, wild und kultiviert, entlang dem Roten Meer, im Iran, in Libyen, Abessinien und an der Küste Somalias. Die oft gedrehten, kleinen dreizähligen Blätter sind flaumbedeckt, und das Öl wird aus einem Fettharz destilliert, das aus Stämmen und Trieben der Büsche austritt. Die echte Myrrhe oder *myrrhe hérabol* wird in den arabischen Ländern angebaut und auch *karam* oder Türkische Myrrhe genannt. Die Myrrhe aus Abessinien und Somalia heißt *bisabol* oder *bdellium (C. abyssinica)*. Sie hat mit der indischen Myrrhe, dem indischen *bdellium,* Ähnlichkeit, die ein im Vergleich zur echten Myrrhe minderwertigeres Öl liefert.

Das ätherische Öl

Beschreibung: Es gibt noch immer viele unbeantwortete Fragen über Herkunft und Identität der verschiedenen Arten der *Commiphora,* besonders in botanischer Hinsicht. Die Büsche scheiden das Harz von selbst aus Rindenrissen aus, aber sie können auch angezapft werden. Das Harz ist blaßgelb, wird aber beim Erhärten rötlich und ist dann oft von weißen Linien durchzogen. Es hat einen stark balsamischen Geruch, in dem eine Kampfernote entdeckt werden kann. Es ist bitter und scharf zugleich. Manche Hersteller geben bei der Destillation des Harzes etwas Ammoniak dazu, um den Ertrag zu steigern; dadurch verliert das Öl natürlich seinen ganzen therapeutischen Wert, und man muß äußerst aufpassen, um reine Ware zu erhalten. Myrrhe gibt es auch als Öl, als einfache Tinktur (wie Benzoe) und pulverisiert zu kaufen.

Inhaltsstoffe: Säuren (Essigsäure, Ameisensäure, Myrrholsäure, Palmitinsäure, Triterpensäure etc.), Alkohole, Aldehyde (Zimtaldehyd, Cuminaldehyd etc.), Zucker (Arabinose, Galaktose etc.), Phenole (Eugenol, m-Kresol), Harze und Terpene (Cadinen, Dipenten, Limonen, Pinen etc.).

Myrrhe war schon im Altertum wohlbekannt. Sie war im Weihrauch enthalten, den die alten Ägypter bei religiösen Zeremonien und Räucherungen verbrannten. Sie wurde von diesen *punt* oder *phun* genannt, war in dem bekannten ägyptischen Riechwasser *kyphi* enthalten, wurde gegen Heuschnupfen verschrieben und war eine wichtige Zutat beim Einbalsamieren. Moses wurde aufgetragen, aus Ägypten Myrrhe mitzunehmen, damit die Kinder Israels ihren Gottesdienst fortsetzen konnten, und Myrrhe gehörte zu den drei Gaben aus dem Morgenland. Nikodemus orderte 45 kg Myrrhe und Aloe, um den Leichnam Jesu einzubalsamieren (wie es zu dieser Zeit bei den Juden Sitte war). Die Hebräer pflegten vor ihrer Teilnahme am Gottesdienst ein Myrrhe-Wein-Gemisch zu trinken, um sich geistig zu erheben. Dieselbe Mischung wurde Verbrechern ein paar Stunden vor der Hinrichtung gegen die Angst gegeben.

Die therapeutischen Eigenschaften der Myrrhe werden im Alten und Neuen Testament, im Koran und in griechischen und römischen Texten oft erwähnt. Herodot, Theophrast und Plinius klassifizierten sie als Heilmittel und gaben viele Salbenrezepte an.

Das ätherische Öl wurde erstmals 1540 destilliert, und Valerius Cordius und Conrad Gesner beschrieben, wie aus dem Harz Salben zuzubereiten waren. Sie klassifizierten sie im äußerlichem Gebrauch als Wundmittel. Später entwickelte Mittel – auf französisch *l'élixir de Carus, baume de Fioraventi, baume du commandeur* oder *baume du samaritain* – basierten alle auf Myrrhe. Diese heilten Schnittwunden, Verbrennungen und andere Wunden und wurden als Expektorans bei Bronchitis zum Schleimaushusten und zu Räucherungen verwendet. In Dr. Philippe Guyberts *Médécin Charitable* aus dem Jahr 1608 heißt es, daß »Myrrhe wärmt, gleichzeitig trocknet, reinigt, stärkt, alten Husten vertreibt, bei Frauen die verspätete Regel herbeiführt. Es ist ein wunderbares Heilmittel.« Nicolaus Lemery bestätigte in seinem *Traité des Drogues Simples* (1699), daß Myrrhe ein gutes Emmenagogum (menstruationsfördernd) war, und empfahl sie zur Beschleunigung der Wehen und Geburtserleichterung. Er schloß sie auch in ein Rezept zur Behandlung von Brüchen ein. Cartheuser bekräftigte oben Genanntes in seinem 1765 erschienenen *Matière Medicale,* verwies aber außerdem auf den Heilwert der Myrrhe bei

Hautgeschwüren und anderen Hautleiden: Sie festigte in Verbindung mit Salbei das Zahnfleisch und war ein gutes Antiseptikum bei zerstörten Zähnen. In der indischen Ayurvedamedizin wird Myrrhe noch immer zu diesem Zweck benutzt, wie auch in der konventionellen Medizin. In der 1928 erschienenen *Officine de Dorvault,* einer über längere Zeit amtlich herausgegebenen Medikamentenliste, hieß es über Myrrhe, sie werde in Krankenhäusern gegen Druckbrand verwendet (»Myrrholine« wird noch heute auf Rezept hergestellt).

Anwendung

Medizin

Wirklich reines Myrrhenöl hilft sehr gut gegen alle **Hautleiden**, **Narben**, **Hautinfektionen** und **Geschwüre**. Zur Behandlung von Hautleiden wie **Akne** und **Dermatitis** und zur Linderung von Entzündungen mischen Sie 10 ml (2 TL) Sojaöl mit 2 bis 4 Tropfen Myrrhe und wenden es äußerlich an.

Myrrhenöl ergibt in Verbindung mit einem anderen ätherischen Öl, etwa Pfefferminze oder Kardamom, wegen des Geschmacks ein gutes Mundwasser und ist ein Antiseptikum und Wundmittel bei allen **Hals- und Zahnfleischbeschwerden**. Geben Sie 1 Tropfen Myrrhe und 1 Tropfen Pfefferminze oder Kardamom in ein Glas Wasser. Spülen und gurgeln Sie damit, jedoch ohne zu schlucken. Es ist auch eine gute antiseptische Inhalation, während einer **Sinuitis** zum Beispiel.

Kosmetik

Eine einfache Myrrhentinktur kann wie Benzoe (siehe dort) als Straffungsmittel zur Schließung der Poren verwendet werden.

(*Siehe auch* **Nägel**.)

Vermischtes
Myrrhe ist ein Hauptbestandteil von Weihrauch und kann zu Hause als »Räucherduft« verwendet werden. Wie Benzoe ist sie ein guter Fixator und in vielen Potpourris und Duftkugeln enthalten.

Myrte
Myrtus communis – Myrtaceae

Dieser aromatische, immergrüne Strauch stammt aus Afrika und wächst rund ums Mittelmeer. Myrte wurde 1597 nach Großbritannien gebracht, wächst aber im allgemeinen nur im Süden oder im Treibhaus (sie kann auch als Topfpflanze gezogen werden). Der Strauch hat kleine, ledrige, dunkelgrüne Blätter, die Bläschen mit ätherischem Öl enthalten. Die Blüten sind duftig und weiß, haben fünf Blütenblätter und einen grandiosen Sprühregen dünner Staubfäden. Es folgen schwarzviolette Beeren. Der Strauch kann an natürlichen Standorten bis zu 4 m hoch werden.

Die alten Ägypter kannten die therapeutischen Eigenschaften der Myrte und mazerierten die Blätter in Wein zur Behandlung von Fieber und Infektionen. Theophrast bekräftigte später ihren Platz in der Therapie und merkte an, der beste und wohlriechendste Baum käme aus Ägypten. Dioskurides verschrieb ebenfalls einen Wein, in dem die Blätter mazeriert worden waren; dieser war magenstärkend und wirkte bei Lungen- und Blaseninfektionen und half bei Kranken, die Blut spuckten.

1876 empfahl Dr. Delioux de Savignac, Bronchitis, Leiden des Urogenitaltrakts und Hämorrhoiden mit Myrte zu behandeln. Trotz solcher Befürwortung machte man sich erst im letzten Jahrhundert ernsthaft an die Untersuchung der therapeutischen Eigenschaften der Myrte; in seiner Abhandlung über die Myrte bestätigte M. Linarix erneut sämtliche Eigenschaften, die in den alten Texten aufgelistet sind, und nannte die Myrte die verträglichste unter allen balsamischen Pflanzen.

Venus, die sich auf der Insel Kythera ihrer Nacktheit schämte, versteckte sich hinter einem Myrtenbusch. Dankbar gewährte sie der Myrte fortan ihren Schutz, und so wurde sie zu ihrer Lieblingspflanze. In biblischen Zeiten bekränzten sich die jüdischen Frauen zu ihrer Hochzeit mit einem Myrtenkranz, der die eheliche Liebe symbolisierte und ihnen Glück bringen sollte. Viele Frauen tragen ihn heute noch mit Orangenblüten kombiniert als traditionellen Brautschmuck. In Südfrankreich pflegten die Frauen jeden Tag einen Blätteraufguß zu trinken, um jung und schön zu bleiben. Ebenfalls in Südfrankreich pflegte man zum Schutz vor dem bösen Blick einen Myrtenbaum neben dem Haus anzupflanzen. Doch nutzte dies scheinbar nur dann etwas, wenn der Baum von einer Frau gepflanzt wurde.

Das ätherische Öl

Beschreibung: Es werden nur die frischen Blätter destilliert. Das daraus gewonnene Öl ist dünnflüssig und durchsichtig gelb bis grüngelb. Es riecht kampferartig und pfeffrig, ähnlich wie Lorbeer.

Inhaltsstoffe: Camphen, Cineol, Geraniol, Linalool, eine Myrtenol genannte Komponente und Pinol. Das Öl enthält auch reichlich Tannin.

Anwendung

Medizin

Wegen ihrer durch den hohen Tanningehalt bedingten adstringierenden Wirkung hilft Myrte sehr gut gegen **Hämorrhoiden**. Geben Sie 6 Tropfen Myrte auf 30 g Cold Cream. Gut vermischen und im akuten Stadium mehrmals täglich auftragen.

(*Siehe auch* **Gürtelrose, Hämorrhoiden** *und* **Insektenstiche und -bisse**.)

Kosmetik

Im 16. Jahrhundert verwendete man die Blätter wegen ihrer adstringierenden Wirkung in Hautreinigungswässern. In Frankreich gab es ein spezielles Duftwasser namens *eau d'anges,* das als tonisierendes und adstringierendes Mittel benutzt wurde.

Myrte wirkt sehr gut bei schwerer **Akne**, besonders wenn die Pickel Eiterköpfe haben. 10 ml (2 TL) Traubenkernöl mit 1 Tropfen Weizenkeimöl und 7 Tropfen Myrte mischen und mehrmals täglich auftragen, bis Besserung eintritt. Jeweils vor und nach dem Auftragen des Öls die Haut mit einer Lotion aus 50 ml Rosenwasser und 5 Tropfen Myrte reinigen. Die adstringierende Wirkung betrifft besonders fettige Haut, die so oft mit schwerer Akne einhergeht.

Küche

Fleisch und kleine Vögel, die in den Mittelmeerländern eine Delikatesse sind, können mit Myrtenblättern umwickelt oder gefüllt werden; diese verleihen dem Fleisch oder dem Vogel nach dem Kochen Würze. Myrtenholz kann zum Grillen von Fleisch benutzt werden. Die Beeren sind eßbar und wurden früher wie Pfeffer getrocknet, sie können wie Wacholder verwendet werden, sind aber milder als er.

Vermischtes

Myrte vertreibt, ähnlich wie Eukalyptus, Insekten, und es lohnt sich, ein paar Pflanzen in die Wohnung zu stellen, wenn Sie zum Beispiel von Schnaken geplagt werden. Aber Myrte hält nicht nur die Schnaken fern, sondern reinigt auch mit ihrem frischen Kampferduft die Zimmerluft, was sich auf den Atemapparat positiv auswirken wird. Myrtenblüten können getrocknet unter Potpourris gemischt werden; mit den ölhaltigen Blättern wurden früher Holzmöbel poliert; und Rinde und Wurzeln wurden (wahrscheinlich wegen ihres Tanningehalts) zum Gerben verwendet.

Nelke

Eugenia caryophyllata – Myrtaceae

Der immergrüne Nelkenbaum stammt aus den Molukken, den »Gewürzinseln«, ist aber jetzt in fast allen tropischen Ländern heimisch. Madagaskar, Sansibar und Tansania beherrschen den Weltmarkt. Nelken gedeihen am besten in Meeresnähe, daher das Schwergewicht von Inselkulturen. Die Bäume sind ziemlich schlank, werden normalerweise bis zu 9 m hoch, aber man hält sie im allgemeinen auf einer leichter aberntbaren Höhe von 5 bis 6 m. Sie sind kegelförmig, ähneln ein wenig den Lorbeerbäumen, doch haben die ledrigen Blätter, die länger und hellgrüner als Lorbeerblätter sind, sichtbare Tüpfelchen, die die aromatischen Substanzen enthalten. Diese treten aus, wenn man die Blätter zerquetscht oder zermalmt. Der Stamm, der eine glatte weißliche Rinde besitzt, verzweigt sich sehr weit unten zu ausladenden Ästen, an deren Enden die karmesinroten Blüten blühen – oder besser gesagt blühen würden, wenn sie dieses Stadium erreichen dürften. Die Nelken sind die noch geschlossenen, langen, gelblichgrünen Blütenknospen, die am Ende der Regenzeit erscheinen. Beginnen diese rosa zu werden, werden sie, kurz bevor die Blüte aufbricht, per Hand gepflückt oder vom Baum heruntergeschlagen. Die Blüten werden dann einige Tage lang an der Sonne oder bei mäßiger Hitze getrocknet, bis sie die für das Gewürz bekannte braune Farbe angenommen haben.

Der Baum wird fünf Jahre alt, bis er zum erstenmal das Gewürz liefert, und kann dieses dann bei steigendem Ertrag liefern, bis er zwanzig Jahre alt ist. Der Ertrag eines reifen Baumes liegt im allgemeinen bei 3 bis 4 kg frischen Knospen. Durch das Trocknen verringert sich das Gewicht um circa 1 kg, und dieser Rest liefert wiederum 15 bis 20% ätherisches Öl. Der Inhalt einer kleinen 150-ml-Flasche verkörpert die Ernte eines Baumes – eine sehr kleine Menge im Verhältnis zur damit verbundenen Arbeit!

Das ätherische Öl

Beschreibung: Nelkenöl wird aus den Blättern und unreifen Früchten destilliert. Man gibt etwas Salz in das Wasser, um die Kochtemperatur zu erhöhen, und die Nelkenknospen müssen mehrfach destilliert werden, um alles ätherische Öl herauszuziehen. Frisch destilliert, ist dieses farblos mit einem Stich ins Gelbe; später wird es dunkelbraun. Es hat ein würziges Vanillearoma, geht ins Pfeffrige mit einer Spur von Gartennelke.

Inhaltsstoffe: Es enthält in der Hauptsache Phenole (70 bis 80%), insbesondere Eugenol. Dieses wurde erstmals 1827 isoliert und ist eines der wirksamsten Antiseptika aus der Phenolfamilie, drei- bis viermal wirksamer als jedes andere. Weitere Komponenten sind Aceteugenol (das den spezifischen Duft verleiht), Benzoesäure, Benzylbenzoat, Furfurol, Sesquiterpene (β-Caryophyllen) und Vanillin.

Gefahren: Nelkenöl wird häufig mit einem Pflanzenöl (meistens Palmöl) und einem aus Früchten und Blättern hergestellten Pimentöl gestreckt. Manchmal wird mit *Copaibabalsam* gestreckt, einem aus dem Gummiharz des brasilianischen Baumes *Copaifera officinalis* hergestellten Öl. Das ist sehr schade, denn therapeutischen Wert hat nur das absolut reine ätherische Öl. Aufgrund des Eugenolgehalts kann das Öl Metall angreifen.

Auf den Inseln, auf denen Nelkenbäume angebaut werden, ist in der Mitte der Regenzeit die feuchtheiße Luft von ihrem Duft erfüllt. Daß es auf Penang keine Seuchen gab, war auf die medizinischen Dämpfe dieser Bäume zurückzuführen (Nelke ist ein starkes Antiseptikum). Bezeichnenderweise begannen die Inseleinwohner unter Epidemien zu leiden, und viele starben, nachdem die Holländer im frühen 17. Jahrhundert die Nelkenbäume zerstört hatten. Die Griechen nannten den Baum *karyóphyllon,* was »Blatt des Walnußbaumes« heißt, und dies hat sich über das arabische *girofle* in der französischen Bezeichnung des Gewürzes *clou de girofle* erhalten. *Clou* ist das französische Wort für Nagel und stammt von lateinisch *clavus* ab, aus dem auch das englische Wort (*clove,* Anm. d. Ü.) entstanden ist (die getrockneten Knospen schauen aus wie Nägel). Nelken waren auch den alten Ägyptern, Griechen und Römern bekannt.

Plinius pries die Nelken ebenso wie der große römische Arzt Alexander Trallianus. Die heilige Hildegard schrieb in ihrem Buch *Morborum causae et curae,* daß bei der Behandlung von Kopfschmerzen, Migräne, erkältungsbedingter Schwerhörigkeit und Wassersucht Nelken mitverwendet wurden. Sie teilte mit, daß Nelken aufwärmend wirken, wenn man friert, und abkühlend, wenn man schwitzt. In der Renaissance wurden Parfümkugeln aus Nelken hergestellt, um Pest und Seuchen an der Ausbreitung zu hindern.

Anwendung

Medizin
Über den therapeutischen Wert der Nelke scheinen sich alle alten Texte einig zu sein – sie ist ein Stimulans und besitzt magenstärkende, schleimlösende, sedative, windtreibende, antispasmodische und digestive Eigenschaften. Sie hilft gegen **Blähungen**, regt die **Verdauung** an und stellt den **Appetit** wieder her, ist also für die Genesung gut. Sie wirkt allgemeinkräftigend sowohl bei körperlicher als auch bei geistiger Erschöpfung und bei Frigidität. Wegen des hohen Eugenolgehalts ist ihr hauptsächlicher therapeutischer Wert jedoch antiseptischer Art. Sie wird gegen Darmparasiten eingesetzt und zur Vorbeugung von Virusinfektionen. Sie ist gut für das Immunsystem und besonders wirksam bei **Mund- und Zahninfektionen**.

Wenn ich unter körperlichem oder geistigem Streß stehe oder einfach müde bin, lutsche ich mehrmals am Tag eine Nelke. Sie hat einen annehmbaren Geschmack und wirkt entspannend. Das Lutschen von Nelken eignet sich besonders auch dann, wenn man das Rauchen aufzugeben versucht.

Der **zahn**ärztliche Wert von Nelken ist bekannt. Sie wirken antiseptisch, haben aber auch sedative und in geringem Maße anästhesistische Eigenschaften (eine gelutschte Nelke im Mund wird Ihre Zunge leicht betäuben). Haben Sie Zahnschmerzen, dann lassen Sie entweder neben dem schmerzenden Zahn eine Nelke im Mund zergehen, oder betupfen Sie den Zahn mit etwas Watte, auf die Sie einen Tropfen ätherisches Öl gegeben haben. Das wird die Schmerzen lindern, bis Sie zum Zahnarzt kommen, und wegen der antiseptischen Wirkung auch den Mund desinfizieren helfen. Benutzen Sie niemals *zu* viel von dem Öl, und lassen Sie es nicht *auf* dem Zahn (indem Sie etwa den Wattebausch daneben legen), da dies zu Zahnfleischblasen führen könnte. Gegen Mundgeruch gibt es ein gutes Mundwasser: Kochen Sie einige Nelken 5 Minuten lang in etwas Wasser auf, abkühlen lassen, ein paar Pfefferminzblätter dazugeben und mit der abgegossenen Flüssigkeit spülen und gurgeln.

Gegen **Rheumaschmerzen** mischen Sie in einer braunen Flasche 25 ml Rizinusöl mit je 5 Tropfen Wacholder- und Weizenkeimöl und 5 Tropfen Nelkenöl. Die betroffenen Stellen damit einreiben und warm halten. In der Volksmedizin gab man einen Nelkenaufguß, um die **Wehen** in Gang zu setzen, sobald die ersten Schmerzen auftraten.

(*Siehe auch* **Bronchitis, Erkältung, Fieber, Halsentzündung, Lungenentzündung, Parodontose** *und* **Zahnabszeß**.)

Küche
Nelken können wegen ihrer therapeutischen Eigenschaften in der Küche vielfältig eingesetzt werden, doch sollte man sie zurückhaltend gebrauchen, da sie dominieren können. Eine einzige Nelke, in

eine Zwiebel gesteckt, genug, um beispielsweise eine Brühe oder Brottunke zu würzen oder ein Fleisch- oder Geflügelgericht geschmacklich zu steigern und abzurunden. Ein gekochtes Fleischgericht sollte immer ein paar Nelken im Kochwasser haben, und eine Lammkeule schmeckt vorzüglich, wenn man vor dem Braten das Ende mit einer Nelke und einer Knoblauchzehe spickt. Fleischmarinaden sollten ebenfalls Nelken enthalten. Zwiebeln werden mit Nelken gekocht süßer, und das Nelkenaroma mischt sich sehr interessant mit dem Zwiebelgeschmack. Nelken gehören auch in das klassische deutsche Sauerkraut. Sie sind Bestandteil vieler *garam masalas* (indischer Würzmischungen) und würzen Curry- und Reisgerichte; sie gehören zu den beliebtesten chinesischen Gewürzen. Nelkengeschmack paßt besonders gut zu Äpfeln: zu süßen Apfeltörtchen oder zur Apfelsauce, die zu Schweinefleisch gereicht wird.

Viele alkoholische Getränke gewinnen durch Nelken, insbesondere heiße Gewürzweine. Nelken sind in vielen lokalen Likören enthalten: im Grenobler »Nossolio« oder »Merisat« oder im »Tafia« aus Martinique und Guadeloupe.

Nelkensuppe (für 4 Personen)
Diese »Suppe« sollte gegessen werden, wenn zu Beginn des Winters kleine Leiden auftreten – Erkältungen, Halsentzündungen oder Schnupfen. Kochen und trinken Sie folgenden Sud, sobald sich irgendwelche Symptome bemerkbar machen.

600 ml Rindfleischbrühe
2 Zwiebeln, geschält und in dünne Ringe geschnitten
1 Lorbeerblatt
6 Nelken
Salz nach Geschmack

Alle Zutaten in einem Topf zum Kochen bringen, dann 30 Minuten lang köcheln. Lorbeerblatt und Nelken entfernen und heiß servieren.

Vermischtes

Klassisch ist die Methode, Nelken in eine Orange zu stecken, um damit die Garderobe zu parfümieren und Motten fernzuhalten. Es ist eine Anwendung ihrer seuchenabwehrenden Eigenschaften, die im Mittelalter genutzt wurden. Blütenpotpourris können ganze oder gemahlene Nelken enthalten. Das Öl wird in der Parfümindustrie sehr viel verwendet – um den Duft von Gartennelken nachzubilden – und in Seifen und Badesalzen. Auf den indonesischen Inseln, auf denen angeblich die Hälfte der weltweiten Produktion verbraucht wird, werden Tabak und Zigaretten mit Nelken aromatisiert.

Es heißt, daß im 2. Jahrhundert v. Chr. in China die Höflinge am Han-Hof Nelken lutschten, bevor sie vor den Kaiser traten, um einen reinen Atem zu haben. Wenn auch nicht aus Ehrerbietung vor dem Kaiser, wird doch Eugenol, der Hauptbestandteil des Nelkenöls, noch immer in einigen Mundwassersorten verwendet.

Neroli
Citrus aurantium bigaradia – Rutaceae

Neroli ist ein ätherisches Öl, das aus den duftenden Blüten des Bitterorangen- oder Pomeranzenbaums gewonnen wird, der auch *bigaradia* oder Bigaradebaum genannt wird. Er kann in dem von ihm bevorzugten subtropischen Klima des Mittelmeerraums bis zu 9 m hoch werden. (Siehe auch Bergamotte, Orange und Petitgrain.)

Obwohl Orangen seit dem 1. Jahrhundert bekannt sind, hat man das Neroliöl erst im späten 17. Jahrhundert entdeckt; es soll nach Anna Maria de la Tremoille, Prinzessin von Nerola (nahe bei Rom), benannt sein. Das Öl und die therapeutischen Eigenschaften der Blüten wurden damals besonders von den Venezianern geschätzt, die es zur Behandlung der Pest und von Fieberkrankheiten verwendeten, daraus Heiltränke herstellten und sich zweimal am Tag mit einem destillierten Wasser abrieben. Eine Zeitlang war Neroli das Parfüm der Madrider Prostituierten (so konnten sie von den Kunden durch den Geruch erkannt werden), aber jetzt stehen Orangenparfüms im Gegenteil für Reinheit, und die Blüten werden in Krautkränzen getragen.

Hauptlieferanten für das Öl sind Italien, Frankreich, Tunesien, Ägypten und Sizilien. Die besten Öle stammen aus Tunesien, Sizilien und Frankreich, dessen Produktion in den letzten Jahren jedoch abgenommen hat. Die weltweite Jahresproduktion liegt bei weniger als 2 t; für 1 kg Öl wird 1 t Blüten benötigt – deshalb ist Neroli ausgesprochen teuer.

Das ätherische Öl

Beschreibung: Es wird durch Wasserdampfdestillation der Bitterorangen- oder Bigaradenblüten gewonnen. Das frische ätherische Öl ist im frischen Zustand gelblich, wird aber bei Licht- und Luftzufuhr rotbraun und für die Therapie unbrauchbar. Der Geruch ist wundervoll, sehr lieblich und orangenartig mit einem bitteren Unterton.

Bei der Destillation entsteht als Nebenprodukt Pomeranzen- bzw. Bitterorangentinktur – eine Neroli-Wasser-Lösung –, die in pharmazeutischen Produkten und in der Küche Verwendung findet.

Inhaltsstoffe: Essigsäureesther, Dipenten, Terpineol, Farnesol, Geraniol, Indol, Jasmon, l-Camphen, α- und β-Pinen, Nerol und Nerolidol, sowie Benzoesäurespuren und ein paar Kohlenwasserstoffe.

Gefahren: Da Neroli sehr teuer ist, wird es häufig mit Petitgrain gestreckt, was natürlich den therapeutischen Wert von Neroli schmälert.

Anwendung

Medizin

Neroli besitzt beruhigende, krampflösende, antitoxische und leicht hypnotische Eigenschaften. Wegen seines wundervollen Dufts und seiner therapeutischen Eigenschaften, besonders bezüglich des Nervensystems, gehörte es schon immer zu meinen Lieblingsölen. Mit ein wenig Neroli können Unruhe und nervöse **Depression** nahezu augenblicklich zum Verschwinden gebracht werden – dazu 3 Tropfen unter 10 ml (2 TL) Soja- oder Mandelöl mischen. Im Uhrzeigersinn auf Solarplexus, Nacken und Schläfen einreiben, tief durchatmen und 10 Minuten entspannen. Man spürt großen Frieden, und die nervöse Anspannung verschwindet. Dieser beruhigende und entspannende Effekt kann während der **Schwangerschaft** sehr nützlich sein; es kann auch während der **Wehen** eine Schüssel warmes Wasser mit ein paar Tropfen Neroli neben das Bett gestellt werden. Und man darf ohne weiteres ein Baby in einem Wasser baden, das einen viertel Tropfen des Öls enthält; dazu 1 Tropfen auf eine Kappe Babybad geben, und nur ein Viertel davon ins Badewasser gießen.

Leiden Sie unter **Schlaflosigkeit**, kann das Öl das Einschlafen erleichtern, da es wegen seiner leicht hypnotischen Wirkung ein natürliches Beruhigungsmittel ist; nehmen Sie vor dem Zubettgehen ein warmes Bad mit ein paar Tropfen Neroli. Oder machen Sie sich vor dem Schlafengehen einen Heiltrank aus getrockneten Orangenblüten (dies ist auch verdauungsfördernd). Oder stellen Sie einfach ein Orangenbäumchen als Topfpflanze auf (siehe Petitgrain).

Auch **Kreislaufstörungen** lassen sich gut mit Neroli behandeln, wenn Sie obengenanntes Öl täglich einmassieren. Orangenblütentee wirkt auf natürliche Weise blutreinigend. Und als Badezusatz helfen ein paar Tropfen Neroli auch gegen prämenstruelle Beschwerden.

(*Siehe auch* **Erschöpfung, Herzklopfen, Ödem, Rückenschmerzen** *und* **Streß.**)

Kosmetik

Orangenblüten waren im Ungarnwasser enthalten und waren zu Beginn des 18. Jahrhunderts zusammen mit Bergamott- und Neroliöl Bestandteil des ersten Eau de Cologne.

Neroli kann bei **Akne**problemen helfen: Neroli und ein anderes ätherisches Öl (Wacholder, Lavendel oder Nelke) zu gleichen Anteilen mischen und davon 3 Tropfen in eine Schüssel voll abgekochtem warmen Wasser geben. Beugen Sie sich anschließend mit einem Handtuch über dem Kopf so über die Schüssel, daß die aromatischen Dämpfe nicht entweichen können.

Orangenblütenwasser ist ein gutes Straffungsmittel. Marie Antoinette soll es benutzt haben, um weniger bleich auszusehen.

Küche

Man sollte beim Kochen nur Bitterorangen verwenden, auch wenn ihr saures Fruchtfleisch wirklich ungenießbar ist. Aus Bitterorangen wird Orangenmarmelade gekocht, und ihr Saft und ihre Schale kommen in die Sauce Bigarade, eine klassische französische Haute-Cuisine-Beilage zu Ente. Da die Schale der Bitterorange besonders aromatisch ist, wird sie kandiert, zu Sirupen verarbeitet und getrocknet; in Frankreich sind getrocknete Orangenschalen in *bouquets garni* (Kräutersträußchen) enthalten, die für Rind- und Kalbfleischeintöpfe und einige Fischgerichte bestimmt sind. (Am besten verwendet man grundsätzlich Bitterorangenschalen; Süßorangenschalen sind meistens aus marktwirtschaftlichen Gründen gefärbt und gespritzt.) Auch bei der Herstellung von Orangenlikören werden Schale und Öl der Bitterorange verwendet.

Neroli-Orangenblüten-Wasser ist manchmal in Griechenläden erhältlich; Orangenblütenwässer findet man auch in Apotheken (fragen, ob sie zum Kochen geeignet sind). Orangenblütenwasser wird in vielen Rezepten aus Nordafrika und dem Mittleren Osten gebraucht (ebenso wie Rosenwasser). Man kennt auch Orangenblütengelees. Verwenden Sie das Wasser – oder einen selbsthergestellten Blütenauszug – zum Aromatisieren von Kuchen, Creme-speisen, Puddings und Pfannkuchen. Es macht zudem alles bekömm-licher.

Niaouli
Melaleuca viridiflora – Myrtaceae

M. viridiflora ist ein Verwandter des Cajeputbaumes und wächst hauptsächlich in Neukaledonien und Australien. Er ist wie *M. leuca-dendron* immergrün, hat eine leicht ablösbare Rinde, lange und schmale, aschgraue, lanzettförmige Blätter und weiße Blüten an einer langen Ähre. Die Blätter sind sehr aromatisch, und das ätheri-sche Öl wird aus den frischen Blättern und Zweigen destilliert. Das Öl wird häufig Gomenol genannt, weil es früher in der Nähe des Hafens von Gomen, Neukaledonien, destilliert wurde.

Wie Cajeput scheint Niaouli in Europa nicht vor dem 17. Jahrhundert aufgetaucht zu sein, obwohl es von den Eingeborenen sehr geschätzt wurde, die es zur Fiebersenkung und Wundheilung und als Mittel gegen Durchfall und Rheuma gebrauchten.

Das ätherische Öl

Beschreibung: Es ist sehr dünnflüssig, blaßgelb und schlägt mitunter ins Dunkelgelbe um (abhängig vom Kupfergehalt des Bodens, der am Öl ablesbar ist). Sein Geruch ist intensiv, scharf, sehr balsamisch mit einer Kampfernote. Aroma und therapeutische Eigenschaften sind ähnlich bei Cajeput.

Inhaltsstoffe: Eucalyptol (50 bis 60%) sowie einige Ester (der Buttersäure und der Isovaleriansäure), Limonen, Pinen und Terpineol.

Anwendung

Medizin

Niaouli gilt als starkes Antiseptikum und wird von Phytotherapeuten und Aromatherapeuten bei Erkrankungen des Urogenitaltrakts (Zystitis, Leukorrhöe) und der Lunge (Bronchitis, Katarrh, Schnupfen) verschrieben. Es wird von vielen Menschen ohne jede Nebenwirkung vertragen. Bei Lungenleiden, Erkrankungen der Atemwege, **Erkältung** und **Grippe** benutze ich das Öl immer in Kombination mit anderen Ölen – besonders mit Eukalyptus, Waldkiefer und Myrte. Gegen letzteres hilft eine Inhalation am besten: Füllen Sie eine große Schüssel mit heißem Wasser, geben Sie 2 Tropfen Niaouli und jeweils 1 Tropfen Eukalyptus und Myrte dazu, und inhalieren Sie mit einem Handtuch über dem Kopf. Reiben Sie danach Brust, Nebenhöhlenbereich, Schläfen und Nacken mit einer Mischung aus 10 ml (2 TL) Sojaöl, 5 Tropfen Niaouli, 2 Tropfen Eukalyptus und 1 Tropfen Myrte ein. Für die Behandlung von **Zystitis**, **Leukorrhöe** und Reizungen ist Niaouli von unschätzbarem Wert. Geben Sie für ein Sitzbad 2 Tropfen Niaouli und ein paar Flocken neutrale Kernseife (oder 15 ml [1 EL] Meersalz) in ein Bidet. Mischen Sie sich dann aus 5 ml (1 TL) Sojaöl und 5 Tropfen Niaouli ein Öl, das Sie drei- bis viermal täglich auf Bauch und Lendengegend einreiben. Diese beiden Mittel eignen sich auch für Frauen, die nach dem Geschlechtsverkehr **Entzündungen** und **Zystitis** haben.

Zum Schutz vor Infektionen, die durch die Luft übertragen werden, sprühen Sie einen Raum mit einer Mischung aus 300 ml warmem Wasser und 5 ml (1 TL) Niaouli aus. Dies empfiehlt sich besonders für öffentliche Plätze wie Warteräume.

(*Siehe auch* **Brustinfekte, Dermatitis, Fieber, Halsweh, Heuschnupfen, Insektenstiche und -bisse, Katarrh, Kopfschmerzen, Lungenentzündung, Neuralgie, Sinuitis, steife Gelenke** *und* **Zahnabszesse.**)

Veterinärmedizin

In Frankreich behandeln viele Tierärzte Hunde mit dem Öl; mit kaltem abgekochten Wasser verdünnt, ist es sehr wirksam bei infizierten Wunden und allen Hautreizungen.

Ich behandle meine beiden Persianerkatzen mit Niaouli, weil sie aufgrund ihrer flachen Nasen sehr leicht Atemprobleme haben. Ich bürste sie gründlich und streiche dann mit meinen Händen, auf denen ich ein wenig pures Niaouli verteilt habe, durch ihr Fell. Dies schützt sie nicht nur vor Katzenflöhen, sondern läßt sie auch besser atmen und kräftigt ihr Immunsystem.

Orange

Citrus aurantium sinensis – Rutaceae

Citrus ist eine Gattung, die viele immergrüne oder teilimmergrüne Bäume und Sträucher umfaßt, aus Ostasien stammt und ihrer Früchte wegen berühmt ist. Wahrscheinlich war *C. aurantium,* die Bitterorange, Bigarade oder Pomeranze, der Vorläufer aller heutigen Varietäten. Weitere Hauptsorten sind die Süßorange *(C. sinensis)* und die Mandarine *(C. reticulata);* der Rest der Familie schließt Zitronen, Limetten, Grapefruits und alle deren Kreuzungen und Unterarten ein. Die Familie der Rautengewächse, *Rutaceae,* ist riesig, und nur wenige Mitglieder, darunter die Gattung *Citrus,* sind Bäume.

Orangenbäume können 4,5 bis 10 m hoch werden, abhängig von Sorte und Klima. Die Blätter sind groß und dunkelgrün glänzend, und die Blüten sind weiß. Es kann ein Jahr lang dauern, bis die Frucht ausgebildet ist. Die Frucht benötigt bis zu einem Jahr zu ihrer Ausbildung, folglich sieht man oft Blüten und Früchte an ein und demselben Baum. In den Tropen sind reife Orangen grün, und tatsächlich ist das charakteristische Orange der in subtropischen Gebieten gewachsenen Früchte eine Reaktion der Bäume auf die etwas kühlere Temperatur im Winter. In gemäßigten Zonen müssen Orangen jedoch im Gewächshaus gezüchtet werden. Man kann die Töpfe im Sommer nach draußen stellen und im Winter hereinholen, wie dies in den berühmten Orangerien neben den Königspalästen und Châteaus im 16. und 17. Jahrhundert geschehen ist. Orangen und andere Zitrusarten können auch als Zimmerpflanzen gezogen werden.

Orangen wurden wahrscheinlich im 1. Jahrhundert erstmals von den Arabern ins Mittelmeergebiet gebracht. Allerdings waren sie erst nach dem 8. Jahrhundert beständig anzutreffen, als die Mauren weite Teile Südspaniens, einschließlich der Gegend um Sevilla, in einen großen Orangengarten verwandelt hatten. Die Römer kannten jedoch Orangen: Sie gaben schriftliche Anweisungen, wie die Bäume vor der Kälte zu schützen sind, und man trank Orangenblütenwasser oder -tee gegen Kater und Verdauungsschwäche.

Angeblich gelangten Orangen erstmals 1290 nach Großbritannien, als Eleonore von Kastilien sieben Stück auf einem spanischen Schiff kaufte. Später wurden sie so bekannt, daß Mädchen sie in den Londoner Straßen verkauften, darunter Nell Gwynn, die von Karl II. nicht nur wegen ihrer Verkaufstalente geschätzt wurde.

Es war Christoph Kolumbus, der die Orangen 1493 in die Neue Welt brachte, indem er Samen und Schößlinge von den Kanarischen Inseln mitnahm und auf Hispaniola anpflanzte. In Florida – heute ein Hauptanbaugebiet für Orangen – wachsen Orangen nachweislich schon seit 1539. Die Bäume wachsen jetzt überall auf der Welt – in Nordafrika, der Türkei, Südfrankreich, Italien, Spanien, Israel, Ägypten, Südafrika, den USA (speziell in Florida und Kalifornien), Brasilien, Mexiko und den Westindischen Inseln.

Die therapeutischen Eigenschaften der Orangen und ihrer verschiedenen Öle wurden zum erstenmal von den Arabern erwähnt. In Frankreich wurden diese Eigenschaften bis zum 16. Jahrhundert kaum gewürdigt, da die Frucht selten und deshalb teuer war. *Pommes d'orange,* wie man sie anfänglich nannte, waren ein Luxus und wurden als kostspieliges Geschenk zu Weihnachten und Neujahr verschenkt. Spätestens seit dem 18. Jahrhundert werden Orangen jedoch als Mittel gegen epileptische Anfälle, Melancholie, Herzleiden, Asthma, Kolik, Seekrankheit, Wehenschmerzen und nervöse Erkrankungen aller Art verzeichnet. Und in neuerer Zeit hielten Dr. Leclerc, Dr. Maury und andere Orangen für magenstärkend, krampflösend und verdauungsfördernd (gut gegen Gastritis, Blähungen, Dyspepsie, Verdauungsschwäche und hervorragend gegen Verstopfung); Orangen stärken auch die Abwehrkraft, wirken auf natürliche Weise blutreinigend und beruhigen die Nerven.

Das ätherische Öl

Beschreibung: Es wird durch Auspressen der Fruchtschalen gewonnen. Das Öl ist blaßorange und riecht stark nach Orange. Es ist leicht trüb, da etwas Wachs aus der äußeren Schale mit darin enthalten ist.

Inhaltsstoffe: Durchschnittlich 90 % Limonen, daneben Aldehyde, Citral, Citronellol, Geraniol, Linalool, Anthranilsäure, n-Nonylalkohol und Terpineol.

Gefahren: Alle Zitrusöle verderben rasch, bewahren Sie diese also in stets gut verschlossenen, braunen Flaschen im Dunkeln auf. Kaufen Sie immer nur kleine Mengen ein. Orangenöl kann ziemlich schnell dunkelbraun werden und so unangenehm riechen, daß es weggeworfen werden muß.

Handelsorangen werden meistens zur Farbauffrischung mit Äthylen gespritzt und manchmal mit einem eßbaren Wachs überzogen, um länger saftig zu bleiben; natürlich müssen Orangen für den therapeutischen Gebrauch weitestgehend unbehandelt sein.

Anwendung

Medizin und Kosmetik

Die rohen Früchte enthalten eine Vielzahl gesunder Stoffe. Sie sind reich an einem die Kapillaren und das Gefäßsystem kräftigenden Bioflavonoidkomplex (manchmal als Vitamin P bezeichnet) sowie an B-Vitaminen und Vitamin C. Letzteres ist die bekannteste Gesundheitskomponente, doch sind tatsächlich nur 25% davon im Fruchtfleisch und -saft, der größere Anteil ist in Schale und Mark enthalten. Die natürlichen Zucker der Orange sind für Sportler und Diabetiker gut. Orangen enthalten außerdem Kalzium, Magnesium, Phosphor, Kalium, Natrium, Schwefel, etwas Kupfer, Eisen und Zink und Spuren von Brom und Mangan.

Ist die Frucht schon sehr wertvoll, so auch das ätherische Öl dieser Frucht. Ich empfehle Ihnen, sich nach ätherischem Süßorangen- oder Orangenöl umzuschauen. Man hat sehr viele Eigenschaften in ihm entdeckt: Es ist ein Tonikum für das Muskel- und Nervensystem, gut gegen **Ekzeme** und **Dermatitis** und besonders gut für die Haut, weil es **die Haut aufbaut** und Fältchen entgegenwirkt.

Gegen Sonnenbadfältchen mischen Sie 10 ml (2 TL) Haselnußöl, 4 ml (ein knapper TL) Mandelöl, 2 Tropfen Weizenkeimöl und 8 Tropfen Süßorangenöl. Zart in die Haut einmassieren, dabei auf die Fältchen konzentrieren. Einmal am Tag zweimal hintereinander auftragen, am besten abends (es erleichtert außerdem das Einschlafen). Sie können auch ab und zu frischen Orangensaft verwenden. Auf die Haut auftragen, ein paar Minuten trocknen lassen, abwaschen und obiges Öl anwenden. Häufig genug angewendet, wird sich die Haut rasch erholen.

Eine ein- bis zweitägige Orangendiät – nur Orangen essen oder als Saft trinken – ist eine gute Möglichkeit, sich nach überreichlichem Essen (Weihnachten zum Beispiel) zu entschlacken. Nehmen Sie dazu keinen Orangensaft aus der Flasche oder dem Karton, da dieser einen Großteil seiner natürlichen Vitamine und Mineralien verloren hat.

Aus Orangenöl läßt sich ein gutes Mundwasser gegen **Mundgeruch**, **Soor** und Zahnfleischentzündung herstellen. Gurgeln Sie mehrmals am Tag mit einem Glas abgekochten warmen Wassers, in das Sie 2 Tropfen Orangenöl gegeben haben.

(*Siehe auch* **Erschöpfung, Herzklopfen, Klimakterium, Ödem, prämenstruelles Syndrom** *und* **Streß**.)

Küche
Natürlich sollten Orangen der Gesundheit und Schönheit zuliebe so oft wie möglich frisch gegessen oder als Saft getrunken werden (obwohl manchmal behauptet wird, man sollte sie bei Migräne und Arthritis meiden). Süßorangen eignen sich dafür am besten, doch können Bitterorangen (siehe Neroli) beim Kochen verwendet werden. Sie können selbstverständlich Süßorangenschnitze zum Garnieren von pikanten Gerichten oder in Gemüse- und Fruchtsalaten verwenden (wo der Saft, wie bei Zitrone, das Braunwerden von Früchten, Äpfeln zum Beispiel, verhindert). Orangen lassen sich auf vielfache Weise zum Würzen verwenden. Süßorangenschalen können kandiert werden, aber Bitterorangenschalen sind dafür besser geeignet. Die Vitamin-C-haltige Schale ist Bestandteil vieler Rezepte – insbesondere der üppigen Crêpes Suzette. Geben Sie etwas Orangensaft in Vollkornpfannkuchenteig – das schmeckt nicht nur hervorragend, sondern macht diese auch sehr viel bekömmlicher.

Vermischtes
Ätherisches Orangenöl wird von vielen Industriezweigen gebraucht – von der Pharmaindustrie zum Aromatisieren von Tabletten etc., in der Parfümindustrie wegen des wunderbaren Dufts, im Konditoreigewerbe zum Aromatisieren von Süßigkeiten und von vielen großen Lebensmittel- und Getränkeherstellern.

Origano
Origanum vulgare – Labiatae

Diese Pflanze gehört zur Majoranfamilie und wird auch Gemeiner oder Wilder Majoran genannt. Der Name ist von den griechischen Wörtern *óros* (= »Berg«) und *gános* (= »Hochzeit, Ehe«) abgeleitet und bezieht sich auf ihren bevorzugten Standort. Sie ist überall in Europa wild anzutreffen, besonders in Italien und Griechenland. Das Kraut hat Ähnlichkeit mit Majoran, aber rote Blüten, eine kriechende Gestalt und Stengel, die 30 bis 40 cm hoch werden können. Blütezeit ist Juli und August.

Majoran und Origano wurden die ganze Geschichte hindurch sowohl botanisch als auch kulinarisch beständig verwechselt, deshalb ist schwer herausfindbar, welches Kraut in den alten Heilkräuterbüchern und medizinischen Abhandlungen jeweils gemeint ist. Theophrast, Aristoteles, Hippokrates, Dioskurides und Plinius verehrten Origano als stark wirkendes Antiseptikum für den Atemapparat sowie für Wunden, Geschwüre und Verbrennungen. Außerdem waren sie der Überzeugung, er sei als Gewürz verdauungsfördernd; und der römische Gourmet Apicius erfand Origanorezepte, darunter ein Origanosalz, das noch heute sehr beliebt ist (besonders für Pizzas).

In seiner Abhandlung über Heilpflanzen (1837) empfahl Dr. Cazin Origanoöl als Einreibung und Badezusatz gegen Grippe- und Erkältungsschmerzen; er bezeichnete es auch als Stimulans, Stomachikum, Expektorans, Sudoriferum und Emmenagogum (siehe »Glossar der medizinischen Fachausdrücke«.) Dr. Leclerc bestätigte seine Wirksamkeit bei der Behandlung von Erkrankungen der Atemwege und bezeichnete ihn ebenfalls als ein gutes Stimulans und Stomachikum für Menschen mit Verdauungsproblemen, waren diese nervlich oder durch zu hastiges Essen bedingt.

Das ätherische Öl

Beschreibung: Das aus den blühenden Trieben destillierte Öl ist dunkelgelb bis blaßbraun und riecht stark phenolhaltig, würzig und scharf.

Inhaltsstoffe: Pflanze und Öl haben große Ähnlichkeit mit Majoran und Thymian (weshalb Origano von den Bauern sehr häufig auch »Schäferthymian« genannt wird) und besitzen ähnliche Eigenschaften wie noch andere Mitglieder der *Labiatae*-Familie.

Origano ist das wichtigste antiseptische Öl in der Aromatherapie. Sein Phenolanteil – die Komponente mit der stärksten antibakteriellen Wirkung – ist höher als bei allen anderen Heilpflanzen. Die chemische Zusammensetzung der Pflanzen variiert jedoch von Sorte zu Sorte und hängt auch von der Herkunft ab. Entscheidend ist vor allem der Boden, auf dem die Pflanzen wachsen. Origanoöle bestehen gewöhnlich zu 80 bis 90% aus Phenolen (Thymol und Carvacrol); daneben enthalten sie etwas Borneol, Pinen und Terpineol und Spuren von Estern.

Gefahren: Kaufen Sie Origanoöl mit äußerster Vorsicht und von angesehener Quelle ein, da es oft verfälscht wird, häufig sogar rein synthetisch ist und keine Spur mehr des ätherischen Öls enthält. Nutzen Sie im Zweifelsfall lieber die frische Pflanze.

Anwendung

Medizin

Origanoöl hilft sehr gut gegen Ekzeme, Schuppenflechte und Pilzinfektionen, gegen rheumatische Beschwerden und gegen die Schmerzen bei Neuralgien und Gürtelrose.

Es nutzt auch bei späten Perioden. Stellen Sie sich aus 5 ml (1 TL) Mandelöl und 4 Tropfen Origanoöl ein Massageöl her, und massieren Sie es im Uhrzeigersinn mehrere Minuten lang sanft auf Bauch und Lenden ein. Dreimal täglich wiederholen: morgens, mittags und spätnachmittags.

Für ein Rheumamittel stellen Sie einen Umschlag (siehe Seite 47) aus 1 Tasse Leinsamen, 300 ml kochendem Wasser und 10 Tropfen Origanoöl her. Reinigen Sie vorher die Arbeitsunterlage mit ein paar Tropfen Origanoöl. Den Umschlag so lange einwirken lassen, bis er kalt ist. Benutzen Sie danach ein Öl aus 10 ml (2 TL) Mandelöl, 2 Tropfen Weizenkeimöl und 8 Tropfen Origanoöl, und massieren Sie es sanft auf der betroffenen Stelle ein. Dieses Öl hilft auch bei **Ischias**, Tennisellenbogen und **Hexenschuß**.

(*Siehe auch* **Abszesse und Blasen, Bronchitis, Kolik, Husten, Diarrhöe, Flatulenz, Migräne, Pneumonie** *und* **Insektenstiche und -bisse**.)

Küche
Origano kann wie Majoran verwendet werden, ist aber sehr viel schärfer. Die italienische Sorte, die getrocknet auf den Märkten verkauft wird, ist besonders kräftig im Geschmack, und das Kraut spielt in der italienischen Küche eine wichtige Rolle. Es ist das Gewürz für neapolitanische Pizzas, wird aber auch für Tomaten-, Käse-, Bohnen-, Gemüse-, Fisch- und Fleischgerichte gebraucht.

Marguérite Maury empfahl, Pilze mit Majoran und Origano zu kochen, da alle Pilze eine Substanz namens Chitin enthalten, die sehr schwer verdaulich ist. Benutzen Sie beide Gewürze auch für Kohl, Hülsenfrüchte und Steckrüben, die gleichfalls schwer verdaulich sind und leicht blähen. In der Schweiz trinkt man nach schweren Mahlzeiten, und um Fondues besser zu vertragen, einen »roten Tee« genannten, wilden Majorantee (dieser schützt bei kaltem Wetter auch vor Erkältungen).

Vermischtes
Nutzen Sie die stark antiseptische Wirkung des Origanos zu Hause, indem Sie ein paar Tropfen ätherisches Öl in Spülmittel und andere Seifenputzmittel geben. Geben Sie ein paar Tropfen auf ein Tuch, und reinigen Sie damit die Badezimmerflächen.

Palmarosa
Cymbopogon martini – Gramineae

Palmarosa gehört zu einer Familie tropischer Gräser, die reich an aromatischen, flüchtigen Ölen sind und früher meistens unter dem Gattungsnamen *Andropogon* bekannt waren, jetzt aber mit zur Gattung *Cymbopogon* gezählt werden. Nahe Verwandte sind Lemongrass und Citronella. Palmarosagras erscheint in zwei Varietäten, *Motia* oder *Palmarosa* und *Sofia* oder *Rusa:* Laut *Tropical Planting und Gardening* von H. F. Macmillan (1935) kostete ersteres damals in London 5 bis 6 Shilling pro Pfund.

Das ätherische Öl

Beschreibung: Das auch Indisches Geranien- oder Türkisches Geranienöl genannte Öl wird aus den Grashalmen und Blüten destilliert. Es wird bereits seit dem 18. Jahrhundert gewonnen, besonders in der Türkei, wo es zur Imitation oder Streckung von türkischem Rosenöl (das sehr teuer ist) gebraucht wird.

Inhaltsstoffe: Geraniol (zwischen 75 und 95 %), daneben andere Alkohole wie Citronellol und Farnesol und Ester wie Dipenten (aber in kleinen Mengen).

Gefahren: Palmarosaöl ist nicht allzu teuer, aber trotzdem wird es oft mit Terpentin und Zedernholz gemischt, man muß also beim Einkauf achtgeben.

Das ursprünglich in Zentral- und Nordindien heimische, jetzt aber auch in Afrika und Madagaskar kultivierte Gras ist schlank und hat blauweiße Rispen, die später dunkelrot werden.

Anwendung

Medizin

Die Pflanze wird in Indien seit langem innerlich als Mittel gegen Infektionen und Fieber verwendet – was aufgrund des sehr hohen Geraniolgehalts, einem natürlichen Antiseptikum und Bakterizid, leicht verständlich ist. Das Öl ist auch ein Stomachikum (appetit- und verdauungsanregend).

Palmarosa lindert **Grippe**beschwerden und wirkt fiebersenkend. Eine Mischung aus 5 ml (1 TL) Sojaöl und 5 Tropfen Palmarosa, auf Schultern, Schläfen, Nebenhöhlenbereich und hinter den Ohren ein-massiert, bringt beinahe augenblicklich Erleichterung. Dieses Öl kann auch auf **Schnittwunden und Schrammen** zur Förderung des Heilungsprozesses aufgetragen werden.

Kosmetik

Palmarosaöl ist durch seine natürlichen antiseptischen Komponen-ten ein wunderbares Mittel gegen Hautleiden wie **Akne**. Mischen Sie 5 ml (1 TL) Mandel- oder Sonnenblumenöl mit ein paar Tropfen Weizenkeimöl und 3 Tropfen Palmarosa, und massieren Sie es zweimal täglich ein. Es vermag auch bei alten Aknenarben, **Fältchen** (besonders solchen, die durch zu langes Sonnenbaden entstanden sind) und **geplatzten Äderchen** Wunder wirken. Tragen Sie Palma-rosaöl mit etwas Watte pur auf **Mitesser** auf. Tun Sie dies morgens und abends.

Küche

Die Pflanze wird in Indien und Westafrika für Curry- und Fleischge-richte gebraucht, wo sie bakterientötend wirkt und fettes Essen bekömmlicher macht.

Patchouli

Pogostemon cablin – Labiatae

Ätherisches Patchouliöl wird aus den Blättern und jungen Trieben eines krautigen Strauches gewonnen, der in Malaysia heimisch ist, wo er *cablan* genannt wird. Er wird jetzt an vielen Stellen angebaut, etwa auf den Seychellen, in Indien (wo er *patcha* oder *patchapat* genannt wird), Indonesien und China. Er wird bis zu 90 cm hoch, und die frischen Blätter verströmen zerrieben den typisch erdigen und holzigen Duft von Patchouli. Der Strauch bildet seine Blüten in endständigen Ähren aus; sie sind weiß mit einer Spur ins Zartlila. Der Strauch wird zwei- bis dreimal im Jahr abgeerntet, wobei die Blätter und Triebe vor der Destillation getrocknet werden. Destilliert wird meist in Plantagennähe, da die Blätter zerstört werden, wenn sie für den Transport zu Ballen gepreßt werden. Die Pflanzen laugen den Boden aus, deshalb ist von Zeit zu Zeit ein Fruchtwechsel notwendig. Normalerweise muß alle drei bis vier Jahre neu angepflanzt werden. Da wenig Saatgut produziert wird, setzt man Stecklinge.

Jährlich werden weltweit circa 500 bis 550 t Patchouliöl hergestellt. Sumatra erzeugt davon allein 450 t; der Strauch gedeiht auf den Hügeln des Sidikolang und auf der nahegelegenen Insel Nias. Der Großteil des Öls wird heute über Singapur umgeschlagen, Malaysia hat sich mehr auf den Export des Öls konzentriert als auf seine Produktion. China ist mit durchschnittlich 50 bis 80 t pro Jahr zweitgrößter Produzent des Öls. Die chinesischen Sträucher sind ergiebiger als die indonesischen, aber das Öl ist von geringerer Qualität und daher viel billiger. Da die indonesischen Preise und Ernten Schwankungen unterliegen, sind die Hauptimporteure, allen voran die USA, auch auf China angewiesen, das seine Produktion gesteigert hat. Indien produziert geringere Mengen, hauptsächlich für den heimischen Markt.

Das ätherische Öl

Beschreibung: Die Blätter und Triebe werden, nachdem sie an der Sonne getrocknet wurden, wasserdampfdestilliert. Das Öl ist dünnflüssig und transparent und je nach Herkunft gelb- bis grünlichbraun. Manchmal ist das Öl auch sehr dickflüssig und hat einen nachhaltigen, stark erdigen Geruch.

Patchouli wird in den Herkunftsländern destilliert, oft in alt-modischen Metallcontainern, die oxydieren, sobald sie mit dem Öl in Verbindung kommen, das sich durch die Eisen-aufnahme dunkelbraun verfärbt. Bisher wurde noch nicht untersucht, ob dadurch die Heilkraft des Öls beeinträchtigt wird. Für die Parfümindustrie ist die Farbe des unraffinierten Öls inakzeptabel, also wird es noch einmal destilliert und in einem aufwendigen Verfahren von seinem Eisengehalt be-freit. Wie sich diese »Zweitdestillation« auf die therapeuti-schen Eigenschaften des Öls auswirkt, ist ebenfalls nicht bekannt. Bleibt zu hoffen, daß sich bald mehr Erstdestillateure die teuren Stahlcontainer leisten können, die nicht mit dem Öl reagieren, so daß das Öl kein zweites Mal destilliert zu werden braucht.

Inhaltsstoffe: Patchoulol (25 bis 50%) und Sesquiterpene (d-Gauien, Norpatchoulenol, Patchoulen), daneben geringe Mengen Benzoe- und Zimtsäure, Aldehyde, Cadinen, Carvon, Caryophyllen, Coerulein, Eugenol, Humulen und Seychellen. Die getrockneten Blätter enthalten 35 bis 40% Patchouli-kampfer.

Gefahren: Patchouli kann mit Kubeben- und Zedernöl ver-fälscht sein. Man hat Patchouli auch synthetisch herzustellen versucht, aber es hat sich nicht auf dem Markt durchsetzen können; mittlerweile ist man der Auffassung, daß sich Pat-chouli nicht geruchsidentisch kopieren läßt.

Hauptabnehmer für das Öl sind die EG-Staaten und die Schweiz (jährlich 220 bis 240 t), die USA (210 bis 220 t, jetzt aber mit steigender Tendenz), Indien (50 t) und Japan (30 t).

Patchouli hat in der malaysischen, chinesischen und japanischen Medizin schon immer eine große Rolle gespielt, wo ihm stimulierende, magenstärkende und antiseptische Eigenschaften beigemessen werden. Es war *das* Heilmittel gegen Giftschlangen- und Insektenbisse.

Noch heute benutzt man es in den Herkunftsländern als Antiseptikum und Insektizid. Arabische Ärzte hielten Patchouli für ein wirksames Mittel gegen Fieber, Epidemien und viele andere Krankheiten.

Anwendung

Medizin

Die antiseptischen Eigenschaften von Patchouli wurden 1922 von Gatti und Cayola, 1962 von Sarbach und von vielen anderen Wissenschaftlern untersucht.

Es wird gegen viele Hautleiden empfohlen: Allergien, Herpes, **Impetigo**, Druckbrand, **Brandwunden, rissige Haut, Hämorrhoiden**, Akne, Seborrhöe und **Ekzem**. Es wirkt bakterizid und fördert den Aufbau der **Haut**.

Mischen Sie bei schwerer **Akne** 10 ml (2 TL) Traubenkernöl mit 1 Tropfen Weizenkeimöl und 5 Tropfen Patchouliöl. Morgens und abends auf dem gereinigten Gesicht sanft einmassieren und einziehen lassen. Wenn sich nach 6 Monaten noch immer kein Erfolg eingestellt hat, sollte ein anderes Öl, etwa Basilikum, ausprobiert werden.

Tragen Sie Patchouliöl pur auf Mitesser und **Abszesse** auf.

Mischen Sie gegen Seborrhöe je 5 ml (1 TL) Soja- und Traubenkernöl mit 15 Tropfen Patchouliöl. Einige Minuten lang in die Kopfhaut einmassieren, ein Handtuch zur Wärmung umbinden und das Öl mindestens 1 Stunde lang einwirken lassen. Mit einem milden Shampoo auswaschen. Zweimal wöchentlich anwenden.

(*Siehe auch* **Druckbrand, Haarprobleme** *und* **Schuppen**.)

Vermischtes
Patchouli spielt bei der Parfümherstellung eine wichtige Rolle, da es als natürlicher Fixator die holzige Note eines Parfüms hervorhebt und es überhaupt intensiver duften läßt. Man kann die getrockneten Blätter kaufen und (sparsam) in Potpourris verwenden; es gibt auch Patchoulipulver und -späne zu kaufen. Füllen Sie das Pulver in kleine Duftsäckchen, um Kleider und Wäsche zu parfümieren; dies ist in Indien und China üblich.

Früher waren indische Tinten an ihrem Duft erkennbar, da sie Patchouli enthielten; es ließ die Farbe besser haften und die Tinte schneller trocknen. Mischen Sie 5 Tropfen Patchouli in ein Glas braune oder violette Tinte, um sie zu fixieren. Mein Zeitungshändler sagt, er wisse stets, ob er meinen Scheck schon erhalten hat, da die Tinte so gut riecht.

Perubalsam
Myroxylon balsamum var. pereirae – Leguminosae

Myroxylon pereirae ist ein stattlicher, ausladender Baum aus Südamerika, nah mit jenem Baum verwandt, der **Tolubalsam** (*M. toluiferum*) liefert. Er wächst in Guatemala, El Salvador und Honduras, aber seltsamerweise nicht in Peru. Der Name kommt daher, daß der Baum und sein Harz von den spanischen Konquistadoren von Peru aus verschifft wurden.

Das ätherische Öl

Beschreibung: Es stammt aus dem Rohbalsam, der nur durch eine bestimmte Zapftechnik austritt: Am Fuße des Baums wird die Rinde entfernt und die Wundstelle mit brennenden Fackeln angeschwelt. Manchmal werden zur Gewinnung chemische Lösungsmittel wie Äthyläther, Petroläther und Schwefelkohlenstoff benutzt. Die Farbe des Öls, das ich für den therapeutischen Gebrauch empfehle, ist Rotbraun; es ist dickflüssig und alkohollöslich. Es riecht ganz einmalig, blumig und gleichzeitig süß und wieder nicht süß, wie Wintergrün etwas nach Arznei mit einer Note von Kiefer oder Zedernholz.

Inhaltsstoffe: Das Öl wird manchmal Cinnamein genannt, da es hauptsächlich Zimtsäure enthält, daneben Benzoesäure, Farnesol, Nerolidol, Peruviol und Vanillin.

Gefahren: Da es bei manchen Menschen Hautreizungen und unangenehme Nebenwirkungen hervorrufen kann, sollte es nur von einem erfahrenen Therapeuten verschrieben werden; es steht auch auf der IFRA-Liste der eingeschränkt empfohlenen Öle (siehe Seite 55).

Anwendung

Medizin

Chomel und Lemery (siehe Namensglossar) haben seine Anwendung für **Asthmatiker** und Rekonvaleszenten empfohlen, die »schwach auf der Brust« oder allgemein angegriffen waren, und ihn zu diesem Zweck verschrieben. Früher wurde Perubalsam, in Alkohol aufgelöst, innerlich eingenommen. Perubalsam wird als Brustantiseptikum, Hautdesinfektionsmittel und als beruhigendes, sehr wirksames Mittel bei **Husten** (Bronchial- oder Raucherhusten), **Grippe** und **Asthma** eingestuft. Es ist in Frankreich immer noch in vielen pharmazeutischen Produkten gegen Brustbeschwerden und Hautprobleme enthalten. Durch seine bakteriziden Eigenschaften hilft es gut bei Verbrennungen, **Schnittwunden**, **Frostbeulen** und vielen **Hautproblemen** wie Geschwüren, **Abszessen** und **Ekzemen**.

Vermischtes
Perubalsam wird in der Parfümindustrie als Fixator verwendet. In der Veterinärmedizin sprechen viele Haustiere gut darauf an.

Petersilie
Petroselinum sativum/crispum – Umbelliferae

Petersilie ist ein winterhartes zweijähriges Kraut, das aus dem östlichen Mittelmeerraum stammt. Angeblich kommt sie aus Sardinien, aber in den Dokumenten heißt es lediglich, daß man 1548 Samen aus Sardinien nach Großbritannien importiert hat; die Pflanze kam mit den Römern nach Nordeuropa.

Es gibt verschiedene Petersiliensorten. In Großbritannien wird am häufigsten die krause Petersilie zum Garnieren benutzt. Die glatte kontinentale Petersilie hat stark unterteilte Blätter, die sich aber weniger kräuseln; sie ist die Pflanze, die mit *Aethusa cynapium* oder der Hundspetersilie verwechselt werden kann, die giftig ist. Weniger bekannt ist die neapolitanische Petersilie aus Süditalien, deren dicke Stengel in Italien wie Stangensellerie gegessen werden (und tatsächlich heißt sie in Frankreich *persil aux feuilles de céléri*). Alle Petersilienarten haben karottenförmige Wurzeln, die eßbar sind, die Hamburger Petersilie *(P. fusiformis)* wurde jedoch hauptsächlich ihrer Wurzeln und weniger ihrer Blätter wegen gezüchtet. Die gewöhnlichen Petersilienarten haben dunkelgrüne Blätter und gelbgrüne Doldenblüten, denen Fruchtsamen folgen.

Der Name *petrosélinon* ist das griechische Wort für »Felsen-, Steinsellerie« und verweist auf den natürlichen Standort der Pflanze. Die Römer nannten Petersilie *apium,* was auch der botanische Name für »Sellerie« ist; und auf französisch heißt Hundspetersilie *ache des chiens,* wobei *ache* auch ein altes Wort für »Wilden Sellerie« ist. Sellerie gehört ebenfalls zur *Umbelliferae*-Familie, und wahrscheinlich ist es im Laufe der Jahre zu Verwechslungen gekommen.

Die alten Ägypter benutzten Petersilie, ebenso die Griechen, die siegreiche Soldaten damit bekränzten. Herkules bekränzte sich mit Petersilie, nachdem er den Nemeischen Löwen getötet hatte, und seither taten es ihm die Sieger der Nemeischen und Isthmischen Spiele gleich. Man glaubte, daß die Petersilie aus dem Blut des Helden Archemorus entstanden sei, und Homer erzählt von einem Sieg, den Wagenlenker gewannen, weil ihre Pferde durch das Fressen von Petersilie neue Energie gewonnen hatten. Petersilie wuchs in Circes Garten, heißt es in der *Odyssee.*

Plinius sagte, Saucen oder Salate sollten niemals ohne Petersilie gegessen werden, Galen ebenfalls, und sowohl Plinius als auch Dioskurides hielten sie für ein harntreibendes und menstruationsförderndes Mittel. Apicius pries sie ebenfalls in den höchsten Tönen. Die Byzantiner verwendeten sie als Diuretikum und stellten zur Behandlung von Nierensteinen einen starken Aufguß her. Karl der Große ordnete an, sie in den Reichsgärten als Gemüse anzubauen, und man aß sie zu jeder Mahlzeit. Zu jener Zeit wurde ihr auch in den Klostergärten ein Platz eingeräumt.

Vor nicht allzu langer Zeit, im 19. Jahrhundert, wurden von Professor Galligo und den Ärzten de Poggeschi und Marrotte die emmenagogischen (menstruationsfördernden) Eigenschaften von Apiol, einem Bestandteil des Öls, erforscht. Später wurde von Dr. Leclerc bekräftigt, daß sich Petersilienöl bei der Behandlung menstrueller Beschwerden, vor allen Dingen gegen Schmerzen, als wirklich wirksam erwies.

Das ätherische Öl

Beschreibung: Das Öl wird aus den Samen, Wurzeln und Blättern destilliert. Die Samen enthalten mehr ätherisches Öl als die Blätter und Wurzeln, trotzdem wird der Extrakt aus der gesamten Pflanze am meisten geschätzt. Das Öl ist farblos bis blaßgelb, und es riecht bitterer als die frische Pflanze.

Inhaltsstoffe: α-Terpinen, Pinen und die kristalline Substanz Spiol, daneben das Glykosid Apiin, Myristicin, ein Fettharz und Palmitinsäure.

Apiol ist 1850 von Jovet und Homelle entdeckt worden, und Mourgues schrieb 1890 einen Aufsatz über viele andere chemische und physiologische Komponenten der Petersilie.

Gefahren: Die physiologische Wirkung des Fettharzes in der Petersilie ist bisher noch nicht vollständig erforscht worden, aber es gibt deutliche Anzeichen dafür, daß es das Zentralnervensystem stimuliert. In großen Mengen kann es allerdings das Gegenteil bewirken und gefährlich werden. Zu den Symptomen gehören ein plötzlicher niedriger Blutdruck, Schwindelgefühl, Taubheit und Verlangsamung des Pulses. Apiol und Myristicin können Fehlgeburten verursachen (siehe Seite 56).

Anwendung

Medizin

Petersilie wird in der Aromatherapie hauptsächlich als Karminativum, Tonikum und Diuretikum verwendet (siehe »Glossar der medizinischen Fachausdrücke«). Wurde sie auch im Altertum dazu benutzt, Männern Ehrenbezeigungen zu erweisen und förderlich zu sein, hat sie sich in meiner Praxis besonders bei Frauen als hilfreich erwiesen. Übereinstimmend mit den Forschungsergebnissen aus dem 19. und aus unserem Jahrhundert, halte ich die Pflanze für ein wunderbares Mittel für Frauen jeden Alters, nicht nur als Nerventonikum, sondern weil sie auch gegen alle **Zyklusstörungen** – Blähungen, Wasseransammlung, Schmerzen, Verdauungsstörung und sämtliche andere Symptome in den Tagen vor der Regel – hilft. Sie ist ein hervorragendes Mittel für uns alle, und wir sollten täglich Petersilie essen – in Salaten, Saucen und Eintöpfen –, doch ist sie natürlich roh gesünder als gekocht.

Machen Sie sich aus den Blättern einen Heiltrank – eine gute Handvoll in 1 l Mineralwasser 2 Minuten aufkochen, dann 10 Minuten ziehen lassen –, und trinken Sie ihn in den Tagen vor der Regel. Er hilft aber auch gegen **Rheumatismus**: Trinken Sie ihn mehrmals täglich einige Tage lang, bis die Symptome verschwunden sind. Mit etwas Honig gesüßt, wirkt dieser Heiltrank auch bei **Mandelentzündung**. Stellen Sie sich bei **Dysmenorrhöe** ein Massageöl für Bauch und Lendengegend her: 30 ml (2 EL) Sojaöl, 5 Tropfen Petersilie, 2 Tropfen Kamille und 1 Tropfen Estragon.

Mischen Sie sich bei **Zystitis** ein Massageöl aus 30 ml (2 EL) Mandelöl, 2 Tropfen Weizenkeimöl und 15 Tropfen Petersilie, und reiben Sie damit Bauch, Kreuzbeinbereich und Handrücken ein. Auch als Badezusatz hilft Petersilienöl gegen das **prämenstruelle Syndrom** und Zystitis, und wer unter letzterer leidet, sollte früh auf nüchternen Magen etwas frischen, aus den Blättern gepreßten Petersiliensaft trinken.

Frischer Petersiliensaft, aus den Blättern gepreßt, ist wegen seines ophthalmologischen (die Augenheilkunde betreffenden) Werts bekannt. Geben Sie sich bei Bindehautentzündung oder bei ermüdeten, wunden oder gereizten **Augen** viermal täglich ein wenig Saft in die Augen. Dies hilft auch bei Heuschnupfen. Der Saft wirkt außerdem schmerzlindernd und entzündungshemmend bei Wunden und Insektenstichen und beschleunigt den Heilungsprozeß.

Das Essen von Petersilie soll den Milchfluß steigern und Knoblauchgeruch nehmen.

Kosmetik

Petersilie ist ein gutes Mittel gegen **geplatzte Äderchen**. Kochen Sie 3 frische Petersilienzweige 2 Minuten lang in 600 ml Wasser, dann 5 Minuten ziehen lassen, jeweils 1 Tropfen Rosen- und Ringelblumenöl dazugeben und nach dem Abkühlen mit etwas Gaze oder Watte auf das Gesicht auftragen und einige Minuten lang entspannen. Gegen geplatzte Äderchen und Blutergüsse gibt es auch ein kräftigendes Öl mit Petersilienöl. Mischen Sie 10 ml (2 TL) Sojaöl mit 5 ml (1 TL) Weizenkeimöl und je 1 Tropfen Petersilie und Kamille. Sanft auf den betroffenen Stellen einreiben.

(*Siehe auch* **Krampfadern** *und* **Schuppenflechte**.)

Küche

Mit Petersilie wird meistens in Restaurants garniert, und allzuoft bleibt sie am Tellerrand liegen. Dabei täte sie uns vielleicht besser als das Hauptgericht selbst, denn 25 g Petersilie enthält beispielsweise mehr Eisen als 100 g Leber. Petersilie ist reich an Vitaminen A, B und C; sie enthält außerdem Calcium, Kalium und etwas Kupfer. Verwenden und essen Sie deshalb Petersilie in Salaten, Saucen, Füllungen, Marinaden, Kräuterbutter, Gemüsegerichten, *court-boillons* (stark gewürzten Fleischbrühen) und Brühen. Sie ist wichtiger Bestandteil eines *bouquet garni* (Kräutersträußchens) und der gehackten »Feinen Kräuter« in einem Omelette. Durch sie werden Fleisch, Fisch, Eier und Gemüse bekömmlicher.

Vermischtes

Früher wurden Petersilien- und auch Fenchelwurzeln kandiert und den Winter über medizinisch gebraucht. Aus Blättern und Stengeln kann ein grüngelbes Färbemittel hergestellt werden. Und mit dem Öl aus den Samen aromatisiert man eine Vielzahl von Produkten, von Eiscreme bis zu Fertiggewürzen.

Petitgrain

Citrus aurantium bigaradia – Rutaceae

Petitgrain ist ein ätherisches Öl, das man aus dem Orangenbaum gewinnt. Es wird aus den Blättern, Zweigen und den kleinen unreifen Früchten destilliert. Grasse in Südfrankreich war einst wegen der großen Mengen hochwertigen Petitgrainöls bekannt, die aus seinen Destillieranlagen kamen. Das Öl war reich an Duftstoffen und wurde für wertvolle Parfüms und Kosmetika aller Art verwendet. Inzwischen ist die Industrie in Grasse stark zurückgegangen, und Hauptproduzent – eines minderwertigen und billigeren Öls – ist jetzt Paraguay. Jährlich werden rund 190 t exportiert, der weitaus größte Teil geht als Getränkearoma an die Lebensmittelindustrie, ein Großteil des Rests gelangt in Parfüms und Kosmetika. Sehr wenig ist für die Aromatherapie bestimmt. Das Öl wird auch in Süditalien (dasjenige aus Kalabrien ist gut), Ägypten, Tunesien und anderen nordafrikanischen Ländern hergestellt.

Das ätherische Öl

Beschreibung: Das reine ätherische Öl riecht herb nach Orange. Für den Gebrauch in Parfüms entfernt man oft die Terpene aus dem Öl und mischt es mit frischen Orangenblüten, so daß es wesentlich feiner duftet und aufgrund seines höheren Anteils an Linalylacetat und Linalool als Ersatz für das sehr teure Neroli genommen werden kann.

Inhaltsstoffe: Geraniol und Geranylacetat, Limonen, Linalool, Linalylacetat sowie Sesquiterpene.

Gefahren: Alle Zitrusöle verderben leicht und sollten daher in dunklen Flaschen gut verkorkt im Dunkeln aufbewahrt werden. Kaufen Sie nur frische Ware.

(*Siehe auch* **Bergamotte, Neroli** *und* **Orange**.)

Anwendung

Medizin

Petitgrain besitzt ungefähr dieselben Eigenschaften wie Neroli. Es ist ein beruhigendes, entkrampfendes, entspannendes Mittel und ein Herztonikum. Es kann Ängste lindern, **Schlaflosigkeit** verhüten und Patienten helfen, von Tranquilizern loszukommen. Ich verwende es als Badezusatz, als Massageöl und als Heiltrank.

Gießen Sie für einen Heiltrank einfach einige Orangenblätter mit kochendem Wasser auf; 7 Minuten ziehen lassen und eventuell mit Honig süßen (am besten mit Orangenblütenhonig). Der Tee ist sehr entspannend und darf verdünnt auch Kleinkindern gegen Bauchweh oder Kolik gegeben werden – oder auch wenn sie schlecht einschlafen.

Nehmen Sie zur Entspannung nach einem hektischen Tag oder einer anstrengenden Reise ein heißes Bad mit 10 Tropfen Petitgrain, und trinken Sie danach obengenannten Tee.

Gegen **Erschöpfung** hilft ein Massageöl aus 10 ml (2 TL) Sojaöl und 10 Tropfen bestem Petitgrain. Reiben Sie den unteren Teil des Rückens, Nacken, Solarplexus, Brust, Bauch, Hände und Füße damit ein. Es ist auch für Kleinkinder geeignet, wenn Sie den Petitgrainanteil halbieren.

Noch einfacher lassen sich Müdigkeit, Abgespanntheit oder Nervosität bekämpfen, wenn Sie sich ein Orangenbäumchen als Zimmerpflanze anschaffen. Sie können Blüten und Früchte ernten, es ist hübsch anzuschauen, und wenn Sie sich dicht daneben im Raum aufhalten, kann sein Duft als Sedativum wirken. Ich bin einmal in einem blühenden Orangenhain eingeschlafen und wachte erstaunlich erholt auf.

(*Siehe auch* **Rückenschmerzen** *und* Streß.)

Kosmetik

Ein Gesichtsdampfbad mit einem Tropfen Petitgrain ist gut gegen Hautprobleme wie **Akne**; Petitgrain kann auch in einem Gesichtsöl verwendet werden. Pur kann es mit etwas Watte auf Pickel oder Pusteln aufgetragen werden. Es hilft außerdem gegen **Ödeme** und gegen prämenstruell oder durch Verdauungsprobleme bedingte Aufgedunsenheit.

Pfeffer

Piper nigrum – Piperaceae

Die zum Würzen verwendeten weißen oder schwarzen Pfefferkörner sind die Früchte eines ausdauernden Kletterstrauchs, der in den feuchten tiefliegenden Wäldern Monsunasiens heimisch ist, von der Malabarküste Indiens bis zu den Ostindischen Inseln (er ist auch auf den Inseln Mittelamerikas zu finden). Der Kletterstrauch kann wild über 6 m hoch werden, aber in den Kulturen wird er aus praktischen Gründen auf 3 bis 4 m Höhe gehalten. Er wird an Stangen oder Gerüsten oder, was am wirtschaftlichsten ist, an schattenspendenden Bäumen, wie zum Beispiel Mango- oder Kapokbäumen, gezogen. Der Kletterstrauch hat breite dunkelgrüne Blätter und weiße Blüten, denen die Pfefferkornähren folgen. Es dauert zwei bis drei Jahre, bis er zum erstenmal Früchte trägt, dann bleibt er aber 15 bis 20 Jahre lang ertragreich. Ein ausgewachsener Kletterstrauch liefert jährlich durchschnittlich 1,5 bis 2,25 kg Pfefferkörner.

Schwarze, weiße und grüne Pfefferkörner stammen von ein und derselben Pflanze ab. Unreif sind die Früchte grün, reif orangerot. Sowohl für die schwarzen als auch für die grünen Pfefferkörner werden die grünen oder unreifen Früchte geerntet; werden diese an der Sonne getrocknet, entsteht das bekannte schwarze Gewürz; eingedost oder in Salzwasser oder Öl konserviert, stellen sie den sogenannten grünen Pfeffer dar. Weiße Pfefferkörner stammen von den reifen Beeren; diese werden rot gepflückt, fermentiert, dann in Wasser eingeweicht und von Außenhaut und Fruchtfleisch befreit. Getrocknet wird aus dem inneren Teil der Beere schließlich das weißgraue Gewürz.

Das ätherische Öl

Beschreibung: Das Öl wird aus den zerstoßenen (schwarzen oder weißen) Pfefferkörnern destilliert, ist grüngelb und hat einen charakteristischen Phellandrengeruch, ein angenehm würzig-scharfer, aromatischer und pikanter Duft. Es gehört zu den wenigen ätherischen Ölen (weniger als 20 %), die nicht alkohollöslich sind.

Inhaltsstoffe: Hauptsächlich Terpene (Phellandren, Pinen und etwas Limonen). Wichtiger Bestandteil ist das stimulierende Piperin, das wie Morphin zu den Alkaloiden gehört. (Bei der Parfümherstellung benutzt man eine Substanz, das sogenannte Piperonal oder synthetische Heliotrop, das aus Piperin gewonnen wird.) Daneben enthält das Öl auch Stärke und Zellulose.

Gefahren: Unverdünnt kann das Öl giftig sein und zu Hautreizungen führen. Verwenden Sie es stets verdünnt, so wie bei den Heilmitteln angegeben.

Pfeffer, sowohl weißer als auch schwarzer, wird schon seit langem in der Küche und in der Medizin verwendet. Er wurde im 10. Jahrhundert v. Chr. in Sanskrittexten und chinesischen Schriften erwähnt, und im 4. Jahrhundert sang Theophrast kulinarische und medizinische Loblieder auf ihn. Von Plinius wissen wir, daß Pfeffer teurer war als Gold, eine Charakterisierung, die für die Beeren noch viele Jahrhunderte lang Geltung haben sollte. Im Mittelalter gab es die französische Redewendung »so teuer wie Pfeffer«, und Könige und Fürsten ließen sich die Steuer in Pfefferkörnern auszahlen (Attila, der Hunnenkönig, wurde vom besiegten Rom in Zimt und Pfefferkörnern »ausbezahlt«). Pfeffer war eine wichtige Handelsware – der Reichtum der Venezianer und Genueser rührte daher –, und in Großbritannien erinnern noch heute die Pepper Street (in Southwark, London) und die Pfefferkornpachten, die die Pächter den Grundstücksbesitzern zahlten, an seinen Wert.

Der Pfeffer gehörte zu den Gewürzen, die zu den großen Entdeckungsfahrten Anlaß gaben, und über den Handel herrschten der Reihe nach die Araber, Venezianer, Portugiesen, Holländer und die Briten.

Wahrscheinlich wurde zum erstenmal im 15. Jahrhundert aus den Pfefferkörnern ätherisches Öl destilliert, wie Saladin in seinem *Compendium Aromatorium* von 1488 erwähnt. Im 16. Jahrhundert gaben Valerius Cordius und J. B. Porta genaue Anweisungen, wie Pfefferkörner zusammen mit anderen Gewürzen wie Zimt und Nelke zu destillieren seien.

Anwendung

Medizin

Pfeffer und sein Öl werden seit langem zur Behandlung von **Ischias** und nervösen Leiden eingesetzt. Er ist als Stimulans des Verdauungssystems klassifiziert – sein Piperingehalt regt den Speichel- und Magensaftfluß an und **erleichtert** so die **Verdauung**.

Sein Öl gehört mit zu den komplexesten ätherischen Ölen und sollte, meine ich, gründlicher erforscht werden. Besonders **Dermatitis**, **Grippe**schmerzen und **Rheumabeschwerden** wurden erfolgreich damit behandelt, und es hilft wirklich außerordentlich gut gegen Ischias. Mischen Sie sich bei diesen Beschwerden ein Massageöl aus 4 Tropfen Pfefferöl und 20 ml (4 TL) Traubenkernöl. Außerdem beschleunigt es die Narbenbildung: 2 Tropfen Pfeffer- und 2 Tropfen Weizenkeimöl unter 5 ml (1 TL) Sojaöl mischen und sanft auf der Wunde einreiben.

Außerdem verwende ich es in Verbindung mit anderen Pflanzenölen für Inhalationen. Zum Beispiel kombiniere ich es mit Eukalyptus zur Behandlung von **Katarrh**, **Erkältung** und sogar **Heuschnupfen**. Habe ich einmal kein Teebaumöl mehr, ist Pfefferöl ein guter Ersatz in einem Mundwasser gegen **Halsentzündung**: Geben Sie 1 Tropfen in ein Glas Wasser.

(*Siehe auch* **Brustinfekte, Kopfschmerzen, Neuralgien** *und* **Rükkenschmerzen**.)

Küche

Pfeffer ist eines der Gewürze, die beständig in der Küche gebraucht werden, und fehlt auf fast keinem Eßtisch. Man sollte ihn immer im ganzen kaufen und frisch in der Pfeffermühle mahlen, da er gemahlen rasch sein Aroma verliert (und gekaufter gemahlener Pfeffer kann verfälscht sein). Deshalb gehört er auch im letzten Moment ans Essen. Weißer Pfeffer ist weniger aromatisch als schwarzer (obgleich man sich darüber streiten kann), und er wird offensichtlich hauptsächlich für weiße Saucen benutzt.

Pfefferkörner können in Marinaden und *court-bouillons* (würzige Fleischbrühen) gegeben werden. Man kann sie auch grob mahlen und Steaks darin wenden. Viele Leute mögen Pfeffer in Süßspeisen – und grobgemahlener Pfeffer soll gut zu frischen Erdbeeren passen.

Vermischtes

Es heißt, daß buddhistische Mönche im Himalaja auf eine lange Reise Pfefferkörner mitnehmen; diese lutschen sie zuweilen zur Erfrischung und zur Vertreibung von Hungergefühlen.

Pfefferminze

Mentha piperita – Labiatae

Die zahlreichen Varietäten und Hybriden der Minze, insgesamt etwa zwanzig, stammen aus dem Mittelmeerraum und aus Westasien, sind aber jetzt auf der ganzen Welt in gemäßigten Klimazonen verbreitet. Zu den Varietäten gehören unter anderem Wasser-, Acker-, Wald-, Eau-de-Cologne-Minze und Grüne Minze, aber nur *M. piperita,* Pfefferminze – angeblich eine Kreuzung aus Wasserminze und Grüner Minze –, wird zu arzneilichen Zwecken verwendet.

Die Minze hat die für alle *Labiatae*-Gewächse charakteristischen vierkantigen Stengel; ihre Blätter sind gegenständig, und die kleinen Blüten im Sommer variieren von Purpur bis Weiß. Die Blätter und behaarten Stengel enthalten die Öldrüsen. Minze kann sich sowohl durch Samen als auch durch Ausläufer vermehren, die sehr schnell ein Kräuterbeet durchzogen haben. Sie ist eine ausdauernde Pflanze, deren obere Teile im Winter absterben.

Minze war im Altertum bekannt: Die an den Gott Horus gerichteten Hieroglyphen im Tempel von Edfu lassen uns wissen, daß Minze zu den Bestandteilen eines rituellen Parfüms gehörte. In der Bibel gibt es mehrere Hinweise auf die Minze sowie auch in der griechischen und römischen Mythologie und Dichtung. Der Name selbst ist auf die von Ovid überlieferte Geschichte von der Nymphe Minthe zurückzuführen, die von Persephone in den Armen ihres Gatten Pluto erwischt wurde; Minthe wurde in ein Kraut verwandelt, um fortan zertreten zu werden (wahrscheinlich war die kriechende *M. pulegium* oder Poleiminze gemeint). Bei Hippokrates wird Minze wegen ihrer harntreibenden und stimulierenden Eigenschaften erwähnt. Galen hielt sie für ein Aphrodisiakum; andere waren wiederum der Meinung, sie bewirke gerade das Gegenteil. Die Römer betrachteten Minze als Karminativum, das Blähungen vertreiben und schweres Essen verdauen half.

Pfefferminze wurde 1696 in Hertfordshire entdeckt und seitdem weiterhin in Großbritannien kultiviert, besonders in Surrey bei Mitcham. Pfefferminze aus Mitcham ist genauso berühmt geworden wie von dort stammender Lavendel, und sie wurde bald in die englischen Pharmakopöen und die Arzneibücher vieler anderer Länder aufgenommen. In der modernen Heilkunde haben viele Therapeuten, Ärzte und Wissenschaftler den therapeutischen Wert der Pfefferminze als Stomachikum, Karminativum, Antispasmodikum, Tonikum und Stimulans bestätigt (siehe »Glossar der medizinischen Fachausdrücke«); sie hilft gegen Nervosität, nervöses Erbrechen, Blähsucht und Kolitis (Dr. Leclerc). Dr. Cazin verschrieb sie mit Erfolg gegen Darmstörungen so wie Leber- und Nierenbeschwerden. Pfefferminze eignet sich wegen ihrer verdauungsfördernden Eigenschaften besonders für alte Menschen und hilft in der Rekonvaleszenz gegen Erschöpfung und Anämie. Die USA sind der größte Erzeuger von ätherischem Pfefferminzöl, gefolgt von den östlichen Ländern und Japan. Die aromatisch höchst geschätzten Öle werden aus der Mitcham-Pfefferminze und einer in Südfrankreich gezüchteten Varietät gewonnen, die »Franco-Mitcham«-Pfefferminze genannt wird. Japanisches Pfefferminzöl wird von Kennern weniger geschätzt, da es eine starke Kampfernote hat, und man verwendet es hauptsächlich zur Mentholextraktion.

Das ätherische Öl

Beschreibung: Man unterscheidet zwischen Schwarzer (mit roten Stengeln) und Weißer Pfefferminze. Die Blätter und Blüten werden kurz vor der Reife, wenn der ätherische Ölgehalt am höchsten ist, gepflückt und wasserdampfdestilliert. Das Öl ist farblos bis blaßgelb. Der Geruch ist von angenehmer Frische, die stark und eindringlich wirkt und das Gefühl vermittelt, man könne tief durchatmen. Das Öl ist frisch sehr dünnflüssig, wird aber mit der Zeit dicker und dunkler.

Inhaltsstoffe: Wichtigster Bestandteil im ätherischen Öl ist das Menthol, das je nach Pflanze, Boden und Herkunftsland zwischen 40 und 70 % darin enthalten ist. Menthol ist eine sehr ungewöhnliche Substanz, weiß und kristallin, die ein Kältegefühl im Mund verursacht. Weitere Bestandteile sind, abhängig von der Pflanze, Carvon (20 bis 30%), Cineol, Limonen, Menthon, Pinen und Thymol, Aldehydspuren und Essig- und Valeriansäure.

Auch andere Minzen werden wegen ihres Öls destilliert.

M. pulegium oder Poleiminze, die kriechende Varietät, die überall in Europa vorkommt, enthält hauptsächlich das Keton Pulegon. *M. spicate,* oder Grüne Minze (spearmint, Anm. d. Ü.), wird überwiegend in den USA destilliert: ihr Öl ist sehr carvonhaltig. Eine andere US-Minze, *M. citrata* oder Eau-de-Cologne-Minze, ein Abkömmling der Pfefferminze, enthält Linalool und Linalylacetat.

Gefahren: Benutzen Sie ätherisches Minzöl mit Vorsicht. Beachten Sie folgende Richtlinien:

• Verwenden Sie Minzöl niemals unverdünnt, da es unangenehme Reaktionen hervorrufen kann.

• Verwenden Sie Minzöl niemals pur als Badezusatz.

• Reiben Sie sich niemals am ganzen Körper mit Minzöl ein. Durch das Menthol werden Sie sich wie ein Eisblock fühlen, und das kann gefährlich sein.

• Verwenden Sie nachts kein Minzöl, da es Sie am Einschlafen hindern kann.

• Benutzen Sie keine Pfefferminzpräparate in Verbindung mit homöopathischen Mitteln: Ihre Wirkung wird dadurch aufgehoben.

Anwendung

Medizin

Das ätherische Öl ist gut für die Nerven, wirkt regulierend und sedativ; Menthol ist in vielen Arzneimitteln als Herzstärkungsmittel enthalten.

Ihre antiseptischen und antibakteriellen Eigenschaften machen die Pfefferminze zu einem guten Blutreiniger. Trinken Sie oft Pfefferminztee, wenn Sie unter **Akne** oder Pickeln leiden. Er hilft auch gut gegen **Übelkeit**: 30 ml (2 EL) frische gehackte oder getrocknete Pfefferminze mit 600 ml kochendem Wasser aufgießen, 5 Minuten ziehen lassen und eventuell mit Honig süßen.

Reiben Sie **Blutergüsse** und Prellungen so oft mit einem Öl ein, das Sie sich aus 20 ml (4 TL) Sojaöl und 15 Tropfen Pfefferminze mischen. Innerhalb der nächsten Stunden mehrmals anwenden.

Bei **Zahnfleischschwellungen**, **Mundsoor** oder **Mundgeschwüren** mischen Sie 10 ml (2 TL) Kognak oder Whisky mit 5 Tropfen Pfefferminzöl und 300 ml abgekochtem Wasser. Mehrmals täglich damit gurgeln, dabei immer die Flüssigkeit so lange wie möglich im Mund behalten.

Pfefferminzöl hilft sehr gut gegen **Zahnschmerzen**. Geben Sie ein paar Tropfen pures Öl auf etwas Watte, und legen Sie diese auf den Zahn. Die Schmerzen werden durch die analgetische und anästhetische Wirkung des Menthols spürbar nachlassen. Darüber hinaus tragen die antiseptischen Eigenschaften des Öls zur Desinfizierung des kranken Zahns bei. Vergessen Sie aber nicht, zum Zahnarzt zu gehen.

Sollten Ihre Schuhe drücken oder Sie geschwollene Fußgelenke haben, mischen Sie 10 Tropfen Pfefferminzöl mit 10 ml (2 TL) Traubenkernöl, und reiben Sie damit Ihre Fußsohlen ein, bevor Sie Strümpfe und Schuhe anziehen. Dies ist ein besonders guter Tip, wenn Sie tanzen gehen oder lange Zeit stehen müssen. Vergessen Sie danach nicht, die Hände zu waschen.

(*Siehe auch* **Anorexia nervosa, Bauchschmerzen, Dysmenorrhöe, Husten, Insektenstiche und -bisse, Kolik, Krämpfe** *und* **Streß**.)

Küche

Pfefferminze wird selten mitgekocht, aber frische Minze ist seit der Antike beliebt – die Römer führten die Grüne Minze und die zu Lamm gereichte Minzsauce in Großbritannien ein. Minze ist ein bekanntes Digestivum: »Der Geruch von Minze weckt den Appetit und macht hungrig«, so Plinius. Pfefferminzschößlinge reicht man gewöhnlich auch zu neuen Kartoffeln, Erbsen und vielen vegetarischen Gerichten; mit den Blättern werden außerdem Marmeladen, Eiscremes, Füllungen und Fruchtspeisen gewürzt. Viel Verwendung findet Pfefferminze in der indischen Küche und der Küche des Mittleren Ostens: Sie kommt in Verbindung mit Joghurt und Kokosnuß in Vorspeisen und Chutneys und in dem Weizenschrotsalat *Tabbouleh* vor. Der wohlschmeckende marokkanische Pfefferminztee ist eine Mischung aus Pfefferminze und chinesischem grünen Tee. Viele Erfrischungsgetränke für den Sommer werden mit frischer Pfefferminze gewürzt. Zum Beispiel Julep (ein alkoholisches Eisgetränk, Anm. d. Ü.); ebenfalls beliebt sind Pfefferminzliköre wie der Crème de Menthe. Und aus einem starken Auszug aus frischer Pfefferminze lassen sich die köstlichsten Pfefferminzspeisen machen.

Vermischtes

Ätherisches Pfefferminzöl ist in sehr vielen pharmazeutischen Produkten enthalten – in Zahnpasten, Mundwässern, Massagecremes –, und selbst Mentholzigaretten sind auf dem Markt.

Piment

Pimenta officinalis/dioica – Myrtaceae

Die verschiedentlich Piment, Allerleigewürz, Nelkenpfeffer oder Jamaicapfeffer genannte Beere ist die Frucht eines schlanken immergrünen Tropenbaumes, der bis zu 12 m hoch werden kann. Er gehört zur Myrtenfamilie und ist deshalb mit dem Eukalyptus-, Nelken-, Niaouli- und Cajeputbaum, am engsten aber mit *Pimenta acris,* dem Baybaum, verwandt. Er ist auf den Westindischen Inseln und in Südamerika heimisch und wird besonders auf Jamaica kultiviert (daher auch einer seiner bekanntesten Namen). Dort wächst er in küstennahen Wäldern auf Kalksteinanhöhen.

Zusammen mit Cayennepfeffer und Vanille gehört die Beere zu den drei wichtigsten Gewürzen, die aus der Neuen Welt stammen. Sie wurde von den spanischen Entdeckern in Mexiko entdeckt: Die Spanier waren, wie ein Berichterstatter bemerkt, keine Botaniker und nannten alles *pimienta* oder Pfeffer. In London gab es Piment angeblich seit 1601. Man benutzt Piment seit langem sowohl in der Medizin als auch, vorwiegend, in der Küche.

Anwendung

Medizin

Piment wird in der Aromatherapie hauptsächlich bei **Blähungen** und **Rheumatismus** angewendet. Verwenden Sie gegen ersteres die zerstoßenen Beeren für leicht blähende Nahrungsmittel.

Bei Rheumabeschwerden geben Sie 10 Tropfen des ätherischen Öls auf 15 ml (1 EL) Traubenkernöl und reiben damit den betroffenen Körperteil ein. Gegen dieselben Beschwerden können Sie auch 5 Tropfen Piment als Badezusatz nehmen.

(*Siehe auch* **Alopezie** *und* **Arthritis**.)

Das ätherische Öl

Beschreibung: Der Baum kann bis in ein Alter von 100 Jahren fruchtbar sein und setzt seine Früchte erstmals nach drei Jahren an, nach üppiger Blüte im Juni, Juli und August. Die Wirkstoffe der Frucht befinden sich vor allen Dingen in der Außenhaut, und es wird die ganze Beere für das Öl gemahlen.

Die Beeren müssen unreif geerntet werden; reif besäßen sie weniger Wirkstoffe und weniger Aroma. Sie werden mit den Zweigen gepflückt und an der Sonne getrocknet und erst zur Destillation von ihnen getrennt.

Pimentöl ist ein sehr leichtes ätherisches Öl, dessen gelbe Farbe mit der Zeit nachdunkelt (man weiß bis heute nicht, welche Substanzen seine spezifische Farbe bedingen). Der Geruch der Bäume und Beeren erinnert an Nelken, Wacholder und Zimt und ein wenig an schwarzen Pfeffer. Das Öl riecht sehr ähnlich.

Inhaltsstoffe: Eugenol (60 bis 70 %, manchmal sogar 80 %), Phenol, ein Sesquiterpen, und außerdem etwas Harz.

Gefahren: Das Öl kann aufgrund des Eugenolgehalts Metall zersetzen, halten Sie also die Dosierungen ein. Verwenden Sie es bei empfindlicher Haut überhaupt nicht, und kaufen Sie es nicht im dunkelbraunen Zustand.

Das Öl wird oft verfälscht, seien Sie also vorsichtig. Es gibt außerdem ein Pimentblattöl, das aus den Blättern desselben Baumes gewonnen wird.

Küche

Die ganze Beere schmeckt schärfer als fertiggemahlenes Piment. Verwenden Sie die Beeren im ganzen, oder mahlen Sie sie selbst in einer Mühle. Der Name »Allerleigewürz« (auf französisch *toutes épices*) bezieht sich auf die geschmackliche und geruchliche Note, die an Zimt, Muskat und Nelke anklingt.

In Südamerika war Piment früher ein Schokoladengewürz. Die Siedler in der Neuen Welt würzten damit ihre Kürbistorten, und auf Jamaica und den anderen Karibikinseln kommt es noch immer in Süßkartoffelgerichte, Suppen, Eintöpfe und Currygerichte. Piment paßt gut zu Pasteten, Frikadellen, Schmorgerichten, Gemüsegerichten, Fleischmarinaden, und in Skandinavien wird es in Matjesmarinaden verwendet. Es kann nordafrikanisches *Pilaus* verfeinern, und in Europa würzt man damit süße Kekse und Kuchen.

Vermischtes

Man findet Piment, im ganzen oder gemahlen, in Potpourris, Kräuterkissen und Duftkugeln.

Ringelblume, siehe **Calendula**.

Rose
Rosa gallica/cenfifolia/damascena – Rosaceae

Die Rose stammt aus dem Orient, wird aber jetzt fast überall auf der Welt kultiviert, hauptsächlich in gemäßigten Klimas. Es gibt 250 verschiedene Sorten, einschließlich der wilden Rosen, doch Tausende Hybriden und Unterarten. Etwa 30 Rosen sind als *odorata* klassifiziert, aber nur drei von ihnen – und dies sind die alten Rosen, die »Eltern« vieler anderer – werden wegen ihres hervorragenden Duftes im großen Stil kultiviert. Da ist zum einen *R. gallica,* die fruchtbarste unter allen. Sie stammt aus dem Kaukasus und wird oft »französische« oder »anatolische Rose« genannt. Die zweite alte Rose, *R. centifolia,* die aus Persien stammt und oft »Provencerose« oder

»Isfahanrose« genannt wird, ist selbst ein Abkömmling von *R. galli-ca;* von ihr stammen die Moosrosen und hundertblättrigen Rosen ab. Die dritte alte Rose ist *R. damascena:* Die aus Syrien stammende Damaszenerrose duftet außerordentlich stark und wird meistens für die Rosenölgewinnung kultiviert (sie wird auch therapeutisch am meisten geschätzt).

Die Römer machten von Rosen überreichlichen Gebrauch; sie ließen sie bei Banketten von der Decke regnen, schmückten die Statuen ihrer Lieblingsgötter damit und trugen sie bei sich, um sich vor Trunkenheit zu schützen. Die Gärten des Tarquinius Superbus waren wegen ihrer vielen Rosenarten berühmt, und der Gärtner wurde von der ganzen Stadt verehrt. Virgil berichtet, Aphrodite habe gebeten, Hektors Leichnam mit einer Salbe aus Rosenöl einzubalsamieren.

Auch die Griechen verehrten die Rose: Homer pries sie in der *Ilias* und der *Odyssee,* und Sappho nannte sie die Königin der Blumen. Die alten Ägypter verwendeten Rosen in ihren religiösen Zeremonien, und man hat in Gräbern Rosen neben den Mumien gefunden.

Rosen wurden in der Vergangenheit überall auf der Welt wegen ihrer großen Schönheit und ihres herrlichen Duftes gepriesen. Sie kamen früh nach Europa, und in den mittelalterlichen Klostergärten züchtete man sie wegen ihrer medizinischen Eigenschaften. Bis Ende des 18. Jahrhunderts hielt die Alleinherrschaft der alten Rosensorten an, dann aber erschien, 1816, die erste ausdauernde Hybride – die »Rose du roi« –, der zahllose andere Varietäten folgen sollten.

Die Franzosen destillierten Rosen bis zur Französischen Revolution hauptsächlich zur Herstellung ihres weltbekannten Rosenwassers, das Öl war ein Nebenprodukt.

1987 wurden weltweit circa 15 bis 20 t ätherisches Rosenöl hergestellt. Bulgarien war der größte Erzeuger, Amerika der Hauptimporteur. Andere Länder, die ätherisches Rosenöl erzeugen, sind die Türkei, Frankreich, Marokko, Indien und China. Bulgarien kultiviert *R. damascena* und produziert wasserdampfdestilliertes Rosenöl; Frankreich destilliert aus *R. centifolia* ein Rosenabsolue.

Das ätherische Öl

Beschreibung: Wie zu erwarten, enthalten die Blütenblätter das meiste Öl, obwohl man auch in den Staubgefäßen etwas Öl gefunden hat, die zusammen mit den Blütenblättern destilliert werden. Das wasserdampfdestillierte Öl ist schwach gelbgrün, fettig und duftet sehr stark. Bei niedriger Temperatur bildet sich an der Oberfläche eine dünne glitzernde Schicht aus länglichen Stearoptenkristallen.

Inhaltsstoffe: Eugenol, Farnesol und andere Säuren, Geraniol (oder Citronellol), Linalool, Nerol, Nonylaldehyd, Rhodinol und Stearopten.

Gefahren: Für 1 kg ätherisches Öl werden rund 5 t Rosen benötigt, was erklärt, weshalb das Öl so teuer ist und so oft gestreckt wird. Rose wird mit Geranie, *Bois de rose,* Palmarosa und seit neuestem auch mit Guajak gestreckt. Da Geraniol ein Hauptbestandteil des Rosenöls ist, verfälscht man das ätherische Öl häufig mit Geraniol und Citronellol. Für den therapeutischen Gebrauch sollte man sich stets um *reinstes* Rosenöl bemühen.

Die Rosensorten für Rosenöle

Damaszenerrose

Die Damaszenerrose wurde 1888 bei Militz nahe von Leipzig angebaut. In Anatolien wird sie seit 1884 kultiviert, und heute gibt es über die ganze Türkei verteilt viele Destillieranlagen, die besichtigt werden können. Die Extraktion mit chemischen Lösungsmitteln setzte 1904 in Bulgarien ein und ist inzwischen eine weitverbreitete Destillationsmethode. Im Balkan liegen viele Damaszenerrosenkulturen auf einer Höhe von 300 bis 800 m, und viele Experten behaupten, daß diese »hochgewachsenen« Rosen besseres Öl liefern als die auf der Ebene gewachsenen. In Rußland begann die Kultivierung 1931, besonders auf der Krim und in Transkaukasien. Man hat eigens eine extrem frostbeständige Sorte namens »Novinka« gezüchtet. In Marokko werden während der kurzen vier- bis sechswöchigen Saison 4000 bis 5000 t Damaszenerrosenblätter destilliert. Mit Hilfe moderner Destillationsmethoden können 150 t täglich destilliert werden. Ein Teil davon wird zu ätherischem Rosenöl wasserdampfdestilliert; der Rest wird durch chemische Lösungsmittel extrahiert.

Andere Rosen
- Fällt in Südfrankreich die Ernte von *rose de mai* schlecht aus – eine 1985 entwickelte Hybride von *R. gallica* oder *R. centifolia* –, wird »Brenner«, eine stark duftende kirschrote Rose, verwendet.
- In Afrika ist »Druschky« eingeführt worden.
- In Indien wird »Teplitz« kultiviert.
- *R. abyssinica* wird in Äthiopien in Mengen kultiviert.
- *R. sancta* wird in Eritrea kultiviert.
- *R. indica* wird seit Jahrhunderten in China kultiviert. Sie ist in der Nähe von Itschang in Zentralchina wild entdeckt worden und jetzt in ganz Indien und Arabien verbreitet.
- *R. bourbonica,* eine Kreuzung aus *R. gallica* und *R. chinensis,* fällt durch ihre extreme Blütenfülle auf. Sie wurde 1886 eingeführt und ist nach *R. damascena* die zweitwichtigste Rose für die Ölgewinnung. Sie wird hauptsächlich in Uttar Pradesh, Kanauy und Konpur in Indien kultiviert.
- In China, Korea und Japan ist *R. rugosa* weit verbreitet. In Japan wird sie an der Küste von Hokkaido und im Norden von Honshu kultiviert, wo auch die Blüten verarbeitet werden. In Rußland untersucht man viele Rosenvarietäten der *R.-gallica-* und *R.-rugosa-*Gruppen auf ihren Duft hin.

Anwendung

Medizin

Rose besitzt viele therapeutische Eigenschaften, solange es sich um erstklassiges bulgarisches oder türkisches Öl handelt. Dr. Leclerc wertete sie als mildes Laxativ (Abführmittel), und mit Rosenblätterheiltränken lassen sich eine Menge Beschwerden behandeln – **Appetitlosigkeit**, bei Magersucht zum Beispiel, **prämenstruelles Syndrom** und **Wechseljahr**beschwerden. Gegen dieselben Beschwerden hilft auch ein Körpermassageöl aus 50 ml Mandelöl und 10 Tropfen Rosenöl: zweimal täglich Bauch, Solarplexus, Nacken und Schläfen damit einreiben.

Ich habe auch bei der Behandlung von Atemwegsinfektionen (Husten, Heuschnupfen, Nebenhöhlenentzündung usw.) gute Erfolge mit Rose erzielt. 30 ml (2 EL) Rosenblätter mit 600 ml kochendem Wasser aufgießen und 10 Minuten ziehen lassen, dann damit gurgeln. Dieses Mundwasser wirkt adstringierend, antiseptisch und wundheilend, und wenn Sie den Aufguß 5 Minuten ziehen lassen und einen Tropfen Rosenöl dazugeben, unterstützt es die Heilung von Mund**soor** und Geschwüren (zweimal täglich gurgeln, bis Besserung eintritt, dann noch 4 Tage lang einmal täglich, bis die Symptome völlig verschwunden sind). Derselbe Aufguß kann abgekühlt auch als Augenspülung, Vaginaldusche, Kompresse bei **Hautgeschwüren** und als Gurgelwasser bei **Halsentzündung** verwendet werden.

Rosenaufgüsse helfen eigentlich gegen alle Arten von **Augen- und Augenlidbeschwerden** – bei allgemeiner Entzündung, geschwollenen Augen, gereizten oder tränenden Augen bei Heuschnupfen oder ähnlichem. Auch kann man auf müde Augen einfach frische, kühle Rosenblätter auflegen.

Ätherisches Rosenöl eignet sich für Menschen, die sehr **nervös veranlagt** sind. Es beruhigt offensichtlich das Nervensystem, und Frauen scheinen noch besser auf es zu reagieren als Männer. Reiben Sie sich nach einem Bad mit einem verdünnten Öl ein, massieren Sie den Solarplexus mit einem Öl, und trinken Sie Rosenblättertees. Rose hilft auch gegen **Schlaflosigkeit**.

Marguérite Maury verschrieb bei **Frigidität** Rose, der sie aphrodisische Eigenschaften zuschrieb. Sie hielt Rose außerdem für ein hervorragendes Tonikum für unter **Depressionen** leidende Frauen.

(*Siehe auch* **Aphthen, Fieber, Gürtelrose, Halsentzündung, Herzklopfen, Husten, Kreislaufstörungen, Ödem, Schnittwunden und Schrammen** *und* **Zahnabszesse**.)

Kosmetik

Die Rose war vermutlich die erste Pflanze, aus der man ätherische Öle destillierte, sie war im Ungarnwasser (siehe Seite 262) enthalten, und noch heute ist das Öl mit das wichtigste in der Parfümindustrie – es ist mit anderen Blumendüften in einigen der kostbarsten Parfüms enthalten. Ätherisches Rosenöl war auch eine Zutat der ältesten Cold Cream, deren Rezept der römische Arzt griechischer Herkunft Alen im 2. Jahrhundert überlieferte.

Mit unverfälschtem Rosenöl lassen sich **Falten**, **Aufgedunsenheit**, **geplatzte Äderchen** und sogar manche nervös bedingten **Ekzeme** erstaunlich gut bekämpfen. 10 ml (2 TL) Mandelöl mit 2 Tropfen Bulgarischem oder Türkischem Rosenöl mischen. In einem dunklen Fläschchen aufbewahren. Es ist ein ausgezeichnetes Öl für die reife Haut und auch für die Hände geeignet. Erfrischen Sie Gesicht und Hals mit einem Rosenwasser, das Sie kaufen oder selber machen können: für letzteres den obengenannten Aufguß abkühlen lassen und zwei- bis dreimal täglich anwenden.

(*Siehe auch* **Schuppenflechte**.)

Rosenessig-Gesichtswasser

Wenn Sie das Wasser weglassen, ist dieser Rosenessig auch ein sehr gutes Gurgelwasser bei Mund- und Halsentzündungen. (Er schmeckt auch in Salatsaucen vorzüglich!)

80 g rosa oder rote duftende Rosenblätter
75 ml weißer Weinessig
500 ml destilliertes Wasser

Blütenblätter und Essig mischen und unter gelegentlichem Schütteln
1 Woche ziehen lassen. Abgießen und mit dem Wasser mischen.

Bruststraffungsöl
Dieses Öl hilft, nach der Schwangerschaft die Brust wieder zu
straffen.

10 ml (2 TL) Mandelöl
2 Tropfen Zitronenöl
4 Tropfen Rosenöl

Alle Zutaten mischen und in einem dunklen Fläschchen aufbewahren.

Küche
Altmodische Hausfrauen würden in ihrem Garten duftende Rosen
wie die Damaszener- oder Provencerose pflanzen, um ihr Rosenwasser zum Aromatisieren von Kuchen selbst herstellen zu können.
Früher legte man außerdem Rosenblütenblätter in den gedeckten
Kirschkuchen. Frankreich macht mit Rosenwasser ein großes Geschäft, doch ist es die Küche des Mittleren Ostens, in der viel mit
Rosenwasser gekocht wird. Aus dem Balkan kommt Rosenblättermarmelade und -honig, und türkisches *locoum* ist ebenso mit Rosen
aromatisiert wie eine Süßigkeit in Indien. Der Westen kennt kandierte Rosenblätter. Probieren Sie einmal Rosenessig (siehe oben) in
Salaten, oder streuen Sie in ebendieselben frische Rosenblätter, wie
es im Elisabethanischen Zeitalter üblich war. Hüllen Sie Butter in
Rosenblätter, um sie zu aromatisieren, und geben Sie in den Sirup
für Crème caramel oder ähnliche Desserts ein paar Rosenblätter.

Rosenöl kommt kommerziell als Geschmacksverstärker in Fruchtsaftgetränke, Marmeladen und Joghurts.

Die Griechen weichten Rosenblätter in Wein ein, und es gibt einen Rosenbrandy. Die Chinesen, Türken und Bulgaren stellen sehr süße Rosenliköre her, und Crème de roses ist eine französische Variante.

Heckenrosen liefern natürlich Hagebutten, aus denen man während der Kriegsjahre einen Vitamin-C-haltigen Sirup und Marmelade herstellte. Rosenöl enthält ebenfalls Vitamin C.

Vermischtes

Getrocknete Rosenblütenblätter können in Duftpotpourris oder kleinen Mottensäckchen gegeben werden und sind unter Tussers Streukräutern aufgelistet. Öl oder Blätter können zum Wäschespülen verwendet oder auch im Wäscheschrank plaziert werden. Manche Tabake werden mit Rosenöl aromatisiert.

Pflanzen Sie zwischen Ihre Gartenrosen Knoblauch, um sie vor Blattläusen zu schützen. Und pflanzen Sie niemals Rosen und Gartennelken nebeneinander, da ihre gegensätzlichen Eigenschaften – erstere wirken beruhigend, letztere regen an – eine aggressive Atmosphäre erzeugen.

Rosenlegenden

Die einen sagen, die Rose sei aus einem Schweißtropfen entstanden, der von Mohammeds Braue fiel. Andere wiederum behaupten, sie sei von Bacchus erschaffen worden. Dieser hatte sich bei einem Festmahl in eine wunderschöne Nymphe verliebt und war ihr in den Garten gefolgt. Dort verfing sich das Gewand der Nymphe in einem Dornenbusch, zerriß und enthüllte noch größere Schönheiten. Bacchus zollte seine Anerkennung und bedeckte den Busch mit duftenden roten Blumen, die genauso schön waren wie die Wangen der erschrockenen Nymphe.

Cupido soll den Gott des Schweigens mit einer Rose bestochen haben, damit dieser nicht die Liebschaften der Venus verrate. Seitdem ist sie ein Symbol des Schweigens, und daher stammt auch die Rosette als Deckenornament. Sie erinnert an die alte Sitte, über dem Eßtisch eine Rose zur Mahnung aufzuhängen, daß alles, was bei Tisch erzählt wurde, streng vertraulich zu behandeln war (daher die Redewendung *sub rosa,* [»unter der Rose«]).

Auch über die Herkunft des Rosenöls gibt es Abenteuerliches zu berichten. Dr. Gattefossé erzählt die Geschichte aus der Großmogulzeit, die 932 mit Babour einsetzt. Prinzessin Nour-Djiban ließ zu ihrer Hochzeit einen mit Rosenwasser gefüllten Graben um die Gärten anlegen. Das Brautpaar ruderte auf diesem köstlich duftenden Wasser im Sonnenschein und sah eine grünliche ölige Schicht auf der Oberfläche schwimmen. Diese duftete außerordentlich stark – durch die Sonnenhitze waren die Duftmoleküle des Rosenwassers zu Rosenöl kondensiert. Daraufhin begann man in Persien, Indien, dann in der Türkei und im übrigen Europa bewußt Rosenöl herzustellen.

Chemisch destillierte Rosen

In Grasse, Südfrankreich, sind auf einer typischen *R.-centifolia*-Plantage circa 1000 Rosenbüsche pro 40 a im Abstand von 90 cm in gleichmäßigen Reihen gepflanzt. Eine Rosenplantage ist etwa 10 Jahre ertragreich und liefert pro Saison 2000 kg Blüten, die nur rund 400 g wasserdampfdestilliertes ätherisches Rosenöl ergeben. Bei einer Extraktion durch chemische Lösungsmittel hingegen ergibt dieselbe Blütenmenge 2,5 kg Rosenabsolue.

Blütezeit ist Anfang Mai, und zu dieser Zeit leuchten die Felder und ist die Luft schwer von Blütenduft. Zum richtigen Zeitpunkt, manchmal mitten in der Nacht, ernten die Pflücker alle Blüten und bringen sie in großen Körben zur Destillieranlage in der Mitte der Plantage. Sie arbeiten schnell, da die Blüten rasch an Feuchtigkeit verlieren und gelegentlich mit Wasser besprengt werden müssen. Da so schnell geerntet werden muß, werden wesentlich mehr Pflücker gebraucht als Arbeiter in der Destillieranlage.

Wegen der Gefährlichkeit der Lösungsmittel, die sehr flüchtig und leicht entzündlich sind, gibt es in der Destillieranlage sehr strenge Sicherheitsmaßnahmen. Es gibt in den Hauptgefahrenzonen keine elektrischen Geräte: Telefone sind in Spezialkästen gesperrt; es dürfen nur Gummischuhe getragen werden; und wegen der statischen Elektrizität ist das Tragen von Nylon und anderen synthetischen Geweben verboten. Fußböden, Türen, Wände und die großen Lüftungsfenster sind alle spezialisoliert, und alles mußte nach den Auflagen des französischen Gesundheitsministeriums gebaut werden.

Die Destillierzylinder – die wie riesige Dampfkochtöpfe aussehen – beherrschen mit ihren meterlangen, verschlungenen, alle Ecken ausfüllenden Rohren das Innere der Destillieranlage. Überall riecht es mit nur einer kleinen künstlichen Note nach Rosen: Man wird ganz trunken davon, so wird die Nase von Duft überschwemmt.

Die Arbeiter holen die schweren Körbe, jeder 25 kg, und verteilen die Blüten auf die jeweils fünf Einsätze in den »Dampfkochern« – sind die Deckel verschlossen, werden Lösungsmittel und Wasser über ein Ventil eingefüllt. Die Extraktion hat begonnen, und die Temperatur wird überprüft; sie darf maximal 45 bis 50 Grad Celsius erreichen. Das ständig durch die Einsätze gespülte Lösungsmittel-Wasser-Gemisch durchtränkt die Blüten und löst die Duftmoleküle heraus. Diese sammeln sich als festes wächsernes Concrète in einem kleinen Becken am Boden des Zylinders. Jede Portion wird etwa eine Stunde gekocht, dann werden die lösungsmitteldurchtränkten, dunkelgrau verfärbten Blüten herausgenommen und durch frische ersetzt, bis die Extraktion abgeschlossen und die Becken voll sind.

Dies dauert normalerweise einen Tag, und die Arbeiter arbeiten die ganze Zeit durch, um alle Blüten zu verbrauchen und soviel Essenz wie möglich zu extrahieren.

Es fallen hohe Kosten an, doch wird durch die chemischen Lösungs-

mittel wesentlich mehr Rosenöl gewonnen als durch die Wasserdampfdestillation. Da in diesem Öl jedoch Lösungsmittelspuren
zurückbleiben, kann es nur für die Parfümherstellung und nicht in
der Therapie benutzt werden und stellt eigentlich ein verfälschtes und
kein reines ätherisches Öl mehr dar.

Rosenholz, siehe **Bois de rose.**

Rosmarin
Rosmarinus officinalis – Labiatae

Rosmarinus (auf deutsch »Meertau«) ist eine Gattung dreier Sorten
ausdauernder und halbwinterharter, immergrüner, blühender Sträucher. Die Pflanze stammt aus dem Mittelmeergebiet, wächst aber
jetzt in vielen anderen warmen Ländern wie Spanien und Tunesien;
sie ist nicht frostbeständig. Die Blätter sind linear (ähnlich denen des
Lavendels), oberseits glänzend und an der Unterseite filzig behaart,
und die Blüten sind blaßblau, röhrenförmig und in Scheinquirlen
angeordnet; sowohl die Blüten als auch die Blätter riechen stark
aromatisch, die Kelche scheinen jedoch am duftstoffreichsten zu
sein. Die Pflanze kann über 2 m hoch werden.
Rosmarin ist zweifellos eines der bekanntesten und meistbenutzten
Heilkräuter. Die alten Ägypter liebten ihn, und man hat Spuren von
ihm in Gräbern der ersten Dynastie gefunden. Den Griechen und
Römern war er eine heilige Pflanze, und der römische Dichter Horaz
verfaßte Verse über seine magischen Eigenschaften. Rosmarin war
sowohl bei den Griechen als auch bei den Römern ein Symbol der
Liebe und des Todes, was sich noch in späteren ländlichen Hoch-
zeits- und Beerdigungsbräuchen widerspiegelte. Rosmarin wurde in
Brautsträuße gebunden, dem Bräutigam wurde von den Brautjung-

fern Rosmarin überreicht, und auch anderen Gästen schenkte man Rosmarin als Symbol der Liebe und Treue.

Bei Beerdigungen steht Rosmarin sicherlich auch für Liebe und Treue, aber hier bedeutet er außerdem Erinnerung – gemäß der Blumensprache, wie die unglückliche Ophelia weiß: »Der Rosmarin hier, zur Erinnerung.« Daß Rosmarin vor Ansteckung schützt, mag außerdem zu seiner Verknüpfung mit Beerdigungen beigetragen haben (bis vor nicht allzu langer Zeit wurden bei Beerdigungen auf dem Land noch Rosmarinzweige in den Sarg gelegt). Rosmarin zählte zu den stark antiseptischen Kräutern, die man als reinigendes Räucherwerk verbrannte, in Sträußen zum Schutz vor der Pest bei sich trug und auf Fußböden streute. Und in Frankreich heißt er außerdem *incensier,* da man ihn in den Kirchen verbrannte, wenn es keinen Weihrauch gab oder dieser zu teuer war.

Die Eigenschaften des Rosmarins hat man schon immer hochgeschätzt. In einer sächsischen Handschrift über Heilkräuter heißt es: »Ist jemand krank, nimm das Rosmarinkraut, zerstoße es mit Öl, und schmiere den Kranken damit ein, und du heilst ihn auf wunderbare Weise.« Und Richard Banckes behauptet in seinem 1525 erschienenen Heilpflanzenbuch geradezu Märchenhaftes: »Es erhält jung, wenn du ein Kästchen aus Rosmarinholz bei dir hast und hin und wieder daran riechst.« Für die Franzosen ist Rosmarin ein Universalheilmittel, und es war lange Zeit Tradition, zum Schutz der Gesundheit ein Rosmarinsträußchen bei sich zu tragen.

Rosmarin wird seit Jahrhunderten medizinisch genutzt. Theophrast und Dioskurides empfahlen ihn als stark wirksames Mittel gegen Magen- und Leberbeschwerden; Hippokrates sagte, daß Rosmarin, mit Gemüse gekocht, Leber- und Milzstörungen überwinden helfe, und Galen verschrieb ihn ebenfalls bei Leberinfektionen, besonders bei Gelbsucht. Für die Renaissanceapotheker gehörte Rosmarin mit zu den wichtigsten Heilmitteln, die ihnen zur Verfügung standen; und Arnauld de Villeneuve beschrieb in seiner Abhandlung aus dem 13. Jahrhundert, wie man das ätherische Öl destillierte.

Marokko ist der weltweit größte Produzent des Öls; die Pflanze wächst halbwild, und es wird in vielen Kleinbetrieben destilliert. Die Jahresproduktion lag schon einmal über 100 t, aber durchschnittlich beträgt sie rund 70 t. Die Öle aus Nordafrika, besonders aus Tunesien, sind teurer als die aus Frankreich oder Spanien.

Das ätherische Öl

Beschreibung: Am besten ist das aus den blühenden Triebspitzen destillierte Öl; es ist dem Öl, das aus den Stengeln und Blättern der nicht blühenden Pflanze gewonnen wird, qualitativ weit überlegen.

Das Öl ist farblos bis schwach gelbgrün. Es riecht ähnlich wie die zwischen den Fingern zerriebenen Blätter – kampferartig und etwas nach Weihrauch und Honig.

Inhaltsstoffe: Borneol (bis 15 %), Kampfer, Camphen, Cineol, p-Cymen, Pinen, Thujon, Harze und Bitterstoffe, Saponin.

Gefahren: Rosmarinöl kann mit Salbei-, Spik- und vor allen Dingen mit Terpentinöl verfälscht sein, achten Sie beim Einkauf also stets auf die Herkunft des Öls.

Anwendung

Medizin

Pflanze und Öl wirken beide stark antiseptisch und sind als Stimulans, Cholagogum (galletreibendes Mittel) und Diuretikum (harntreibendes Mittel) klassifiziert. Sie wirken auch bei **rheuma**tischen und **Atembeschwerden**. Ich empfehle Rosmarin bei geistiger und körperlicher Müdigkeit, **Depressionen**, Leberbeschwerden, **Problemen mit dem Atemapparat** und bei **Rheumatismus** (besonders in einem Umschlag, siehe Seite 47ff.).

Dr. Leclerc verschrieb gegen Müdigkeit einen Aufguß aus den tonisierenden Blättern. Rosmarintee kann zur allgemeinen Belebung getrunken werden, oder man benutzt das Öl als Badezusatz – etwa 10 Tropfen –, was auch anregend und tonisierend wirkt. Müdigkeit und Depression (Rosmarin galt schon immer als Muntermacher) lassen sich auch bekämpfen, wenn man ein paar frische Zweige oder ein Taschentuch mit ein paar Tropfen Öl zwischen Kleidung und Bettwäsche legt: Der Duft wird Sie Tag und Nacht erquicken.

Rosmarintee hilft gegen leichte und schwere Leberbeschwerden. Sie könnten zum Beispiel nach einer schweren oder fettigen Mahlzeit 2 Tassen Rosmarintee anstelle von Kaffee trinken. Massieren Sie auch Bauch- und Leberregion. Benutzen Sie dazu eine Mischung aus je 2 Tropfen Kamille und Rosmarin und 20 bis 25 ml (4 bis 5 TL) Sojaöl. Dieses Öl ist auch gegen **Rheumaschmerzen** gut und ein Tonikum und Stimulans für Kinder und alte Menschen in der Rekonvaleszenz. Um **Asthma**anfällen entgegenzuwirken, kann man frischen Rosmarin in kleine Kissen füllen und neben das Kopfkissen legen. Sind die Anfälle akut, kann man Brust, Solarplexus, Stirn und Nebenhöhlenbereich mit etwas ätherischem Öl einreiben.

(*Siehe auch* **Abszesse und Furunkel, Anosmie, Rückenschmerzen, Bronchitis, Bursitis, Fieber, Gelenksteifheit, Gürtelrose, Halsentzündung, Herzklopfen, Hexenschuß, Husten, Klimakterium, Kopfschmerzen, Muskelschmerzen, Ödem, Rückenschmerzen, Schnittwunden und Schrammen** *und* **Verstopfung.**)

Rosmarinwein

Ein Pflanzenkenner riet: »Wenn du Husten hast, trinke die Flüssigkeit der in Weißwein gekochten Blätter, das wird dich gesund machen.« Dies ist, in kleinen Mengen getrunken, ein beruhigendes Mittel bei Herzklopfen, Herzschwäche, Kopfschmerzen und Müdigkeit.

1 l Chablis oder Muskatellerwein
200 g frischer Rosmarin, gehackt

Den Wein mit dem Kraut erhitzen, *nicht kochen,* und in einen
Glasbehälter gießen. Einige Tage beiseite stellen, dann abgießen, in
eine Flasche füllen und verkorken.

Kosmetik
Rosmarin wird sehr viel in Eaux de Cologne und Eaux de toilette
verwendet – ja, es war eine Hauptzutat des Parfüms, das als Ungarn-
wasser bekannt wurde, weil es eine ungarische Königin im 14.
Jahrhundert so attraktiv machte, daß sie trotz ihrer 72 Jahre den
König von Polen betören konnte!
Rosmarin war im ersten Gesichtswasser enthalten, das man in Großbritannien im 17. Jahrhundert kommerziell verkaufte, und er wirkt sehr
anregend auf der Haut. Im *Garden of Herbs* wird der Leser ermuntert:
»Kochen Sie die Blätter in Weißwein, und waschen Sie damit Gesicht
und Augenbrauen, und Sie werden eine makellose Haut haben.«
Auch gegen Hautjucken kann das Öl als Badezusatz verwendet
werden (ungefähr 10 Tropfen pro Bad), und bei leichten Reizungen
wirken ein paar Tropfen im Bidet als natürliches Antiseptikum.
Rosmarinöl dürfte jedoch als **Haarmittel** am besten bekannt sein. Es
ist als Tonikum besonders zur Pflege von dunklen Haaren geeignet,
da es die Farbe erhält. Einfach etwas Öl in Shampoos oder Spülungen
geben (oder einen Auszug herstellen und diesen als Spülung verwenden). Auch Haarprobleme wie Schuppen und Haarausfall können mit
Rosmarinshampoos und -spülungen bekämpft werden.

Rosmarin-Haaröl
Gegen fettiges Haar, Kopfhautjucken oder ähnliche **Haarprobleme**
hilft dieses Rezept:

80 ml Sojaöl
2,5 ml Weizenkeimöl
10 ml (2 TL) Rosmarinöl
5 ml (1 TL) Zedernöl

Zutaten in einer Flasche verschütteln. Vor Gebrauch einige Tage beiseite stellen. Jeweils ein paar Stunden vor der Haarwäsche etwas Öl auf der Kopfhaut verteilen, ein paar Minuten sanft einmassieren und zur Unterstützung der Absorption ein warmes Handtuch um den Kopf wickeln. Dann die Haare waschen.

Küche

Als Küchenkraut paßt Rosmarin gut zu Geflügel, Hase und Lamm. Es konserviert durch seine antibakteriellen Eigenschaften und erleichtert die Verdauung von Fett. (Die Römer benutzten das Kraut in der Küche, um sich vor Cholera zu schützen.) Sie können Rosmarinzweige in Fleischmarinaden, Eintöpfe und Schmorgerichte geben, doch entfernen Sie diese vor dem Servieren; die Blätter sind zu hart, und nur die ganz zarten Triebe und Blüten sind frisch eßbar. Die therapeutischen Eigenschaften und der kräftige Geschmack des Rosmarins lassen sich auch in Kräuterölen und -essigen, in Heilbieren und -weinen (das Bouquet eines mittelklassigen Rotweins gewinnt durch einen Zweig) genießen; Rosmarin kann in Zuckerdosen gegeben (ähnlich wie Vanille) und in der Milch für Puddings mitgekocht werden. Legen Sie bei Braten oder Grillgerichten Rosmarin unter das Fleisch oder den Fisch; Sie können auch einige Zweige auf der Grillkohle verbrennen.

Vermischtes

Rosmarin kann unter Potpourris gemischt werden und eignet sich, da es das Wohlbefinden fördert, gut für Kräuterkissen. Rosmaringeruch schützt vor Motten und anderem Ungeziefer. In Banckes *Kräuterbuch* heißt es: »Stellen Sie auch ein Kästchen mit den Blüten in Ihren Kleiderschrank oder Ihre Kleidertruhe, das hält die Motten fern.« Rosmarin kann zum Wäschespülen verwendet werden, oder man legt die Wäsche zum Trocknen über Rosmarinbüsche. Früher wurden die Böden mit Rosmarin sowohl gereinigt als auch parfümiert: Als im 17. Jahrhundert Jakob I. die Bodleiana in Oxford besuchte, waren die

Böden mit dem Kraut ausgerieben worden. Früher wurden Schreib-
tinten mit Kräutern parfümiert, unter anderem auch mit Rosmarin.
Rosmarin hilft, zwischen Gemüse gepflanzt, Schädlinge zu vertreiben.

Salbei/Muskatellersalbei
Salvia officinalis/sclarea – Labiatae

Echter Salbei und Muskatellersalbei gehören zu einer etwa 448
Sorten umfassenden Gattung ausdauernder immergrüner Halbsträucher, die in Südeuropa heimisch sind. Beide Arten haben graugrüne,
gekräuselte, ovale Blätter (die des Muskatellersalbeis sind viel größer) und Lippenblüten; diejenigen des Echten Salbeis sind blauviolett und blühen im Juni und Juli; diejenigen des Muskatellersalbeis
sind hellblau und blühen im August. Salbei wächst bodennah, kann
aber bis zu 60 cm hoch werden, Muskatellersalbei sogar 90 cm, und
eignet sich als Rabattenpflanze. Es gibt auch buntscheckige Salbei-
varietäten und solche, die nach Ananas riechen.

S. officinalis, der Garten- oder Echte Salbei, ist den meisten von uns
bekannt und wird seit Jahrhunderten seiner kulinarischen und medizinischen Eigenschaften halber angebaut. Die beste Qualität soll aus
Dalmatien kommen. *S. sclarea* ist weniger bekannt, wird aber wegen seines Öls großflächig angebaut, das sowohl für medizinische
als auch für kosmetische Zwecke verwendet wird. Die Varietäten
S. verticulata und *S. candelabrum* werden ebenfalls für die Destillation angebaut. Alle Öle entsprechen sich etwa und besitzen ähnliche
therapeutische Eigenschaften. Weltweit werden jährlich circa 100 t
ätherisches Öl produziert.

Die Römer kannten die medizinischen Eigenschaften des Salbeis,
und sie brachten ihn auch nach Britannien. Der Name ist vom
Lateinischen *salvere* (= »gesund sein«) abgeleitet, und ein anderer

Name lautet *salvia salvatrix* (die Pflanze, »die rettet und heilt«). Ein von der Schule von Salerno überlieferter Aphorismus lautet: *»Cur morietur homo, cui salvia crescit in horto?«* (»Wie kann ein Mensch sterben, der Salbei in seinem Garten hat?«) Auch die Griechen schätzten den Salbei: Er gehörte zu den 400 Heilkräutern des Hippokrates, und Dioskurides pries ihn wegen seiner Wirkung bei Leberkrankheiten. Die alten Griechen glaubten außerdem, Salbei halte die Sinne scharf und verhindere Gedächtnisschwäche; und noch heute wird in Griechenland Salbeitee (Vascomello, Anm. d. Ü.) getrunken. Die alten Ägypter gaben ihn Frauen, die unfruchtbar waren, und verwendeten ihn als Mittel gegen die Pest.

Im Mittelalter wurde der Salbei von allen großen Pflanzenkennern gepriesen, und Muskatellersalbei stand auf der Liste von Kräutern, die ein amerikanischer Siedler namens Winthrop 1631 bei einem Londoner Lieferanten bestellte. 1639 schrieb Simon Pauli nur über diese bemerkenswerte Pflanze ein über 400 Seiten starkes Buch; und Saint-Simon am Hof des Sonnenkönigs berichtete, daß Ludwig dieses Allheilmittel täglich verschrieben bekam. Ein altes französisches Sprichwort lautet: »Salbei ist gut für die Nerven und stärker als die Paralyse.« Ein Allheilmittel, in der Tat!

Der englische Name *clary sage* (Muskatellersalbei, Anm. d. Ü.) ist aus dem lateinischen *clarus* (= »klar«) abgeleitet, und *clary* bedeutet eigentlich *clear eye,* da Muskatellersalbei früher ein beliebtes Augenheilmittel war. Man verwendete den Samenaufguß gegen müde und abgespannte Augen oder gegen verschwommene Sicht. Der Samenbrei selbst wurde außerdem auf Hautentzündungen wie Geschwülste und Abszesse aufgetragen.

Eine 1938 von den Biologen Kroszcinski und Bychowska durchgeführte Untersuchung ergab, daß Salbei tatsächlich emmenagogische (menstruationsfördernde) Eigenschaften besitzt; sie empfahlen ihn, unabhängig von seinem historischen Ruf, bei Frigidität, ovarialer Hyperämie (Blutüberfülle der Eierstöcke) und bei menstruations- oder klimakteriumsbedingten Schmerzen und Schweißausbrüchen.

Das ätherische Öl

Beschreibung: Das Öl des Echten (dalmatinischen) Salbeis *S. officinalis* wird aus den Blättern wasserdampfdestilliert. Es ist schwach gelbgrün und riecht sehr aromatisch, manchmal mit einer Kampfernote.

Das beste Muskatellersalbeiöl wird aus den grünen Teilen der Pflanze destilliert, besonders aus den blühenden Trieben. Das Öl ist ebenfalls schwach gelbgrün, riecht aber wein- und ambraartiger. Früher wurde die Pflanze in Frankreich extensiv kultiviert, aber jetzt ist Rußland der Hauptlieferant, wo auf der Krim und wahrscheinlich in der Ukraine destilliert wird.

Inhaltsstoffe: Borneol, Kampfer, Cineol, α-Pinen und Salven. Das Öl ist aber hauptsächlich durch seinen Thujongehalt gekennzeichnet, der in der dalmatinischen Ware 22 bis 61% betragen kann. Italienisches und amerikanisches Salbeiöl enthält ebenfalls viel Thujon. Hauptbestandteil des Muskatellersalbeiöls sind Linalool und Linalylazetat; es enthält kein Thujon.

Gefahren: Ich empfehle zur Selbstbehandlung ausschließlich *Muskatellersalbei*öl, und achten Sie darauf, daß es *rein* ist und von verläßlicher Quelle stammt.

Salbeiöl sollte wegen seines hohen Thujongehalts nicht verwendet werden, besonders nicht bei empfindlichen und jungen Menschen; innerlich angewendet, kann es tödlich sein. (Thujon enthalten auch Thuja, Rainfarn und Wermut, die Pflanze, aus der früher Absinth hergestellt wurde, der jetzt aber verboten ist.) Es ist erschreckend, daß der Großteil des Salbeiöls, das (wie Wermutöl) ausdrücklich als krampferzeugendes Mittel klassifiziert ist, in der Lebensmittelindustrie zum Würzen von Fertigsaucen, Büchsen- und Fertiggerichten, Suppen, Fleisch und besonders von Würsten verwendet wird.

Die therapeutischen Eigenschaften des Salbeis bezüglich Frauenleiden wurden von vielen französischen Therapeuten bestätigt, auch von Dr. Leclerc, der Salbei nicht nur als Emmenagogum, Tonikum und Stimulans pries, sondern auch wegen seiner schweißhemmenden, krampflösenden, blutreinigenden, blähungswidrigen und stark antiseptischen Wirkung.

Anwendung

Medizin
Muskatellersalbei ist ein richtiges Allheilmittel. Es wirkt bei Nervenschwäche, allgemeiner **Erschöpfung**, Gereiztheit, **Depressionen**, Verdauungsschwäche, allen Frauenbeschwerden, Leberbeschwerden, Hyperämie, **Asthma**beschwerden, **Rheumafieber** und Schmerzen. Mit ihm können auch **Wunden**, **Brandwunden**, **Ekzeme**, **Soor** und Herpes behandelt werden. Ein schlichter Muskatellersalbeitee hilft bereits gegen verschiedenste Beschwerden, von der **Halsentzündung** bis zum **Kopfweh**, er wirkt **menstruationsfördernd** und beugt Wehenschmerzen vor (trinken Sie den Tee im letzten Schwangerschaftsmonat täglich).

(*Siehe auch* **Abszesse und Furunkel, Amenorrhöe, Haarprobleme, Herzklopfen, Katarrh, Parodontose** *und* **Streß**.)

Massageöl für Frauenleiden
Bei **prämenstrueller** oder **wechseljahr**bedingter Unruhe, Aufgeschwollenheit oder Aufgedunsenheit hilft eine einfache Mischung aus 10 ml (2 TL) Traubenkernöl und 3 Tropfen Muskatellersalbei. Zweimal täglich auf Bauch und Solarplexus einmassieren.

Beinmassageöl
Dies ist ideal für alle, die täglich mehrere Stunden stehen müssen und

davon schwere, geschwollene Beine bekommen. 10 ml (2 TL) Sojaöl mit 4 Tropfen Muskatellersalbei mischen. Am Abend ein warmes (kein heißes) Bad nehmen, dann das Öl von den Knöcheln angefangen bis zu den Knien so lange einmassieren, bis es vollständig absorbiert ist, und sich 10 Minuten auf dem Bett oder Boden mit einem dicken Kissen unter den Füßen ausruhen.

Kosmetik

In der Parfümindustrie wird Muskatellersalbeiöl sehr oft als Fixator gebraucht; meistens wird es für blumige Kompositionen verwendet, denen es außerdem Gehalt verleiht.

Am bekanntesten ist Salbei allgemein wegen seiner Brauchbarkeit für die Haar- und Mundpflege. Die Araber verwendeten jahrhundertelang Salbeiblätter als Zahnputzmittel; polieren und parfümieren Sie Ihre Zähne mit Salbeiblättern, oder zerstoßen Sie die Blätter mit Salz für ein Mittel gegen gelbe Zähne. Und bei Hals- oder Zahnfleischentzündungen oder Mundgeschwüren ist ein Salbeiauszug ein gutes Mundwasser und Gurgelmittel.

Haarpflegeöl

Salbeiblätter sind gut für das Haar, das sie pflegen und dunkler färben; besonders ausdünnendes und grau werdendes Haar profitiert. Folgende Mischung ist ein ausgezeichnetes Haarpflegeöl vor der Haarwäsche. Die Menge ist für einen Monat berechnet.

30 ml (2 EL) Traubenkernöl
3 Tropfen Weizenkeimöl
8 Tropfen Muskatellersalbeiöl

Die Zutaten mischen und in einem dunklen Fläschchen aufbewahren. Ein wenig Öl auf der Kopfhaut verteilen und einige Minuten lang gründlich einmassieren. Haare mit einem Handtuch abdecken und mindestens eine Stunde bis zur Haarwäsche warten. Das Öl vollstän-

dig herauswaschen (Haare eventuell zwei- bis dreimal waschen).
Gegen Haarspliß das Öl nur in die Haarspitzen einreiben.
Sie können auch einen Auszug herstellen. Dazu eine Handvoll Salbeiblätter 4 bis 5 Minuten lang in 600 ml Wasser aufkochen; von der
Herdstelle nehmen, zudecken und 30 Minuten ziehen lassen. Der
abgeseihte erkaltete Auszug hält sich 2 bis 3 Tage lang im Kühlschrank und kann als Haarwasser gegen ergrauendes Haar benutzt
werden. Täglich nicht zu sparsam einmassieren und im Haar trocknen lassen. Der Auszug eignet sich auch als Pflegespülung.

Küche
Nutzen Sie durch den Verzehr der frischen Blätter alle Vorteile des
Salbeis. Streuen Sie ihn zur Verdauungsförderung wie zur Elisabethanischen Zeit in Salate (eventuell sparsam, da vielen der Geschmack zu herb ist) oder in einfache Gemüsesuppen und in traditionelle Schweinefleisch- oder Gänsefüllungen (die bekannte
Salbei-Zwiebel-Mischung). Garnieren Sie Eier-, Tomaten- und Kä-
segerichte mit Salbei; einige englische Käse sind ja bereits mit
Salbeiblättern gewürzt und gefärbt (Sage Derby zum Beispiel). Salbei paßt besonders gut zu Schweinefleisch, und viele der besten
Schweinswürste sind damit gewürzt, doch dürfen es nur die Blätter
selbst sein (siehe Seite 266). Die Italiener kochen wesentlich öfter
mit Salbei als die Franzosen: Für Saltimbocca wickeln sie die Blätter
mit Schinken in dünne Kalbfleischscheiben, und sie würzen damit
Leber (das Kraut erleichtert die Resorption des in der Leber enthaltenen Eisens und fördert überhaupt die Verdauung). In vielen Ländern werden kleine Wildvögel in Salbeiblätter gehüllt gekocht, und
in Deutschland würzt man damit Aalgerichte. Im Mittleren Osten
kommt Salbei häufig in Salate und zwischen die Lammfleischstücke
in Kebabs.
Salbeiblätter können kandiert werden, und zu den Hauptexportgütern
des ehemaligen Jugoslawien gehörte ein hervorragender Salbei-
honig. Geben Sie Salbeiblätter – zum Beispiel die mit Ananas-

geschmack – in Marmeladen, oder verwenden Sie sie in Gewürzweinen oder -bieren. Man würzte früher Wein mit Muskatellersalbei
und Holunderblüten, um ihn nach Muskateller schmecken zu lassen
(daher der deutsche Name). Und er wird auch bei der Wermut-
herstellung gebraucht.

Gebackene Muskatellersalbeiblätter (für 4 Personen)
Stellen Sie nach dem folgenden Rezept eine einfache und köstliche
Vorspeise her:

300 ml frische Milch
4 Eier
75 g Mehl
1 Zitrone
Muskat, Salz und schwarzer Pfeffer, frisch gemahlen
24 große Muskatellersalbeiblätter, gewaschen und abgetrocknet
Maiskeimöl

Milch, Eier und Mehl zu einem Teig verarbeiten und mit etwas
geriebener Zitronenschale, Muskat, Salz und Pfeffer würzen. Die
Salbeiblätter von den Stengeln befreien und im Teig wenden, bis sie
vollständig umhüllt sind. In heißem Öl ausbacken, dabei einmal
wenden. Dann das überschüssige Fett abtupfen und mit frischem
Zitronensaft beträufelt servieren.

Vermischtes
Salbei kann unter Potpourris gemischt werden. Die Blüten sind für
Bienen sehr anziehend – daher der jugoslawische Honig –, und
zwischen Gemüse gepflanzter Salbei hält viele Schädlinge fern.

Sandelholz
Santalum album – Santalaceae

Im Herbst 1989 hatte ich die Gelegenheit, in Indien eine Sandelholz-plantage und -destillieranlage zu besuchen. Ich nahm an einem holistischen Kongreß in Bangalore teil, das nicht allzuweit von Maisur (Provinz Karnataka) entfernt liegt, dem Zentrum des Sandelholz anbauenden Gebiets. Nachdem wir die amtliche Erlaubnis eingeholt hatten – alle Plantagen und Destillieranlagen sind in staatlicher Hand –, fuhren ich und meine Freundin Helen Passant mit einem indischen Freund nach Maisur. Bevor wir noch die Außenbezirke der Stadt erreicht hatten, konnten wir schon den Sandelholzduft in der warmen Luft riechen; buchstäblich alles wird davon durchdrungen – Haare, Haut, Kleider und die Seide, die in Maisur hergestellt wird.

Dieser Duft wurde immer intensiver, je näher wir der Plantage und der Fabrik kamen. Der Betriebsleiter, Herr Chandraskharaian, schilderte uns, wie die Pflanze angebaut und verwertet wird.

Echtes Sandelholz stammt von *S. album,* einem immergrünen, halbparasitären Baum, der in Südasien heimisch ist und besonders gut im südindischen Hochland gedeiht auf einer Höhe von 600 bis 2400 m. Andere Gattungsarten wachsen auf den pazifischen Inseln und in Australien. Der Baum ist schlank und mittelgroß und erreicht im Erwachsenenalter, also mit 40 bis 50 Jahren, eine Höhe von 12 bis 15 m. In diesem Alter hat das Kernholz seinen größten Umfang und höchsten Ölgehalt erreicht. Das ätherische Öl ist nämlich nur im Kernholz und in den Wurzeln enthalten, die Rinde und das Splintholz sind geruchlos.

Die Bäume wachsen aus Sandelholzfrüchten, die wie kleine schwarze Kirschen aussehen. Das Keimen der Samen dauert 20 Tage, dann heften sich die Wurzeln der Keimlinge von selbst an nahe Bäume, Büsche und Gräser. Der junge Baum muß sich sieben Jahre lang von einer Wirtspflanze (die dadurch abstirbt) ernähren, bevor er allein überleben kann. Er braucht dann einen feuchten lehmigen Boden und jährliche Niederschläge von mindestens 750 mm.

Die indische Regierung kontrolliert 75% der weltweiten Sandelholzproduktion. Die gesetzlichen Auflagen sind sehr streng, und jeder Sandelholzbaum ist registrierpflichtig: Kein Baum darf einfach gefällt werden, eine notwendige Maßnahme, da das Erzeugnis, um das es geht, schließlich 50 Jahre braucht, um seine volle Rentabilität zu erreichen. Diese Schutzmaßnahmen werden jedoch häufig umgangen, und viele Bäume werden heimlich gefällt. Weitere Schutzmaßnahmen sind für die nächsten Jahre geplant, und es gibt ein weitreichendes Aufforstungsprogramm, um die legal (oder wegen Krankheit) gefällten Bäume wieder zu ersetzen.

Es gibt zwei staatliche Fabriken in Indien, die jährlich 60 000 bis 70 000 kg Sandelholzöl produzieren und den Weltbedarf decken können. Sobald die Bäume zwischen 40 und 50 Jahre alt sind und einen Umfang von 60 bis 62 cm erreicht haben, werden sie vorsichtig gefällt. Die dunkelbraunen Stämme verströmen in diesem Alter besonders unten, nahe den aromatischen Wurzeln, einen intensiven Duft. Ein reifer Baum liefert bis zu 200 kg Öl, eine enorme Menge. Der Ölgehalt der Wurzel variiert zwischen 6 und 7%, der des Kernholzes zwischen 2 und 5%.

Sandelholz hat eine lange Vergangenheit. Es ist in alten Sanskrittexten und in chinesischen Schriften erwähnt; das Öl wurde für religiöse Rituale gebraucht, und viele Gottheiten und Tempel wurden aus seinem Holz geschnitzt. Die alten Ägypter importierten das Holz und verwendeten es in der Medizin, beim Einbalsamieren und verbrannten es rituell zu Ehren der Götter; sie schnitzten auch schöne Kunstgegenstände daraus. Der Ayurveda, die altindische Lehrschrift ganzheitlicher Medizin, empfiehlt Sandelholz wegen seiner tonisierenden, adstringierenden und fiebersenkenden Eigenschaften; Hautentzündungen, Abszesse und Tumore wurden mit einem zu Paste verarbeiteten Pulver behandelt. (P. H. Guybert griff in seinem 1636 erschienenen Werk *Medicine Charitable* speziell die Anwendung bei

Hautgeschwüren auf.) Im indischen Arzneibuch ist Sandelholz als schweißtreibend klassifiziert, und angeblich soll es in Verbindung mit Milch gegen Schleimabsonderung helfen. Es kommt in vielen Rezepten in Verbindung mit Kardamom vor.

Das ätherische Öl

Beschreibung: Nach der Destillation bleibt das Öl noch circa 6 Monate lang in der Destillieranlage, um auszureifen und seinen vollen Duft zu entfalten. Es geht dabei vom Blaßgelben ins Braungelbe über, ist zähflüssig und hat ein durchdringend balsamisches Aroma von schwerer, fruchtig-süßer, holziger Qualität.

Inhaltsstoffe: Santalol (über 90%), das sich aus zwei primären Sesquiterpenalkoholen zusammensetzt.

Gefahren: Sandelholzöl kann mit verschiedenen Ölen, wie Rizinus-, Palm- und Leinsamenöl, verfälscht sein. Für Experten ist das nicht schwer festzustellen, aber der Normalverbraucher kann getäuscht werden. Es gibt so viele andere Öle mit ähnlichen Eigenschaften, daß es der Umwelt zuliebe wirklich am sinnvollsten wäre, auf Sandelholz ganz zu verzichten und auf Alternativen zurückzugreifen.

In Europa erregte 1868 der Glasgower Arzt Dr. Henderson durch dieses wunderbare Mittel unter den Kollegen Aufsehen, besonders durch seine Heilerfolge in Fällen von Schleimabsonderung. Später bestätigten die französischen Ärzte Panas, Laber und Bordier seine Untersuchungen. Damals führte man in Frankreich auch folgende Untersuchung durch: Man verabreichte Patienten vier- bis fünfmal am Tag 40 g Sandelholz in Tablettenform; 40 Minuten nach der Einnahme konnte ein starker Sandelholzgeruch im Urin festgestellt werden. Das sind im allgemeinen auch die Bereiche, in denen man in diesem Jahrhundert Sandelholz verwendete, gegen Schleimabsonderung bei chronischer Bronchitis und gegen alle urologischen Beschwerden (Zystitis, Blaseninfektionen und -entzündungen). Man hielt es auch für ein gutes Diuretikum und behandelte damit Diarrhöe.

Es scheint schlecht um die Zukunft des Sandelholzes bestellt zu sein. Der wachsende Bedarf der Parfümindustrie hat in den letzten fünf Jahren in einigen Teilen Indiens Bestandsverluste von erschreckendem Ausmaß verursacht. Ich verwende Sandelholz jetzt sehr zurückhaltend, wenn überhaupt, und greife auf andere ätherische Öle mit ähnlichen Heilanzeigen zurück, wie zum Beispiel Galbanum und Weihrauch.

Anwendung

Medizin

Sandelholzöl ist noch immer eines der wichtigsten Mittel in der Ayurvedamedizin. Die Asiaten und Araber benutzen es als Hausmittel gegen eine Vielzahl von Krankheiten. In Europa braucht man es vor allen Dingen für die Parfüm- und Seifenherstellung, und früher spielte es in der Aromatherapie eine große Rolle. Man wendete es äußerlich bei Hautentzündungen an, etwa bei Allergien, **Ekzemen**, **Abszessen** und **rissiger und aufgesprungener Haut**, oft in Verbindung mit anderen Ölen, wie Peru-, Tolubalsam, Cajeput oder Kamille. Es war auch sehr entspannend und eine Meditationshilfe. (Bettwäsche, die in einer Sandelholzkiste oder -truhe aufbewahrt wird, duftet herrlich und erleichtert das Einschlafen.) Ich bin allerdings der Meinung, daß man jetzt kein Sandelholz mehr verwenden sollte, da die große Nachfrage bereits zur Vernichtung ganzer Plantagen geführt hat und mittlerweile Bäume gefällt werden, die noch viel zu jung sind.

(*Siehe auch* **Zystitis**.)

Kosmetik

Ostindisches Sandelholz spielt als Kosmetikbestandteil eine sehr wichtige Rolle. Es darf in keinem orientalischen Parfüm fehlen, und sein süßer, kräftiger und anhaltender Duft macht es zu einem ausgezeichneten Fixator in Parfüms. Beinahe 90% des ostindischen Sandelholzöls werden in Parfüms, Kosmetika und Seifen gebraucht.

Vermischtes

Santalum, Santali oder Sandelholz kommt in vielen Handschriften und alten Büchern als Zutat vor. Manchmal bezeichnen die Namen echtes Sandelholz, öfters aber andere duftende Bäume wie *Pterocarpus santalinus*. Man verwendete Späne oder Pulver in Duftpudern oder Potpourris, und rotes und gelbes Sandelholz erschienen sogar in mittelalterlichen britischen Kochbüchern als Nahrungsmittelfarbe.

Typisch sind auch Sandelholzschnitzereien, wie sie in Indien verkauft werden, und bestimmte Kunsttischlereiobjekte. Das Holz ist weich und läßt sich deshalb leicht schnitzen.

Sassafras
Sassafras albidum/officinalis – Lauraceae

Der Sassafras ist ein bekannter nordamerikanischer Baum, der über 30 m hoch werden kann. Gelblichen Blüten folgen ovale bläuliche Früchte. Die Blätter, die jedes Jahr abfallen, können glatt, dreilappig wie beim Ahorn oder nur zweilappig wie ein Fausthandschuh sein. Der Baum ist mit dem Lorbeer und dem Kampfer verwandt.

In Amerika heißt der Sassafras »Irokesenlorbeer« nach den Indianern im Nordosten der Vereinigten Staaten, die den Baum als heilig ansahen und wegen seiner therapeutischen Eigenschaften hochschätzten. Mitte des 16. Jahrhunderts beschrieben französische Kolonisten und Forscher, wie die Indianer Aufgüsse aus der Baumrinde herstellten und denjenigen zu trinken gaben, die unter Fieber oder anderen bestimmten Krankheiten litten. Es waren jedoch die Spanier, die das neue Heilmittel mit nach Europa heimbrachten. 1610 brachte man Setzlinge nach England mit und züchtete die Bäume in Glashäusern.

Das ätherische Öl

Beschreibung: Das Wurzelinnere riecht stark balsamisch, und daraus sowie aus dem Holz, der Rinde und den Wurzelfasern wird das ätherische Öl gewonnen. Blätter und Blüten können mitdestilliert werden, wodurch das Öl eine zitronigere und feinere Note erhält. Das Öl ist gelb bis rötlichgelb und hat einen speziellen Safrolgeruch, der scharf und aromatisch ist und an Anis, Zitrone und Fenchel erinnert.

Inhaltsstoffe: Safrol (circa 80%), Pinen, Cadinen (8 bis 10%), Camphen, Eugenol, Fettharze, Phellandren, Gerbsäure und Wachs. Im brasilianischen Sassafrasöl liegt der Safrolanteil bei 90%.

Gefahren: Da die Qualitätsschwankungen des Öls sehr hoch sind, ist Vorsicht geboten, falls man nicht besser ganz davon absieht. Da es so viele andere Öle gibt, die bei Rheuma und Gicht helfen, bin ich der Meinung, daß man auf Sassafras ganz verzichten kann, vor allen Dingen auch wegen seiner karzinogenen Eigenschaften. Da außerdem der Baum gefällt werden muß und so der Treibhauseffekt verschlimmert wird, sollte der Gebrauch von Sassafras in der Therapie und der Industrie generell verboten werden. Wegen seiner mutmaßlichen Karzinogenität darf es entsprechend den EG-Kosmetikrichtlinien und der IFRA (siehe Seite 55) nur bis zu 0,05% in Produkten enthalten sein.

Ende des 17. Jahrhunderts zählte Nicolaus Lemery folgende Eigenschaften des Sassafras auf: Er wirke appetitanregend, schweißtreibend, schärfe die Sicht und rege die Gehirntätigkeit an. Er und andere empfahlen ihn bei Gicht, Ischias und Katarrh.

Früher waren die Vereinigten Staaten das einzige Land, in dem ätherisches Sassafrasöl hergestellt wurde, das man zum Aromatisieren von Getränken wie Rootbeer verwendete. Aus Rinde, Blättern und Knospen wurden medizinische Tees hergestellt – darunter der »Saloop«. Doch wegen des vielen Abfalls (das meiste Öl enthalten die Wurzeln) werden die Bäume in den Vereinigten Staaten nicht mehr für die Ölgewinnung gefällt. Außerdem darf in der nordamerikanischen Lebensmittelindustrie seit 1958 kein Sassafrasöl mehr verwendet werden; Safrol, der Hauptbestandteil des Öls, hat sich als karzinogen herausgestellt.

Brasilien stellt noch immer Sassafrasöl her, aber aus einem Baum namens *Ocotea pretiosa,* der, obwohl er auch zur *Lauraceae*-Familie gehört, ein ganz anderer Baum ist. Dieses Öl enthält sogar noch mehr Safrol als das amerikanische Öl, und die Industrie hat durch das amerikanische Verbot starke Einbußen erlitten. Die brasilianische Jahresproduktion schwankt zwischen 1500 und 2000 t (Zahlen von 1987), und Hauptimporteur ist Japan, gefolgt von den USA, Spanien, Italien, Frankreich und Großbritannien.

Anwendung

Vermischtes

Sassafras war ein frühes Kaugummiaroma, und aus den getrockneten und gemahlenen jungen Blättern stammt das *Filé*-Pulver, das ein wichtiger Bestandteil der kreolischen Küche ist. Das ätherische Öl findet heute noch in der Parfüm- und Seifenindustrie Verwendung. Früher kam das Safrolderivat Heliotropin zur Verstärkung des Vanillegeschmacks in Getränke und Nahrungsmittel wie Cola, Puddings etc.

Sellerie
Apium graveolens – Umbelliferae

Apium graveolens, unter anderem auch »Eppich« und »Gailwurz« genannt, ist ein wilder Sellerie, der in europäischen Salzsümpfen heimisch ist; die kultivierte Variante, *A. g. dulce,* wurde 1623 in Frankreich zum erstenmal schriftlich erwähnt, ist aber wahrscheinlich schon viel früher von den Italienern gezüchtet worden. Die wilde Pflanze hat einen gefurchten Stiel, die bekannten gezähnten Blätter und einen extrem scharfen Geschmack und Geruch; mit der Züchtung sollten die Schärfe gemildert und Stiel und Blattrippen verdickt werden. Der uns bekannte Gartensellerie wurde erst im 19. Jahrhundert in Europa und den USA populär. Er ist ein winterfestes zweijähriges Gemüse, das wegen seiner knackigen, langen, sichelförmigen Stiele angebaut wird. Es gibt grüne und weiße Varianten.

Das ätherische Öl
Beschreibung: Alle Teile der Pflanze liefern Öl, aber am geschätztesten ist dasjenige aus den Samen, die 2 bis 3% ätherisches Öl enthalten. Dieses ist blaßgelb, sehr dünnflüssig und hat ein starkes Selleriearoma.
Inhaltsstoffe: Sedanolid, Palmitinsäure und Triterpenkohlenwasserstoffe (Limonen, Selinen).

Wilder Sellerie war bei den Griechen und Römern bekannt und geschätzt. Plinius aß ihn mehr als Gemüse denn als bloßes Gewürz, und die stets gegen Betrunkenheit und Kater vorsorgenden Römer pflegten die Blätter um ihren Kopf zu winden, um beides zu verhindern! Die Griechen nannten ihn *sélinon* (= »Mondpflanze«); man sprach dem Gemüse zu jener Zeit eine Wirkung auf das Nervensystem zu und hielt es für ein gutes Stärkungsmittel. Hippokrates und Dioskurides maßen ihm stark harntreibende Eigenschaften zu, wie später auch die heilige Hildegard. Alle von den Alten dem Sellerie zugesprochenen Eigenschaften wurden vor nicht allzu langer Zeit von Dr. Leclerc bestätigt, der die Wirkung des Selleries auf einige seiner Patienten beschrieb.

Anwendung

Medizin

Sellerie findet als rohes oder gekochtes Gemüse und als Öl in vielfacher Hinsicht Verwendung. Das Gemüse sollte oft gegessen werden, am besten sind die offen verkauften Knollen, an denen noch etwas Erde hängt – sie sind den gewaschenen und cellophanverpackten vorzuziehen. Er eignet sich besonders für **Diabetiker**, die unter Hypoglykämie leiden, da er unbegrenzt gegessen werden kann.

Sellerie ist ein bemerkenswertes Mittel gegen **lokale Erfrierungen** (**Frostbeulen**). Kochen Sie eine große Sellerieknolle mit Wurzeln und Blättern circa 15 Minuten lang in 2 l Wasser, dann seihen Sie den Sud in ein großes Gefäß ab. Tauchen Sie die Hände oder Füße etwa 15 Minuten lang in das heiße Wasser. Dreimal am Tag wiederholen, dazu das Selleriewasser jedesmal neu erwärmen. Selleriewasser kann auch bei Leberschwäche als Heilmittel getrunken werden. Den Sellerie auf dieselbe Weise kochen.

Als Saft gepreßt, wirkt eine Sellerieknolle bei einer Reihe von Beschwerden. Sellerie entwässert, also vermag der Saft bei Wasseransammlung vor oder während der Regel oder während der Wechseljahre zu wirken. Aus demselben Grund ist er auch während einer Abnehmkur nützlich. Trinken Sie den Saft, vielleicht mit ein wenig Zitrone darin, einige Male am Tag. Ich habe dies, besonders nach üppigen Festtagen wie Weihnachten und Neujahr, immer vorzüglich gefunden. Auch **Zystitis**kranken kann Selleriesaft nützen. Das rohe

Gemüse kann zerrieben gegessen oder als Saft getrunken werden; ich halte letzteres für besser.

Als Mundwasser gegen nervös oder erkältungsbedingten Stimmverlust geben Sie 1 Tropfen des ätherischen Öls zusammen mit etwas Salz in einen Becher warmes Wasser. Drei- oder viermal am Tag ein paar Minuten lang gurgeln.

Sind Sie abgespannt, geben Sie 8 Tropfen ätherisches Sellerieöl in ein heißes Bad. Ruhen Sie sich nach dem Bad 10 Minuten lang aus. Ich tue dies immer, wenn ich abgespannt von der Praxis heimkomme, und fühle mich am anderen Tag sehr viel besser.

(*Siehe auch* **Halsentzündung.**)

Sellerieaphrodisiakum

Von diesem alten Familienrezept bekamen stets Braut oder Bräutigam eine Woche vor der Hochzeit täglich ein Glas zu trinken! Es hat nicht nur aphrodisische Eigenschaften, sondern ist auch ein hervorragendes diuretisches Mittel. In meiner Familie gilt das Rezept als Lebenselixier, und vielleicht lag es tatsächlich an jenem Sellerietrank, daß meine beiden Großmütter weit über achtzig wurden!

1 große Sellerieknolle (circa 600 g)
1 l guter französischer Weißwein
100 g Fruchtzucker

Den Sellerie putzen und in kleine Stücke schneiden. Zusammen mit dem Wein und dem Fruchtzucker (besser als Zucker, ist in Reformhäusern erhältlich) in der Küchenmaschine mixen. Dann in eine Flasche abgießen, fest verkorken und 48 Stunden lang im Dunkeln stehenlassen. Noch einmal gut filtern, wieder in eine Flasche abfüllen und täglich ein Glas davon trinken.

Küche

Sellerie hat keinen großen Nährwert, aber sein Geschmack und seine knackige Struktur bereichern viele Gerichte. Roh wird der Staudensellerie in Salz gestippt (eigentlich nur von den Briten) oder mit Käse gegessen, geschnitten kommt er in Salate oder als Rohkostbelag auf Kanapees. Sellerie kann auch als Beilagengemüse in einer guten Brühe gedämpft werden oder als »Grundlagengemüse« wie die Zwiebel und die Karotte in Aufläufen und Eintöpfen mitgekocht werden. Die Blätter, die ein wenig scharf sind, können getrocknet werden und eignen sich gut für *bouquets garni* (Kräutersträußchen). Die Samen sind sehr bitter, können aber auch als Gewürz verwendet werden; sie ergeben mit Meersalz zerstoßen ein besonders gutes, hausgemachtes Selleriesalz.

Senf
Brassica nigra und juncea – Cruciferae

Es gibt drei Senfvarietäten, deren Samen als Gewürz verwendet werden. Zwei davon sind sehr nah miteinander verwandt: *B. nigra* oder Schwarzer Senf (stammt wahrscheinlich aus dem Mittleren Osten) und *B. juncea* oder Brauner Senf (stammt wahrscheinlich aus China und Indien). Die Samen dieser beiden Sorten werden für den therapeutischen Gebrauch destilliert. Die dritte Varietät ist *Sinapis alba,* auch *B. alba* oder Weißer Senf genannt (im Mittelmeerraum heimisch), aus deren Samen Speisesenf hergestellt wird. Alle gehören zur Kohlfamilie und haben die typischen kreuzförmigen Blüten (daher der Name *Cruciferae*); diesen folgen glatte aufrechte Schoten, die die Samen enthalten. *B. nigra* ist die größte unter den Varietäten und wird bis zu 2,3 m hoch. Alle drei Varietäten werden überall auf der Welt angebaut.

Das ätherische Öl

Beschreibung: Senfsamen enthalten 30 bis 35% Öl. Damit das Öl durch Fermentation freigesetzt wird, müssen sie vor der Destillation zerstoßen und in warmem Wasser mazeriert werden. Diese Mazeration ist notwendig, weil die sogenannten Senföle oder Isothiocyanate in der lebendigen Pflanze nur gebunden vorkommen; erst wenn das Zellgewebe zerstört und in Wasser eingeweicht wird, spalten Enzyme die Öle ab.

Das ätherische Öl ist sehr dünnflüssig, fast farblos, vielleicht mit einem Stich ins Gelbe. Es hat einen sehr scharfen, stechenden Geruch, der (wie bei Meerrettich) das Wasser in die Augen treibt. Das Öl wird im Tageslicht rotbraun und überzieht das Flascheninnere mit einer Fettschicht.

Inhaltsstoffe: Allylisothiocyanate (Allylsenföl).

Gefahren: Das ätherische Öl ist schwer erhältlich. Es hat eine äußerst starke Reizwirkung und kann die Haut verbrennen, wenn es nicht richtig dosiert wird. Allergiker sollten das Öl meiden, da es noch schlimmere Hautreaktionen hervorrufen kann.

Man hat Senfsamen in altägyptischen Gräbern zusammen mit anderen Opfergaben wie Koriander-, Petersilien- und Lotussamen gefunden; die Pflanzen und Samen wurden auf Stelen und Papyri erwähnt, die bis zur ersten Dynastie zurückdatieren. Senf wird in Sanskritschriften genannt, die bis 3000 v. Chr. zurückdatieren, was darauf schließen läßt, daß er mit zu den ältesten Gewürzen überhaupt gehört. (In einigen Quellen wird behauptet, Senf wäre in der Steinzeit und Eisenzeit angebaut worden.) Auch die Griechen und Römer kannten den Senf: Laut klassischer Überlieferung sollen ihn Äskulap, der Gott der Medizin, und Ceres, die Göttin des Ackerbaus und der Feldfrüchte, den Menschen gebracht haben. Die Römer weichten die

Samen in Most – neuen Wein – ein und nannten das Ergebnis *mustum* oder *mustum ardens* (scharfer Most), woraus sich der englische Name für »Senf« (= *mustard,* den deutschen Namen »Mostrich« nicht zu vergessen, Anm. d. Ü.) entwickelt haben soll. Sie brachten die Samen nach Großbritannien, und die frühen Siedler führten die Pflanze in Nordamerika ein.

Sowohl England als auch Frankreich sind für ihre Senfprodukte bekannt. Vor mehr als 1000 Jahren waren die Mönche von St-Germain-des-Prés als Senfanbauer berühmt, und das Herstellen und Essen von Senf ist in Burgund bereits seit 1336 beurkundet: 1364 erhielt die Stadt Dijon die ausschließlichen Rechte zur Senfherstellung. In England war der Senf seit römischer Zeit bekannt, und zu Shakespeares Zeiten zentrierte sich die Produktion in Tewkesbury. Zu Beginn des 18. Jahrhunderts gewann Durham an Bedeutung, und 100 Jahre später, als ein gewisser Jeremiah Colman ins Senfgeschäft eintrat, verlagerte sich die britische Senfindustrie nach Norwich und Ostanglien.

Anwendung

Medizin

Das ätherische Öl kann bei **Neuralgien** und allen **Rheuma-**, **Ischias-** und **Hexenschuß**beschwerden äußerlich angewendet werden. Wenn Sie sich sicher sind, daß Sie nicht allergisch reagieren werden, reiben Sie die betroffenen Partien mehrmals am Tag mit ein klein wenig Öl ein, und Sie werden bald Erleichterung spüren. (Es dürfte Spiritus Sinapis, das heißt mit Alkohol verdünntes Senföl, gemeint sein, der in der Apotheke erhältlich ist, Anm. d. Ü.) Die Theorie ist, daß das Senföl das Blut durch Hautreizung an die Oberfläche zieht, und dabei die Entzündung im tieferliegenden Gewebe lindert. Sie können statt dessen aber auch aus den frischen zerstoßenen Samen eine Paste anrühren und als Umschlag verwenden (siehe Seite 49). Senfumschläge helfen außerdem gegen **Brustinfekte** wie **Husten** und **Erkältung** und Lungenbeschwerden. Bequemer geht es mit Senfmehl.

Bringen Sie Senföl möglichst niemals in die Nähe der Augen, da dies sehr schmerzhaft ist. Sollte es doch einmal passieren, spülen Sie die Augen mit kaltem Wasser aus und machen danach eine Kamillen- oder Rosenkompresse.

Senffußbäder sind seit Jahrhunderten sowohl in Großbritannien als auch in Frankreich üblich, und für Skifahrer und Wanderer gibt es in den Staaten angeblich eine Fußwärmepaste aus Senfsamen und anderen Zutaten zu kaufen.

(*Siehe auch* **Bronchitis, Lungenentzündung** *und* **Probleme mit dem Atemapparat**.)

Küche

Nur die Samen werden kulinarisch genutzt, obwohl auch die Blätter eßbar sind; die grünen aus dem unteren Süden Amerikas hat man aus einer afrikanischen Senfvarietät gezüchtet. Speisesenf wird meistens aus Senfpulver hergestellt, bei dunkleren Sorten bleiben die Samen ungeschält. Möglicherweise wurde Senf deshalb traditionell zu Fleisch gereicht, weil er dessen eventuelle Überalterung verdeckte; aber die Samen konservieren auch, daher ihre Anwesenheit in Pickles. Senfsamen und Senföl werden in der indischen Küche sehr viel gebraucht.

Trockenen Senf rühren Sie mit kaltem Wasser an (heißes würde die Enzyme inaktivieren) und lassen ihn etwa 10 Minuten ziehen, damit die Enzyme Zeit haben, das scharfe Öl abzuspalten. Soll Senf mitgekocht werden, ihn immer spät dazugeben und nur leicht köcheln lassen.

Spik
Lavandula spica – Labiatae

Spiköl stammt von einer Lavendelart, die einst unter dem Namen Sticadore, Speiklavendel oder altenglischer Lavendel bekannt war. Die Pflanze wächst wie echter Lavendel im Mittelmeerraum, aber in geringerer Höhe, bis etwa 700 m. Der Strauch wird bis zu 1 m hoch, hat breitere Blätter und farbkräftigere Blüten als echter Lavendel. Spik wurde mit *L. angustifolia* und anderen Arten zu Lavandin gekreuzt.

(*Siehe auch* **Lavandin** *und* **Lavendel**.)

Das ätherische Öl

Beschreibung: Die Pflanze wird hauptsächlich wegen ihres ätherischen Öls angebaut, vorwiegend in Spanien, und ein Großteil der Produktion wird für Parfüms und Toilettenartikel gebraucht. Das ätherische Öl ist blaßgelb und sehr dünnflüssig; bei schlechter Lagerung oder unter Luftzufuhr wird es dunkelgelb und dickflüssiger – kaufen oder benutzen Sie es also nicht in diesem Zustand. Es riecht stark kampfer- und lavendelartig (wie die Blüten) und etwas nach Rosmarin.

Inhaltsstoffe: Borneol, Kampfer, Cineol, Geraniol, Linalool, Pinen und Terpineol. Es wird oft mit Rosmarin und Terpentin verfälscht.

Gefahren: Verwenden Sie Spik niemals in zu großen Mengen – als Badezusatz zum Beispiel –, weil es Vergiftungen hervorrufen kann. Sie könnten sich also statt der gewünschten Reaktion Kopfweh, Nervosität und Erschöpfung einhandeln.

Anwendung

Medizin
Die Ärzte Gattefossé und Leclerc hielten Spik für ein harn- und schweißtreibendes Mittel und entdeckten, daß es gut gegen **Fieber** und Virusinfektionen hilft.

Äußerlich kann Spik, wie der ihr nah verwandte Lavendel, bei **Prellungen**, Schmerzen, rissigen Händen, Allergien, die durch zuviel Sonne verursacht wurden, und **Verbrennungen** angewendet werden.

Da die Pflanze sehr stark antibiotisch wirkt, ist sie zur **Akne**behandlung und Wundheilung sehr gut geeignet. Allerdings wirkt sie besser, wenn sie zusammen mit einem anderen Lippenblüteröl, wie echtem Lavendel, benutzt wird. Ich steigere ihre Wirksamkeit gerne mit Kamille oder Geranie. Tragen Sie bei starker Akne eine Mischung aus 5 ml (1 TL) Sojaöl und ein paar Tropfen Weizenkeimöl, 3 Tropfen Spik und 1 Tropfen Kamille oder Geranie zwei- bis dreimal täglich auf die betroffenen Stellen auf.

(*Siehe auch* **Dermatitis, Frostbeulen, Ödem, Pedikulose** *und* **Rückenschmerzen**.)

Vermischtes
Spik wird in Frankreich häufig in der Veterinärmedizin gebraucht. Nach anstrengenden Pferderennen reibt man Extremitäten und Rücken der Pferde mit einem Spiköl ein. Auch reibt man bei alten, rheumakranken Hunden und Katzen Pfoten und wunde Extremitäten damit ein.

Sternanis

Illicium verum – Magnoliaceae; siehe auch Anis

Das Gewürz ist die sternförmige Frucht eines kleinen immergrünen Baumes, der zur Familie der Magnolien gehört. Er ist in Südostasien beheimatet und konnte bisher nirgendwo anders erfolgreich angebaut werden.

Das ätherische Öl

Beschreibung: Sternanisöl wird aus den getrockneten Früchten hergestellt und gleicht, obwohl er gröber ist, sehr stark dem aus Anissamen gewonnenen Öl.

Inhaltsstoffe: Genauso wie Anissamenöl hat Sternanisöl einen hohen Anetholanteil, wird aber dennoch in der Spirituosenindustrie verarbeitet. In der Therapie sollte es nicht verwendet werden.

Anwendung

Küche

Natürlich wird Sternanis in der chinesischen Küche gebraucht und zählt dort zu den beliebtesten Gewürzen. Er eignet sich besonders für Enten- und Schweinefleischgerichte, und die besten chinesischen Spareribs sind mit Sternanis gewürzt.

Tangerine, siehe **Mandarine**.

Tanne, siehe **Kanadabalsam**.

Teebaum
Melaleuca alternifolia – Myrtaceae

Der Teebaum ist ein kleiner, bis zu 7 m hoher Baum mit kleinen, schmalen, glatten Blättern und cremefarbenen, prächtigen, flaschen-bürstenähnlichen Blüten, die später kleine, dichtgedrängte hölzerne Kapselfrüchte an den Zweigen bilden. Er ist ein Weißrindenbaum und mit dem Cajeputöl liefernden *M. leucadendron* und dem Miaou-liöl liefernden *M. viridiflora* eng verwandt. Der Teebaum gehört zu den 34 nur in Australien heimischen *Melaleuca*-Arten und gedeiht lediglich in dem relativ kleinen Gebiet von Neusüdwales. Er war von den frühen weißen Siedlern des Kontinents lange als Buscharznei gebraucht worden, doch begann man erst nach dem Ersten Weltkrieg, das Öl ernsthaft auf seine Brauchbarkeit innerhalb der orthodoxen Medizin hin zu untersuchen, dann aber stieg sein Ansehen seit den zwanziger Jahren bis zum Zweiten Weltkrieg. 1939 wurde die australische Marine und Armee damit beliefert, doch danach sank die Produktion.

Das ätherische Öl
Beschreibung: Es wird aus den Blättern und Triebspitzen des Baumes destilliert. Ein Buschdestillierapparat mit einem Fassungsvermögen von 1600 l faßt 0,5 t frischer Blätter, die in 2 bis 3 Stunden destilliert sind und 7 bis 10 kg Öl liefern. Dieses ist farblos bis blaßgelb, klar, dünnflüssig und riecht stark, würzig, typisch myristin- oder muskatartig, ein maskuliner Duft.
Inhaltsstoffe: Terpene (50 bis 60%), Cineol, Sesquiterpene und Sesquiterpenalkohole.

Der Baum wächst in ziemlich gefährlicher Umgebung, denn er gedeiht in Sumpfdickichten, die auch von Spinnen, Schlangen, Moskitos und anderen beißenden giftigen Tieren bevorzugt werden. Außerdem verdrängten zu dieser Zeit chemische Medikamente die Naturheilmittel, bis das Teebaumöl in den siebziger Jahren wieder medizinisch und wirtschaftlich interessant wurde. Es ist jetzt zu einem Haupthandelsgut Australiens geworden und ein wichtiges Mittel in der Therapie.

Anwendung

Medizin

Das *British Medical Journal* berichtete 1933, das Öl sei ein starkes ungiftiges und gut verträgliches Desinfektionsmittel, und das *Australian Medical Journal* berichtete 1930 über die erstaunlichen Erfolge, die in der allgemeinen Praxis damit erzielt wurden, angefangen von der schnellen Heilung septischer Wunden bis hin zur Narbenbesserung: »… auffallend war, daß es den Eiter auflöste und die infizierten Wunden säuberte, so daß sich seine keimtötende Wirkung stärker entfalten konnte, ohne das Gewebe zu schädigen. Das war etwas Neues, da die meisten keimtötenden Mittel nicht nur die Bakterien, sondern auch das Gewebe zerstören« (E. M. Humphrey).

Im amerikanischen Arzneibuch von 1955 stand, daß Teebaumöl ein wirksames Antiseptikum ist – mit einer elf- bis dreizehnmal stärkeren keimtötenden Wirkung wie Karbolsäure.

1980 testete man in Australien seine antiseptischen Eigenschaften in einer Lösung von 4 Teilen ätherischem Öl auf 1000 Teile Wasser. Selbst in dieser Verdünnung konnte es Krankheitserreger wie *Staphylococcus aureus* und *Candida albicans* innerhalb von 7, 21 und 35 Tagen abtöten. (Aufgrund dieser Ergebnisse werden jetzt mit dem Herpesvirus und dem Thyphuserreger Untersuchungen durchgeführt.)

Bei einem Hautdesinfektionstest, der 1983 von den australischen Associated Foodstuff Laboratories durchgeführt wurde, erwies sich Teebaumöl als erstaunliches Bakteriostat. Abstrichkontrollen ergaben bei ungewaschenen Händen eine Bakterienzahl von 3000 pro 50 cm^2, bei in destilliertem Wasser gewaschenen Händen 2000 pro 50 cm^2 und bei in Teebaumöl gewaschenen Händen weniger als 3 pro 50 cm^2, es war also tatsächlich kaum mehr eine Bakterie zu finden. Es wäre somit schon ein einziger Tropfen im Abspülwasser höchst effektiv.

Das Öl findet auch bei der Behandlung von **Brandwunden**, **Frauenkrankheiten** wie Trichomoniasis (Scheiden-, Blaseninfektion), **Hautkrankheiten** und **Hals**-Nasen-**Ohren**- und Mund**infektionen** Anwendung. Teebaumöl könnte in der Babypflege, in Krankenhäusern, in Zahnpflege- und Putzmitteln und in der Tiermedizin verwendet werden, und tatsächlich forscht man jetzt auf privater Unternehmerseite in dieser Richtung.

Ich selbst habe mit dem Öl einen septischen Finger geheilt (siehe Vorwort), und es hat sich in Inhalationen gegen **Erkältung und Grippe**, bei **Hautabschürfungen** und bei **Akne** als sehr wirksam erwiesen. Ich kenne kein besseres Mittel für die Erste Hilfe als Teebaumöl.

(*Siehe auch* **Abszesse und Furunkel, Anthrax, Bronchitis, Brustinfekte, Fieber, Follikulitis, Fußpilz, Herpes, Heuschnupfen, Impetigo, Insektenstiche und -bisse, Kopfschmerzen, Frostbeulen, Lungenentzündung, Mundgeschwüre, Neuralgie, Schnittwunden und Schrammen** *und* **Sinuitis**.)

Terpentin
Pinus, Larix, Pistacia – Coniferae, Anacardiaceae

Terpentin ist ein dünnflüssiges, flüchtiges ätherisches Öl, das aus dem Harz bestimmter Kiefernarten und anderer Bäume gewonnen wird. Es wird gewöhnlich als Farbverdünner und -lösungsmittel verwendet, ist aber auch medizinisch wertvoll. Es gibt verschiedene Qualitäten medizinischen Terpentins; am teuersten ist zum Beispiel das Lärchenharzöl, das aus der europäischen Lärche *(Larix decidua, Coniferae)* gewonnen wird. Die europäische Meerkiefer *(Pinus pinaster, Coniferae)* wird häufiger destilliert, aber das Öl, Bordeaux-Terpentin, ist gröber. Das sogenannte indische Terpentin stammt von der Terebinthe *(Pistacia terebinthus, Anacardiaceae)*, zu deren Familie auch die Pistazie *(P. vera)* und *P. lentiscus* (ein Baum, der den Mastix für Kaugummi liefert) gehört. Diese Bäume wachsen im Mittelmeerraum. Ein anderer Baum aus Neuseeland, der *kauri* oder *Agathis australis,* liefert ebenfalls Terpentin.

Der Wert des Terpentins war den Griechen und Römern bekannt; Dioskurides hielt die weiße, klare Sorte für die beste, und auch Plinius, Hippokrates und Galen schätzten seine medizinischen Eigenschaften. Lärchenharzöl war im Mittelalter bekannt, und Venedig wurde zum Hauptumschlagplatz für diese arzneiliche Droge. Im 16. Jahrhundert beschrieb man die Methoden der Harzgewinnung und -destillation.

Das ätherische Öl

Beschreibung: Das Harz tritt auf natürliche Weise aus den Bäumen aus, doch werden diese normalerweise angezapft, dann wird das Öl aus dem Harz wasserdampfdestilliert. (Manchmal werden die Wundflächen der Bäume mit Schwefelsäure besprüht, die den Balsamfluß intensiviert.) Das Harz ist gelb und flüssig, lichtdurchlässig, leicht fluoreszierend und wird an der Luft nicht hart. Es hat einen angenehmen Geruch und einen scharfen, bitteren Geschmack.

Inhaltsstoffe: Borneol, Harzsäure, Sesquiterpene, Terpene (α- und β-Pinen) sowie neutrale Substanzen.

Gefahren: Terpentin darf niemals mit einem Tropfenzähler verwendet werden, da es den Gummi auflöst. Mit ihm werden sehr oft andere Öle verfälscht – Eukalyptus, Wacholder, Waldkiefer und Rosmarin zum Beispiel, die alle reich an Terpenen sind, aus denen Terpentin hauptsächlich zusammengesetzt ist. Auch Terpentin kann verfälscht sein, gewöhnlich mit Petroläther (der als Terpentinersatz verkauft wird), und wird es dann als ätherisches Öl verwendet, kann es Verbrennungen verursachen. Entscheidend ist, daß man, wie bei allen anderen ätherischen Ölen auch, auf die Reinheit des Terpentinöls achtet. Terpentinöl darf *niemals* eingenommen werden. Es ist ein starkes Antiseptikum und Bakterizid, sollte aber nur von erfahrenen Therapeuten verwendet werden. Es darf niemals pur benutzt werden, da es selbst schon in niedriger Dosis zu Nervenreizungen führen kann; hohe Dosen können Lähmungen, Erschöpfung, Zystitis, Blaseninfektionen und das Bedürfnis, ständig Wasser zu lassen, verursachen. Das Öl sollte niemals an Orten aufbewahrt werden, an denen es Kindern oder Menschen zugänglich ist, die leichtfertig damit umgehen könnten.

Anwendung

Medizin
Trotz des oben Gesagten verwende ich das Öl in der Praxis und schätze es bei der Behandlung von **Rheuma**, **Ischias** und **Gicht**.

Vermischtes
Eine andere Terpentinquelle ist die Aleppokiefer *(Pinus halepensis)*, aus deren Harz auch der griechische *Retsina* hergestellt wird.

Thuja
Thuja – Cupressaceae

Thuja ist eine Gattung von fünf ausdauernden, immergrünen Nadelbäumen und -sträuchern, die in Nordamerika und Kanada (*T. occidentalis,* Weiße Zeder und *T. plicata,* Westliche Rote Zeder), Japan *(T. standishii),* China *(T. orientalis)* und Korea *(T. koraiensis)* heimisch sind. Die Weiße Zeder wurde als erster amerikanischer Baum in Frankreich eingeführt; er wurde 1526 aus Kanada mitgebracht und im Schloßgarten von Fontainebleau angepflanzt.

Die Bäume sehen zypressenartig aus, sie sind, außer der Westlichen Roten Zeder, schlank und wachsen sehr langsam. Die schuppenförmigen Blätter liegen an den Ästen an, die Blüten – männliche und weibliche an einem Baum – sind klein und endständig, und die Zapfen sind klein mit Schuppen und geflügelten Samen. Das Nadelwerk aller Arten außer von *T. orientalis* ist stark aromatisch und verströmt unzerrieben einen Duft, der noch in einigen Metern Entfernung wahrnehmbar ist.

Der Name »Thuja« (oder *thuya* auf französisch) ist die latinisierte Form des griechischen Wortes *thyein* (= »räuchern«). Von Theophrast wissen wir, daß man in antiker Zeit die Bäume dieser Gattung in Kyrene nahe dem Jupiter-Ammon-Tempel kultivierte, um sie für die Räucherungen zu Ehren der Götter bereit zu haben. Aus der Rinde wurden oft religiöse Gegenstände und Statuen geschnitzt. Ein anderer Name des Baumes ist *arbor vitae* (= »Lebensbaum«).

Die amerikanischen Indianer kannten Thuja; sie stellten aus Blättern und Rinde Rheumaumschläge her und kochten Auszüge, die sie wegen der schweißtreibenden Eigenschaften gegen Virusinfektionen tranken.

Das ätherische Öl

Beschreibung: *T. plicata* oder die Westliche Rote Zeder, ist die Varietät, die medizinisch genutzt wird. Destilliert werden die jungen getrockneten Zweige mit Nadeln. Der Gehalt an ätherischem Öl ist im Frühjahr wesentlich höher als im Sommer.

Inhaltsstoffe: α-Pinen, Borneol, Bornylazetat, d-Thujon, Fenchon und Fenon. Das Öl besitzt antirheumatische und antiseptische Eigenschaften.

Gefahren: Ich empfehle Thujaöl nicht für die Selbstbehandlung. Es sollte nur von erfahrenen Therapeuten verwendet werden, da Thujon ein gefährlicher Inhaltsstoff ist, selbst bei geringer Dosierung. Thujaöl sollte *niemals* eingenommen werden, und bei unvorsichtigem Gebrauch kann es auch bei äußerlicher Anwendung sehr giftig sein.

Samuel Hahnemann (1755 bis 1843), der Begründer der Homöopathie, machte die medizinischen Eigenschaften der Pflanze in Europa bekannt, wo sie als Tinktur verwendet wurde. 1875 veröffentlichten die deutschen Ärzte Mohnike und Brecher eine Arbeit über die bemerkenswerten Heilkräfte von Thuja, besonders in Fällen von Hautgeschwülsten und -tumoren. Sie stellten fest, daß sich die Haut bei zweimaliger Anwendung der Tinktur pro Tag schnell regenerierte und selbst heilte; die Haut wurde blaß und trocken, die Entzündung ging zurück, und die Tumoren verschwanden. Später verschrieb Dr. Leclerc Thuja bei Warzen, Hautabnormalitäten und wegen der stimulierenden Bestandteile (α-Pinen, Fenon und d-Thujon) als Stimulans des Harnapparats.

Anwendung

Medizin
Erfahrene Aromatherapeuten können bei der Behandlung von Kopfhaut**schuppenflechte**, **Haut**geschwüren, Hautabschürfungen und **Alopezie** sehr gute Ergebnisse mit ätherischem Thujaöl erzielen. Thuja kann auch eine bemerkenswerte Hilfe im Kampf gegen schlimme **Akne**abszesse und Infektionen sein.

Thymian
Thymus – Labiatae

Thymian gehört zu einer Gattung von über 300 Arten winterfester, mehrjähriger krautiger Pflanzen und Halbsträucher, die in Europa heimisch sind, besonders rund ums Mittelmeer. Sie sind jetzt überall auf der Welt verbreitet, in Amerika und selbst so weit nördlich wie auf Island. Manche Arten sind niederliegend und geflechtbildend; andere können bis zu 30 cm hoch werden. Dazu gehören *T. citriodorus,* der nach Zitrone duftende Thymian, und *T. vulgaris,* der Gartenthymian, die Sorte, die am häufigsten in der Küche verwendet wird: Er hat kleine, dunkelgrün-graue, elliptische Blätter und in Ähren stehende, malvenfarbige Lippenblüten. (Die anderen Thymianblüten variieren zwischen Weiß über Blaßrosa und Blaßlila bis zu

Dunkelrot.) Die Blätter aller Arten sind aromatisch, obwohl die kultivierten Formen im allgemeinen stärker duften als die wild wachsenden und die in warmen Klimas gewachsenen mehr Kraft haben als die aus dem naßkalten Norden. Am stärksten duftet *T. membranaceus,* eine spanische Varietät, und es gibt auch Thymian, der nach Zimt und nach Orange riecht.

Thymian soll schon 3500 v. Chr. von den Sumerern verwendet worden sein. Die alten Ägypter nannten ihn *tham* und verwendeten die Pflanze zum Einbalsamieren. Die Griechen kannten zwei Arten: Dioskurides unterschied zwischen weißem – medizinisch gebrauchten – und schwarzem Thymian, der kein gutes Ansehen hatte, weil er »Übelkeit hervorrief und die Galle reizte«. Thymian zählte zu den 400 Heilkräutern des Hippokrates. Aufgüsse dieses Krautes wurden am Ende von Festgelagen zur Verdauungsanregung getrunken, und es wurde zu Ehren der Venus und anderer Gottheiten verbrannt. Tatsächlich stammt der Name »Thymian« wegen des Dufts der Pflanze von dem griechischen Wort *thymós* ab, was »Geist, Mut«, ursprünglich aber »Rauch, Hauch, Geruch« bedeutete.

Die Römer kochten mit Thymian und gebrauchten ihn arzneilich. Plinius empfahl ihn als Mittel gegen Epilepsie; er sagte, daß Matratzen aus dem Kraut hergestellt werden sollen und daß der Kranke, der darauf schläft, ruhig und entspannt erwacht. (Interessanterweise lag das Jesuskind angeblich auf Heu, unter das Thymian gemischt worden war.) Plinius verschrieb außerdem in Essig gekochten Thymian als Mittel gegen Kopfschmerzen. Thymian galt als Gegenmittel bei Schlangenbissen; man verbrannte ihn auch außerhalb der Häuser, um gefährliche Reptilien fernzuhalten. Die Römer glaubten, Thymian vertreibe Melancholie und mache mutig: Soldaten nahmen ein Thymianbad, bevor sie in die Schlacht zogen, eine Vorstellung, die zur Zeit der Kreuzzüge noch immer lebendig war, als die Damen Thymianzweige auf die Schultertücher ihrer Ritter stickten, bevor diese in den Osten aufbrachen. Im Mittelalter verschrieb die heilige Hildegard Thymian gegen Pest und Paralyse, Lepra und Kleiderläuse.

In Britannien war Thymian ein Streukraut und in den Sträußchen enthalten, die Richter und Könige bei sich trugen, um sich in der Öffentlichkeit vor Ansteckung zu schützen.

Das ätherische Öl

Beschreibung: Das Öl wird aus den Blättern und blühenden Zweigen destilliert. Es ist fett und dickflüssig, sein Geruch ist angenehm, erinnert an die frische Pflanze, ist aber natürlich nachhaltiger.

Das Öl ist rot oder weiß, und früher glaubte man, das hinge davon ab, ob Weißer oder Roter Thymian verwendet wurde. Man hat jedoch festgestellt, daß die Färbung des Öls nicht von der Farbe der Pflanze abhängt, sondern von der Containersorte, in der das Öl destilliert wird. In ärmeren Ländern werden Metallcontainer benutzt, und diese oxydieren, wenn sie mit dem Öl in Berührung kommen, und färben es rot. In anderen Ländern werden teurere Onyxcontainer benutzt, die nicht mit dem Öl reagieren, so daß es seine natürliche Farbe behält. Wie sich die Oxydation auf den therapeutischen Wert des Öls auswirkt, ist unbekannt.

Inhaltsstoffe: 25 bis 40% Thymol und Carvacrol, daneben Borneol, Cineol, Linalool, Menthon, p-Cymen, Pinen und Triterpensäure.

Gefahren: Ätherisches Thymianöl kommt aus Südfrankreich, Spanien, Israel und Nordafrika. Seit der Tschernobyl-Katastrophe bevorzuge ich, aus Angst vor der radioaktiven Verseuchung der Pflanze, die weiße israelische Variante. Obwohl der radioaktive Niederschlag auf viele westliche Länder und viele Pflanzen niederging, scheint er sich im Thymian mehr konzentriert zu haben als in anderen Kräutern. Dennoch verkaufen viele westliche Erzeuger weiterhin ihre Öle für die Therapie, so daß es doppelt wichtig ist, beim Einkauf auf die Herkunft des Öls zu achten. Ich rate außerdem vom Kauf des roten Öls ab (siehe oben).

Die Wertschätzung des Thymians hörte nicht auf. Der französische Arzt und Chemiker des 17. Jahrhunderts Lemery war der Überzeugung, Thymian rege die Gehirntätigkeit an und sei ein Stimulans des Verdauungssystems. 1719 isolierte und entdeckte Neumann im Thymian das Thymol; später isolierten Cadéac und Meunier Carvacrol und Pinen. Im 18. Jahrhundert war Thymian in vielen Präparaten enthalten, eines davon war *baume tranquille* gegen nervöse Unruhe. Camperdon, ein Gelehrter, untersuchte 1884 die therapeutischen Eigenschaften des Thymians und stellte fest, daß dieser direkt auf das Nervensystem wirkte und in der Rekonvaleszenz half, zu Kräften zu kommen. Später verschrieb Dr. Leclerc Thymian bei Fällen von Asthma, Depressionen und Atemwegsinfektionen sowie chronischem Husten. Bis zum Zweiten Weltkrieg wurde Thymianöl, neben ätherischem Nelken-, Zitronen- und Kamillenöl, als Desinfektionsmittel in Krankenhäusern benutzt. Da es Gelbfieberorganismen töten konnte und siebenmal stärker wirkte als Karbol, sprühte man, zum Schutz gegen Krankheiten und Läuse, im Krimkrieg die Soldatenkleider damit ein.

Anwendung

Medizin
Thymian ist ein Tonikum, Stimulans, Stomachikum, Digestivum, Antispasmodikum, Brustmittel und ein Balsam (siehe »Glossar der medizinischen Fachausdrücke«). Er kann gegen **Asthma**, **Grippe**, **Erkältung**, **Husten**, **Fieber** und Nervosität genauso helfen wie gegen Schmerzen. Er wirkt auch bei **Dermatitis**, **Hautinfektionen** und -reizungen, **Gicht**knoten, **Rheuma**, **Rückenschmerzen** und **Ischias**. Für mich ist er unverzichtbar.

(*Siehe auch* **Abszesse und Furunkel, Anorexia nervosa, Anthrax, Bauchschmerzen, Blutergüsse, Durchfall, Gastritis, Herpes, He-**

**xenschuß, Husten, Insektenstiche und -bisse, Katarrh, Lungen-
entzündung, Mundgeruch, Muskelschmerzen, Parodontose** *und*
Schnittwunden und Schrammen.)

Schmerzmittel
Nehmen Sie gegen **Gelenkschmerzen**, **Rückenschmerzen** und
Ischias ein heißes Bad, in das Sie 15 Tropfen ätherisches Thymianöl
sowie 2 EL Natriumbicarbonat mischen. Geben Sie, um die Wirkung
des Öls zu verstärken, einige Tropfen Eukalyptus oder Zedernholz
dazu, die es gut ergänzen. Reiben Sie die betroffenen Stellen nach
dem Bad mit einer Mischung aus 15 ml (1 EL) Sojaöl, 2 Tropfen
Weizenkeimöl, 10 Tropfen Thymianöl und 5 Tropfen Eukalyptusöl
ein.

Mittel gegen Müdigkeit und Depression
Nehmen Sie ein warmes Bad, in das Sie 5 Tropfen Thymianöl und
3 Tropfen Majoranöl mischen. Reiben Sie nach dem Bad Solarplexus
und Kreuzbeingegend mit einer Mischung aus 15 ml (1 EL) Mandelöl, 2 Tropfen Weizenkeimöl, 7 Tropfen Thymian, 2 Tropfen Majoran
und 3 Tropfen Rose ein. Machen Sie sich dann folgenden Heiltrank.

Thymianheiltrank
Geben Sie gut 15 ml (einen gehäuften EL) frische Thymianblätter in
600 ml kochendes Wasser, 5 Minuten ziehen lassen. Mit Honig süßen
und heiß trinken. Dieser Tee hilft gegen Depressionen und Müdigkeit
und empfiehlt sich besonders am Morgen anstelle von Tee oder
Kaffee, aber auch wenn man unter Arbeitsstreß steht. Er wirkt gut
bei **prämenstruellem Syndrom**, **Wechseljahrbeschwerden** oder
auch nach einer **Erkältung** oder **Grippe**. Äußerlich angewendet,
kann ein Thymianaufguß **rheumatische** oder **ödematöse** Schwellungen zum Abklingen bringen.

Kosmetik

Hier ein gutes Adstringens gegen **Akne**: Kochen Sie einen frischen Thymianzweig (oder eine Prise getrockneten) 2 Minuten in 2 Tassen Wasser, dann 5 Minuten ziehen lassen. Den Saft einer halben Zitrone dazugießen und damit mehrmals täglich das Gesicht spülen. Thymianöl kann auch in Haarkuren gegen **Schuppen** verwendet werden: Stellen Sie das Rezept von Seite 268 mit Thymian- statt Salbeiöl her.

Küche

Thymian ist ein wichtiges Küchenkraut und gehört (mit Lorbeer und Petersilie) in ein *bouquet garni* (Kräutersträußchen). Die Pflanze läßt sich gut trocknen, so daß sie uns jederzeit in der Küche zur Verfügung steht. Thymian schmeckt auch noch, wenn er lange Zeit mitgekocht wurde, und eignet sich deshalb für Schmorgerichte und Eintöpfe; da Thymian die Resorption des im Fleisch enthaltenen Eisens erleichtert, macht er Eintöpfe und Schmorgerichte bekömmlicher. Dies gilt auch für Blähungen verursachende Nahrungsmittel wie Bohnen (was schon die alten Ägypter wußten). Seine konservierenden Eigenschaften machen ihn als Zutat für Pasteten, Würste, eingemachtes Fleisch und Pickles wie geschaffen; frisch gehackte Blätter schmecken auch in Brotteigen, Omlettes und Pilzgerichten köstlich. Würzen Sie mit Thymian Marinaden, Grillfleisch, Füllungen, Suppen, *court-bouillons* (würzige Fleischbrühen), Grillfleisch-Kräuterbutter oder fettigen Fisch, und verwenden Sie die nach Zitrone schmeckende Sorte für süße Rezepte wie Pfannkuchen oder Syllabub, das ist ein Dessert aus Wein, Weinbrand, Zitronensaft und abgeriebener -schale und Zucker mit süßer Sahne. Sauermilch mit Zitronenthymian ist eine isländische Spezialität.

Thymian eignet sich für Kräuteressige und -öle und für pikante Gelees. Er gehört zu den Zutaten des Benediktinerlikörs; dieser wurde 1510 von den Mönchen als Medizin erfunden, später galt er als Malariamittel, und jetzt ist er ein Genußmittel!

Vermischtes
Thymianöl kommt in Seifen und antiseptischen Präparaten vor. Früher verwendete man Zitronenthymian in Potpourris, Kräuterbeuteln und -kissen und Gartenthymian in Mottensäckchen. Letzteren pflanzte man auch auf Kräuterplätzen und Rasen an. Thymian hilft gegen Insektenbisse und wurde früher als medizinischer Schnupftabak benutzt.

Tolubalsam
Myroxylon toluiferum – Leguminosae

Der Balsambaum, *Myroxylon balsamum,* ist eine große immergrüne Pflanze aus dem tropischen Amerika, die bis zu 20 m hoch werden kann. Sie hat schmale, fiederförmige, dunkelgrüne Blätter, und im Juli und Dezember erscheinen ihre Früchte, die aus lanzettförmigen, einen einzigen Samen enthaltenden Schoten bestehen. *M. toluiferum* ist ein ähnlicher Baum, doch liefert er das duftende, meist unter dem französischen Namen *baume de Tolú* bekannte Gummiharz. Es wird durch Anzapfen gesammelt – indem man einen Schnitt in die Rinde macht, aus dem dann das Harz austritt.

Das ätherische Öl
Beschreibung: Das Harz wird nach dem Einsammeln dampfbehandelt, um das Öl herauszulösen. Frisch ist das Öl sehr häufig grau, aber es wird nach einiger Zeit rotbraun. Der Geruch ist süß, angenehm und aromatisch; wird das Öl erwärmt, riecht es leicht nach Benzoe, Vanille und sogar nach Hyazinthe.
Inhaltsstoffe: Benzoesäure (bis zu 15 %) sowie Benzoat, Cinnamat, Zimtsäure, Nerolidol und Vanillin. Es hat vielfach die gleichen Eigenschaften wie *Kanadabalsam* und *Perubalsam* (siehe dort).

Tolubalsam (nach der Stadt Tolú in Kolumbien so genannt) wird seit Jahrhunderten in der Medizin angewendet, und zuerst haben ihn die spanischen Botaniker Hernandes und Monardes in ihrem Buch *Nova Plantarum* (1574) erwähnt. Im 17. Jahrhundert wurde er in die europäischen Pharmakopöen aufgenommen. Das Harz wurde schon immer von den Eingeborenen Südamerikas und Mexikos wegen seiner balsamischen und schleimlösenden Eigenschaften genutzt.

Anwendung

Medizin
Das Öl ist ein Expektorans, **husten**lindernd und ein gutes natürliches Antiseptikum. Im Zweiten Weltkrieg wurden die japanischen Truppen mit tolubalsamgetränkten Verbänden für die Wundbehandlung versorgt, um Tetanus zu verhindern, da in Japan keine Tetanusimpfung üblich war. Tolubalsam ist speziell gegen Hautprobleme (siehe auf Seite 390 das Mittel gegen **Erfrierungen** und **rissige Haut**) und gegen Beschwerden des Harn- und **Atemapparats** nützlich. Ich habe außerdem herausgefunden, daß er gegen **Rheuma**- und **Fieber**schmerzen und beim **prämenstruellen Syndrom** hilft.
Verwenden Sie das Öl stets in Verbindung mit anderen ätherischen Ölen. Es kann zum Beispiel mit Wacholder, Rosmarin oder Kiefer kombiniert werden, um deren Wirkung zu unterstützen.

Mittel gegen Brustinfektionen
Das folgende Mittel hilft gut gegen Erkältungen, die sich auf der Brust niederschlagen. Erwärmen Sie den Tolubalsam, indem Sie die Flasche unter heißes laufendes Wasser halten.

10 ml (2 TL) Sojaöl
3 Tropfen Tolubalsam
2 Tropfen Eukalyptus
1 Tropfen Myrrhe

Die Zutaten mischen und in einer luftdicht verschlossenen Flasche aufbewahren. Reiben Sie zweimal täglich kräftig die Brust damit ein, und ziehen Sie dann ein wollenes Unterhemd und warme Kleidung an.

(*Siehe auch* **Dermatitis, entzündete Fußballen, Husten** *und* **Sinuitis.**)

Verbena
Lippia citriodora syn. Aloysia citriodora – Verbeaceae

Der Zitronenstrauch (auf englisch *[lemon-]scented verbena,* Anm. d. Ü.) – der nicht mit seinem Verwandten, dem Eisenkraut, *Verbena officinalis,* verwechselt werden darf – ist in Südamerika (Chile und Peru) heimisch. Er wurde in Nordafrika, Indien, Australien, auf den karibischen Inseln und auf Réunion eingeführt und kam um 1760 nach Europa. Er ist ein mehrjähriger, laubwechselnder schlanker Strauch und wird rund 1,5 m hoch, in gemäßigten Zonen etwas weniger. Die Blätter sind lang, blaßgrün und spitz, die Blüten sind röhrenförmig und purpurn und wachsen in endständigen Trauben. Die ganze Pflanze duftet stark nach Zitrone.

Lippia leitet sich von Augustin Lippi ab, einem italienischen Botaniker des 17. Jahrhunderts. Die Pflanze wird jetzt korrekter als *Aloysia citriodora* bezeichnet, ist aber auch als *Verbena* oder *Lippia triphylla* bekannt.

In seinem Buch *Parte pratica de botanica* (1784) hat Palau y Verdera als einer der ersten die Pflanze beschrieben und sie als Stärkungsmittel, Regulativ des Nervensystems und als Stomachikum (Magenmittel, das den Appetit und die Verdauung anregt und fördert) klassifiziert; er sagte, sie wirke bei Verdauungsstörungen und Blähungen, nervösem Herzklopfen, Schwindel und Hysterie.

Das ätherische Öl

Beschreibung: Das Öl wird aus den Blättern und Stengeln wasserdampfdestilliert, ist dünnflüssig und gelblichgrün. Es hat einen frischen zitronigen Geruch, der bitter und scharf zugleich und so fein ist, daß er sich bisher nicht synthetisch reproduzieren ließ.

Inhaltsstoffe: 30 bis 45% Citral, daneben Caryophyllen, Cineol, Geraniol, Limonen, Linalool, Methylheptenon, Nerol und Terpineol.

Gefahren: Da es sehr wenig echtes ätherisches Verbenaöl gibt und es sehr teuer ist, wird es häufig mit Citronella oder Lemongrass verfälscht bzw. gestreckt. Diese vergröbern den Duft beträchtlich, seien Sie also vorsichtig. (Lemongrass heißt manchmal Indische Verbene.) Verbenaöl von Lippia citriodora steht auf der IFRA-Liste (siehe Seite 55), da es zu überhöhter Lichtempfindlichkeit führen kann.

Anwendung

Medizin

Verbena hat wie Lemongrass einen hohen Citralgehalt, der es zu einem guten Antiseptikum und Bakterizid macht. Verbena ist auch ein sehr gutes Stomachikum, Tonikum und Antispasmodikum. Ich habe herausgefunden, daß es sich auch beruhigend auf das Nervensystem auswirkt.

Für einen tonisierenden Heiltrank am Morgen – der Ihnen wesentlich besser tut als Tee oder Kaffee – streuen Sie eine große Prise der getrockneten Blätter in 600 ml kochendes Wasser. Maximal 7 Minuten ziehen lassen. Geben Sie nach Belieben eine Zitronenscheibe oder etwas Honig dazu, und Sie werden sich wesentlich frischer fühlen, bereit, den Tag anzupacken.

Wenn sie einfach down sind oder sich leicht depressiv fühlen, heitern Sie sich auf, indem Sie das Öl in einer Duftlampe anwenden.

(*Siehe auch* **Appetitlosigkeit** *und* **Depressionen**.)

Kosmetik

Ich empfehle Verbenaöl wegen seiner stark antiseptischen Eigenschaften bei Akne mit stark entzündeten Mitessern. Mischen Sie 25 ml Traubenkernöl mit 1 Tropfen Weizenkeimöl und 9 Tropfen Verbena: täglich abends nach dem Waschen auftragen. Tragen Sie Verbenaöl mehrmals täglich pur auf Zysten und Mitesser auf.

Um Ansteckung zu vermeiden, obiges Öl weder mit jemand teilen noch verleihen.

(*Siehe auch* **Dermatitis**.)

Küche

Verwenden Sie die Blätter in allem, was Zitronengeschmack verlangt: in Fisch- oder Hähnchenfüllungen, Salaten, Fruchtgelees und Süßspeisen. Die Blätter können anstelle von Lemongrass in vielen südostasiatischen Rezepten verwendet werden.

Vermischtes

Öl und Pflanze werden in der Nahrungsmittel- und Getränkeindustrie häufig als Zitronenaroma gebraucht, und Verbenaöl findet seit Jahrhunderten in der Seifen-, Parfüm- und Kosmetikindustrie Verwendung. Die getrockneten Blätter eignen sich auch für Potpourris oder Kräutersäckchen.

Vetiver
Vetiveria zizanioides/Andropogon muricatus – Gramineae

Vetiveröl stammt vom Vetivergras, das in tropischen und subtropischen Klimas kultiviert wird. Das Gras, ein naher Verwandter anderer aromatischer Gräser, etwa Lemongrass, ist aufrecht und hat schmale geruchlose Blätter; es sind die Wurzeln, die stark duften, ähnlich wie Sandelholz oder Veilchen. In Indien ist Vetiver als *khas-khas* oder *khus-khus* bekannt.

Das ätherische Öl

Beschreibung: Das Gras muß mindestens zwei Jahre alt sein, bevor die Wurzeln an der Sonne getrocknet werden können. Das Öl wird dann aus den kleingeschnittenen Wurzeln mit Hilfe von Alkohol, Keton oder Benzol oder durch Destillation extrahiert, und nur letztere macht es therapeutisch brauchbar. Das Öl ist dunkelbraun und hat einen pfeffrig-würzigen, holzig-erdigen Geruch.

Inhaltsstoffe: Hauptsächlich ein Alkohol namens Vetiverol.

Gefahren: Es ist ein teures Öl, da die Wurzeln sehr wenig Öl enthalten, und das hat leider zu seiner Verfälschung mit Synthetika geführt. Und tatsächlich hat Vetiveröl in den siebziger Jahren wegen der hautschädigenden Wirkung seiner verfälschten Varianten einen so schlechten Namen bekommen, daß man es in vielen Ländern verboten hat. Darum wird es jetzt nicht mehr in der Therapie angewendet.

Die Jahresernte beträgt rund 1 t pro Hektar, und das entspricht in etwa 2,7 bis 3,2 kg Öl. 1987 wurden weltweit rund 250 t Vetiveröl produziert, der Großteil stammte aus Haiti und Indonesien. China begann Anfang der siebziger Jahre das Gras zu kultivieren und exportierte beträchtliche Mengen; doch meinten die bekanntesten Parfümhersteller, es reiche nicht an die Qualität des Öls aus Réunion heran, das als das beste gilt.

Anwendung

Kosmetik

Vetiver wurde schon immer hauptsächlich zur Parfümherstellung gebraucht, besonders im Orient. Es wird gewöhnlich als Fixator verwendet, und viele After-shaves und Eaux de Cologne enthalten es. Es kommt auch in teuren Seifen vor. Die pulverisierten Wurzeln sind in indischen Duftkissen enthalten.

Küche

In Indien wird *khas-khas* zum Würzen von Sorbets und Konfekt verwendet, und gelegentlich findet man in indischen Spezialitätenläden *Khas*-Sirup oder -Wasser.

Vermischtes

Vetiver war über Jahrhunderte sowohl im Orient als auch im Okzident ein bewährtes Insektenvertreibungsmittel. In Indien hängte man die Wurzeln als kleine Bündel in Kleiderschränke und webte sie in Matten, Fächer und in die Schirme oder Tücher ein, die vor Fenstern, Türen und um Veranden befestigt wurden (naß kühlten letztere das Innere des Hauses und verströmten zur gleichen Zeit einen wunderbaren Duft). Baumwollstoffe und Mousseline wurden mit dem Öl imprägniert, vor allen Dingen, um sie vor Motten zu schützen. Und in Rußland nähte man kleine Duftkissen mit Vetiveröl in das Futter teurer Pelzmäntel. Um Pelze, Wolle und Kaschmir vor Insektenbefall zu schützen, könnten Sie Löschpapier mit Vetiveröl imprägnieren und in Kleiderschränken und Schubladen verteilen. Es wirkt und riecht wesentlich besser als Mottenkugeln.

Wacholder
Juniperus communis – Cupressaceae

Es gibt circa 60 Wacholderarten, doch werden nur die Beeren des *J. communis* kulinarisch und medizinisch genutzt. Dieser ist ein immergrüner stachliger Strauch oder Baum, abhängig vom Standort; er wuchert in offenen Lagen und kann als Baum 2 bis 4 m hoch werden. Er ist in der ganzen nördlichen Hemisphäre weit verbreitet, wächst wild auf kreide- und kalkhaltigen Böden, in schwedischen, koreanischen und kanadischen Wäldern und im ungarischen und schottischen Bergland. In Großbritannien neigen, seit dem durch Myxomatose bedingten Hasensterben, andere, robustere Sträucher dazu, ihn zu verdrängen, und er ist nun seltener anzutreffen als früher. Die Bäume sind getrenntgeschlechtlich, die blühenden »Zapfen« der weiblichen Bäume werden zu grünen Beeren, die sich im zweiten oder dritten Jahr blauschwarz färben.

Oft befinden sich gleichzeitig grüne und schwarze Beeren an einem Baum, was den Namen *Juniperus* erklären könnte: *iuniores* (= »die Jüngeren«) – um auf die ständig neuen Beeren hinzuweisen. Allerdings herrscht unter den Experten Uneinigkeit, manche behaupten, der Name habe sich aus keltisch *gen* (= »kleiner Busch«) und *prus* (= »bitter-scharf«) entwickelt. Dies dürfte die europäischen Namen – französisch *genièvre,* holländisch *genever* – eher erklären, woraus sich das Wort *gin* entwickelte, das eine aus Wacholderbeeren hergestellte Spirituose bezeichnet.

Wacholderbeeren waren schon im Altertum bekannt. Sie wurden in prähistorischen Pfahlsiedlungen in der Schweiz gefunden und in ägyptischen Papyri erwähnt. Man verbrannte sie im alten Griechenland zur Seuchenbekämpfung – wie das Holz während der Pockenepidemie von 1870 in französischen Krankenhäusern. Auch die Römer nutzten ihn als starkes Antiseptikum; und beim Kochen würzten sie anstatt mit dem raren und teuren Pfeffer mit Wacholderbeeren. Plinius und Galen bevorzugten Wacholderbeeren besonders bei Leberbeschwerden und empfahlen sie schweren Essern anstelle von Pfeffer. Cato der Ältere hielt die Beeren für harntreibend – eine ihrer vornehmlich erwiesenen Eigenschaften – und erfand daher ein Weinrezept; dafür war eine große Menge zerstoßener Wacholderbeeren in altem Rotwein aufzukochen und 10 Tage lang in einer Flasche aufzubewahren. Ein Glas davon, als erstes am Morgen getrunken, wirkte angeblich Wunder!

Im Mittelalter wurde Wacholder bei Kopfweh, Blasen- und Nierenbeschwerden als Allheilmittel betrachtet. Die heilige Hildegard verordnete ihn, zerstoßen als Badezusatz, gegen Lungenentzündung und Fieber, ein Rat, der später von der Schule von Salerno wiederaufgegriffen wurde. In Großbritannien wurden Wacholderbeeren eher magisch als medizinisch betrachtet: Man brachte zur Walpurgisnacht beerentragende Zweige an der Haustür an, um die Hexen fernzuhalten; der Rauch eines Wacholderholzfeuers vertrieb Dämonen, und ein Wacholdertee machte angeblich wieder jung.

Der deutsche Renaissancebotaniker Fuchs hielt Wacholder für ein Universalheilmittel und empfahl ihn für nahezu alle Beschwerden, was später von den französischen Autoren René Bretonnayau und Guillaume Burnel übernommen wurde. Dr. Lemery führte in seinem medizinischen Lexikon ein interessantes Rezept zum Schutz vor der Pest an: Er riet den französischen Konditoren, Wacholderdragees herzustellen – statt Mandeln zerstoßene Beeren zu überzuckern –, die vom Volk, zur Vermeidung einer Ansteckung, mehrmals täglich gegessen werden sollten. Diese »Dragées St-Roch« wurden sehr beliebt.

Das ganze 17. und 18. Jahrhundert hindurch priesen Ärzte und Pflanzenkenner die Eigenschaften des Wacholders, und später entwickelte Dr. Leclerc ein Rezept, bei dem viele Beeren gebraucht wurden. Dieser *apothème diurétique* enthielt auch Schachtelhalm und Holunderbeeren. Eine andere Wacholderarznei namens *huile d'harlem* enthielt etwas Leinsamenöl und Terpentin und wurde bei Leberbeschwerden verkauft.

Das ätherische Öl

Beschreibung: Das Öl wird aus den frischen, reifen schwarzen Beeren destilliert. Je südlicher die Beeren wachsen, desto mehr ätherisches Öl enthalten sie, und um so besser ist ihr Geschmack. Die aus Italien stammenden Beeren sollen die besten sein.

Das Öl ist durchsichtig, dünnflüssig und farblos, manchmal mit einem Stich in Grüngelbe. Es riecht ähnlich wie Pinie, ist aber pfeffriger, schärfer und balsamischer, mit einem brennenden, etwas bitteren Beigeschmack.

Inhaltsstoffe: Es enthält hauptsächlich α-Pinen, Borneol, Cadinen, Camphen, Isoborneol, einen Bitterstoff namens Juniperin, Terpenalkohol und Terpineol.

Gefahren: Das Öl wird oft mit Terpentin verfälscht, geben Sie also beim Einkauf acht!

Anwendung

Medizin

Das Öl besitzt hauptsächlich antirheumatische, antiseptische, reinigende, diuretische, menstruationsfördernde, magenstärkende, karminative, schweißtreibende und tonische Eigenschaften. Es ist, äußerlich angewendet, auch ein parasitentötendes Mittel.

Bei **Rheuma** oder **Gliederschmerzen** 10 ml (2 TL) Sojaöl mit 2 Tropfen Weizenkeimöl und 10 Tropfen Wacholder mischen. Zweimal täglich die steifen Gelenke, den Nacken, Solarplexus und die Wirbelsäule damit einreiben, bis Besserung eintritt. So lange einmassieren, bis das Öl vollständig absorbiert ist.

Um einer **Wasseransammlung** vor den Tagen entgegenzuwirken, geben Sie 5 Tropfen Wacholderöl in ein heißes Bad. Reiben Sie danach Füße, Beine, Bauch und Hüften mit obengenanntem Öl ein (vergrößern Sie jedoch den Sojaanteil auf 20 ml [4 TL]). Das Bad hilft auch gegen Zystitis.

Wacholder eignet sich gut gegen einige Hautleiden. Bei **Akne** jeweils 5 ml (1 TL) Soja- und Traubenkernöl mit 5 Tropfen Wacholder und 1 Tropfen Weizenkeimöl mischen. Bei schwerer Akne mehrmals täglich auftragen.

Auf große eitrige Pickel tragen Sie früh und abends reines ätherisches Wacholderöl mit dem Wattestäbchen auf. Es wirkt sehr stark antiseptisch und läßt die Entzündung abklingen. In schlimmen Fällen können Sie es bis zu viermal am Tag wiederholen.

Bei nässendem **Ekzem** 10 ml (2 TL) Mandelöl mit 5 Tropfen Weizenkeimöl und 6 Tropfen Wacholder mischen und sofort auftragen, dann alles vier Stunden wiederholen, bis die Symptome nachgelassen haben. Mit einem Verband abdecken – Verbandmull erlaubt der Haut zu atmen.

(*Siehe auch* **Abszesse und Furunkel, Arthritis, Brustinfekte, Hexenschuß, Ischias, Kopfschmerzen, Leukorrhöe, Lungenentzündung, Pedikulose, Rückenschmerzen** *und* **Zystitis**.)

Kosmetik
Wacholderöl eignet sich sehr gut für ein Gesichtsdampfbad bei **fettiger Haut**. Ein paar Tropfen davon in eine Schüssel warmes Wasser geben.

Küche
Bei Wacholderbeeren muß man immer an Wild denken: Sie können mit Wild gekocht werden, oder ihr Aroma läßt milderes Fleisch etwas wildartig schmecken. Zum Beispiel lieben die Franzosen provenzalische Jagdvögel, weil diese die Beeren fressen: Das macht ihr Fleisch sehr kraftvoll und schmackhaft. Deshalb füllt man Hausgeflügel mit Wacholderbeeren, damit es wie die »natürlich gewürzten« Vögel schmeckt. Verwenden Sie die Beeren für Wildschwein- oder

andere Wildbretmarinaden. Sie passen auch gut zu Kalbfleisch und verleihen, mit Steinsalz und Knoblauch zerstoßen, frischem Kohl eine besondere Note. Sie sind ein traditionelles Gewürz für Sauerkraut und viele Pasteten.

Wacholderbeeren waren bei den Indianern der pazifischen Nordwestküste ein beliebtes Nahrungsmittel. Diese verbuken sie gemahlen in Kuchen, aßen die innere Baumrinde in Hungerszeiten und machten aus Zweigen und Blättern einen Tee.

Holz und Beeren können zum Grillen verwendet werden, und Lachs, über Wacholder geräuchert, soll einen köstlichen weinartigen Geschmack haben.

Wacholderbeeren sind in vielen Spirituosen, Weinen und Likören enthalten. In Lappland gibt es einen Wacholderkräutertee, in Skandinavien ein Wacholderkonfekt und -bier, und früher waren die gerösteten und gemahlenen Beeren ein Kaffee-Ersatz. Das bekannteste mit Wacholder gewürzte alkoholische Getränk ist der Gin. Er wurde vor 400 Jahren in Holland erfunden, als ein niederländischer Apotheker ein Diuretikum zuerst auf Wein-, dann auf Spirituosenbasis entwickelte. Er nannte sein Produkt *genièvre,* auf englisch *gin,* und *geneva* oder *genever* auf dem Festland. Es wurde ursprünglich nur zu medizinischen Zwecken hergestellt. In England wurde der billige Gin zu einer Plage, auch *mother's ruin* genannt, vielleicht in Anspielung auf den Glauben, daß Wacholderbeeren abortiv wirken. (Viele Pflanzenkenner raten noch heute, während der Schwangerschaft keine Wacholderarzneien einzunehmen.) Alle Gins sind mit einer größeren oder kleineren Menge Wacholder gewürzt, die genaue Dosierung ist jedoch geheim, wie von allen anderen »Kräuteringredienzen« – wie Angelika, Anis, Kümmel, Kardamom, Kassienzimtrinde, Koriander und Orangenschale.

Vermischtes
Wegen seines rosa Kern- und weißen Splintholzes ist Wacholderholz ein gutes Schnitzholz. Es ist ein gut riechendes Feuerholz und wird

auch zur Herstellung duftender Bleistifte verwendet. Aus den Beeren können braune oder khakifarbene Farben hergestellt werden.

Waldkiefer

Pinus sylvestris – Coniferae

Die Kiefer gehört zu einer mehr als 100 Arten umfassenden Gattung immergrüner Nadelbäume. Am weitesten verbreitet ist die Waldkiefer oder *Pinus sylvestris,* die in West- und Nordeuropa und in Rußland heimisch ist. Sie wächst auch in Nordamerika. Es heißt, sie habe als einzige nordeuropäische Kiefernart die Eiszeit überlebt – sie widersteht Temperaturen bis minus 40 Grad Celsius. In Schottland war sie einst sehr verbreitet, doch wurde der Bestand schon vom Menschen der Frühzeit dezimiert; später bevorzugte man die großen geraden Stämme für den Bau von Segelschiffmasten, da die Bäume bis zu 36 m hoch werden können. Die Nadeln sind kurz und spitz, es gibt männliche und weibliche Blüten, und die Zapfen entstehen und reifen innerhalb von zwei Jahren.

Man hat bei Ausgrabungen in Großbritannien neben römischen Häusern Kiefernkerne und -zapfen gefunden, und diese scheinen sowohl gegessen als auch zu medizinischen Zwecken verwendet worden zu sein. Hippokrates empfahl bei Lungenbeschwerden und Halsentzündungen Kiefer. Plinius beschrieb die therapeutischen Eigenschaften der Kiefer sehr genau in seiner *Naturgeschichte* und betonte ihren Wert bei allen Erkrankungen des Atemapparats.

In neuerer Zeit bestätigte Dr. Leclerc ihre Wirksamkeit auf den Atemapparat, fügte aber hinzu, daß sie schon bei den ersten Anzeichen von Grippe, Bronchitis, Lungenentzündung und Asthma angewendet werden sollte; er empfahl sie außerdem bei allen Erkrankungen des Urogenitaltrakts wie Zystitis und Leukorrhöe. Marguérite Maury hielt sie für ein gutes Mittel bei rheumatischen Beschwerden wie Gicht, für ein wirksames Diuretikum und für ein gutes Mittel gegen Lungeninfektionen.

Das ätherische Öl

Beschreibung: Man kann aus vielen Kiefernarten Öl gewinnen, doch besitzt das aus den Nadeln von *P. sylvestris* gewonnene den größten therapeutischen Wert. Manchmal werden auch die Zapfen und jungen Triebe mitdestilliert. Am meisten geschätzt ist das Öl aus Sibirien und Finnland.

Das Öl ist farblos bis blaßgelb und riecht stark balsamisch und leicht kampferartig.

Inhaltsstoffe: Bornylacetat, etwa 30 bis 40%, das es vom Terpentin unterscheidet; daneben die Terpene Cadinen, Dipenten und Phellandren, Pinen und Sylvestren.

Gefahren: Es wird häufig mit Terpentin gestreckt, passen Sie also beim Einkauf auf, oder verwenden Sie einen Kiefernnadelaufguß (siehe unten).

Anwendung

Medizin

Kiefer wirkt bei Erkrankungen des Atemapparats und als Sudoriferum (schweißtreibendes Mittel). Deshalb eignet sie sich besonders gut zur Behandlung von **Grippe** und anderen Virusinfektionen.

Mischen Sie sich bei den ersten Anzeichen einer Virusinfektion eine Einreibung aus 50 ml Sojaöl, 5 Tropfen Weizenkeimöl, 10 Tropfen Waldkiefer, 5 Tropfen Eukalyptus und je 4 Tropfen Niaouli und Myrte. Reiben Sie Brust und Rücken kräftig damit ein, bis ein wirkliches Hitzegefühl auftritt, und ziehen Sie sich danach sehr warm an, so daß sich die Wärme so lange wie möglich hält.

Sie können auch einen Leinsamenumschlag (siehe Seite 48) machen, dem Sie die obige Ölmischung zufügen, jedoch ohne Soja- und Weizenkeimöl. Möglichst heiß auf Brust und Rücken auflegen, mit einem Handtuch umwickeln, um die Hitze zu halten, und 10 Minuten einwirken lassen. Dann obengenannte Einreibung anwenden und wie beschrieben warm halten.

Bei Infektionen empfehle ich außerdem immer auch einen Kiefernnadelaufguß. Gießen Sie je eine Prise Kiefernnadeln und Eukalyptus mit 600 ml kochendem Wasser auf. Nach 7 Minuten abgießen und heiß trinken. Eventuell mit Honig süßen.

Dieser Aufguß hilft auch gut gegen **Zystitis** und andere urologische Probleme, verdoppeln Sie aber den Kiefernnadelanteil. 5 Tropfen Waldkiefernöl als Badezusatz oder eine Einreibung auf Bauch und Lenden helfen ebenfalls. Für letztere 20 ml (4 TL) Sojaöl mit 2 Tropfen Weizenkeimöl, 12 Tropfen Sibirischer Kiefer und 5 Tropfen Zypresse mischen. Auch Eukalyptus und Niaouli sind in Verbindung mit Kiefer bei Zystitis sehr wirksam.

(*Siehe auch* **Arthritis, Bronchitis, Brustinfekte, Erkältung, Frostbeulen, steife Gelenke, Hexenschuß, Husten, Katarrh, Kolik, Lungenentzündung, Muskelschmerzen, prämenstruelles Syndrom** *und* **Rückenschmerzen**.)

Vermischtes
Die in Lebensmittelläden erhältlichen Pinienkerne stammen von *P. pinea.* Aus Kiefernzapfen lassen sich gelbliche Farben herstellen, und sie sind ein sehr aromatisches Anzündmaterial (ebenso wie die trockenen Nadeln). Ein selbstgemachtes Kiefernnadelkissen erleichtert Atembeschwerden zum Beispiel bei Katarrh. Das Öl wird in vielen Seifen, Badezusätzen, Desinfektions- und Reinigungsmitteln verwendet.

Eine Schweizer Freundin erzählte mir, daß es in bestimmten Teilen der Schweizer Alpen eigens für Rheumakranke Kiefernnadelmatratzen gibt.

Weihrauch
Boswellia carteri – Burseraceae

Weihrauch, auch Olibanum genannt, ist ein aromatisches Gummi-harz, das von der in Afrika und im Mittleren Osten heimischen Baumgattung *Boswellia,* insbesondere von *B. carteri,* gewonnen wird. Der Baum ist klein, wird 3 bis 7 m hoch und ist mit dem Baum verwandt, der Myrrhe liefert.

Das ätherische Öl

Beschreibung: Man macht in den Baumstamm tiefe Ein-schnitte, aus denen eine weiße harzige Substanz in großen ovalen »Tränen« austritt. Diese trocknen und fallen auf den Boden, wo sie eingesammelt werden. Die Tränen sind weiß-lichgelb, milchig und wächsern. Ich probierte einmal eine in Maskat: Sie schmolz leicht beim Anlecken und schmeckte wie eine Mischung aus Terpentin und Butter. Im Handel ist das Harz gewöhnlich in weißgepuderten, gelblichen Blöcken er-hältlich; es wird aber auch gemahlen angeboten.

Das Öl wird aus dem Harz wasserdampfdestilliert, das etwa 3 bis 8% ätherisches Öl enthält. Dieses ist farblos bis blaßgelb; es hat einen balsamischen, zart zitronigen Duft, manchmal mit einer Kampfernote.

Inhaltsstoffe: Ketonalkohol (Olibanol), Harzsubstanzen (30 bis 60%) und Terpene (Camphen, Dipenten, α- und β-Pinen, Phellandren).

Weihrauch ist seit ältester Zeit in religiösen Ritualen verwendet worden, ja ist noch immer Hauptbestandteil des in den Kirchen verbrannten Weihrauchs. Er war in vielen alten Kulturen sehr hoch angesehen – daher gehörte er zu den Gaben der drei Weisen aus dem Morgenland –, und man nimmt an, daß sich die Phönizier sehr lange Zeit das Weihrauchmonopol sicherten.

Dioskurides und andere erwähnen die therapeutische Anwendung des Gummiharzes bei der Behandlung von Hautkrankheiten, bei Blutstürzen und Lungenentzündung sowie in der Augenheilkunde. Auch Soldaten wurden mit Weihrauch behandelt: Ambroise Paré, ein Chirurg aus dem 16. Jahrhundert, stellte fest, daß es blutende Wunden stillen konnte und die Narbenbildung beschleunigte. Er behauptete auch, es sei ein gutes Mittel gegen Brustdrüsenentzündung. In unserem Jahrhundert berichtete Professor Cabasse, ein französischer Arzt, daß Weihrauch bei der Behandlung von Hautkrebs wirksam ist.

Anwendung

Medizin
Wie andere Harze soll Weihrauch ein hustenlinderndes Mittel, ein Sedativum, ein Brust- und Lungenmittel und ein gutes Antiseptikum sein. Es wirkt gut bei Inhalationen gegen Katarrh und eine verstopfte Nase. 2 Tropfen Weihrauchöl in eine Schüssel heißes Wasser geben und 7 Minuten lang unter einem Handtuch inhalieren. 10 ml (2 TL) Sojaöl mit 2 Tropfen Weizenkeimöl und 6 Tropfen Weihrauch mischen. Mehrmals täglich damit den Nebenhöhlenbereich, die Stelle hinter den Ohren, wenn diese schmerzen, Schläfen und Brust einreiben.

(*Siehe auch* **Dermatitis, Gicht, Husten** *und* **Nägel**.)

Vermischtes
Weihrauch ist für die Meditation zu Hause hilfreich. Legen Sie ein mit ein paar Tropfen versehenes Stück Baumwollwatte in die Nähe

eines warmen Heizkörpers oder einer Glühbirne, oder geben Sie die Tropfen in einen Teller mit heißem Wasser. Machen Sie Ihre Yoga-übungen oder andere Übungen in unmittelbarer Nähe, während Sie die Augen schließen und tief durchatmen.

Weihrauch kommt seit Jahrhunderten in viele Potpourris und leidenschaftliche Parfüms.

Wintergrün
Gaultheria procumbens – Ericaceae

Wintergrün gehört zu einer Gattung von 200 Arten immergrüner blühender Sträucher. Der Strauch wächst im Norden der Vereinigten Staaten und in Kanada und wird etwa 30 cm hoch. Er kommt in Gebirgslagen vor, wo er oft im Schutz von Bäumen und anderen größeren Sträuchern gedeiht, oder aber auch in sandigen Wüstenebenen. Er hat große, ovale, glänzende und gezähnte Blätter und hängende, weiße oder rosafarbene glockenförmige Blüten, denen hellrote runde Beeren folgen, die ausgesprochen gut duften.

In Amerika ist Wintergrün auch als Rebhuhnbeere bekannt, und sie ist jahrhundertelang von den Indianern wegen ihrer bemerkenswerten therapeutischen Eigenschaften benutzt worden. Sie kauten die Blätter, wenn sie Fieber oder Schmerzen hatten, stellten aus ihnen belebende Getränke her und fütterten mit den Beeren Geflügel, Rebhühner und Rotwild. Die Blätter wurden bis vor kurzem in den amerikanischen Pharmakopöen klassifiziert, aber jetzt wird nur mehr das Öl erwähnt. Ein Wintergrün enthaltendes Mittel des frühen 19. Jahrhunderts namens Swain Panacea soll gegen alle möglichen Beschwerden geholfen haben. Anfang dieses Jahrhunderts wurde ein französischer Apotheker durch den Verkauf einer Wintrgrünarznei gegen chronische Gelenk- und Muskelschmerzen berühmt und reich.

Das ätherische Öl

Beschreibung: Die Blätter müssen 24 Stunden lang in heißem Wasser mazeriert werden, um zu fermentieren. Erst dadurch werden diejenigen Bestandteile abgespalten, aus denen das ätherische Öl destilliert wird. Das Öl ist farblos, verfärbt sich aber mit zunehmendem Alter rötlichbraun und sollte dann nicht mehr verwendet werden.

Inhaltsstoffe: Methylsalicylat (90 bis 95%), Keton, sekundärer Alkohol und ein Ester; letztere zwei sind für den charakteristischen Geruch verantwortlich – der aromatisch, kampferartig ist und ein wenig an Vanillin und Perubalsam anklingt.

Gefahren: Leider sind die im Handel erhältlichen Wintergrünöle häufig aus synthetischer Salizylsäure hergestellt oder aus der Rinde der *Betula lenta,* einer Birkenart, destilliert. Besorgen Sie sich das Öl von verläßlicher Quelle, andernfalls dürften die Ergebnisse sehr enttäuschend sein.

Anwendung

Medizin

Das Öl wirkt antiseptisch, ist ein Diuretikum, Stimulans, Emmenagogum und ein Mittel gegen Rheuma (siehe »Glossar der medizinischen Fachausdrücke«). Es ist besonders im letzteren Sinne bekannt geworden, und das nicht umsonst, denn es hilft in der Tat gegen viele **rheumatische Beschwerden**, **Gicht** und altersbedingte **Gelenksteifheit**. Es hilft auch gegen **Muskelschmerzen** und ist daher besonders für Sportler geeignet. Früher stellte man noch aus den erhitzten und zerkleinerten Blättern Umschläge gegen muskuläre und rheumatische Schwellungen (und gegen Furunkel) her.

Nehmen Sie gegen sämtliche obengenannte Beschwerden ein heißes Bad mit 6 Tropfen des Öls. Reiben Sie danach die betroffenen Stellen

mit einer Mischung aus 10 ml (2 TL) Sojaöl und 5 Tropfen Wintergrün ein.

(*Siehe auch* **Ödem**.)

Kosmetik
In Verbindung mit anderen ätherischen Ölen kann Wintergrün bei
der Behandlung von **Zellulitis** sehr wirksam sein.

Ylang-Ylang
Cananga odorata – Anonaceae

Die Bäume, aus denen das ätherische Öl destilliert wird – auch
Parfümbäume genannt –, stammen von den Philippinen und sind nun
im ganzen tropischen Asien verbreitet. Sie wurden 1884 auf der Insel
Réunion eingeführt, dann auf Madagaskar und dem nicht weit davon
entfernten Mayotta sowie auf Tahiti; sie können in Malaysien, Indien
und Indochina wild vorkommen. Die Bäume sind im allgemeinen
klein, können aber bis zu 30 m hoch werden. Die Rinde ist glatt mit
leichten Rissen, und die Zweige hängen wie bei der Weide herab.
Die Blätter sind groß, oval und glänzend, bis 20 cm lang, und auf der
Unterseite leicht flaumig. Die Blüten bilden sich in blattachselständigen Trauben, sind zuerst grünlich und werden dann nach circa
20 Tagen gelb und sehr aromatisch. Diese Blüten erscheinen ständig,
treten aber in der Regenzeit gehäufter auf. Eine vielsamige grünliche
Frucht folgt den Blüten.
Es werden viele Varietäten des Baumes wegen ihres ätherischen Öls
kultiviert, diejenigen mit den kleinsten Blüten duften am feinsten.
(Die Blüten der wilden Bäume duften seltsamerweise kaum.) Ein
junger, etwa fünfjähriger Baum liefert etwa 5 kg Blüten; bei zehn-
jährigen Bäumen sind es 10 bis 15 kg. 1979 wurden weltweit 100 t

Ylang-Ylang produziert, von denen allein 70 t von den Philippinen kamen. In letzter Zeit ist der Export jedoch aufgrund einer Vernachlässigung der Plantagen und des Mangels an Brennholz für die Destillation zurückgegangen. Außerdem ist reines Ylang-Ylang-Öl durch das Öl einer anderen *Cananga*-Varietät, *C. odorata* var. *macrophylla*, verdrängt worden, ein Baum, der auf Java überreichlich vorkommt. Dieses qualitativ minderwertige Öl wird in billigen Parfüms und in der Seifen- und Kosmetikindustrie verwendet. *Cananga*-Öl kostet wesentlich weniger als das kostbare und fein duftende Ylang-Ylang.

John Ray (1628 bis 1705), ein englischer Botaniker, erwähnte als erster den Baum und nannte ihn *Arbor sanguisant;* später wurde er *Borga cananga* und *Unona odorata* genannt. Guibourt beschrieb die Pflanze in seiner *Histoire naturelle des drogues simples* (1866) und verglich ihren Duft mit dem der Narzisse; er überlieferte ein Inselrezept für eine Pomade aus *Cananga*- und *Curcuma*-Blüten, mit der sich die Einheimischen während der Regenzeit einrieben, um sich vor Fieber und Ansteckung zu schützen. Die Inselbewohner mischten die Blüten außerdem mit Kokosnußöl, das sie auf die Haare auftrugen, bevor sie im Meer badeten; diese *borri-borri* genannte Mischung war auch ein guter Hautschutz und half Schnaken- und Insektenbisse abwehren. Später, im 19. Jahrhundert, war das ätherische Öl der *Cananga* Zutat eines Haaröls, das in Europa als »Macassar« bekannt war.

Ein französischer Arzt namens Gal untersuchte 1873 die therapeutischen Eigenschaften des Öls. Später, um die Jahrhundertwende, führten die Chemiker Garnier und Rechler auf Réunion einige Forschungen durch. Sie fanden heraus, daß das Öl gut gegen Malaria, Typhus und andere Fieberkrankheiten wirkte. Sie empfahlen es als ein Antiseptikum bei Darminfektionen, Durchfall und Blähungen. Und sie stellten fest, daß es die Herztätigkeit regulierte und beruhigend wirkte. Ylang-Ylang ist außerdem als Antiseptikum des Atem- und Harnapparats und als sexuelles Stimulans bei Frigidität klassifiziert. Erst kürzlich kam es jedoch zu folgendem Unglücksfall: Ein Mann, der an Impotenz litt und von der aphrodisischen Wirkung des Ylang-Ylang gehört hatte, nahm tatsächlich 5 ml (1 TL) des Öls ein. Er erlitt einen Herzanfall und starb kurz darauf.

Das ätherische Öl

Beschreibung: Das Öl wird aus den frischen Blüten destilliert, was sehr schnell geschehen muß. Es ist sehr flüssig, klar und hat einen außergewöhnlichen Duft, der stark an Hyazinthe und Narzisse erinnert.

Inhaltsstoffe: α-Pinen, Benzoesäure, Cadinen, Caryophyllen, Kresol, Eugenol, Isoeugenol, Linalylazetat (5 bis 7%), Linalylbenzoat (8 bis 10%), Linalool (30 bis 32%) und Geraniol.

Gefahren: Das Öl wird sehr oft mit Kakaobutter oder Kokosnußöl gestreckt. Machen Sie einen Test, und stellen Sie eine Probe für kurze Zeit in den Kühlschrank; wird sie dickflüssiger und trüb, ist das Öl ganz sicher verfälscht worden. Manchmal ist sehr günstig angebotenes Ylang-Ylang in Wirklichkeit *Cananga*-Öl. Der große Bedarf seitens der Parfümindustrie, besonders der französischen, hat leider dazu geführt, daß die Destillateure keine Rücksicht mehr auf die therapeutische Verwendbarkeit nehmen; Öl, das nicht von bester Qualität ist, hat therapeutisch kaum einen Wert.

Anwendung

Medizin

Wegen seines wunderbaren Duftes schätze ich Ylang-Ylang besonders als Stimulans – (geben Sie 5 Tropfen in ein warmes Bad) – und als Beruhigungs- und Entspannungsmittel. Nervöse oder leicht erregbare Menschen, die zu Herzklopfen neigen oder unter niedrigem Blutdruck leiden, sollten immer ein kleines Fläschchen von dem Öl bei sich haben; bei aufkommender Nervosität können dann ein paar Tropfen auf ein Taschentuch gegeben und einige Minuten lang tief inhaliert werden. Die Wirkung ist erstaunlich.

(*Siehe auch* **sexuelle Probleme** *und* **Streß**.)

Kosmetik
Ylang-Ylang ist ein Öl, das die Bräunung der Haut unterstützt. Verschütteln Sie in einer braunen 60-ml-Flasche 10 ml (2 TL) Kokosnußöl, 5 ml (1 TL) Weizenkeimöl, 45 ml (3 EL) Mandelöl und 10 Tropfen reines Ylang-Ylang. Verwenden Sie dieses Sonnenöl jedoch nur, wenn Sie leicht bräunen. Setzen Sie sich niemals zu lange der Sonne aus, und vermeiden Sie die Mittagssonne (die beste Zeit für ein Sonnenbad ist 16.00 Uhr).

(*Siehe auch* **Haarprobleme** *und* **Schuppen**.)

Ysop
Hysoppus officinalis – Labiatae

Der Name »Ysop« stammt vom griechischen *hyssopos* ab, das selbst wiederum aus hebräisch *ezob* abgeleitet ist und »gut duftendes Kraut« bedeutet. Die winterharte, buschige Pflanze mit schmalen dunklen Blättern, ähnlich denen von Lavendel und Rosmarin, wird etwa 30 bis 60 cm hoch. Sie stammt aus Südeuropa und kam mit den Römern nach Westeuropa (und dann durch die frühen Siedler nach Amerika). Sie wächst in Frankreich wild auf steinigem Boden und auf alten Ruinen; in Großbritannien findet man sie zusammen mit Rosmarin, Echter Katzenminze und Lavendel häufig als Gartenrand oder -hecke. Ihre wunderschönen Blütenköpfe sind gewöhnlich royalblau, können aber auch weiß oder rosa sein. Die Blüten duften sehr stark und ziehen viele Bienen und Schmetterlinge an.

Das ätherische Öl

Beschreibung: Die Pflanze wird in verschiedenen Teilen Frankreichs für die Destillation kultiviert, besonders in den Gebieten von Doubs (Jura) und Haute-Saône. Das Öl hat einen sehr aromatischen, angenehmen Geruch und geht ins Dunkelgelbe.

Inhaltsstoffe: Alkohole, Geraniol, Borneol, Thujon, Phellandren und ein hoher Anteil des Terpenketons Pinocamphon.

Gefahren: Wegen seines hohen Pinocamphonanteils kann das Öl toxische Auswirkungen haben, und Ysopöl sollte niemals frei verkauft werden, sondern nur von Ärzten oder erfahrenen Aromatherapeuten verschrieben werden. Viele wissenschaftliche Untersuchungen – unter anderem von Cadéac und Meunier (1889), von Dr. Leclerc und Professor Caujolle (in diesem Jahrhundert) – haben bewiesen, daß das Öl epileptische Anfälle hervorrufen kann, wenn die Dosierung nicht richtig eingehalten wird. Es sollte niemals bei empfindlichen Menschen angewendet werden, da es sich fatal auf das Nervensystem auswirken kann. In Frankreich kam es aufgrund der falschen Dosierung zu einigen Todesfällen, woraufhin das Gesundheitsministerium den Verkauf rezeptpflichtig gemacht hat. Ich verwende das Öl mit äußerster Vorsicht, hauptsächlich als Inhalation in Kombination mit anderen ätherischen Pflanzenölen. Die Pflanze selbst können Sie jedoch ohne Gefahr verwenden.

Ysop wird seit alters wegen seiner therapeutischen Eigenschaften hoch geschätzt (sowohl die Blüten als auch die Blätter), und er gehörte zu den im Alten Testament erwähnten bitteren Kräutern (die im Passahritual verwendet wurden). Hippokrates, Galen und Dioskurides bekräftigten seine hustenlindernden und pektoralen Eigenschaften. Bei heidnischen religiösen Zeremonien wurde Ysop zur Reinigung über die Betenden versprengt. Die Römer verwendeten ihn sowohl medizinisch als auch kulinarisch, letzteres sowohl, um sich vor Seuchen zu schützen, als auch, um seine aphrodisische Wirkung in Verbindung mit Ingwer, Thymian und Pfeffer zu genießen. Thomas Tusser empfahl in seinem 1573 erschienenen Buch *500 Points of Good Husbandry* Ysop als Streukraut, und in der Zeit der großen Pflanzenkenner des Mittelalters war das Kraut so gut bekannt, daß sich die Autoren kaum genötigt sahen, viel über es zu sagen.

Anwendung

Medizin
Ysop ist ein Brust- und Lungenmittel, wirkt schleimlösend, schweißtreibend, stimulierend und karminativ (blähungswidrig). Es wird bei **Husten**, **Erkältung**, **Grippe**, **Bronchitis**, **Asthma** und **chronischem Katarrh** empfohlen. Um eine Linderung in diesen Fällen zu erreichen, 15 g (1 EL) frischen Ysop – die oberen, zarteren Teile des blühenden Krauts – mit 600 ml kochendem Wasser aufgießen, 10 Minuten ziehen lassen und drei Tassen täglich zwischen den Mahlzeiten trinken.
Ysop kann auch äußerlich angewendet werden, und häufig wird ein Umschlag aus jungen zermalmten Blättern zur Behandlung von **blauen Flecken**, **Schnittwunden oder Schrammen** empfohlen. Kochen Sie 50 g junge Blätter in 600 ml Wasser auf; 15 Minuten stehenlassen, dann mit Baumwollwatte auf der betroffenen Stelle anwenden.

Ysopsirup
Dieser Sirup ist ein gutes Stärkungsmittel nach einer Krankheit sowie

bei Grippe, Husten und Bronchitis und kann bei einer Halsentzündung zum Gurgeln verwendet werden. Sammeln Sie Ende Juli, Anfang August die frischen Blüten und Blätterspitzen.

100 g Blüten und Blätterspitzen
1 l kochendes Wasser
1,5 kg Zucker oder 1 kg Fruktose

Die Zutaten verrühren, bis sich der Zucker aufgelöst hat, dann in einer dunklen, gut verkorkten Flasche an einem sonnigen Platz einige Wochen lang ziehen lassen. Täglich morgens und nachmittags einen Teelöffel Sirup einnehmen.

(*Siehe auch* **Depressionen**.)

Küche
Trotz der Warnungen vor dem ätherischen Öl kann Ysop als Küchenkraut verwendet werden und wurde es in der Tat auch seit dem Mittelalter – er wird in alten französischen Rezepten als Zutat von Geflügel- und Wildfüllungen, Eintöpfen und Suppen genannt. Sein leicht bitterer minzartiger Geschmack kompensiert die Fette bestimmter Fleisch- und Fischsorten, und die Blätter können in Salate gestreut werden. Im August war es für uns Kinder immer ein richtiges Fest, wenn uns Großmutter mit Ysopbroten versorgte: Leicht getoastete Vollkornbrotscheiben wurden mit einer Knoblauchzehe eingerieben, dick mit Buttermilch (Sie können statt dessen frischen Joghurt nehmen) bestrichen, dann leicht gesalzen und mit fein gewiegten, frischen Ysopblättern bestreut.

Lauch-Ysop-Suppe (für 4 Personen)
Eine meiner Klientinnen, eine Opernsängerin, schwört auf diese Suppe, deren positive Auswirkungen auf den Hals sie vor Aufführungen oder anstrengenden Proben nicht missen möchte.

1 mittelgroße Zwiebel, geschält und kleingeschnitten
2 mittelgroße Lauchstangen, gewaschen und kleingeschnitten
1 Knoblauchzehe, geschält und zerquetscht
600 ml Wasser oder Ziegenmilch
Salz
15 ml (1 EL) Olivenöl
1 Bund frischer Ysop, gewaschen und gehackt

Das Gemüse im Salzwasser oder in der gesalzenen Ziegenmilch weich kochen. Das Öl und die gehackten Ysopblätter dazugeben, gut umrühren und warm servieren. (Wenn Sie möchten, können Sie in die auf Wasserbasis gekochte Suppe etwas Milch geben.)

Vermischtes
Ysop ist in manchen Eaux de Cologne enthalten und ist auch ein Wermutgewürz. Er kann darüber hinaus ins Wäschespülwasser gegeben werden.

Zedernholz
Cedrus atlantica Manetti – Pinaceae

Cedrus, oder die echte Zeder, ist eine Gattung von vier Arten immergrüner, zapfentragender, harter und langlebiger Bäume. *C. atlantica,* die Atlas- oder Silberzeder, ist im Atlasgebirge Marokkos zu Hause; *C. libani,* die Libanonzeder, ist in Syrien und der Südost-türkei beheimatet; *C. libani* var. *brevifolia* stammt aus Zypern; und *C. deodora,* die Himalajazeder, stammt aus dem westlichen Himalaja. Die Nadeln der echten Zedern sind gebündelt; im Frühsommer erscheinen gelbe männliche Blüten, die weiblichen etwas später, wenn die männlichen ihre Pollen abwerfen. Die Zapfen brauchen zwei Jahre, bis sie reif sind, dann fallen sie ab, nachdem sie ihre

Samen abgeworfen haben. Das Holz ist rötlichbraun und duftet sehr balsamisch.

Das ätherische Öl

Beschreibung: Für den therapeutischen Gebrauch ist allein das Zedernöl der Silber- oder Atlaszeder anerkannt, die in Marokko gedeiht. Die Marokkaner produzierten Ende der achtziger Jahre 6 bis 7 t Öl pro Jahr.

Das Öl wird aus dem Holz durch Dampfdestillation gewonnen und ist wie Sirup gelblich und sehr aromatisch; es hat einen terpentinartigen Geruch, der aber, ähnlich wie bei Sandelholz, viel lieblicher und angenehmer ist.

Inhaltsstoffe: Terpenkohlenwasserstoffe, etwas Cedrol (das kristallisiert, wenn es isoliert wird) und Sesquiterpene, insbesondere Cadinen.

Gefahren: Es sind auch andere Arten von »Zedernholzölen« auf dem Markt, die nichts mit dem marokkanischen Öl gemein haben, seien Sie also vorsichtig. Das aus den USA stammende Zedernholzöl wird aus den Wacholderarten *J. flaccida, mexicano* und *virginiana* gewonnen. Das ätherische Öl dieser Bäume ist reich an Cedrol. Letztere Sorte hat einen hohen Thujongehalt und wird zum Strecken von Salbeiöl (das selbst sehr gefährlich ist, siehe Seite 266) verwendet. Diese amerikanischen Öle werden hauptsächlich in der Parfümindustrie verwendet, da sie Parfüms, Eaux de toilette und Seifen eine feine holzartige Duftnote verleihen. Bestehen Sie für den therapeutischen Gebrauch auf echtem Zedernöl aus Marokko.

Zedernholzöl wurde früher innerlich verschrieben, aber es wurden Fälle von stark brennenden Magenschmerzen, Durst und Übelkeit bekannt. Nehmen Sie das Öl *niemals* ein. Äußerlich kann es, je nach Bedarf, manchmal pur oder verdünnt angewendet werden.

Da Zedern angeblich sehr langlebig sind, hat man sie in Friedhöfen angepflanzt. An den Hängen des Berges Libanon gibt es noch immer enorme Waldungen von Libanonzedern – aus denen König Salomon seinen Tempel gebaut haben soll. In Großbritannien wurde 1646 die erste Libanonzeder im Themsetal gepflanzt – und sie ist noch immer am Leben und gesund. Die erste Silberzeder wurde in Großbritannien 1845 an der walisischen Grenze gepflanzt und ist auch noch am Leben. Ein 1862 gepflanzter Silberzedernwald steht auf dem Berg Ventoux in der Provence in Südfrankreich.

Zedern sind die in der Bibel am häufigsten erwähnten Bäume und waren ein Symbol für alles, was fruchtbar und reichlich vorhanden war. Das Holz und sein Öl wurden von den alten Ägyptern zum Einbalsamieren verwendet. Später, im 1. und 2. Jahrhundert, erwähnten Dioskurides und Galen eine Baumart namens *cedrium,* deren Harz den Körper vor Verwesung schützte. 1698 verwies Nicolas Lemery auf die therapeutischen Eigenschaften der harzigen Substanz und beschrieb sie als ein Harn- und Lungenantiseptikum. Spätere Untersuchungen bestätigten den therapeutischen Wert des Öls, und 1925 berichteten die französischen Ärzte Michel und Gilbert, welche guten Ergebnisse sie bei Fällen von chronischer Bronchitis damit erzielt hatten, und verwiesen auf die tonisierenden und stimulieren-den Eigenschaften des Öls.

Anwendung

Medizin
Seit rund 100 Jahren kennt man die Wirkung des Zedernholzes bei **Ekzemen**, **Hautausschlägen und -krankheiten**, und es ist in der Dermatologie hoch geschätzt. Bei Ekzemen und Hautausschlägen verschütteln Sie 8 Tropfen des Öls mit 20 ml (4 TL) Weizenkeimöl. Drei- bis viermal täglich auftragen.

Man kann Zedernholz als sexuelles Stimulans zu einem Körperöl oder zu Männerkosmetika dazugeben. Mischen Sie 4 bis 5 Tropfen unter eine Creme, die nach dem Rasieren aufgetragen wird.

Da das Öl auch als **sexuell anregend** gilt, könnte man es für Männerkörperpflegeprodukte verwenden. Das Öl selbst ist jedoch ziemlich schwer und muß mit lebhafter duftenden Ölen, wie Lavendel oder Rosmarin, gemischt werden.

(*Siehe auch* **Dermatitis, Lungenentzündung, Ödem** *und* **Zystitis**.)

Kosmetik

Auf der Kopfhaut wirkt Zedernholz sehr gut bei **Alopezie**, leichterem **Haarausfall** und **Schuppen**. Es ist in manchen herkömmlichen Shampoos und Haarwassern gegen Alopezie enthalten. Zeder kann bei Männern und Frauen gegen jede Art von Haarausfall helfen – sei dieser krankheits-, streß- oder schwangerschaftsbedingt. Mischen Sie 35 ml (gut 2 EL voll) Traubenkernöl mit 5 ml (1 TL) reinem Olivenöl erster Pressung, 5 Tropfen Weizenkeimöl und 20 Tropfen Zedernholzöl. Einige Stunden vor der Haarwäsche in die Kopfhaut sanft einmassieren. Geben Sie 15 Tropfen Zedernholz zu einem milden Shampoo bei durchschnittlicher Flaschengröße.

Bei blondem Haar ist Zedernholz mit Vorsicht zu gebrauchen. Das Öl neigt dazu, die Haare dunkler zu färben.

Vermischtes

Ätherisches Zedernholzöl und Zedernholzspäne oder -pulver wurden früher in Potpourris und Anti-Motten-Beuteln verwendet. Manche edlen Fische werden über Zedernholzfeuer geräuchert.

Zedernwacholder
Juniperus oxycedrus – Cupressaceae

Juniperus oxycedrus ist das mediterrane Äquivalent des gemeinen Wacholder. Er ist als dorniger Wacholder bekannt und eine winterfeste, verästelte Pflanze, deren Größe von einem niedrigen Strauch (sehr typisch für die mediterrane *Macchia* und *Garrigue*) bis zu einem Baum von circa 6 m Höhe variieren kann.

Das ätherische Öl

Beschreibung: Das Öl wird aus jungen Zweigen und dem Holz älterer Pflanzen destilliert. Es ist harzig, dunkelbraun und hat einen eigenartig wachsähnlichen Geruch, der sogar ins Ätzende, Teerähnliche geht (kein Wunder, da Kreosol der Hauptbestandteil von Kreosot ist).

Inhaltsstoffe: Phenole (Kreosol, Guajakol), Sesquiterpene (Cadinen) und Terpene.

Gefahren: Leider wird Zedernwacholderöl oft mit Pinie, Birke, Benzin und Teer verfälscht, so daß die wohltuende Wirkung, die dieses Öl auf die Haut ausübt, vermindert wird (der Name »Kreosot« stammt aus dem Griechischen und bedeutet »fleischrettend«, was sich auf die stark antiseptische Wirkung des Öls bezieht). Tatsächlich kann verfälschtes Öl schreckliche Hautreaktionen hervorrufen; prüfen Sie also das Öl im Gegenlicht: Ist es schwarzbraun statt rötlich dunkel, wurde es wahrscheinlich verfälscht.

Die Blätter sind klein, schmal und dornig und bieten kaum Oberfläche, von der während der Sommerdürre die Feuchtigkeit verdunsten könnte; sie sind oben weißlich- und unten dunkelgrün. Die Zapfen sind gelb und gerundet, und die beerenartigen Früchte wachsen in Trauben und sind im Reifestadium schwarz. (*Siehe auch* **Wacholder**.) Mitte des 19. Jahrhunderts wurde Zedernwacholderöl in der französischen Medizin zur Behandlung von Hautirritationen eingeführt. Ihm wurden antiseptische, Wunden heilende und antiparasitäre Wirkungen zugesprochen, und man behandelte damit Dermatitis, Ekzeme, Schuppenflechte, mit Haarausfall einhergehende Kopfhautinfektionen, Herpes, alle Hautausschläge und chronischen Katarrh. (Man verwendete es auch tierärztlich bei Pferden und anderen Tieren zur äußerlichen Behandlung von Geschwüren, Räude, Würmern und Parasiten.)

Anwendung

Medizin
Das unverfälschte Öl ist eines der besten Mittel gegen **Haarausfall**, **Schuppen**, durch Färben und Bleichen strapaziertes Haar und **Hautausschläge**.

Antischuppenmittel
Das Antischuppenmittel, das Sie nach folgender Rezeptur herstellen können, reicht für mehrere Anwendungen.

5 ml (1 TL) Rizinusöl
2 Tropfen Weizenkeimöl
3 ml (gut ein 1/2 TL) Sojaöl
10 Tropfen Zedernwacholderöl

Alle Zutaten gut vermischen und in eine dunkle Flasche abfüllen. Sorgfältig auf der Kopfhaut verteilen, einige Minuten einmassieren, dann ein paar Stunden einwirken lassen. Mit einem milden Shampoo auswaschen. Zweimal wöchentlich anwenden.

Ich würde bei allen anderen Haarproblemen einen Arztbesuch empfehlen, da sie durch falsche Ernährung oder andere Umstände bedingt
sein könnten, die einer fachärztlichen Behandlung bedürfen.

Zitrone
Citrus limon – Rutaceae

Der Zitronenbaum ist ein relativ kleinwüchsiges Mitglied der Zitrusfamilie und erreicht eine Höhe von bis zu 5 m. Wie die meisten seiner
Verwandten ist er in Südostasien, Indien, China und Japan heimisch,
wird aber seit langem in den heißen Mittelmeerländern – in Spanien,
Süditalien, Sizilien und Südfrankreich – in großem Stil angebaut.
Auch in Kalifornien werden Zitronen kultiviert. Der Zitronenbaum
ist der am wenigsten winterharte Zitrusbaum. Obwohl klein, trägt ein
einzelner Baum bis zu 1500 Früchte pro Jahr. Die weißen Blüten
duften ausgesprochen angenehm.

Zitronen, so wird von einigen Seiten behauptet, seien erst im Mittelalter nach Europa gebracht worden, die Griechen und Römer kannten
sie aber, wenn auch als seltene Frucht. Virgil nannte die Zitronen
medinische Äpfel, da sie aus dem bei Persien gelegenen Medien
kamen. Im Altertum benutzte man die Schalen zur Parfümierung der
Kleidung und als Schädlingsbekämpfungsmittel. Im 4. Jahrhundert
begann Palladius, ein römischer Agronom, Zitronen im großen Maß-
stab anzubauen. Arabische Invasoren pflanzten sie im 8. und 9. Jahrhundert in der Sahara an; und die Mauren brachten sie während ihrer
achthundertjährigen Besatzung nach Andalusien in Südspanien.

Mit der Zeit erkannte man die therapeutischen Eigenschaften der
Zitrone. Nicolaus Lemery erwähnte sie in seinem 1698 erschienenen
Heilkräuterbuch. Sie wurde als Digestivum, guter Blutreiniger und
als Mittel gegen Mundgeruch nach üppigen Mahlzeiten eingestuft.
Den Höhepunkt ihres therapeutischen Ruhms erreicht sie, als man

sie bei der britischen Marine zur Skorbutprophylaxe austeilte (daher der irreführende Spitzname [für »Matrose«, Anm. d. Ü.]).

Das ätherische Öl

Beschreibung: Das Öl wird, wie bei der Bergamotte, aus der ölhaltigen Schale der Früchte gewonnen. Es wird beim Auspressen von Schwämmen aufgesaugt, die man dann über einem Container ausdrückt. Mag dieses altmodische Verfahren auch langsam sein, es liefert doch qualitativ besseres Öl als die moderne Extraktionsmethode. Das Öl ist blaßgelb, manchmal auch ins Grünliche gehend, und hat einen angenehm frischen Duft.

Inhaltsstoffe: Limonen (bis zu 90%) und Citral (3 bis 5%); daneben Cumarine (Bergamotin und Limettin) und Flavonoide (Diosin und Limocitricin).

Gefahren: Wie die meisten Zitrusöle ist das ätherische Öl wenig lagerbeständig und kann, wenn es offen oder im Licht stehengelassen wird, schnell blaß und trüb werden und einen unangenehmen Geruch annehmen. Achten Sie beim Einkauf stets auf das Verfalldatum, und kaufen Sie das Öl nicht, wenn es trüb ist. Altes Öl sollten Sie selbstverständlich niemals auf der Haut anwenden, da es schreckliche Allergien hervorrufen kann – es hat sowieso jeglichen therapeutischen Wert verloren. Zitronenöl ist auf der IFRA-Liste (siehe Seite 55) eingeschränkt empfohlener Öle verzeichnet, es verursacht Dermatitis, setzt man sich nach seinem Gebrauch direktem Sonnenlicht aus.

Zitrone und Orange sind die wichtigsten Zitrusfrüchte. Linné glaubte, die Zitrone sei eine Varietät der Citronat-Zitrone (der ersten Zitrusfrucht, die in Europa eingeführt wurde), und klassifizierte sie als *Citrus medica* var. *limonum;* aber jetzt ist sie als *C. limon* eigenständig klassifiziert. Neben ätherischem Zitronenöl wird weltweit nur noch mehr ätherisches Orangenöl hergestellt und verbraucht. Zur Gewinnung des ätherischen Öls wird eine große Zahl von Baumvarietäten kultiviert, und jedes Öl ist anders, abhängig von Herkunft, Anbauweise, Klima und Extraktionsverfahren. Die Jahresproduktion des Öls liegt weltweit bei 2000 bis 2500 t (Zahlen von 1987). Haupterzeugerländer sind die USA, Argentinien, Italien, Sizilien, die Elfenbeinküste und Brasilien. Der wichtigste Absatzmarkt für das Öl ist Westeuropa, das rund 750 t jährlich importiert.

Anwendung

Medizin
Es gibt ein Mittel gegen **Augeninfektionen**, das in meiner Familie angewendet wurde, solange ich denken kann: Man gibt fünf- bis sechsmal am Tag mehrere Tropen reinen Zitronensaft in die Augen. Ich selbst tue dies immer noch, wenn ich eine Augeninfektion habe. Es ist jedoch eine sehr schmerzhafte Prozedur, und es dauert eine ganze Weile, bevor das Brennen in den Augen vergeht und Linderung spürbar wird. Mehrmals täglich jeweils 1 Tropfen pro Auge ist genug.
Ätherisches Zitronenöl wird von französischen Phytotherapeuten *polyvalent* (in mehrfacher Beziehung wirksam) genannt und als Tonikum, Stimulans, Stomachikum, Karminativum, Diuretikum, Antiseptikum, Bakterizid und immunisierendes Mittel klassifiziert (siehe »Glossar der medizinischen Fachausdrücke«). Man verwandte es noch bis zum Ersten Weltkrieg als Antiseptikum und Desinfektionsmittel in Krankenhäusern.
Zitrone hilft bei allen Venenproblemen wie **Krampfadern** und **geplatzten Äderchen**. Essen Sie entweder jeden Tag eine Zitrone, oder trinken Sie zweimal täglich den Saft einer Zitrone, heiß oder kalt, mit Mineralwasser verdünnt und 5 ml Honig (1 TL) gesüßt.

Zitronen helfen auch gegen das **prämenstruelle Syndrom** und **Schlaflosigkeit**. Trinken Sie in den letzten sieben Tagen vor der Periode als erstes am Morgen und als letztes in der Nacht eine frischgepreßte heiße Zitrone. Bei Periodenschmerzen den Bauch im Uhrzeigersinn mit einem aus 20 ml (4 TL) Mandelöl und 8 Tropfen Zitronenöl hergestellten Massageöl einreiben.

Zitrone ist ein altbekanntes Hausmittel gegen **Erkältung**, **Bronchitis** und **Laryngitis**: wie all ihre Zitrusverwandten enthält sie Vitamin C. Trinken Sie den Tag über mehrere Zitronenwässer, und gurgeln Sie bei einer **Halsentzündung** mit durch etwas heißes Wasser verdünntem, frisch gepreßtem Zitronensaft.

(*Siehe auch* **Erschöpfung, Katarrh, Frostbeulen, Melanose** *und* **Ödem**.)

Kosmetik
Zitronensaft wird viel zur Zubereitung unterschiedlicher Schönheitsmittel gebraucht – denn reiner Zitronensaft verfeinert die Poren und verleiht der Haut Spannkraft. Tragen Sie ihn auf **fettige Haut** oder auf Mitesser auf. Er eignet sich als Spülung für blondes Haar und kann gegen **Schuppenflechte** und **Schuppen** helfen. Bei dunkel verfärbten oder hornigen Ellenbogen stützen Sie sich mit diesen in zwei Zitronenhälften ab.

Zitrone hat meiner Ansicht nach stark verjüngende Eigenschaften. Vermischen Sie ein wenig reinen Zitronensaft mit etwas destilliertem Wasser, tragen Sie die Flüssigkeit auf die Fältchen auf, und reiben Sie sie sanft ein, besonders im Mund- und Augenbereich, bis die Haut trocken ist. Dies ist zur Anregung des Kreislaufs während der **Schwangerschaft** auch ein gutes Mittel für Bauch, Busen und Brustwarzen.

Zitronen-Schönheitsmaske
Rühren Sie den Saft einer halben Zitrone unter ein steifgeschlagenes Eiweiß. Die Maske auf Gesicht und Hals auftragen, 10 Minuten

wirken lassen und mit Mineralwasser abwaschen. Abschließend ein paar Tropfen von dem oben gegen Periodenschmerzen genannten Massageöl verwenden.

Zitronen-Handreiniger

Reiner Zitronensaft ist ein wunderbarer Handreiniger. Reiben Sie Ihre Hände nach dem Gemüseputzen, oder wenn sie fleckig sind oder riechen, gründlich mit einer halben Zitrone ab. Mit kaltem Wasser abwaschen und mit etwas Mandelöl einölen. Ich garantiere Ihnen, Sie bekommen dadurch reine, jugendlich aussehende Hände und weiße, gesunde Fingernägel; es ist besser als jede teure Handcreme. (Der Saft wirkt auch keimtötend, was in der Küche beim Kochen sehr wichtig ist.)

(*Siehe auch* **alternde Haut, Kreislaufstörungen** *und* **Zellulitis**.)

Küche

Zitrone ist eine der wichtigsten Zitrusfrüchte, doch ist etwas ungewöhnlich an ihr, nämlich daß sie das einzige wichtige Nahrungsmittel ist, das nicht im ganzen gegessen wird – es werden nur *Teile,* die Schale und der Saft, verwendet, Zitronensaft ist das wichtigste Säuerungsmittel in der westlichen Küche, und Zitronenscheiben gibt es zu einer Vielzahl von Getränken, vom Tee über Gin bis zum Tonic, und sie sind als Garnierung überall zu finden. Zitronensaft verhindert das Braunwerden von geschnittenen Früchten und Gemüsen, er kommt anstelle von Essig in Salatsaucen und in Fleisch- und Geflügelmarinaden, wo er mürbe macht. Zitronen werden in vielen Pickles verarbeitet, besonders von den Indern, die junge Früchte in Senföl und Gewürzen einlegen, und von den Marokkanern, die kleine, dünnschalige Zitronen und saure Bergamottezitronen für ihre berühmten *Citrons Confits* einsalzen.

Vermischtes

Ätherisches Zitronenöl wird in riesigen Mengen für Alkoholika und Fertiggetränke gebraucht – für Sodas, Limonaden und Säfte. Es wird auch in der Nahrungsmittel-, der Parfüm- und der Pharmaindustrie verwendet. Manchmal bevorzugen diese Industrien terpenfreies ätherisches Öl (also Öl, dem das Terpen entzogen wurde), da es konzentrierter ist: Durch seinen hohen Aldehydgehalt hat es mehr Aroma und hält besser.

Man kann getrocknete Zitronenschalen unter Potpourris mischen und Zitronen (wie Orangen) für eine gutriechende Duftkugel mit Nelken spicken.

Zitronelle, siehe **Citronella.**

Zypresse
Cupressus sempervirens – Cupressaceae

Cupressus ist eine Gattung mit rund 20 Arten säulenartiger immergrüner Nadelbäume, die 25 bis 45 m hoch werden können. Dünne, schuppenförmige Blätter sind an Äste und Zweige gepreßt; der gleiche Baum hat männliche und weibliche Blüten; und die weiblichen Blüten bilden runde Zapfen, die kleine Flügelsamen enthalten. *C. sempervirens* – die mediterrane oder italienische Zypresse – ist im mediterranen Europa heimisch, obwohl die Bäume jetzt auch in den gemäßigten Klimazonen Europas und Nordamerikas kultiviert werden. In Südfrankreich dienen sie, eng nebeneinander gepflanzt, als Windschutz gegen den Mistral, und sie sind in vielen südfranzösischen, griechischen und italienischen Gärten zu finden.

Die Zypresse war den alten Ägyptern bekannt; viele verschiedene Papyri beurkunden ihre medizinische Verwendung, und es wurden aus dem Holz Sarkophage hergestellt. Die alten Griechen weihten den Baum Pluto, dem Gott der Unterwelt, daher sein häufiges Auftreten auf Friedhöfen. Hippokrates empfahl Zypresse bei schweren, mit Blutungen verbundenen Hämorrhoidalerkrankungen. Tatsächlich war die Zypresse in fast jeder Nennung, die ich ausfindig machen konnte, als wirksames blutstillendes Mittel verzeichnet. Dioskurides und Galen empfahlen zum Beispiel, die Blätter mit ein wenig Myrrhe 14 Tage in Wein zu mazerieren; dieser Heiltrank sollte gegen Blaseninfektionen und innere Blutungen eingenommen werden. Als solcher wurde er auch von den Ärzten Leclerc und Cazin sehr empfohlen.

Das ätherische Öl

Beschreibung: Es wird durch Wasserdampfdestillation der frischen Blätter und Zapfen gewonnen. Es ist farblos bis blaßgelb und duftet angenehm holzartig und balsamisch nach Amber.

Inhaltsstoffe: Terpene (65%, vor allem α-Pinen und Terpineol), Cedrol, Zypressenkampfer, einige Säuren und Tanin.

Anwendung

Medizin

Auch Dr. Leclerc bestätigte, daß Zypresse gefäßverengend wirkt und bei allen **Kreislaufstörungen** wie **Krampfadern** und **Hämorrhoiden** verschrieben werden sollte. Gegen Krampfadern hilft folgendes Massageöl: 50 ml Traubenkernöl, 3 Tropfen Weizenkeimöl und 15 Tropfen Zypressenöl vermischen. Täglich auf den Unterschenkel einmassieren. Gegen dasselbe Problem – und gegen Wechseljahrbeschwerden, hier tut Zypresse sehr gut – hilft auch ein Dekokt: 15 g zerstoßene Zypressenzapfen in 1,1 l Wasser einige Minuten aufkochen. Zehn Minuten ziehen lassen, dann dreimal täglich eine Tasse davon trinken.

Dr. Jean Valnet verordnete im Krankenhaus gegen **Husten** und **Bronchitis** Zypresse: Einige Tropfen des Öls, auf das Kopfkissen des Patienten gegeben, stoppten den Husten. Dies hat auch mir sehr gut geholfen. In Frankreich wurden früher Hustenpastillen aus zerstoßenen Zypressenzapfen hergestellt.

(*Siehe auch* **Arthritis, Blutergüsse, Dysmenorrhöe, Erschöpfung, Fieber, Frostbeulen, Lungenentzündung, Ödem** *und* **Zyklusstörungen**.)

Kosmetik
Geplatzte Äderchen stellen eine weitere Kreislaufstörung dar, die Zypresse bessern kann. Mischen Sie 5 Tropfen Zypressenöl mit 25 ml Mandelöl und 3 Tropfen Weizenkeimöl. Täglich morgens und abends auf den Wangen einmassieren, bis die Symptome besser werden.

(*Siehe auch* **Zellulitis**.)

Teil III

Das A–Z der Beschwerden

Pflanzen und Öle, die **fettgedruckt** sind,
erscheinen im Teil II,
dem A–Z der aromatherapeutischen Pflanzen und Öle.

Abszesse und Furunkel

Ein Abszeß ist eine Eiterhöhle, die überall im Körper auftreten kann und auf das Eindringen von Bakterien wie *Staphylokokken* oder *Streptokokken* zurückzuführen ist. Ein Furunkel tritt an einem Haarbalg auf, der ähnlich infiziert ist. In beiden Fällen ist eine Berührung schmerzhaft. Weiße Blutkörperchen sammeln sich in dem entzündeten Gebiet und fressen und verflüssigen die Eindringlinge, so daß sich Eiter bildet. Dieser nimmt zu, je mehr weiße Blutkörperchen sich anhäufen; der Furunkel oder Abszeß bildet einen Eiterpfropf, bricht auf, und der infizierte Eiter tritt aus.

Abszesse und Furunkel treten gerne auf, wenn man extrem abgespannt und erschöpft ist oder sich falsch ernährt; sie treten auch häufig in Zeiten hormoneller Umstellungen auf – in der Pubertät, während der Menstruation oder in den Wechseljahren – oder bei Menschen, die an Akne, Diabetes und verschiedenen Blutkrankheiten leiden. Wenn die Abszesse oder Furunkel groß sind oder gehäuft auftreten oder im Gesicht oder am Hals erscheinen, sollte ein Arzt aufgesucht werden, da Blutvergiftungsgefahr besteht. Vielleicht werden Antibiotika verschrieben, oder der Abszeß oder Furunkel wird aufgeschnitten, um den Eiter zu entfernen.

Bildet sich ein Abszeß an einem Gelenk, einer Brustdrüse oder im Bauchraum, sollte umgehend der Arzt aufgesucht werden. Warten Sie *niemals* so lange, bis der Abszeß oder Furunkel aufbricht, da dies zu einer Blutvergiftung führen kann.

Es können viele ätherische Öle helfen, hauptsächlich wegen ihrer antiseptischen und antibiotischen Eigenschaften. Es gibt so viele Arten und Ursachen von Abszessen und Furunkel, wie es Hauttypen gibt, also müssen Sie eventuell verschiedene Öle ausprobieren. Besonders wirksam sind **Basilikum**, **Eukalyptus**, **Geranie**, **Kamille**, **Lavendel**, **Muskatellersalbei**, **Origano**, **Palmarosa**, **Rosmarin**, **Thuja**, **Thymian**, **Wacholder** und **Wintergrün**. Teebaumöl wird jetzt als Wundermittel gepriesen, da es den Eiter abbaut, ohne das umgebende Gewebe anzugreifen. Bei empfindlicher Haut eignen sich Kamille und Muskatellersalbei am besten.

(*Siehe auch* **Bohnenkraut, Galbanum, Patchouli, Perubalsam** *und* **Sandelholz.**)

Aromatherapeutische Behandlung

• Sobald sich Eiter anzusammeln beginnt, im Frühstadium eines Abszesses oder Furunkels – selbst wenn das Gebiet nur entzündet ist – zunächst Hitze anwenden, dann den Pickel sanft mit **Teebaum**öl betupfen. Danach Rizinusöl auftragen. Dadurch sammelt sich der Eiter, und eine Ausbreitung der Infektion wird verhindert.

• Auch die Anwendung örtlicher Hitze kann den Eiter herausziehen und den Abszeß oder Furunkel im Ansatz ausheilen. Machen Sie einen Leinsamen- oder Hafergrützeumschlag (siehe Seite 47ff.), geben Sie ein paar Tropfen ätherisches Öl dazu – **Origano** oder **Teebaum** zum Beispiel –, und legen Sie ihn wie vorgeschrieben auf.

• Auf jeden Fall empfiehlt sich eine zeitweise Umstellung der Ernährung zur Entschlackung des Körpers. Fasten Sie einen Tag, und trinken Sie nur Mineralwasser, dann beschränken Sie sich einige Zeit auf frisches Obst und Rohkost. Verzichten Sie auf Genußmittel wie Alkohol, Tee und Kaffee, und streichen Sie auch Fett und Tierprodukte für einige Zeit vom Speisezettel. Wenn Sie wieder zu kochen beginnen, verwenden Sie reichlich Kräuter, Knoblauch und Zwiebeln.

• Zur Vermeidung einer Ausbreitung der Infektion ist sehr auf Hygiene zu achten. Das heißt, Handtücher dürfen nicht gemeinsam verwendet und sollten häufig gewechselt werden und in die Kochwäsche kommen, um eine Reinfektion zu vermeiden. Geben Sie zur Desinfektion der Handtücher ein paar Tropfen Teebaumöl oder Origanoöl in das letzte Spülwasser.

• Kochen Sie mit einem Tropfen des gewählten Öls ein Gesichtshandtuch in Wasser ab, und legen Sie es so heiß wie möglich auf die betroffene Stelle auf. Das hilft den Eiter herausziehen und eignet sich besonders bei Gesichtsakne.

• In Frankreich legt man kleingehackten frischen Kerbel oder frische **Petersilie** auf Furunkel auf. Dies wirkt auch bei Entzündungen, blauen Flecken und geplatzten Äderchen.

• Tragen Sie das ätherische Öl mit etwas Watte pur auf den Furunkel oder Abszeß auf.

• Es können ein paar Tropfen Öl ins Badewasser gegeben werden.

• Furunkel am Rücken können ein- bis zweimal in der Woche mit einer Heilerdemaske behandelt werden (siehe Seite 49). Tragen Sie dreimal täglich ein ätherisches Öl – **Wacholder**, **Origano** oder **Basilikum** zum Beispiel – mit etwas Watte auf.

• Ist der Abszeß von einer Nagelwurzel, einem Nagelgeschwür oder ähnlichem verursacht, kochen Sie 600 ml Wasser mit 15 ml (1 EL) Meersalz auf, und lassen Sie es zugedeckt in einer Schüssel auf eine erträgliche Temperatur abkühlen. In der Zwischenzeit reinigen Sie den Finger so gründlich wie möglich mit etwas **Kamillen**-, **Origano**- oder **Teebaum**öl. Tauchen Sie dann den Finger so lange, wie Sie es aushalten können, in das Wasser, reinigen Sie ihn noch einmal mit dem ätherischen Öl, und bestreichen Sie ihn dick mit einem Heilerdebrei (siehe oben), in den Sie einen Tropfen desselben Öls gegeben haben. Lassen Sie den Brei so lange wie möglich einwirken. Dadurch wird der Eiter herausgezogen. Schließlich den Finger mit abgekochtem Wasser waschen und noch einmal ätherisches Öl auftragen.

• Halbieren Sie eine frische Feige, und erhitzen Sie sie kurz im Backrohr. Legen Sie die Hälfte so heiß wie möglich mit der Schnittfläche auf den Abszeß. Die Wärme und eine Eigenschaft der Feige – vielleicht nur ihre Klebrigkeit – wird den Abszeß herausziehen.

(*Siehe auch* **Akne, Anthrax, Follikulitis, Hautprobleme** *und* **Zahnabszesse**.)

Geplatzte Äderchen

Die typischen feinen roten Äderchen auf den Wangen sind das
Zeichen einer Durchblutungsstörung und treten bei empfindlicher
blasser Haut auf, die auch zu Sonnenbränden neigt. Von weitem
wirken sie wie eine Rötung. Oft sind die kleinen Blutgefäße gar nicht
geplatzt, sondern nur erschlafft und durchsichtig, so daß das Blut in
ihnen sichtbar wird.

Aromatherapeutische Behandlung
• Machen Sie täglich kalte Gesichtskompressen aus **Petersilien**tee,
und massieren Sie das Gesicht mit einem Öl, das Petersilienöl enthält
(siehe Seite 234).
• Auch **Palmarosa** ist wirksam: je 3 Tropfen Palmarosa- und Wei-
zenkeimöl unter 5 ml (1 TL) Mandelöl mischen. Nachts anwenden.
• **Rosen**öl ist sehr gut für die Blutkapillaren (siehe Seite 253).
Weitere geeignete Öle sind **Ringelblume**, **Karotte**, **Kamille** und
Zypresse.
• Meiden Sie Stimulanzien wie Tee, Kaffee, Alkohol und Schokolade, durch die sich die Blutkapillaren weiten. Trinken Sie Kräuter-
tee, zum Beispiel Hagebuttentee, und frisch gepreßte Fruchtsäfte.

Zusätzliche Behandlung
• Essen Sie zur Kräftigung der Kapillaren Nahrungsmittel, die reich
an Bioflavonoiden und Vitamin C sind: Zitrusfrüchte, frisches Gemüse und Buchweizen. Weizenkeime enthalten Vitamin E, das
durchblutungsfördernd wirkt.
• Schützen Sie die Haut vor Sonnenlicht und starkem oder eisigem
Wind. Benutzen Sie Sonnencremes und gute Schutzcremes.
• Waschen Sie das Gesicht nie mit heißem Wasser, und machen Sie
keine Gesichtsdampfbäder. Überheiße Bäder, Sauna und Dampf-
bäder sollten ebenfalls gemieden werden.

(*Siehe auch* **alternde Haut, Hämorrhoiden, Krampfadern, Kreislaufstörungen** *und* **Verstopfung.**)

Akne

Akne ist ein weitverbreitetes Hautleiden, das auf eine überschüssige Fettproduktion der Talgdrüsen zurückzuführen ist und besonders im Gesicht und auf Brust und Rücken vorkommt. Sie tritt gewöhnlich in der Pubertät oder in den Wechseljahren auf und ist durch Schwankungen im Hormonhaushalt bedingt. Das überschüssige Fett verstopft die Poren, es entstehen Mitesser, und wenn diese von Bakterien infiziert werden, entstehen Pusteln oder Furunkel. Es gibt leichte Formen von Akne – etwa das Auftreten kleiner Pickel vor den Tagen – oder schwere Formen, bei denen es zur Zysten- oder Furunkelbildung und zur Bildung von Narben und vergrößerten Poren kommt. Auch psychische Unausgeglichenheit und Streß können bei Akne eine Rolle spielen, und besonders Jugendliche und junge Erwachsene leiden sehr oft unter ihr. Richtige Ernährung, körperliche Bewegung, frische Luft und Hygiene machen einen wichtigen Teil der Behandlung aus.

Ätherische Öle können bei der Aknebehandlung sehr hilfreich sein. Die unten angeführten Öle haben sich in meiner Praxis seit über 26 Jahren bewährt, aber wenn nach einem Monat, sagen wir, **Lavendel** noch keine Wirkung gezeigt hat, dann sollten Sie ein anderes ätherisches Öl ausprobieren und sehen, ob Ihre Haut besser darauf anspricht. Vielleicht liegt es aber auch an der Herkunft des Öls, die Sie genau überprüfen sollten. Möglicherweise müssen Sie den Laden oder den Lieferanten wechseln. Haben Sie sich einmal für ein Öl entschlossen, benutzen Sie es am besten für alle Behandlungsformen, zum Beispiel zur Reinigung, in Gesichtsdampfbädern, als Badezusatz oder in Umschlägen.

Die Aknebehandlung mit ätherischen Ölen ist ein langwieriger Prozeß, also erwarten Sie keine sofortige Besserung. Es kann über ein Jahr dauern, aber dafür werden Sie dann eine gesunde Haut haben.

Aromatherapeutische Behandlung

• Trinken Sie Kräutertees aus frischer **Kamille**, Kerbel oder **Rosenblättern**, die alle gut für die Haut sind. Um dem Streß entgegenzuwirken, der so oft mit Akne einhergeht und sie auch verursacht, trinken Sie Tee aus **Orangen**blüten (Bitterorange) und -blättern, die beide auf natürliche Weise antiseptisch und beruhigend wirken.

• Sorgfältiges Waschen ist wesentlich. Aknehaut ist sehr empfindlich und sollte anfänglich wie eine Babyhaut behandelt werden! Waschen Sie sich mit einer unparfümierten pH-neutralen Seife mit warmem Wasser, und spülen Sie gründlich mit kaltem Wasser nach. Machen Sie sich folgendes Adstringens: einen frischen Thymianzweig in 600 ml Wasser aufkochen; 5 Minuten ziehen lassen. Nach dem Abkühlen etwas Zitronensaft dazugeben, dann die Haut zwei- bis dreimal täglich damit erfrischen. Für ein anregendes Adstringens könnten Sie je eine Prise **Pfefferminze** und **Bohnenkraut** nehmen oder jeweils eine Prise frischen Kerbel, **Rosmarin** und **Bohnenkraut**, den Kerbel wegen seiner natürlichen und sanften antibiotischen Wirkung.

• Verwenden Sie morgens und abends nach dem Waschen ein Hautöl. Keine Angst, Ihre Haut wird dadurch nicht noch fettiger. Im Gegenteil, die natürlichen ätherischen Öle enthalten hautfettwirksame Substanzen und werden rasch einziehen. Bewahren Sie Ihr Hautöl in einem dunklen Glasfläschchen auf. Folgende ätherische Öle helfen gut gegen Akne: **Lavendel**, **Myrrhe**, **Myrte**, **Neroli**, **Palmarosa**, **Patchouli**, **Petitgrain**, **Pfefferminze**, **Ringelblume**, **Spik**, **Teebaum**, **Thymian** und **Wacholder**.

• Bei *normaler* Haut empfiehlt sich eine Mischung aus 50 ml Sojaöl, 6 Tropfen Weizenkeimöl und 10 Tropfen des von Ihnen gewählten Öls.

• Bei *besonders empfindlicher* Haut 25 ml Sojaöl, 25 ml Mandelöl, 6 Tropfen Weizenkeimöl und 10 Tropfen des von Ihnen gewählten Öls mixen.

• Tragen Sie diese Öle zweimal auf; das zweitemal, wenn die erste Schicht vollständig absorbiert ist; verwenden Sie heiße Kompressen – in kochendes Wasser getauchte Gazestücke –, um die Absorption zu erleichtern.

• Männer mit Akne müssen beim Rasieren aufpassen. Sie sollten keinen elektrischen Rasierapparat verwenden, sondern sich nur naß rasieren. Die Rasierklingen müssen jedesmal gewechselt werden – eine teure Angelegenheit, aber dies verhindert eine Reinfektion, wenn ein Pickel oder Furunkel aufgeschnitten wird. Legen Sie ein heißes nasses Handtuch auf das Gesicht, und geben Sie in das Wasser ein paar Tropfen ätherisches Öl. Benutzen Sie danach anstelle eines Rasierwassers ein Gesichtsöl, wie oben für normale Haut beschrieben, wählen Sie aber maskulinere Düfte wie **Lavendel** oder **Teebaum**.

• Die ätherischen Öle dürfen auf einzelne Furunkel oder Abszesse pur aufgetragen werden, doch nirgends sonst. Abends nach dem Waschen mit etwas Watte auftragen und die Behandlung fortsetzen, bis der Furunkel völlig verschwunden ist.

• Machen Sie drei- bis viermal in der Woche ein Gesichtsdampfbad (siehe Seite 46), und benutzen Sie dazu je einen Tropfen **Lavendel**, **Kamille** und **Petitgrain** oder 2 bis 3 Tropfen **Lavendel** oder **Teebaum**.

Zusätzliche Behandlung

• Ernähren Sie sich gesund, da eine unvernünftige Kost den Zustand verschlechtern kann. Wenn Sie zum Beispiel zuviel Zucker essen, vermehren sich die Bakterien leichter. Achten Sie darauf, daß Sie ausgewogene Mahlzeiten zu sich nehmen, die reich an den Hautvitaminen A, B_6, B_{12}, E und F sind. Und essen Sie viel frisches Obst und Gemüse, außerdem viel Zwiebeln und Knoblauch wegen ihrer antibakteriellen und Sellerie wegen seiner blutreinigenden Eigenschaften.

• Verzichten Sie auf fette Nahrungsmittel wie Schweine- und Lammfleisch, aber auch Schokolade und Süßigkeiten. Trinken Sie Mineralwasser, verdünnte Fruchtsäfte und Kräutertees statt Reizmittel wie Tee, Kaffee und Alkohol.

• Sind Sie Snacks gewohnt, ersetzen Sie diese durch Mandeln (die Magnesium enthalten), Walnüsse, Kürbis- und Sonnenblumenkerne.

• Bewegen Sie sich viel, vor allem an der frischen Luft. Sonne kann sehr viel helfen, aber sie allein bewirkt noch keine Heilung.

(*Siehe auch* **Abszesse und Furunkel, Hautprobleme, Klimakterium, Nervosität, Verstopfung** *und* **Streß**.)

Alopezie

Alopezie ist das medizinische Wort für »Haarausfall«, und dieser kann partiell oder total sein. Wenn das Haar stellenweise ausfällt, handelt es sich um Alopecia areata; fallen alle Haare aus, ist es Alopecia totalis. Auch die Glatzenbildung bei Männern ist eine Form der Alopezie. Diese ist meist erblich veranlagt und tritt in unterschiedlichem Alter auf. Bei Frauen kann Haarausfall oder Haarausdünnung altersbedingt oder in Zeiten hormoneller Umstellungen auftreten wie in der Schwangerschaft oder den Wechseljahren. Haarausfall kann durch eine Reihe unterschiedlicher Krankheiten (Typhus zum Beispiel), durch die Behandlung schwerer Krankheiten (Chemotherapie und Strahlentherapie) und durch falsche Ernährung oder eine Ernährungsstörung verursacht sein. Streß kann ein zusätzlicher Faktor sein, aber bei Frauen ist in den meisten Fällen eine Überstrapazierung der Haare schuld – wiederholtes Färben, Bleichen, Dauerwellen etc.

Es gibt Formen von Haarausfall, bei denen die aufgesprungene Haut
vergrindet und vernarbt; an diesen Stellen wachsen keine Haare mehr
nach.

Aromatherapeutische Behandlung

• Sehr wirksam sind Massagen, sie stimulieren die Haut und die
darunterliegenden Haarfollikel. Siehe untengenannte Öle.

• Das Haarwachstum kann durch das Einmassieren eines starken
Brennessel- oder Brunnenkressendekokt gefördert werden. Dies ist
ein altes französisches Volksheilmittel. Kochen Sie 60 ml (4 EL)
Brennesselblätter in 500 ml Wasser auf. 7 Minuten kochen lassen,
dann weitere 20 Minuten köcheln. Abgießen und zusammen mit
45 ml (3 EL) Obstessig in eine Flasche füllen. Zweimal täglich etwas
davon in die Kopfhaut einmassieren.

Pimentmassageöl

Einen wirksamen Schutz gegen Haarausfall bietet auch die folgende
Mischung. Wenn Sie eine empfindliche Haut haben, sollten Sie
Pimentöl allerdings nicht verwenden (siehe Seite 247).

20 ml Traubenkernöl
3 Tropfen Weizenkeimöl
6 Tropfen **Piment**öl

Die Zutaten mischen und mehrmals in der Woche ein wenig davon
in die Kopfhaut einmassieren.

Meerrettichmassageöl

Meerrettich ist das beste Öl für das Haar und sollte benutzt werden,
sobald Haarausfall aufzutreten beginnt. Sollte kein Meerrettichöl
erhältlich sein, kann auch frischer Meerrettichsaft verwendet werden.

40 ml Traubenkernöl
10 ml (2 TL) Sojaöl
2 Tropfen Weizenkeimöl
15 Tropfen **Meerrettich**öl

Die Zutaten mischen, sanft in die Kopfhaut einmassieren, einige
Stunden einwirken lassen, dann mit einem sehr milden Shampoo
auswaschen.

Muskatellersalbei-Massageöl
Muskatellersalbei-Lotionen und -Einreibungen können sowohl gegen fettige Haare und Schuppen helfen als auch das Haarwachstum
unterstützen und bei Alopezie und allgemeinem Haarausfall wirksam
sein.

20 ml (4 TL) Sojaöl
5 Tropfen **Muskatellersalbei**öl
5 Tropfen Rum

Die Zutaten mischen und zweimal wöchentlich gründlich einmassieren. Wenn möglich, über Nacht einwirken lassen und am nächsten
Morgen auswaschen.

(*Siehe auch* **Estragon** *und* **Kamille**.)

Zusätzliche Behandlung
• Die Ernährung kann sehr viel zur Vermeidung von Haarausfall
beitragen und Besserung herbeiführen, falls dieser schon begonnen
hat. Essen Sie anstelle von Vitamintabletten lieber mehr Nahrungsmittel mit Vitaminen und Mineralien, die für das Haar, die Kapillaren
und den Kreislauf gut sind. Reduzieren Sie den Genuß von Stimulanzien wie Tee und Kaffee, und trinken Sie beruhigende Tees aus
Bohnenkraut, Thymian, Pfefferminze, Bitterorange (Orangenblätter)
und Melisse.

Die Vitamine B und C sowie ungesättigte Fettsäuren sind für die Haare gut, Kobalt und Eisen helfen den Kreislauf regulieren, Kupfer hilft Haarausfall verhindern, Jod schützt die Kapillaren, und Magnesium wirkt allgemein tonisierend.

• Da Streß das Problem vergrößern kann, sollten Sie Nahrungsmittel essen, die das natürliche beruhigende Brom enthalten: Spargel, Sellerie, Kohl, Melonen, Lauch, Rettiche und Rosinen.

Amenorrhöe

Dies ist das Ausbleiben der Regelblutung bei Frauen nach der Pubertät und vor der Menopause. Fallen bei einem jungen Mädchen, dessen erste Regelblutung noch nicht lange zurückliegt, einige Perioden aus, ist das nichts Ungewöhnliches, aber im späteren Leben können Irregularitäten auf irgendeinen Mangel hinweisen. Klar ist, daß die Regelblutung in der Schwangerschaft und Stillzeit aussetzt; auch nach dem Absetzen der Pille kann es bis zu einem Jahr dauern, bis die Periode regelmäßig auftritt.

Bei Frauen, die an Anorexia nervosa leiden, bleibt häufig die Regelblutung aus, weil dem Körper die Nährstoffe fehlen, die zur Bildung der am Zyklus beteiligten Hormone notwendig sind. Durch Schock und übermäßigen Streß kann die Periode ebenso ausbleiben wie durch schwere Krankheit. Auch durch Langstreckenflüge kann der Zyklus gestört werden: Viele Stewardessen haben zum Beispiel keine regelmäßige Periode, da die innere Uhr ständig durcheinandergebracht wird.

Aromatherapeutische Behandlung

• Machen Sie sich Heiltränke aus **Salbei**blättern, die die Östrogenbildung anregen (mit etwas Kamille gemischt). Trinken Sie außerdem **Kamillen**tee.

• Reiben Sie den Bauch mit einem Öl aus 20 ml (4 TL) Sojaöl, 2 Tropfen Weizenkeimöl und je 4 Tropfen **Muskatellersalbei**- und **Kamillen**öl ein. (Sie können statt dessen auch 8 Tropfen von einem der beiden Öle oder 8 Tropfen **Petersilien**- oder **Zypressen**öl nehmen.)

• Meiden Sie Reizmittel wie Tee, Kaffee oder Alkohol. Trinken Sie lieber Kräutertees und Heiltränke.

• **Petersilie**, in Form eines Heiltrankes oder roh gegessen, ist auch zur Regulierung der Periode gut.

Anämie

Anämie, die am häufigsten auftretende Blutkrankheit, wird durch einen Mangel an Hämoglobin verursacht, derjenigen chemischen Substanz, die für den Sauerstofftransport im Blut verantwortlich ist. Ist zuwenig Hämoglobin vorhanden, werden die Körperzellen, einschließlich der Gehirnzellen, schlechter mit Sauerstoff versorgt, was zu Schwindel, Müdigkeit, Hautblässe, Schwäche, brüchigen Nägeln, Appetitlosigkeit, Bauchschmerzen und allgemeiner Abgespanntheit führen kann. Es gibt verschiedene Formen der Anämie. Meistens liegt jedoch eine Eisenmangelanämie vor, die auf einem Defizit an Eisen beruht, dem Spurenelement, das zur Hämoglobinbildung notwendig ist. Sie kann durch starke Monatsblutungen verursacht sein oder durch Blutverlust aufgrund einer Operation, im medizinischen oder zahnmedizinischen Bereich, und sie kommt gewöhnlich in der Schwangerschaft vor, wenn der Eisenvorrat vom wachsenden Fötus benötigt wird.

Achten Sie zur Vermeidung dieser Krankheit auf eine Kost, die Eisen und B-Vitamine enthält, besonders Vitamin B_6, B_{12} und Folsäure, die alle für das Blut wichtig sind.

Aromatherapeutische Behandlung

• Karotten sind bei Anämie besonders gut wegen des Karotins, das die Eisenresorption erleichtert. Sie müssen roh gegessen oder sehr kurz gekocht werden (zum Beispiel in einem Wok). Thymian erleichtert ebenfalls die Eisenaufnahme (geben Sie ihn in das Gemüsekochwasser).

• Trinken Sie viel frischen Orangensaft, da Vitamin C die Eisenresorption erleichtert. Schwarze Johannisbeeren enthalten sogar noch mehr Vitamin C.

• Anämiker essen nicht gerne, also muß ihr Appetit angeregt werden. Gute Nahrungsmittel sind Kohl, Fenchel, Pfefferminze, Ginseng, Zwiebeln, Äpfel, Brunnenkresse, Sellerie, Rosmarin, Bohnenkraut, Petersilie, Thymian und Meerrettich. Auch ein Glas Port- oder Rotwein – Bordeaux oder Burgunder –, zu den Mahlzeiten getrunken, kann den Appetit anregen helfen.

• Mischen Sie zur Revitalisierung des Körpers 50 ml Sojaöl mit 2 Tropfen Weizenkeimöl und je 3 Tropfen **Lavendel**- und **Melissen**-öl. Reiben Sie sich täglich damit ein. Reiben Sie zu demselben Zweck täglich pures Lavendel- oder Melissenöl – Sie können auch abwechseln – auf den Handrücken oder den Fußsohlen ein.

Leber mit Spinat und Feldsalat

Dies ist eine wirklich leckere und revitalisierende Mahlzeit, besonders während der Menstruation. Lassen Sie bezüglich der Mengen gesunden Menschenverstand walten! Sowohl die Leber als auch der Spinat sind sehr eisenhaltig, und der Feld- oder Rapunzelsalat enthält viel Chlorophyll, das ebenfalls revitalisiert.

Die Lamm- oder Hühnchenleber zunächst 30 Minuten zur Entgiftung in Milch einlegen, dann trockentupfen, in kleine Stücke schneiden und in Vollkornmehl wenden. Etwas kleingeschnittene Zwiebel in ein wenig Olivenöl glasig dünsten, dann die Leber und ein paar frische Salbeiblätter dazugeben. Nur kurz anbraten, bis die Leber durch ist.

Spinat und Feldsalat waschen und mit etwas Zitronensaft und ein
wenig frisch gemahlenem Pfeffer anmachen. Die gebratene Leber
dazugeben. (In der Saison würden ein paar frische Salbeiblüten
hervorragend dazu passen.) Trinken Sie dazu ein Glas Rotwein, der
viele Mineralien enthält.

(*Siehe auch* **Appetitlosigkeit, Bauchschmerzen** *und* **Erschöpfung.**)

Anorexia nervosa

Die Anorexia nervosa ist eine komplexe Erkrankung, bei der die
Betroffenen – meistens junge Mädchen westlicher Gesellschaften –
aus Angst vor einer Gewichtszunahme eine starke Abneigung gegen
Essen zeigen. Man führt sie auf mehrere Ursachen zurück, unter
anderem auf sozialen Druck, Moden, die Schlankheit mit Schönheit
gleichsetzen, familiären Leistungsdruck oder familiäre Dissonanzen.
Die Mädchen verweigern die Nahrungsaufnahme; oder wenn sie
essen, greifen sie zu Abführmitteln oder erbrechen künstlich. Sie
nehmen auffällig viel ab und können so schwer erkranken, daß ein
Klinikaufenthalt und eine psychiatrische Behandlung erforderlich sind.
Schon in einem relativ frühen Stadium kann es zu einer Schädigung
vieler lebenswichtiger Organe und Körperfunktionen kommen. Anorexia nervosa kann tödlich verlaufen.
Wenn Sie einen Teenager zu Hause haben, der an Magersucht leidet,
kümmern Sie sich besonders um sie/ihn, und wenden Sie sich an
einen verständnisvollen Arzt. Magersüchtige sind auf eine freundli-
che häusliche Atmosphäre angewiesen. Üben Sie keinen Druck aus,
bauschen Sie die Angelegenheit sowenig wie möglich auf, und, vor
allem, halten Sie über das Essen keine Vorträge. Niemand sollte
jemals zum Essen gezwungen werden.

Das Essen, das man Magersüchtigen serviert, sollte appetitanregend, interessant und schön zubereitet sein. Gut sind Salate aus dunkel- und hellgrünen Blättern, und dazu könnten Sie helle Früchte geben wie Bananen und Äpfel, mit Nüssen und Rosinen. Bemühen Sie sich, die einstigen Lieblingsgerichte Ihres Sprößlings zu kochen, und versichern Sie ihm, daß das richtige Essen in kleiner Menge nicht dick macht. Bieten Sie mehrere kleine Mahlzeiten am Tag an. Möglichkeiten wären zum Beispiel eine klare Kraftbrühe oder eine Gemüsebrühe, ein Milchpudding aus gemischtem Getreide wie Hirse, Reis und/oder Buchweizen und viele frisch gepreßte Fruchtsäfte.

Aromatherapeutische Behandlung

• Kochen Sie mit vielen Kräutern und Gewürzen, wenn Sie das Gefühl haben, Ihr Kind neige zur Magersucht. Lorbeerblätter und Koriander sind besonders gut.

• Einige Kräutertees können appetitanregend wirken. Gut sind **Majoran**, **Melisse** und **Thymian**, sowohl als Mischung wie auch einzeln. 5 ml (1 TL) mit 600 ml kochendem Wasser aufgießen und 7 Minuten ziehen lassen. Mit etwas Lavendel-, Rosmarin- oder Akazienhonig gesüßt zwischen den Mahlzeiten trinken.

• Auch die dazugehörigen ätherischen Öle können den Appetit anregen helfen. Verwenden Sie pures **Majoran**-, **Thymian**- oder **Melissen**öl auf Handrücken, Fußsohlen und Risten und dem Solarplexus. Oder mischen Sie sich aus 10 ml (2 TL) Sojaöl, 2 Tropfen Weizenkeimöl und 3 Tropfen eines dieser Öle ein Körpermassageöl.

(*Siehe auch* **Appetitlosigkeit** *und* **Streß**.)

Anosmie

Dies bedeutet den völligen Verlust des Geruchsinnes. Er kann vorübergehend sein, etwa während eines Schnupfens, oder dauernd, bei einer Schädigung der Geruchsnerven durch Krankheit oder Verletzung. Einige Virusinfektionen, Gehirnverletzungen oder -tumoren, Schocks und einige Drogen können einen bleibenden Verlust bewirken.

Ob vorübergehend oder dauernd, dies ist sehr unangenehm, da der Geruchssinn so viel zum Wohlbefinden beiträgt und viele wichtige Funktionen erfüllt – zum Beispiel die Verdauung anregt.

Aromatherapeutische Behandlung

• Geben Sie etwas Meersalz und 1 Tropfen **Kamillen**- und/oder **Rosmarin**öl in eine Schüssel heißes Wasser, und inhalieren Sie mit einem Handtuch über dem Kopf. Tun Sie dies einige Male in der Woche. Haben Sie diese Öle nicht greifbar, geben Sie je eine Prise **Basilikum** und **Kamille** in das Wasser.

• Mischen Sie 1 Tropfen Kamille mit 10 ml (2 TL) Traubenkernöl und 2 Tropfen Weizenkeimöl. Reiben Sie die Nasengegend damit ein, und konzentrieren Sie sich dabei besonders auf die Knochenkurven und weiter bis zum Ende beider Wangenknochen.

Zusätzliche Behandlung

• Häufig ist eine zu große Trockenheit in der Nase am Fehlen des Geruchssinnes schuld. Diese muß durch ein feuchtigkeitsspendendes Nasenöl oder durch destilliertes Wasser korrigiert werden, das man um die Nasenlöcher sprüht. Ein Spaziergang im Regen kann ebenfalls helfen. Drehen Sie die Heizung in Ihrem Schlafzimmer ab – wo Sie einen Großteil der täglichen 24 Stunden verbringen –, oder benutzen Sie einen Luftbefeuchter, und geben Sie einen Tropfen ätherisches Öl dazu.

Anthrax

Anthrax, Milzbrand, ist eine Schafs- und Kuhkrankheit (sie befällt auch Pferde, Ziegen, Rotwild, Anm. d. Ü.), die von der Bakterie *Bacillus anthracis* verursacht wird und auf den Menschen übertragen werden kann. Fleisch, Haut, Fell und Exkrete des befallenen Tieres können Infektionsträger sein. Metzger, Tierärzte, Bauern und Wollarbeiter sind am meisten von der Krankheit bedroht, die durch Kontakt- und Schmierinfektion übertragen werden kann; Wollarbeiter können die Organismen einatmen, was zu einer Form von Bronchopneumonie (katharralische oder herdförmige Lungenentzündung). Erste Symptome sind gewöhnlich ein stechendes Jucken, dem ein Pickel oder Furunkel am Körper folgt, gewöhnlich im Gesicht oder Nacken; dieser wird hart und bildet ein dunkelrotes Zentrum, unter dem sich Eiter ansammelt. Viele Pickel können zu einer schweren Erkrankung führen mit Schwäche, Übelkeit und hohem Fieber; es kann zur Gangränbildung kommen (Brand, Absterben von Gewebszellen).

Anthrax kommt bei Menschen selten vor, aber bei Tieren kommt es hin und wieder zu Ausbrüchen. Jeder, der mit infizierten Tieren zu tun hat, sollte sehr aufpassen und sofort den Arzt aufsuchen, wenn ein Verdacht auf diese Krankheit besteht (die Krankheit ist anzeigepflichtig). Bauern können sich schutzimpfen lassen, und im akuten Fall können große Dosen Antibiotika helfen.

Aromatherapeutische Behandlung
• Jeder, der mit (kranken) Tieren zu tun hat, sollte sich danach immer gründlich die Hände waschen: pro 600 ml destilliertes Wasser 15 Tropfen **Teebaum**, **Thymian** oder **Geranie**.

(*Siehe auch* **Abszesse und Furunkel**.)

Aphthen

Aphthen sind kleine offene Wunden, die sich im Mund bilden: auf
der Zunge oder am Gaumen, auf der Mundschleimhaut der Innenlip-
pe und Wangen und in der Furche zwischen Zahnfleisch und Wangen. Die Geschwüre kündigen sich durch Brennen und Jucken und
leichte Schwellung an. Ihr weißlichgelbes Zentrum ist von einem
roten, sehr schmerzempfindlichen Hof umgeben. Die eigentliche
Ursache ist unbekannt, obwohl einige glauben, es handle sich um
eine leichte Virusinfektion – daher die häufige Wiederkehr des
Problems. Die meisten Untersuchungen haben jedoch gezeigt,
Mundgeschwüre werden durch Angstzustände oder seelischen Streß
oder durch eine Empfindlichkeit bestimmten Nahrungsmitteln und
Substanzen gegenüber verursacht, die allergieartige Reaktionen auslösen. Aphthen können zwei Tage bis drei Wochen andauern; sie
heilen spontan, ohne Narben zu hinterlassen.

Aromatherapeutische Behandlung

• Tragen Sie zur unmittelbaren Linderung pures **Teebaum**öl auf die
Aphthen auf. Verwenden Sie dazu etwas Watte. Mehrmals täglich
wiederholen.

• Geben Sie in 600 ml warmes abgekochtes Wasser 1 EL Meersalz
und 2 Tropfen **Teebaum**öl, und machen Sie damit Mundspülungen.

• Kochen Sie eine Handvoll **Karotten**blätter 5 Minuten lang in
300 ml Wasser. Abkühlen lassen und als Gurgelwasser benutzen.

• Meiden Sie Zitronensaft und alles Säurehaltige. Verwenden Sie
Rose, **Bohnenkraut** oder **Muskatellersalbei** in einem Mundwasser.
1 Tropfen auf 1 Glas Wasser.

(*Siehe auch* **Majoran, Nelken** *und* **Pfefferminze**.)

Zusätzliche Behandlung

• Wie bei allen Hautproblemen trägt eine ausgewogene Ernährung, die reich an Vitamin A ist, zur Vorbeugung und Heilung von Aphthen bei.

• Meiden Sie saure und scharfe Nahrungsmittel, die alle Schmerzen verursachen können. Meiden Sie auch Kaffee. Essen Sie kein hartes Brot, keine Kekse und gesalzenen Nüsse oder andere salzigen Nahrungsmittel, sondern probieren Sie Karamelcreme oder Reispudding, die Milch enthalten, die basisch ist und zur Linderung der Schmerzen beitragen kann.

• Meiden Sie Zigaretten und Alkohol.

Appetitlosigkeit

Der Widerwille oder das Unvermögen zu essen kann das Symptom einer ganzen Reihe von Krankheiten sein. Appetitverlust kann gefährlich sein wie bei einem jungen Mädchen, das an Magersucht leidet, oder bei einem Baby oder einem alten Menschen; aber gewöhnlich handelt es sich um ein vorübergehendes Symptom, das durch eine kleine Infektion oder Störung verursacht ist, zum Beispiel durch eine Verdauungsstörung, Gastroenteritis (Magen- Darm-Entzündung), Erkältung oder Mandelentzündung, oder aber Ihr Körper verlangt einfach nach einer Essenspause. Wenn ein Baby nicht ißt, suchen Sie den Arzt auf.

Aromatherapeutische Behandlung

• Kräutertees aus **Fenchel** oder **Anis**, gemischt mit **Verbena** oder **Pfefferminze**, sind gute Appetitanreger.

• Der Duft von Essen ist ein wichtiger Appetitanreger. Mikrowellenöfen sind in dieser Hinsicht völlig ungesund, da das Essen, das in ihnen zubereitet wird, meist keinen Duft verbreitet. Das Aussehen des Essens ist für ältere schlechte Esser genauso wichtig wie für Kinder.

• Mischen Sie 3 Tropfen ätherisches **Rosen**öl mit 5 ml (1 TL) Weizenkeimöl, und reiben Sie damit vor den Mahlzeiten den Solarplexus ein.

(*Siehe auch* **Kamille** *und* **Nelke**.)

Zusätzliche Behandlung

• Alle Kinder durchleben Phasen, in denen sie nichts essen möchten. Eine Möglichkeit, dies zu umgehen, ist, ihnen das Essen und die Mahlzeiten zum Vergnügen zu machen. Ich habe für meinen Sohn aus Lebensmitteln Gesichter auf dem Teller gestaltet: Als Basis des Gesichts diente Kartoffelpüree, halbe Tomatenscheiben eigneten sich als Ohren, Erbsen oder Bohnen als Augen, rote Bete als Mund und Selleriestifte als Haar. Die meisten Kinder werden wohl keine »Spielverderber« sein und Spaß beim Essen dieser Kreation haben.

• Marguérite Maury empfiehlt ein Glas Sauternes als Aperitif vor der Hauptmahlzeit.

(*Siehe auch* **Anorexia nervosa**.)

Arthritis

Es gibt mehrere Formen der Arthritis, der allgemeinen Bezeichnung für Gelenkentzündung: Osteoarthritis befällt vor allem Hüften, Knie, Rückgrat und Schultern und ist bis zu einem gewissen Grad die Folge natürlicher Abnutzungserscheinungen im Alter. Rheumatoide Arthritis ist eine Krankheit des umgebenden Gewebes, die – meist erblich bedingt – bei sehr jungen Menschen vorkommen kann. Arthritis kann auch nach einer Verletzung, körperlicher Überanstrengung oder starker emotionaler Belastung auftreten, gewöhnlich im dritten und vierten Lebensjahrzehnt. Die Knochenabnutzung bzw. der Verlust der Synovia oder Gelenkschmiere kann starke Schmerzen verursachen und die Bewegungsfreiheit einschränken.

Zu den Symptomen der rheumatoiden Arthritis gehören Gelenkschwellungen und -schmerzen (besonders bei Bewegung), Erschöpfung, Gewichtsverlust, Anämie und Fieber, bei dem die Haut über den betroffenen Stellen rot und heiß wird. Diese Symptome können verschwinden und später wieder auftreten.

Aromatherapeutische Behandlung

• Legen Sie auf die betroffenen Stellen morgens und abends heiße Kompressen auf. Tauchen Sie dazu ein kleines Handtuch in einen Topf mit sehr heißem Wasser, unter das Sie 15 ml (1 EL) Obstessig, je 2 Tropfen **Waldkiefern**- und **Zypressen**öl und 1 Tropfen **Lavendel**öl gemischt haben. Tragen Sie danach ein Oliven- oder Nußöl auf. Halten Sie den Bereich warm.

• Stellen Sie eine Emulsion aus einem milden Shampoo und je einem Tropfen **Waldkiefern**-, **Wacholder**- und **Zypressen**öl her. Schütten Sie diese in den Heißwasserstrahl eines einlaufenden Bades, und legen Sie sich so lange wie möglich in die Wanne. Ruhen Sie sich danach in einem warmen Bademantel 10 Minuten lang im Liegen aus.

Pimentmassageöl

Das Pimentöl wärmt stark, ist also gut gegen Schmerzen. Wenn Sie eine empfindliche Haut haben, sollten Sie Pimentöl allerdings nicht verwenden (siehe Seite 247).

10 ml (2 TL) Sojaöl
2 Tropfen Weizenkeimöl
3 Tropfen Pimentöl

Mischen und auf die betroffenen Stellen auftragen. Gut einmassieren, dann mit einer Kompresse oder einem heißen Umschlag abdecken. Tragen Sie danach reines Sojaöl auf, falls die Haut spannen sollte.

Zusätzliche Behandlung

• Arthritiskranke sollten auf ihr Gewicht achten, da die Gelenke durch Übergewicht stärker belastet werden. Nehmen Sie auf vernünftige Weise ab, und essen Sie gesund.

• Meiden Sie bei akuten Schüben Fleisch, Salz, Kaffee, Alkohol, Tabak und Fett. Essen Sie eine Zeitlang vegetarisch, und kehren Sie nur sehr langsam zu einer Kost zurück, die Fleisch enthält.

• Essen Sie geeignete Gemüse wie Artischocken, Spargel, Gurke, Kohl, Bohnen, Endivie, Lauch, Feldsalat, Rettiche, Sauerampfer und Tomaten. Essen Sie Früchte wie Äpfel, Bananen, Schwarze Johannisbeeren, Kirschen, Trauben, Grapefruits und Erdbeeren. All dies entgiftet und reinigt den Organismus.

• Essen Sie Nahrungsmittel, die Kalzium und Magnesium enthalten (die zur Bildung der Gelenkschmiere notwendig sind) – etwa Milch (insbesondere Ziegenmilch), Brunnenkresse, Petersilie, Hülsenfrüchte wie Linsen, Nüsse (aber *keine* gesalzenen, da Natrium oder Salz vermieden werden muß) – und Proteine, etwa Sardinen und Makrelen.

• Oft ist im Anfangsstadium einer Osteoarthritis Bewegung gut, da sich die Gelenke dadurch weniger festsetzen können.

• Trinken Sie bei akuten Schüben einen Apfelschalentee. Dazu 2 Äpfel zunächst gut waschen, dann die Schalen 15 Minuten in 600 ml Wasser kochen. Über den Tag verteilt trinken.

(*Siehe auch* **Bursitis, Hexenschuß, Ischias, Muskelschmerzen, Rheumatismus, Rückenschmerzen, steife Gelenke** *und* **Streß.**)

Asthma

Asthma ist eine Krankheit der oberen Atemwege, bei der sich die glatte Muskulatur der Bronchiolen verkrampft und so die Luftwege verengt. Dies führt typischerweise zu Kurzatmigkeit, Atemnot, Keuchen und Husten. Asthma erscheint häufig in Verbindung mit Bronchitis, Nervenleiden und Heuschnupfen und befällt auch gerne Menschen mit nervöser Disposition. Jedoch sind Asthmaerkrankungen fast zur Hälfte auf Allergien zurückzuführen und beginnen in der Kindheit (oft im Zusammenhang mit einem Ekzem). Wie bei Heuschnupfen können Pollen, Staub, Federn und Tierhaare Allergene sein. Asthmakranke sollten keine ätherischen Öle benutzen, da viele allergische Reaktionen hervorrufen können. Die Verfälschung und Streckung so vieler Öle macht es beinahe unmöglich, sich völlig auf ein Öl und seine Herkunft zu verlassen. Asthmatiker sollten vor der Benutzung eines Öls stets einen Verträglichkeitstest unter der Obhut eines Arztes oder Aromatherapeuten durchführen. Das Inhalieren eines ätherischen Öls kann zum Beispiel einen Asthmaanfall sogar noch verschlimmern.

Finden Sie möglichst das Allergen heraus – entfernen Sie Vorhänge, Teppiche und Kissen, in denen sich viel Staub fangen kann, und Federkissen, und saugen sie täglich. Verzichten Sie möglichst auf Haustiere.

Aromatherapeutische Behandlung

• Meiden Sie Stimulanzien wie Tee, Schokolade und Kaffee, und ersetzen Sie diese durch Kräutertees: **Eukalyptus** und **Thymian** gemischt; oder Lindenblüten, **Majoran**, **Thymian** und **Bohnenkraut**. Gießen Sie 30 g der frischen oder getrockneten Ware mit 1 l kochendem Wasser auf. 20 Minuten ziehen lassen und täglich 2 bis 3 große Tassen davon trinken. Dies hilft besonders bei einem Asthmaanfall.

• Bewegen Sie sich soviel wie möglich. Schwimmen ist gut, da dort Reizmittel wie Staub oder Pollen wenig vorhanden sind.

(*Siehe auch* **Anis, Basilikum, Lorbeer, Rosmarin** *und* **Ysop, Heuschnupfen** *und* **Erkrankungen des Atemapparats**.)

Probleme mit dem Atemapparat

Zu den Erkrankungen des Atemapparats gehören Asthma, Bronchitis, Husten, Erkältung, Kehlkopfentzündung, Lungenentzündung und schwerere Leiden wie Emphysem oder Lungenkrebs. Der Atemapparat ist sehr kompliziert aufgebaut und auf die Aufnahme von Sauerstoff und die Abgabe von Kohlendioxyd spezialisiert, aber er ist auch sehr empfindlich, und besonders bei sehr alten und sehr jungen Menschen sollten alle Beschwerden grundsätzlich ernst genommen werden.

Aromatherapeutische Behandlung
(*Siehe* **Cajeput, Eukalyptus, Kanadabalsam, Niaouli, Rose, Rosmarin, Teebaum, Tolubalsam, Weihrauch** *und* **Waldkiefer**.)

Zusätzliche Behandlung
• Um Erkrankungen vorzubeugen, meiden Sie soweit wie möglich schlechte Luft, und rauchen Sie nicht.
• Die Ernährung spielt für die Infektionsabwehr eine große Rolle. Sie sollte reich an Proteinen und Vitaminen A und B sein. Vitamin A erhält die Atemwege gesund, und ein Mangel erhöht die Infektionsgefahr. Erkrankungen des Atemapparats, zum Beispiel eine Lungenentzündung, können den körpereigenen Vorrat an Vitamin B erschöpfen, deshalb ist Vitamin-B-reiche Nahrung besonders wich-

tig. Untersuchungen verweisen auf einen möglichen Zusammenhang zwischen einem Vitamin-B-Mangel und Lungenkrankheiten.

• Machen Sie einen Senfumschlag, um die Brustbeklemmung zu lindern (siehe Seite 49). 15 bis 30 Minuten einwirken lassen, bis sich die Haut ziemlich gerötet hat.

• Nehmen Sie Atemwegsinfektionen nicht auf die leichte Schulter, egal, wie geringfügig sie auch sein mögen. Kälte und Feuchtigkeit verschlimmern den Zustand, bleiben Sie also zu Hause, in warmen, aber nicht zu trockenen Räumen. Wenn möglich, halten Sie ein paar Tage Bettruhe, damit sich der Körper erholen kann und Ihnen weitere Komplikationen wie eine Bronchitis oder Lungenentzündung erspart bleiben.

Probleme mit den Augen

Das Auge ist ein sehr sensibles Organ, und jede Beeinträchtigung des Auges sollte dem Arzt mitgeteilt werden. Zu den Symptomen können Rötung, Reizung, plötzliche Schmerzen und eine verschwommene Sicht gehören, und die Ursachen können von einer allergischen Reaktion über Migräne oder Heuschnupfen bis hin zu einem Fremdkörper im Auge oder bloßer Müdigkeit reichen. Gelegentlich können Augenprobleme das Symptom einer schwereren Erkrankung sein. Viele kleine Augenbeschwerden lassen sich jedoch gut zu Hause behandeln.

Die Bindehautentzündung gehört zu den häufigsten Augeninfektionen. Es ist eine Schleimhautentzündung, die durch Bakterien, Viren, Allergien oder einen Fremdkörper hervorgerufen werden kann. Die Augen sind gerötet und gereizt und am Morgen durch starke Absonderung verklebt. Sie läßt sich leicht durch verschriebene Salben heilen, kann aber auch durch viele der untengenannten Mittel besser werden.

Aromatherapeutische Behandlung

• Um wunde, juckende Augen zu behandeln, legen Sie Kompressen auf, die in einen Kornblumen-, **Kamillen**- oder **Ringelblumen**aufguß getaucht werden.

• **Fenchel** hilft gut gegen entzündete, geschwollene Augen oder Bindehautentzündung.

• Bei Augenproblemen helfen **Petersilien**saft und **Zitronen**saft, ebenso wie **Rosen**aufgüsse, die sehr beruhigend wirken.

• Bei müden Augen legen Sie einfach kühlende **Rosen**blätter oder frische Gurkenscheiben auf, und entspannen Sie sich 1 Minute lang im Liegen.

(*Siehe auch* **Jasmin; Kopfschmerzen**.)

Bauchschmerzen

Es gibt viele Arten von Bauchweh, die meistens einen banalen Grund haben. Manchmal sind sie jedoch das Zeichen einer schwereren Erkrankung. Sind die Schmerzen stark und treten zusammen mit Durchfall, Erbrechen, Fieber oder Kopfschmerzen auf, sollte am besten ein Arzt aufgesucht werden. Im allgemeinen verweisen sie auf weniger ernste Beschwerden wie Zystitis, Menstruation und Verdauungsprobleme, etwa Verstopfung und Kolik. Selbst nach scharf gewürzten oder schweren Mahlzeiten oder durch zu schnelles Essen – letzteres ist oft auf Unruhe oder Streß zurückzuführen – können Beschwerden auftreten. Auch Muskelkrämpfe können Bauchschmerzen verursachen.

Aromatherapeutische Behandlung

• Bauchschmerzen lassen sich häufig durch das Trinken von Kräutertees beheben. Sehr geeignet sind **Kamille** und **Pfefferminze**.

Trinken Sie den Tee langsam und nicht zu heiß. Legen Sie sich danach flach auf den Rücken, die Beine leicht angewinkelt, und entspannen Sie sich 10 Minuten lang. Atmen sie langsam und bedacht; zählen Sie bis vier, bevor Sie nach dem Einatmen wieder ausatmen. Eventuell hilft eine Wärmflasche auf dem Bauch.

• Auch eine klare Gemüsesuppe mit **Thymian** und Meersalz kann helfen.

• Geben Sie einen Tropfen **Kamillen**öl in eine Schüssel heißes Wasser, und inhalieren Sie; wie oben bewußt atmen.

• Massieren Sie sanft den Bauch mit einer Mischung aus 5 ml (1 TL) Sojaöl und 1 Tropfen **Kamille** oder **Ringelblume**.

(*Siehe auch* **Anämie, Durchfall, Kolik, Streß, Verdauungsstörungen, Verstopfung** *und* **Zystitis**.)

Bindehautentzündung, *siehe* **Probleme mit den Augen.**

Blähungen

Sie bedeuten die Aufblähung des Magens und der Eingeweide durch Gas aufgrund geschluckter Luft oder einer Bakterientätigkeit. Dieses Gas muß entweichen, folglich kommt es zu Blähungen, die so peinlich sein können.

Wir alle schlucken in einem bestimmten Ausmaß Luft und damit Sauerstoff und Stickstoff, die wieder entweichen müssen; wenn wir gestreßt oder nervös sind, sprechen wir schneller und ringen nach Luft, und das erklärt, weshalb wir stärker unter Blähungen leiden können, wenn wir unruhig sind.

Andere Gase können in den Eingeweiden durch Bakterientätigkeit und die Gärung mancher Nahrungsmittel gebildet werden. Viele

Menschen können bestimmte Nahrungsmittel (Laktose in der Milch oder Gluten im Weizen zum Beispiel) nicht verdauen, weil ihnen die Enzyme dazu fehlen. Andere Nahrungsmittel fördern Blähungen, weil sie Zucker enthalten, der in den Eingeweiden gerne gärt. Zu diesen Nahrungsmitteln gehören Bohnen, Salatgemüse wie Rettiche, grüner Paprika und Gurken und Mitglieder der Kohlfamilie.

Hilfreiche Kräuter und Gewürze, die zum Kochen und für Heiltränke verwendet werden können, und Öle, die sich für Massageöle eignen, sind **Anis**, **Basilikum**, **Kardamom**, **Lemongrass**, **Lorbeer**, **Majoran**, **Meerrettich**, **Muskat**, **Nelken**, **Origano**, **Piment** und **Salbei**. Angelikastengel, nach dem Essen gekaut, beugen Blähungen vor.

(*Siehe auch* **Verdauungsbeschwerden**.)

Blasen

Eine Blase ist eine geschwollene Stelle der Haut, unter der sich Flüssigkeit – Serum, der wäßrige Bestandteil des Blutes – angesammelt hat. Blasen können durch Verletzungen, Verbrennungen, Verbrühungen, Scheuern (von neuen Schuhen oder ungewohnter Handarbeit) oder Insektenstiche entstehen oder durch Infektionen verursacht sein wie Ekzeme, Impetigo, Herpes oder Windpocken. Wenn Blasen aufplatzen, kann das darunterliegende Gewebe infiziert werden, also muß es saubergehalten werden.

Behandlung siehe **Brandwunden** oder **Schnittwunden und Schrammen**.

Blasenentzündung, siehe **Zystitis**.

Blutarmut, siehe **Anämie**.

Blutergüsse

Ein Bluterguß ist das Ergebnis einer Verletzung des Hautgewebes, und die Verfärbung stammt von dem Blut, das aus den geplatzten Blutgefäßen in das umliegende Körpergewebe austritt. Das Verblassen der Farbe von Blau- und Rotviolett oder Schwarzblau zu Gelb zeigt den Abbau dieses Bluts an. Es können Schmerzen auftreten, besonders wenn der Bluterguß direkt über einem Knochen liegt und das geschwollene Gewebe zu spannen beginnt. Blutergüsse heilen meistens ohne besonderes Dazutun ab.

Beleibte und anämische Menschen neigen besonders zu Blutergüssen. Manche Frauen bekommen während der Regel leichter Blutergüsse.

Aromatherapeutische Behandlung

• Ätherische Öle, die helfen können, sind unter anderem **Spik**, **Ringelblume**, **Zypresse**, **Geranie**, **Lavendel**, **Majoran**, **Pfefferminze** und **Petersilie**. 10 ml (2 TL) Traubenkernöl mit 5 bis 6 Tropfen ätherischem Öl mischen – am besten Ringelblume, Zypresse oder Petersilie – und kurz sanft auf die betroffene Stelle auftragen. Blutergüsse nicht massieren.

• Kerbel, **Ysop**, **Lavendel**, **Petersilie** oder **Thymian** können frisch als Umschläge verwendet werden. Pflanze waschen, in eine Schüssel geben und mit heißem Wasser übergießen. In ein dünnes Stofftaschentuch wickeln und auf den Bluterguß legen, sobald die Blätter etwas abgekühlt sind.

• Arnikatinktur, die aus den Blüten der *A. montana* bereitet wird, ist das Homöopathikum gegen Prellungen und wird zusammen mit Hamameliswasser *(Hamamelis virginiana)* oft als Lotion verwendet. Ersteres sollte nicht auf offene Wunden aufgetragen werden; letzteres ist ein aus Blättern und Rinde destilliertes Wasser und ebenfalls beim Apotheker erhältlich.

Zusätzliche Behandlung

• Wenn Sie leicht Blutergüsse bekommen, meiden Sie Reizmittel wie Tee und Kaffee, und essen Sie Nahrungsmittel, die reich an Vitamin C und Bioflavonoiden sind (siehe Seite 377). Dies hilft die Gefäßwände kräftigen.

• Ist die Schwellung stark und sehr schmerzhaft, machen Sie eine kalte Kompresse. Dazu Eiswürfel in ein Handtuch wickeln, zerstoßen und auf den Bluterguß auflegen. Auch das Hochlegen der Gliedmaßen (Bein oder Arm) kann helfen.

Brandwunden

Brandwunden entstehen durch trockene Hitze (zum Beispiel Feuer, Strom, die Sonne) und durch feuchte Hitze oder Verbrühungen (zum Beispiel kochende Flüssigkeiten und Dampf). Die Haut wird oberflächlich oder ernsthafter geschädigt, was beträchtlich schmerzt, wenn die Nervenendigungen noch intakt sind. Überflüssig ist zu sagen, daß alle Verbrennungen, außer den wirklich geringfügigen, sofort ärztlich versorgt werden müssen. Halten Sie die Verbrennung auf dem Weg zum Arzt mit einer nassen Salzkompresse bedeckt.

Dank ihrer natürlichen antibakteriellen und antiviralen Eigenschaften sind ätherische Öle bei der Behandlung von kleinen Verbrennungen – ja Hautverletzungen überhaupt – äußerst hilfreich. Sie verringern nicht nur die Infektionsgefahr, sondern fördern auch das Wachstum neuer Hautzellen und beschleunigen so die Heilung. Mit am besten sind **Benzoe**, **Eukalyptus**, **Lavendel**, **Patchouli** und **Muskatellersalbei**.

(*Siehe auch* **Bohnenkraut, Galbanum, Geranie, Spik** *und* **Teebaum**.)

Aromatherapeutische Behandlung

• Tragen Sie bei kleinen Verbrennungen sofort pures **Lavendel**öl auf die Wunde, und decken Sie sie mit einer feuchten Kompresse ab. Diese sollte am besten aus Verbandmull oder Musselin bestehen, damit die Wunde atmen kann. Verwenden Sie auf keinen Fall ein Heftpflaster. Die Kompresse alle 4 Stunden erneuern, bis Besserung eintritt.

• Gut hilft auch Kartoffel- oder Karottensaft oder das Eintauchen in kaltes Wasser.

Bronchitis

Bronchitis ist eine Entzündung der größeren Luftwege – der Bronchien –, die zu den Lungen führen. Es gibt zwei Arten. Eine akute Bronchitis kann nach einer bakteriellen oder viralen Infektion, wie zum Beispiel einer Erkältung, ausbrechen; diese setzt sich fort und führt zu einem chronischen Husten. Akute Bronchitis kann besonders bei Kleinkindern und alten Menschen gefährlich sein, da hier das Risiko einer Lungenentzündung höher ist. Chronische Bronchitis wird durch beständige Reizung der Bronchialschleimhaut verursacht, zum Beispiel durch Zigarettenrauchen oder wenn man in einer klammen, dampfigen, staubigen oder verräucherten Umgebung lebt oder arbeitet. Einige Menschen scheinen leichter an Bronchitis zu erkranken als andere. Bei wechselhaftem Wetter – wie im Frühling oder Herbst – tritt die Krankheit häufiger auf. Schlechte Haltung, Bewegungsmangel und Abgespanntheit können alle für die Krankheit empfänglicher machen, weil die Lungen nicht mehr voll ausgelastet werden.

Die Hauptsymptome sind Husten, Auswurf, Fieber und Brustschmerzen.

Aromatherapeutische Behandlung

• Keines der genannten Mittel wird helfen, wenn Sie nicht zu rauchen aufhören.

• Trinken Sie viel, vor allem frischen Ananas- und Zitronensaft und heiße Kräutertees aus **Lorbeer**blättern, **Eukalyptus**blättern, **Ysop**, **Lavendel**, **Pfefferminze**, jungen **Kiefernnadeln** oder **Rosmarin**. Ysop, Eukalyptus und Lorbeer wirken schleimlösend. 15 mg (1 EL) Blätter 3 Minuten lang in 600 ml Wasser aufkochen, dann 5 Minuten ziehen lassen. Mit Honig gesüßt ein paarmal am Tag trinken.

• Bei akuter Bronchitis hilft folgender Tee: 5 **Nelken** und 6 **Eukalyptus**blätter 2 Minuten in 600 ml Wasser aufkochen. Mindestens 5 Minuten ziehen lassen, dann abgießen und den Saft einer halben Zitrone dazugeben.

• Tees aus Eibischblüten und -blättern oder Olivenblättern werden von den französischen Phytotherapeuten empfohlen.

• Achten Sie stets darauf, daß im Krankenzimmer genügend Luftfeuchtigkeit herrscht. Verwenden Sie eine Mischung aus 600 ml warmem Wasser, 15 Tropfen **Eukalyptus**öl und 5 Tropfen **Origano**öl (oder 15 Tropfen **Teebaum** plus 5 Tropfen **Lavendel**). Sprühflasche vor Gebrauch gut schütteln.

• Sie können die Luft aber auch dadurch befeuchten, daß Sie eine Schüssel voll Wasser neben die Heizung stellen und einige Tropfen von einem der obengenannten Öle dazugeben.

• Machen Sie einen Leinsamen- oder Senfumschlag auf Brust und Rücken (siehe Seite 47ff.). Mischen Sie eine Einreibung aus 15 ml (1 EL) Sojaöl, 2 Tropfen Weizenkeimöl, 5 Tropfen **Eukalyptus**- und 2 Tropfen **Origano**öl. Nach dem Erkalten des Umschlags auf Brust und Rücken einmassieren.

Zusätzliche Behandlung

• Nahrhafte Kost ist für den Aufbau der Abwehrkräfte wesentlich. Eine mangelhafte Ernährung, die dem Körper zuwenig Nährstoffe zuführt, bedeutet, daß der ausgezehrte Körper die Infektion schlechter überwindet. Wichtig sind die Vitamine A und C sowie Proteine und viel Flüssigkeit.

• Essen Sie zur Langzeitverhütung einer Bronchitis reichlich Knoblauch und Zwiebeln, möglichst roh, wegen ihrer antibakteriellen Wirkung. Essen sie zusätzlich, besonders während der Wintermonate, täglich 2 bis 4 Knoblauchkapseln. Gut sind außerdem Weiße Rüben, Rettich, Meerrettich und Meeresalgen, die alle schleimlösend wirken.

• Bei einem Bronchitisanfall muß der Kranke in einem warmen Zimmer im Bett liegen, und die Temperatur sollte konstant bleiben. Feuchtkalte Luft kann zu Reizungen führen, ebenso wie unmittelbare Hitze – von einem offenen Feuer zum Beispiel, das auch Schwefeldioxyd produziert, einer der Schadstoffe in der Luft, die chronische Bronchitis verursachen können.

• Ein Weißer Rübensirup kann hilfreich sein. 900 g Weiße Rüben schälen, in Scheiben schneiden und auf einem Teller auslegen. Mit 450 g Fruktose bedecken und einige Stunden stehenlassen. Die Fruktose wird Saft ziehen. Rübensaftmischung in eine Flasche abfüllen und täglich 5 bis 7 Teelöffel davon einnehmen.

(*Siehe auch* **Brustinfekte, Erkrankungen des Atemapparats, Fieber** *und* **Husten.**)

Brustinfekte

Brustinfekte können von einer Erkältung oder Grippe verursacht werden, und es sind vor allem alte und junge Menschen dafür anfällig. Es kommt zu Atemschwierigkeiten, Schleimansammlung in den Bronchien, Halsweh und Husten. Es kann Fieber auftreten, und manche Infektionen können zu Bronchitis oder Lungenentzündung führen. Wenn die Symptome zu besorgniserregend sind, zögern Sie nicht, den Arzt aufzusuchen.

Aromatherapeutische Behandlung

• Halten Sie am besten Bettruhe. Die Wärme im Krankenzimmer sollte nicht zu trocken sein, da dies reizen und Husten hervorrufen kann. Stellen Sie eine Wasserschüssel in die Nähe der Heizung; um die Wirkung noch zu verstärken, geben Sie ein paar Tropfen eines schleimlösenden Öls wie **Eukalyptus**, **Cajeput**, **Niaouli**, **Pfeffer**, **Waldkiefer** oder **Teebaum** dazu (diese Öle sind auch für Inhalationen zu empfehlen).

• Trinken Sie zu Beginn der kalten Jahreszeit, zum Schutz gegen kommende Brustinfekte, jeden Morgen folgenden Heiltrank: 100 g Eukalyptusblätter, ein paar Wacholderbeeren und etwas Ginseng in 500 ml Wodka 2 bis 3 Wochen mazerieren lassen. 30 ml (2 EL) Fruktose daruntermischen. Jeden Morgen 10 ml (2 TL) mit Wasser verdünnt trinken.

• Wie gut Umschläge gegen Brustinfekte helfen, ist nicht nur in der Aromatherapie, sondern auch in der traditionellen Medizin bekannt. Rühren Sie frische, zerstoßene Senfkörner zu einer Paste an, und tragen Sie diese sehr heiß auf die Brust auf. Nehmen Sie den Umschlag nicht sofort ab, sobald die Hitze zunimmt und die Haut zu brennen beginnt, sondern lassen Sie ihn 5 bis 10 Minuten einwirken (auf keinen Fall aber länger als 20 Minuten, da er sonst tatsächlich die Haut angreift). Die Haut kann stark gerötet sein, streuen Sie also etwas Körperpuder darauf, und halten Sie die Brust einige Stunden lang sehr warm – indem Sie sich 2 oder 3 Schals umwickeln. Dadurch löst sich der Schleim sehr schnell.

• Früher verwendete man in Frankreich weichgekochten Kohl für Umschläge. Sehr gut ist auch ein Leinsamenumschlag (siehe Seite 48), der eines der obengenannten schleimlösenden Öle enthält. Reiben Sie sich danach mit einem Öl ein, das aus 10 ml (2 TL) Traubenkernöl, etwas Weizenkeimöl und 3 bis 4 Tropfen des auch im Umschlag verwendeten Öls besteht.

• Sehr gut ist ein Brustöl, das **Eukalyptus** oder **Waldkiefer** enthält.

(*Siehe auch* **Benzoe** *und* **Tolubalsam**.)

Zusätzliche Behandlung

• Halten Sie sich warm, und bleiben Sie zu Hause. Feuchtkalte Luft, Nebel und Autoabgase können die Brustbeschwerden verschlimmern.

• Wichtig ist die Ernährung. Sie sollten viele Zitrusfrüchte wegen ihres Vitamin-C-Gehalts essen, und Sellerie, Knoblauch, Zwiebeln, kurz gedünstetes Blattgemüse und verschiedene Sorten Kohl (wegen seines Schwefelgehalts). Machen Sie sich regelmäßig eine medizinische Suppe aus klarer Hühnerbrühe, 3 bis 4 Nelken, viel Pfeffer, Wacholderbeeren und Lauch, Zwiebeln, Sellerie, Rettich, Weißen Rüben etc.

• Essen Sie möglichst nichts, was den entzündeten Hals reizen könnte, wie Nüsse oder Toast.

(*Siehe auch* **Bronchitis, Erkältung, Erkrankungen des Atemapparats, Halsentzündung, Husten, Katarrh** *und* **Lungenentzündung**.)

Bursitis

Bursitis ist eine der am häufigsten vorkommenden rheumatischen Erkrankungen. Bursae (Beutel, Taschen, Schleimbeutel) sind kleine, Schleim bzw. Gelenkschmiere enthaltende Gewebetaschen zwischen benachbarten Gelenken. Eine Bursa kann sich durch Verletzung, Infektion, Überstrapazierung des Gelenks oder außergewöhnlichen Druck entzünden und sammelt dann mehr Flüssigkeit an, was zu Schmerzen und Bewegungsbehinderungen führt. Bursitis befällt oft die Schultern, ist aber auch wegen ihres Auftretens an Ellenbogen und Knien bekannt (Tennisellenbogen und Dienstmädchenknie).

Zu den Symptomen gehören stechender Schmerz, heiße und empfindliche Haut und Schwellung. Manche Formen der Bursitis müssen
operiert werden.

Aromatherapeutische Behandlung
• Ätherische Öle können Erleichterung bringen. 5 Tropfen **Rosmarin**, **Geranie**, **Cajeput** oder **Eukalyptus** mit 10 ml (2 TL) Soja- und
2,5 ml (1/2 TL) Weizenkeimöl mischen und das Entzündungsgebiet
sanft damit einreiben.

(*Siehe auch* **Borneokampfer**.)

Zusätzliche Behandlung
• Schonen Sie das Gelenk, bis die Entzündung abgeklungen ist.

(*Siehe auch* **Ödem** *und* **Rheumatismus**.)

Candidose, siehe **Soormykose**.

Depressionen

An Niedergeschlagenheit leidet hin und wieder jeder von uns, aber
wenn dieser Zustand über Gebühr andauert, kann er zu einer Krankheit werden, die der Behandlung bedarf. Es gibt viele Gründe für eine
Depression, meistens ziemlich offensichtliche wie Mißerfolg bei der
Arbeit, der Verlust eines geliebten Menschen oder der Tod eines
Verwandten oder Freundes. Ununterbrochene Sorgen bezüglich Arbeit, Geld, Gesundheit und Lebensumstände können sich schließlich
zu einer schwereren Depression summieren. Schwermut, allgemein
Verzagtheit und Traurigkeit sind hin und wieder »normale« Stim-

mungen; doch wenn diese »überhandnehmen« und sich über Wochen erstrecken, so daß die Gesundheit des Leidenden und/oder der Familie darunter zu leiden beginnt, dann ist therapeutische Hilfe erforderlich.

Viele Pflanzen und Pflanzenöle haben eine Wirkung auf das Nervensystem. Ganz einfach gesagt: Angenehme Gerüche heben im allgemeinen die Stimmung. Öle können helfen, zum inneren Gleichgewicht zurückzufinden, sie beruhigen die Nerven und wecken wieder die Lebensgeister. Besonders wirksam sind die Zitrusöle, zum Beispiel **Neroli**, und andere Öle wie etwa **Basilikum**, **Majoran**, **Melisse**, **Thymian** und **Verbena**.

Aromatherapeutische Behandlung

• Gut sind die kräftigenden Kräuter **Majoran** und **Thymian**. Essen Sie diese in Salaten, oder kochen Sie sie in anderen Gerichten mit.

• Meiden Sie koffeinhaltige Stimulanzien wie Tee oder Kaffee, und ersetzen Sie diese durch Kräutertees aus **Majoran**, **Pfefferminze**, **Verbena** und **Thymian**. Kochen Sie Ginsengwurzeln ein paar Stunden in einem Wasserbadtopf, und trinken Sie als erstes am Morgen ein Glas davon.

• Versprengen Sie ein paar Tropfen **Majoran** oder **Thymian** in Ihrer Wohnung. Sie werden Ihnen helfen, heiterer zu werden. Stellen Sie in der Saison blühenden **Ysop** und **Thymian** in eine Vase. Es sind hübsche Blumen, und ihr Duft wird langsam die Luft erfüllen. Ein blühender Zitronen- oder Orangenbaum heitert auch auf.

• Man kann ein paar Tropfen **Basilikum**, **Majoran**, **Neroli** oder **Thymian** mit etwas Traubenkernöl mischen und Handrücken, Bauch und Solarplexus damit einreiben. Verwenden Sie die Öle auch als Badezusatz.

(*Siehe auch* **Salbei, Rose** *und* **Rosmarin**.)

Zusätzliche Behandlung

• Depressive Menschen brauchen jemanden, mit dem sie über ihre Probleme sprechen können, der ihnen wohlwollend zuhört, Mut zuspricht und bestätigt, daß sie gebraucht werden. Manchmal kann ein aufheiternder Mitmensch einer depressiven Person aus ihrem Tief heraushelfen.

• Ich halte es für sehr wichtig, daß man gut ißt, sobald man auch nur ansatzweise niedergeschlagen ist. Der Vitamingehalt der meisten Nahrungsmittel trägt entscheidend zur Überwindung einer Depression bei. Versuchen Sie Fleisch zu essen und Nahrungsmittel, die Vitamin A, B und E enthalten, und gönnen Sie sich ein Glas guten Rotwein.

• Weizenkeime, die Vitamin E enthalten, spenden sehr viel Energie; streuen Sie sie über Getreide und Salate. Auch Nüsse sind gut; und Äpfel und Birnen sind aufgrund ihres Bromgehalts sehr gut für die Nerven.

• Bewegung erfrischt Leib und Seele, auch wenn es nur ein kurzer Spaziergang ist.

(*Siehe auch* **Streß**.)

Dermatitis

Dermatitis ist im großen ganzen eine mit dem Ekzem vergleichbare Hauterkrankung: Beide sind durch Entzündung, Schwellung und juckende Ausschläge charakterisiert, wobei es zur Blasenbildung und nässenden Grinden kommen kann. Oft quillt die Haut auf und schuppt sich, und es können Pigmentflecken auftreten.

Viele Dermatitisformen hängen mit Allergieveranlagungen zusammen – wie Nahrungsmittelallergien gegenüber Milchprodukten und Gluten. Andere Formen sind Kontaktallergien, die durch den Umgang mit etwas zustande kommen, wogegen die Haut allergisch wird, wie eine industrielle Substanz, ein Geschirrspülmittel, ein Rasierschaum oder ein Deodorant. Zu den frühesten und mit am weitesten verbreiteten Dermatitisformen gehört der Windelausschlag, bei dem es sich um eine Harnsäureallergie handelt. Dermatitis und Ekzeme können sich in Phasen emotionalen Stresses oder bei Übermüdung oder nervlicher Abgespanntheit verschlimmern oder zum erstenmal auftreten.

Aromatherapeutische Behandlung

• Bei beiden Krankheiten ist die Haut gerötet und trocken und juckt. Es gibt viele, in der Apotheke erhältliche Lotionen, die helfen können. Einige ätherische Öle können nützlich sein, aber viele Arten von Ekzemen und Dermatitis vertragen sich nicht mit den Ölen; überprüfen Sie dies vorher genau. Man kann auf die betroffenen Stellen einen kalten starken Kamillenaufguß tupfen. Aber auch ein Öl aus 2 Tropfen **Kamille**, 1 Tropfen **Karotte**, 15 ml (1 EL) Mandelöl und 5 Tropfen Weizenkeimöl kann helfen.

• Weitere eventuell hilfreiche Öle sind **Spik**, **Zedernholz** und **Niaouli**.

• Bei Kontaktreaktionen an den Händen, nach dem Abspülen beispielsweise, kann ein **Ringelblumenaufguß** eingerieben werden. Ein anderes (kurioses) Mittel ist, sich die Hände mit kaltem nassen Kaffeesatz zu waschen. Es macht sehr viel Schmutz, ist aber billig und hilft.

• Füllen Sie warmes Mineralwasser in eine Sprühflasche, und besprühen Sie damit zur Kühlung das Gesicht. Statt des Mineralwassers könnten Sie auch einen **Kamillen**- oder **Ringelblumen**aufguß verwenden.

• Dermatitis an den Händen und am Hals ist ein hervorstechendes Merkmal für die Ernährungskrankheit Pellagra. Sie wird verursacht durch einen Mangel an Vitamin B_3, Nikotinsäure oder Niacin. Die Krankheit tritt bei Bevölkerungsgruppen auf, die sich hauptsächlich von Mais ernähren und kaum Proteine essen. Machen Sie **Verbena**-oder **Thymian**teekompressen, oder verwenden Sie ein Öl aus 5 ml (1 TL) Rizinusöl, 3 Tropfen Weizenkeimöl und 1 Tropfen **Galbanum** oder **Weihrauch**.

(*Siehe auch* **Lavendel, Myrrhe, Orange** *und* **Pfeffer**.)

Zusätzliche Behandlung

• An erster Stelle sollte nach der Ursache für die Dermatitis oder das Ekzem gesucht werden. Ist es Streß, bemühen Sie sich, diesen so weit wie möglich in den Griff zu bekommen; handelt es sich um eine Kontaktallergie, meiden oder wechseln Sie das verdächtige Produkt, tragen Sie beim Abspülen Handschuhe etc. Suchen Sie für spezifischere medizinische Tests Ihren Hautarzt auf, um der Ursache auf den Grund zu gehen.

• Menschen, die an Hautausschlägen leiden, haben meist ein empfindliches Verdauungssystem, also kann die Diät eine große Rolle bei der Behandlung von Krankheiten wie Ekzemen und Dermatitis spielen. Essen Sie Nahrungsmittel, die viele Mineralien, zum Beispiel Schwefel, und Vitamine enthalten: Artischocken, Kopfsalat, Gurken, Sellerie, Rettiche, Brunnenkresse und Nüsse. Kochen Sie Suppen, die eine Menge Lauch, Zwiebeln, Kartoffeln und Karotten enthalten – diese sind gute Blutreiniger. *Fromage frais* (Frischkäse), *Petit Suisse* (in der Schweiz und in Frankreich hergestellter Doppelrahm-Frischkäse), Joghurt, Nüsse und Früchte wie Trauben, **Zitronen**, Grapefruits und Ananas sind ebenfalls günstig.

(*Siehe auch* **Ekzem, Hautprobleme** *und* **Streß**.)

Druckbrand

Als Druckbrand, Wundliegen oder Dekubitus bezeichnet man schmerzhafte Stellen am Körper, die durch eine Dauerbelastung und -reizung entstehen und zu Geschwüren werden können. Sie treten meistens an Gesäß, Fersen und Ellbogen bettlägriger Kranker auf.

Aromatherapeutische Behandlung

• Die Wunden entstehen aufgrund einer mangelhaften Durchblutung der Haut – besonders bei alten Menschen, die bereits Durchblutungsstörungen haben. Eine Möglichkeit sind Massagen, die den Kreislauf anregen, und als Öle eignen sich besonders **Kamille**, **Geranie** und **Patchouli**.

Massageöl
Dieses Massageöl sollte vor dem Entstehen und bei den ersten Anzeichen von Druckbrand benutzt werden.

20 ml (4 TL) Rizinusöl
4 Tropfen Weizenkeimöl
3 Tropfen **Kamillen**- und **Geranien**öl

Die Zutaten mischen und auf den gefährdeten oder befallenen Stellen einmassieren.

Zusätzliche Behandlung

• Häufiges Waschen des Kranken kann Wundliegen verhindern.
• Halten Sie die Haut trocken und sauber, und legen Sie vorsorglich Polster unter.

Durchfall

Häufiger Stuhlgang oder dünnflüssige Stühle, die von Bauchschmerzen begleitet werden können oder nicht, können von vielen Faktoren verursacht sein – von Streß oder Angst, von eingenommenen Abführmitteln oder bestimmten Medikamenten. Urlaubsdiarrhöe wird von Bakterien verursacht, gegen die der Körper noch nicht immun ist, und viele Grippeviren verursachen ebenfalls Durchfall. Sind mehr als eine Person betroffen, kann die Diarrhöe die Folge einer Nahrungsmittelvergiftung durch Bakterien wie Salmonellen sein. Manchmal kann Durchfall auch ein Symptom einer schwereren Erkrankung sein.

Aromatherapeutische Behandlung
• Wenn der Durchfall starke Blähungen verursacht und sehr schmerzhaft ist, kann ein Leinsamenumschlag (siehe Seite 48) mit ein paar dazugegebenen Tropfen **Thymian**- oder **Origano**öl rasche Besserung bringen. Oder Sie tauchen ein dickes Handtuch in sehr heißes Wasser, das ebenfalls eines der Öle enthält, und legen es auf den Bauch.
• Kochen Sie nach der Attacke etwa 1 Woche lang mit sehr viel **Lorbeer**blättern und **Thymian**, um restliche Bakterien zu bekämpfen.

(*Siehe auch* **Kamille** *und* **Majoran**.)

Zusätzliche Behandlung
• Durchfall ist bei alten Menschen und Babys besonders gefährlich, da er eine Dehydratation (Entwässerung) verursacht. Geben Sie viel natürliche Flüssigkeiten zu trinken.
• Halten Sie sich warm, besonders an den Füßen, und eine Wärmflasche auf dem Bauch nimmt gewöhnlich die Schmerzen.

• Fasten Sie einige Tage, meiden Sie vor allem frisches Obst, Kleie, trockene Kekse und Milchprodukte.

• Karotten und Kürbisse sind gut, da sie Ballaststoffe haben und nicht stopfen, kochen Sie also diese, sobald Sie wieder das Bedürfnis nach Essen haben: In einer Fleischbrühe oder püriert oder als Saft getrunken, wären sie am besten. Auch gekochte Äpfel und Birnen wären geeignet.

• Weißer Reis, besonders Milchreis, ist sehr stärkehaltig und kann den Durchfall stoppen helfen.

• Auch Quittengelee kann hilfreich sein – aber zuviel davon, und Sie werden Verstopfung haben!

(*Siehe auch* **Bauchschmerzen, Kolitis, Streß** *und* **Verdauungsbeschwerden**.)

Dysmenorrhöe

Viele Frauen haben jeden Monat zu Beginn ihrer Regelblutung kleinere oder ganz beträchtliche Beschwerden. Dies gilt hauptsächlich für junge Mädchen, deren Periode erst eingesetzt hat, und zu den Beschwerden können Kopfschmerzen, Bauchkrämpfe und untere Rückenschmerzen zählen. Meistens verschwinden die Beschwerden nach dem ersten Kind oder wenn die Pille genommen wird. Manche Frauen bekommen in späteren Jahren plötzlich wieder sehr schmerzhafte Perioden, nachdem sie jahrelang keine Probleme damit hatten; dies kann das Zeichen einer ernsthaften Erkrankung sein und bedarf einer medizinischen Klärung.

Aromatherapeutische Behandlung
• Kräutertees können die Schmerzen lindern helfen. Versuchen Sie **Anissamen**, **Kümmel**, **Kamille**, **Fenchel**, **Melisse** und **Petersilie**.

• Gut sind warme, nicht heiße, Bäder mit ein paar Tropfen eines ätherischen Öls wie **Zypresse**, und Sie könnten auch wie bei Durchfall Bauchumschläge machen. **Kamille** und **Ringelblume** sind gut.

(*Siehe auch* **Estragon** *und* **Majoran**.)

Zusätzliche Behandlung
• Normale Schmerztabletten können helfen, oder Sie legen sich mit einer Wärmflasche in einem abgedunkelten Zimmer hin.
• Helfen kann auch ein Gläschen Portwein oder Brandy oder ein Brandy mit heißem Wasser und Honig.
• Vor dem Beginn der Periode sollte man Nahrungsmittel essen, die viel Kalzium und Magnesium enthalten – Milchprodukte, Dosenfisch, Nüsse und Samen –, da diese zur Muskelentspannung benötigt werden. Eisen kann ebenfalls helfen, es ist in Leber, Petersilie und Spinat reichlich vorhanden.

Zwiebelpastete (für 4 bis 6 Personen)
Dieses Gericht schmeckt gut und hat zugleich therapeutischen Wert. Zwiebeln enthalten nicht nur Vitamin A, B und C, sondern auch wertvolle Mineralien und Spurenelemente wie Schwefel, Phosphor, Kieselerde, Jod, Kalium und Kalzium. Die Pastete ist nicht nur für Frauen mit Regelbeschwerden gut, sondern sie ist durch den Schwefelgehalt der Zwiebel auch für die Nerven und Haut und gegen rheumatische Beschwerden gut.

2,7 bis 3 kg weiße (oder rote) Zwiebeln, geschält
15 ml (1 EL) kaltgepreßtes Olivenöl erster Pressung
je 1 Zweig Thymian und Rosmarin
eine Prise Meersalz
Mürbeteig:
250 g Weiß- oder Vollkornmehl

150 g Butter
je 20 ml (1 1/4 EL) Olivenöl und Wasser
eine Prise Meersalz

Zwiebeln in dünne Scheiben schneiden und in eine große Saucen-pfanne oder einen Wok geben. Olivenöl, Kräuter und Meersalz dazugeben. Zugedeckt auf sehr kleiner Flamme rund 20 Minuten köcheln lassen, bis die Zwiebeln gut durch sind. Zwiebeln nicht braun werden lassen.

Unterdessen den Mürbeteig vorbereiten. Dazu Mehl, kleingeschnit-tene Butter, Olivenöl, Wasser und Salz rasch verkneten (eine Kü-chenmaschine wäre praktisch) – je kühler die Butter bleibt, desto besser. Den Teig ausrollen und eine eingeölte Springform von 25 cm Durchmesser damit auslegen und einen Rand formen. Den Mürbe-teigboden mit der Gabel einstechen und die Form einige Minuten kalt stellen, dann mit Alufolie zugedeckt 10 Minuten im auf 160 Grad Celsius vorgeheizten Backofen backen, wieder aus dem Ofen neh-men und die Alufolie abnehmen.

Den Rosmarin und Thymian aus den Zwiebeln entfernen und die Zwiebeln gleichmäßig auf dem Teigboden verteilen. Pastete bei 190 Grad Celsius 15 bis 20 Minuten zu Ende backen und entweder heiß oder kalt servieren.

Verwenden Sie zum Garnieren schwarze Oliven, Anchovis (in Salz oder Marinade eingelegte Sardelle oder Sprotte) oder Tomaten, oder servieren Sie die Pastete pur.

(*Siehe auch* **Bauchschmerzen, Durchfall, Krämpfe** *und* **prämen-struelles Syndrom**.)

Dyspepsie

Dieser medizinische Ausdruck bezeichnet eine Reihe von Symptomen, die normalerweise als Verdauungsstörung angesprochen werden. Dyspepsie kann verschiedene Beschwerden hervorrufen – darunter Magenschmerzen und Völlegefühl, Übelkeit, Blähungen und Sodbrennen. Sie kann durch nervöse Spannung verursacht werden, und viele junge Frauen haben vor der Periode Verdauungsprobleme. Am häufigsten sind die Symptome aber die Folge einer Gastritis.

Für Heiltränke geeignete Kräuter und Gewürze sowie für Massagen geeignete Öle sind **Basilikum**, **Lorbeer**, **Kümmel**, **Ingwer** und **Pfefferminze**.

(*Siehe auch* **Verdauungsbeschwerden**.)

Ekzem

Das der Dermatitis ähnliche Ekzem tritt vielgestaltig auf, ist aber immer mit Entzündung, Schwellung, Ausschlägen und heftigem Jucken verbunden.

Das Kontaktekzem ist das gleiche wie eine Kontaktdermatitis, bei der die Haut auf einen Reizstoff reagiert. Das endogene Ekzem tritt bei Menschen auf, deren Familie mit anderen Krankheiten wie Asthma oder Heuschnupfen erblich vorbelastet ist, und ist die Form, die bei Babys und Kleinkindern am häufigsten anzutreffen ist. Streß und Erschöpfung können ein Ekzem verursachen oder verschlimmern. Helfen können unter anderem **Benzoe**, **Geranie**, **Kamille**, **Muskatellersalbei**, **Orange**, **Origano**, **Patchouli**, **Rose**, **Sandelholz**, **Wacholder** und **Zedernholz**. Für empfohlene Behandlungen siehe **Dermatitis**.

Erfrierung

Eine Erfrierung bedeutet eine Schädigung von Hautpartien und des darunterliegenden Gewebes, gewöhnlich an der Nase, den Ohrläppchen, Wangen und dem Kinn aufgrund zu starker Kälteeinwirkung. Hände und Füße sind dafür sehr empfänglich, auch wenn sie in Handschuhen oder Stiefeln stecken. Die in der Nähe der kalten Oberfläche befindlichen Blutgefäße ziehen sich zusammen und schneiden damit die Blutversorgung ab. Die Symptome sind starke Schmerzen, gefolgt von Taubheit, und die Haut wird weiß und hart. Wenn nicht sofort etwas dagegen unternommen wird, kann es in schlimmen Fällen zur Gangrän (Brand, Absterben des Gewebes) kommen und eine Amputation nötig werden.

Die beiden Weltkriege haben sehr viele Erkenntnisse über Erfrierungen mit sich gebracht – durch die Erfahrungen der Piloten, deren Hände in großer Höhe erfroren waren, und auch durch diejenigen Soldaten, die an Schützengrabenfüßen litten, weil ihre Füße wochenlang ununterbrochen der Kälte und Nässe ausgesetzt waren. Der alte Glaube, daß das Einreiben der Haut mit Schnee helfen würde, hat sich als falsch herausgestellt; tatsächlich kann durch das Massieren solcher fast schon brüchigen Hautpartien eine Gangrän verursacht werden. Heutzutage werden Erfrierungen durch eine langsame Steigerung der Hauttemperatur behandelt, indem man den Patienten zunächst in ein kaltes Zimmer bringt, damit die erfrorenen Partien langsam auftauen können. Denn je schneller die Hauttemperatur angehoben wird, desto größer ist die Gefahr, daß die Hautzellen absterben und sich eine Gangrän bildet.

Aromatherapeutische Behandlung
• Viele ätherische Öle fördern die Durchblutung und können in Massageölen verwendet werden, insbesondere diejenigen der Kiefernfamilie wie **Waldkiefer** und **Zypresse**. Auch **Tolubalsam, La-**

vendel und **Spik** eignen sich gut. Tragen Sie auf die betroffenen Hautpartien vorsichtig pures Lavendelöl auf; dies lindert den »brennenden« Schmerz.

• Waren Sie den ganzen Tag über draußen im Schnee, reiben Sie Ihre Füße am Abend mit ein wenig Traubenkernöl ein, das ein paar Tropfen **Waldkiefer** enthält.

• Mischen Sie einen Tropfen des von Ihnen gewählten ätherischen Öls unter ein wenig Cold Cream, und tragen Sie diese auf der Erfrierung auf. Halten Sie die Stelle danach warm.

• Tragen Sie zur Nachbehandlung einer Erfrierung mehrere Wochen lang täglich etwas **Tolubalsam**, **Ringelblume**, **Lavendel** oder **Lavandin** auf.

Mittel gegen Erfrierungen und rissige Haut
Erwärmen Sie den Tolubalsam, indem Sie die Flasche unter laufendes heißes Wasser halten.

10 ml (2 TL) Mandelöl
2 Tropfen **Tolubalsam**
2 Tropfen **Kamillenöl**

Die Zutaten mischen und dreimal täglich vorsichtig auf die betroffenen Stellen auftragen, bis spürbare Besserung eintritt, dann, bis zur vollständigen Heilung, einmal täglich. Tragen Sie Baumwollsocken oder -handschuhe, oder schützen Sie die Stellen mit Verbandmull.

(*Siehe auch* **Benzoe** *und* **Geranie**.)

Zusätzliche Behandlung
• Gut sind heiße anregende Getränke. Erwärmen Sie Rotwein mit etwas **Zimt**, ein paar **Nelken** und Honig.

(*Siehe auch* **rissige Haut**.)

Erkältung

Die normale Erkältung – Coryza ist der medizinische Begriff dafür – ist eine sehr ansteckende Virusinfektion der oberen Luftwege. Sie wird durch viele verschiedene Viren verursacht, die alle sehr ansteckend sind und durch Husten, Niesen und die ausgeatmete Luft der erkälteten Person verbreitet werden. Zu den Symptomen zählen im allgemeinen Niesen, erhöhte Temperatur, Gliederschmerzen, bleierne oder kratzige Augen, Halsweh und Katarrh. Erkältungen treten meistens im Winter auf, nicht nur weil es kälter oder nässer ist, sondern auch weil die körperliche Abwehrkraft gegenüber Infektionen geringer ist – und Krankheit, Erschöpfung und Depression können alles Faktoren sein. Manchmal kann eine Erkältung zu Krankheiten wie Sinuitis oder Bronchitis führen, wenn sich die Bakterien im anfälligen Organismus ausbreiten.

Trotz ihres häufigen Auftretens gibt es noch kein Mittel gegen sie, und obwohl die Symptome durch nicht rezeptpflichtige Medikamente gelindert werden können, müssen Erkältungskrankheiten meistens einfach durchgestanden werden. Vitamin C gehört nach Meinung vieler zu den Substanzen, die durch Stärkung des Immunsystems Infektionen vorbeugen, aber dies ist in der orthodoxen Medizin noch sehr umstritten.

Aromatherapeutische Öle können helfen, Erkältungserreger in Schranken zu halten, Infektionen vorzubeugen und Symptome zu lindern. Viele Nahrungsmittel, einschließlich denen, die Vitamin C enthalten, sind hilfreich, besonders Zwiebeln und Knoblauch wegen ihrer stark antibiotischen Wirkung.

Aromatherapeutische Behandlung

• Um Erkältungskrankheiten in Grenzen zu halten, trinken Sie häufig heiße **Zitrone** und **Pfefferminz**tee, und ernähren Sie sich gesund. Regelmäßige Bewegung ist ebenfalls gut.

• Mischen Sie sich zum Schutz vor einer Ansteckung, zum Beispiel
im Büro, ein Öl aus 50 ml Soja- oder Mandelöl und je einem Tropfen
Zimt, **Nelke**, **Eukalyptus**, **Niaouli** und **Waldkiefer**. Geben Sie ein
paar Tropfen davon auf ein Stück nasse Watte, und legen Sie diese
auf einen Heizkörper in Ihrer Nähe. Oder verschütteln Sie die ätherischen Öle ohne Basisöl in Wasser, und sprühen Sie damit das Büro
aus.

• Zusätzlich könnten Sie 1 Tropfen **Nelke**, **Eukalyptus**, **Niaouli**
oder **Waldkiefer** in 50 ml Soja- oder Mandelöl geben und den
Nasenbereich oder die Brust damit einreiben. Es kann auch benutzt
werden, wenn die ersten Anzeichen einer Erkältung auftreten.

• Gurgeln Sie sofort mit warmem abgekochtem Wasser, das 2 Tropfen **Teebaum**, **Geranie** oder **Thymian** enthält, und mit ein wenig
frischem Zitronensaft.

• Verwenden Sie zur Linderung der für eine Erkältung typischen
Benommenheit ätherische Ölmischungen in Inhalationen, in Bädern,
als Einreibung auf der Brust oder auf ein Taschentuch getropft.
Cajeput, **Nelke**, **Eukalyptus**, **Niaouli** und **Waldkiefer** eignen sich
dafür gut (für Badeöle *siehe auch* **Fieber**).

• Eines der lästigsten Erkältungssymptome (besonders für einen
Aromatherapeuten!) ist der Verlust des Geruchssinns. Kerbel, **Geranie** und **Basilikum**, als Badezusatz oder in Inhalationen, helfen hier
besonders gut (siehe auch **Anosmie**).

• Reiben Sie sich **Teebaumöl** (oder **Geranie** oder **Thymian**) unter
die Nase, hinter die Ohren und auf den Nacken, um einer verstopften
Nase und erneuter Ansteckung vorzubeugen. Wollen Sie es pur
verwenden, machen Sie vorher einen Hautverträglichkeitstest (siehe
Seite 33).

• Trinken Sie bei einer schweren Erkältung viel, jede Stunde 1 großes Glas voll. Oder kochen Sie sich einen Heiltrank – zwei Drittel **Eukalyptus**blätter und ein Drittel **Lavendel**blüten. Normal aufbrühen.

• Trinken Sie nach einer Erkältung mehrmals täglich einen **Thymian**heiltrank, damit sie nicht wiederkehrt (siehe Seite 299).

(*Siehe auch* **Ingwer, Lavendel, Pfeffer** *und* **Senf**.)

Zusätzliche Behandlung
• Sind Sie erkältet, bleiben Sie im Warmen, und halten Sie Bettruhe.
So können Sie die Symptome leichter bekämpfen, und Sie verbreiten
keine Erreger.
• Haben Sie Fieber – ein gutes Zeichen dafür, daß Ihr Körper den
Virus bekämpft –, essen Sie möglichst leichte Sachen, damit die
Körperkräfte nicht noch mehr strapaziert werden. Sie werden sowieso keinen allzu großen Hunger haben. Gut sind frische Früchte und
auch Joghurt. Der Fieberschweiß bedeutet einen Flüssigkeitsverlust
(der bei Babys besonders gefährlich ist), also gleichen Sie ihn mit
verdünnten Fruchtsäften und Heiltränken aus (siehe den Ysop-
heiltrank und -sirup auf Seite 325 und den Gewürzheiltrank auf Seite 404).

(*Siehe auch* **Anosmie, Bronchitis, Brustinfekte, Erkrankungen
des Atemapparats, Fieber, Grippe, Husten, Katarrh, Kopfschmerzen, Lugenentzündung, Ohrenschmerzen** *und* **Sinuitis**.)

Erschöpfung

Müdigkeit oder Erschöpfung tritt in vielen Formen auf und läßt sich
meistens leicht erklären, etwa die Müdigkeit nach anstrengender
körperlicher Arbeit. Erschöpfung kann sich auch in Form von Kopfschmerzen und Lustlosigkeit äußern, beispielsweise nach einer langen oder schlaflosen Nacht, nach schwerer geistiger Arbeit oder nach
emotionalem Streß. Auch hormonelle Umstellungen können Müdigkeit bedingen, und folglich leiden Kinder, die in die Pubertät kommen, Schwangere und Frauen in den Wechseljahren oft daran.
Schlaffheit kann ein Zeichen für etwas Schwerwiegenderes sein.

Aromatherapeutische Behandlung

• Gegen Müdigkeit sind entspannende Öle oft genau das richtige. Mischen Sie 3 bis 4 Tropfen **Basilikum**, **Lavendel**, **Neroli** oder **Petitgrain** mit 10 ml (2 TL) Sojaöl und 2 Tropfen Weizenkeimöl. Reiben Sie Schläfen, Hals und Brust damit ein. Sie könnten auch einige Tropfen in ein Bad geben.

• Ist die Erschöpfung durch emotionalen Streß bedingt, wenden Sie sich den Ölen der Zitrusfamilie zu wie **Zitrone**, **Neroli**, **Orange** und **Petitgrain** (seien Sie aber mit **Bergamotte** vorsichtig, das ich niemals auf der Haut anwende). Anwendung wie oben.

• Bei Müdigkeit aufgrund hormoneller Umstellungen (zum Beispiel in der Pubertät oder in den Wechseljahren) sind Öle wie **Kamille**, **Zypresse**, **Geranie** und **Muskatellersalbei** geeignet. Anwendung wie oben.

(*Siehe auch* **Muskat; Klimakterium, Kopfschmerzen, Muskelschmerzen, prämenstruelles Syndrom, Schlaflosigkeit, Streß** *und* **Zyklusstörungen**.)

Fieber

Strenggenommen bedeutet jede erhöhte Körpertemperatur Fieber, wenn sie 1 oder mehrere Grade über der normalen Körpertemperatur von 37 Grad Celsius liegt. Sowohl bei Kindern als auch bei Erwachsenen können Anfälle von Fieberhaftigkeit oftmals die Folge körperlicher Überanstrengung oder eine Reaktion auf heißes Wetter sein; sie können auch den Anfang einer Kinderkrankheit wie Masern bedeuten. Bei Erwachsenen tritt Fieber gewöhnlich in Verbindung mit Infektionskrankheiten wie Bronchitis, Erkältung, Grippe oder Mandelentzündung auf.

Außer einer erhöhten Temperatur können Schüttelfrost, Kälte- und

Hitzegefühl zu den Symptomen gehören, und dies ist eigentlich alles
ein gutes Zeichen, da es bedeutet, daß der Körper die Infektion
bekämpft.

Aromatherapeutische Behandlung

• Gut sind Kräutertees. Gießen Sie 15 ml (1 EL) **Kamille**, **Eukalyptus**, **Rosmarin** oder **Thymian** (oder eine Mischung davon) mit
600 ml kochendem Wasser auf. 7 Minuten ziehen lassen und warm
trinken. Eventuell mit Honig süßen.

• Geben Sie 10 Tropfen ätherisches Öl in eine kleine Flasche mildes
Shampoo, und schütten Sie davon ein wenig in das laufende Wasser
für ein warmes Bad. Nehmen Sie das Bad, und legen Sie sich danach
wieder ins Bett. Meine Lieblingsöle hierfür sind **Eukalyptus**, **Lavendel**, **Lemongrass**, **Rosmarin** und **Teebaum**, aber Sie können
auch **Spik**, **Tolubalsam**, **Kamille**, **Nelke**, **Koriander**, **Zypresse**,
Niaouli und **Thymian** verwenden.

• Reiben Sie Schläfen, Nacken, Handrücken und Fußsohlen mit
einem Öl ein, das aus 5 Tropfen eines der obengenannten Öle und
5 ml (1 EL) Weizenkeimöl besteht.

• Dunkeln Sie das Zimmer ab, in dem Sie liegen, und bedecken Sie
die Augen mit kalten Kräuterkompressen. Verwenden Sie hierfür
Rosenblätter, **Petersilie** oder Kerbel.

Zusätzliche Behandlung

• Trinken Sie viel frische Säfte und Mineralwasser, um den Flüssigkeitsverlust auszugleichen.

• Mit frischem **Thymian** oder **Rosmarin** gekochter Reis ist nahrhaft
und leicht verdaulich.

(*Siehe auch* **Bronchitis, Erkältung, Grippe, Halsentzündung** *und*
Lugenentzündung.)

Follikulitis

Follikulitis äußert sich ähnlich wie Impetigo, doch ist die Infektion im Haarbalg und nicht auf der Hautoberfläche angesiedelt. Ursache sind wahrscheinlich *Staphylokokken* oder *Streptokokken,* die gewöhnlich durch die Öffnung des Haarfollikels tiefer in die Haut eindringen, und die Infektion breitet sich rasch von einem Haarfollikel zum anderen aus. Die umgebende Haut entzündet sich, schmerzt und eitert.

Die Infektion wird manchmal durch unsaubere Haarentfernungsinstrumente übertragen. Hygiene ist bei solchen kosmetischen Behandlungen äußerst wichtig.

Für Behandlungsmöglichkeiten siehe **Abszesse und Furunkel**. Reinigen Sie Ihr Gesicht jeweils mit warmem Wasser, das ein paar Tropfen **Teebaum**öl enthält. Benutzen Sie dazu etwas Watte.

(*Siehe auch* **Impetigo**.)

Frakturen

Eine Fraktur ist ein Bruch im Knochen, normalerweise aufgrund eines Sturzes oder Unfalls, und es können Schmerzen, Blutergüsse, Schwellungen und gelegentlich Deformationen auftreten. Bei jungen Menschen überwiegen Schlüsselbein-, Handgelenk- und Knöchelbrüche; bei älteren Menschen, besonders bei Frauen, die eventuell an Osteoporose leiden (eine Erkrankung, bei der die Knochensubstanz abnimmt), ist häufig die Hüfte betroffen.

Besteht Verdacht auf einen Knochenbruch, ist notärztliche Hilfe nötig. Eine Röntgenaufnahme wird entscheiden, ob tatsächlich eine Fraktur vorliegt, und wenn ja, muß in den meisten Fällen über mehrere Wochen ein Gipsverband getragen werden; möglicherweise ist eine Physiotherapie im Anschluß nötig.

Hier kann die Aromatherapie natürlich nur in ganz allgemeiner Weise helfen.

Aromatherapeutische Behandlung

• Einige Pflanzen und Pflanzenöle können nach dem Entfernen des Gipsverbandes die Durchblutung sanft aktivieren. **Elemi** eignet sich besonders gut. Erwärmen Sie ein Basisöl, geben Sie etwas Elemi dazu, und reiben Sie damit sanft die geheilte Bruchgegend ein.

Zusätzliche Behandlung

• Nehmen Sie zur Förderung der Knochenbildung kalziumhaltige Nahrungsmittel zu sich wie Milch, Käse, Nüsse und grüne Blattgemüse. Dies ist besonders gut für ältere Menschen und Frauen in den Wechseljahren. Nahrungsmittel, die Phosphor, Kalium und die Vitamine A, C und D enthalten, sind ebenfalls gut.

Frigidität, siehe **sexuelle Probleme**.

Frostbeulen

Frostbeulen sind mit Schwellungen verbundene, rotblaue Verfärbungen der Haut, die an Körperpartien auftreten, besonders an Zehen, Fingern und Waden, wenn sie der Kälte ausgesetzt werden. Im Winter holen Kinder sich besonders leicht Frostbeulen an den Füßen. Kreislaufschwäche ist ein zusätzlicher Faktor.

Aromatherapeutische Behandlung

• Massieren Sie die betroffenen Stellen gründlich, sobald Sie im

Warmem sind. Gut ist hierzu **Zitronensaft**, da er desinfiziert und zugleich belebt.

• **Sellerie**wasser hilft außerordentlich gut gegen Frostbeulen (siehe Seite 279), und auch das Essen von Sellerie nutzt.

• Haben Sie nach einem Spaziergang (oder weil die Schuhe drücken) kalte Füße, massieren Sie diese mit einem Öl aus 10 ml (2 TL) Traubenkernöl und 5 Tropfen **Teebaum**öl.

• Reiben Sie die betroffenen Stellen mit purem **Teebaumöl** ein.

Zusätzliche Behandlung

• Ziehen Sie sich oder Ihre Kinder bei kaltem Wetter immer warm an, mit gefütterten Stiefeln, dicken Hosen und guten Handschuhen.

• Trocknen Sie bei kaltem Wetter Hände und Füße stets gut ab, denn dann sind sie weniger gegen Erfrierungen anfällig.

Entzündete Fußballen

Diese sehr schmerzhafte und häßliche Entzündung des Grundgelenks der großen Zehe kann zu einer wirklichen Knochendeformation führen, bei der die große Zehe gegen die anderen Zehen gedrückt wird. Das Gelenk schwillt an, und die Haut verhornt und wird rot. Entzündete Fußballen kommen hauptsächlich bei Frauen mittleren Alters vor und sind in den meisten Fällen das Ergebnis von schlecht sitzendem – zu engem, zu knappem, zu hohem – Schuhwerk. Kinder und Jugendliche sollten immer Schuhe von richtiger Größe tragen, da sich ihre Knochen leichter verformen als die von Erwachsenen.

Aromatherapeutische Behandlung

• Nehmen Sie sich nach einem langen Tag oder langem Spaziergang Zeit für eine Fußmassage. Diese fördert die Durchblutung der Füße und entspannt die Zehen. Außerdem werden durch den Gebrauch eines Öls wie **Pfefferminze** oder Grüne Minze die Füße gekühlt und Schwellungen zum Abklingen gebracht. Mischen Sie 2 Tropfen Pfefferminze oder Grüne Minze mit 5 ml (1 TL) Traubenkern- oder Sojaöl, und reiben Sie die Füße gründlich damit ein. Sie könnten auch ein Fußbad nehmen: eine große Schüssel oder ein Bidet mit warmem Wasser füllen und ein paar Tropfen Pfefferminze oder Grüne Minze dazugeben.

• Haben sich tatsächlich schon Ballen gebildet, empfehlen viele, sie mit Knoblauchzehen einzureiben. Ich halte dies für eine ziemlich unglückliche Idee und schlage vor, sie besser mit einer Cold Cream einzureiben, die einige Tropfen **Tolubalsam** enthält.

Zusätzliche Behandlung
• Bequeme Schuhe, die den Füßen den richtigen Halt geben, sind die Lösung, ob Sie Ballen haben oder nicht.
• Vergessen Sie nicht, daß die Füße bei heißem Wetter anschwellen können, deshalb dürfen die Schuhe nicht zu knapp sein. Am besten sind Sandalen, weil sie die Füße auch atmen lassen. Stoffschuhe sind ebenfalls gut. Tragen Sie an den Füßen möglichst natürliche Materialien wie Baumwolle. Gehen Sie im Sommer so oft wie möglich barfuß, und meiden Sie Socken oder Strümpfe.

Fußpilz

Diese Art von Hautpilzerkrankung wird medizinisch *Tinea pedium* genannt. Es handelt sich um eine Scherpilzflechtenform, und die Haut zwischen den Zehen wird weich und schuppig und juckt stark. Fußpilz ist sehr ansteckend und wird gewöhnlich an Orten wie Umkleideräumen und Badezimmerböden übertragen, da der Pilz in feuchter Umgebung gedeiht. Wer an Fußpilz leidet, muß immer seine eigenen Handtücher benutzen und schützendes Schuhwerk tragen.

Aromatherapeutische Behandlung

• Wenn Sie zu Orten gehen, an denen Ansteckungsgefahr besteht, reiben Sie vorher und nachher die Füße mit purem **Teebaum**- oder **Geranien**öl ein.

• Haben Sie sich angesteckt, mischen Sie 10 ml (2 TL) Sojaöl mit je 2 Tropfen Weizenkeim-, **Teebaum**- und **Geranien**öl. Reiben Sie damit täglich die Zehenzwischenräume und Nagelbetten ein.

• Machen Sie oft Fußbäder: dazu in eine große Schüssel Wasser, Salz und 5 Tropfen **Teebaum**- oder **Muskatellersalbei**öl geben. Füße mindestens 10 Minuten eintauchen, dann gründlich abtrocknen.

(*Siehe auch* **Lemongrass**.)

Zusätzliche Behandlung

• Schwitzige Füße sind besonders pilzgefährdet. Füße in Nylonstrümpfen schwitzen mehr und fördern den Fußpilz. Tragen Sie nötigenfalls Baumwollstrümpfe, und öffnen Sie die Schuhe so oft wie möglich. Wechseln Sie täglich die Strümpfe, und waschen Sie sie gründlich.

• Vitamin-A-reiche Nahrungsmittel sind für eine gesunde Haut notwendig. Dazu zählen Aprikosen, fetter Fisch und gelbe und dunkelgrüne Früchte und Gemüse.

Gastritis

Gastritis ist eine Entzündung und Reizung der Magenschleimhaut, die normalerweise das Ergebnis übermäßigen Essens oder Trinkens ist. Sie wird durch Rauchen verschlimmert, kann durch das Einnehmen von Aspirin bedingt sein und kann zu Geschwüren führen.

Ein Kater ist ein Anfall akuter Gastritis, und chronische Gastritis liegt bei dem Magenschleimhautschwund alter Menschen vor.

Ein besonders empfehlenswertes Kraut ist **Thymian**.

(*Siehe auch* **Verdauungsbeschwerden**.)

Steife Gelenke

Steife Gelenke können von einer Reihe von Problemen verursacht sein: rheumatische Beschwerden, emotionale Schwierigkeiten und Streß, Bewegungsmangel, Zug, Kälte und Feuchtigkeit und Alter. Manchmal sind sie auch der Vorbote einer Virusinfektion.

Aromatherapeutische Behandlung
• Nehmen Sie heiße Bäder, die je 2 Tropfen **Cajeput**, **Niaouli** und **Waldkiefer** oder je 3 Tropfen **Eukalyptus** und **Rosmarin** enthalten. Reiben Sie sich kräftig mit einem heißen Handtuch ab, und reiben Sie dann folgendes Öl auf den steifen Gelenken ein: 15 ml (1 EL) Sojaöl, 2 Tropfen Weizenkeimöl und 4 Tropfen der beim Baden benutzten Ölkombination. Hüllen Sie sich in einen warmen Bademantel, und legen Sie sich 10 Minuten nieder, damit das Öl besser einwirken kann.

(*Siehe auch* **Borneokampfer** *und* **Wintergrün**.)

Zusätzliche Behandlung
• Durch einen zügigen Spaziergang oder ein paar Runden im Schwimmbad, beides regelmäßig durchgeführt, können die Gelenke wieder geschmeidig werden.

(*Siehe auch* **Arthritis, Bursitis, Ischias, Muskelschmerzen, Rheumatismus, Rückenschmerzen** *und* **Streß**.)

Verlust des Geruchssinns, siehe **Anosmie**.

Gicht

Gicht ist eine Gelenkerkrankung, die durch die Ansammlung von Harnsäure, einem Abbauprodukt des Körpers, entsteht. Kann diese von den Nieren nicht richtig ausgeschieden werden, sammeln sich die Kristalle in den Gelenken an, so daß sich diese entzünden und steif werden. Normalerweise kündigt sich die Gicht durch starke Schmerzen im großen Zeh an, doch können auch andere Gelenke betroffen sein, und Männer leiden weit häufiger daran als Frauen. Gicht muß nicht unbedingt die Folge von Wohlleben und übermäßigem Fleisch- und Alkoholgenuß sein, aber es ist eine bekannte Tatsache, daß viele Menschen im Januar, nach der üppigen Weihnachtszeit, an Gicht leiden! Streß kann ebenfalls eine Rolle spielen.

Aromatherapeutische Behandlung
• Geben Sie 1 Tropfen **Waldkiefer**, **Rosmarin**, **Wacholder**, **Cajeput**, **Niaouli** oder **Teebaum** in eine große Schüssel heißes Wasser, und nehmen Sie ein zehnminütiges Fußbad. Danach mit dem puren Öl einreiben.
• Je 1 Tropfen **Lavendel** und **Weihrauch**, mit etwas Traubenkernöl gemischt, ergeben auch ein gutes Massageöl.
• Ein **Rosmarin**umschlag hilft gut gegen Gicht.

(*Siehe auch* **Kamille, Liebstöckel, Thymian** *und* **Wintergrün**.)

Zusätzliche Behandlung
• Tragen Sie weder enge noch hohe Schuhe, wenn die Gicht an den Zehen auftritt. Weiche Slipper wären am besten.
• Die Ernährung ist für die Gichtbehandlung sehr wichtig. Essen Sie

Nahrungsmittel wie Artischocken, Karotten, Sellerie, Tomaten, Rettich und Löwenzahnblätter. Meiden Sie fettes und rotes Fleisch, und essen Sie viel rohes Gemüse und frisches Obst und Suppen, die Lauch und Zwiebeln enthalten.

• Wein, besonders Portwein, schadet im Übermaß, da er Kalziumablagerungen in den Gelenken verursacht. Aber die Franzosen gebrauchen Wein als Medizin und glauben, daß ein Glas Wein einer bestimmten Sorte je nach Krankheit wirklich helfen kann. Gegen Gicht empfahl Marguérite Maury Sancerre, Champagne, Savoie Blanc und Rosé de Provence. Sie war der Auffassung, der Mineralgehalt der Weine erzeuge eine alkalische Reaktion und helfe gleichzeitig die Ablagerungen abbauen. Aber niemals mehr als ein Glas pro Tag!

• Ein Apfelheiltrank hilft gut. Schneiden Sie das Fruchtfleisch mit Schale in kleine Stücke, und lassen Sie den Tee 20 Minuten ziehen. Trinken Sie zwischen den Mahlzeiten 2 bis 3 Tassen, und wärmen Sie den Heiltrank jedesmal wieder im Topf auf, den Sie dafür in ein Wasserbad stellen.

• Starker Brennesseltee ist ein anderes Heilmittel. Schwarze Johannisbeeren und Süßholz sind ebenfalls gut.

(*Siehe auch* **Rheumatismus**.)

Grippe

Grippe ist eine Virusinfektion, die oft epidemisch auftritt, meistens im Winter. Grippe ist unangenehm und sehr ansteckend, aber sie ist nicht gefährlich, außer für alte Menschen oder Menschen mit Herz- oder Lungenkrankheiten. Jährliche Impfungen sind möglich.

Die Hauptsymptome von Grippe sind Kopfschmerzen, Muskel- und Rückenschmerzen, Fieber, Schüttelfrost, Schwitzen, Mattigkeit, Husten, Halsweh, Brustschmerzen, Katarrh und Niesen. Nach zwei oder drei Tagen ist der schlimmste Schub vorüber, aber andere Symptome können länger anhalten, bis zu einer Woche etwa.

Aromatherapeutische Behandlung

• Trinken Sie viel, um den durch das Fieber bedingten Flüssigkeitsverlust auszugleichen. Durch das Schwitzen gehen die Mineralien Natrium und Kalium verloren, gleichen Sie den Verlust also durch folgenden Gewürzheiltrank aus: 1 **Zimt**stange, 2 **Nelken**, 2 Zweige frischen **Thymian** (oder 3 Prisen getrockneten) in 1 l Wasser 2 Minuten aufkochen, dann 5 Minuten ziehen lassen. Abgießen und über den Tag verteilt trinken.

• Trinken Sie Heiltränke aus Pflanzen, die gut gegen Erkältung und Grippe sind, wie **Kamille**, **Eukalyptus, Ysop**, **Lorbeer** und **Thymian**. Sirupe aus Eukalyptus und Ysop sind ebenso gut wie Inhalationen von Ölen wie Eukalyptus, **Niaouli** und **Teebaum**.

• Zum Schutz vor Ansteckung und wenn sich erste Anzeichen bemerkbar machen, tun Sie dasselbe wie gegen eine **Erkältung** (siehe dort). Siehe auch **Palmarosa** und **Waldkiefer** für antibakterielle Spraymischungen.

(*Siehe auch* **Koriander, Kumin, Lavendel, Pfeffer** *und* **Zimt**.)

Zusätzliche Behandlung

• Ist bei Ihnen eine Grippe am Entstehen, halten Sie Bettruhe, und bleiben Sie im Warmen. Versuchen Sie nicht, zur Arbeit zu gehen, weil sich der Virus dadurch ausbreiten wird.

• Essen Sie wie bei einer Erkältung leichtverdauliche Kost.

(*Siehe auch* **Brustinfekte, Durchfall, Erkältung, Fieber, Kopfschmerzen, Ohrenschmerzen, Probleme mit dem Atemapparat** *und* **Übelkeit**.)

Gürtelrose

Gürtelrose oder Herpes zoster wird von einer Virusart verursacht, die mit den Virusarten des Gesichts- und Genitalherpes verwandt ist. Sie ist auch eng mit dem Virus verwandt, der Windpocken verursacht, und nur Menschen, die einmal Windpocken hatten, bekommen Gürtelrose. Der Virus infiziert einen Nervenpart, und nach ein paar Tagen Fieber erscheint entlang der betroffenen Nervengruppe ein Hautausschlag, der gewöhnlich über eine Körperseite verläuft, beginnend unter den Rippen bis hin zur Achselhöhle und zum Rücken (er kann auch vom Gesicht aus über die Schultern verlaufen). Da es sich um infizierte Nerven handelt, begleitet den Ausschlag eine schwere Neuralgie, und diese ist extrem schmerzhaft und dauert auch nach dem Verschwinden des Ausschlags noch eine ganze Weile an. Bei Verdacht auf Gürtelrose sollte sofort der Arzt aufgesucht werden, damit vor allem etwas zur Linderung dieses Schmerzes getan wird. Der Ausschlag besteht aus Bläschen, die langsam austrocknen und verkrusten. Im Gesicht können die Bläschen schreckliche Narben hinterlassen, und bei manchen Gürtelrosenarten kommt es sogar zu Sehschäden, wenn sie nahe den Augen liegen.

Aromatherapeutische Behandlung

• Tragen Sie auf die entzündeten Hautpartien zur Linderung einen Kerbel-, **Rosen**- oder Lindenblütenaufguß auf.

• Tragen Sie dreimal täglich ein Öl aus 15 ml (1 EL) Soja- oder Traubenkernöl, 2 Tropfen Weizenkeimöl und je 2 Tropfen **Geranie**, **Lavendel**, **Myrte** und **Rosmarin** (oder einfach 8 Tropfen eines ätherischen Öls) auf.

(*Siehe auch* Koriander *und* **Origano**.)

Zusätzliche Behandlung

• Tragen Sie weite, bequeme Kleidung, und nehmen Sie Analgetika (schmerzstillende Mittel) ein.

• Um die Bläschen nicht unnötig zu reizen, vor allen Dingen diejenigen im Gesicht, sollte man keine Seife und auch keine Kosmetika benutzen.

(*Siehe auch* **Herpes, Neuralgie** *und* **Schnittwunden und Schrammen.**)

Haarausfall, siehe **Alopezie.**

Haarprobleme

Die meisten von uns neigen dazu, vom Haar in Begriffen der Farbe, des Zustands und Schnitts zu denken, und vergessen, daß es auch die Aufgabe hat, die Kopfhaut vor extremen Temperaturen zu schützen und den Körperwärmeverlust am Kopf zu regulieren. Ungefähr 100 000 einzelne Haare wachsen aus den Haarfollikeln in der Kopfhaut, und sie tun dies in einer Geschwindigkeit von rund 1 cm pro Monat, was aber von Person zu Person leicht variiert.

Das Haar gleicht in vieler Hinsicht der Haut, weil es den inneren Gesundheitszustand widerspiegelt. Jedes einzelne Haar besteht aus einem festen, dehnbaren Eiweißstoff, dem Keratin, das vom Haarfollikel hergestellt wird. Der Zustand des entstehenden Haars hängt hauptsächlich davon ab, ob das Blut genügend Aminosäuren, Vitamin A, B, C und E und Mineralien wie Kalzium, Zink, Eisen und Kupfer zum Haarfollikel transportiert. Mattes und kraftloses Haar kann auf einen schlechten Gesundheitszustand zurückzuführen sein. In das wachsende Haar werden Pigmentmoleküle eingebaut, die die

Haarfarbe bestimmen. Es kann infolge einer Krankheit oder starken emotionalen Stresses früh ergrauen, weil derartige Vorfälle die Pigmentproduktion hemmen können. Dasselbe kann eine nährstoffarme Kost bewirken.

Das Haar wird aus lebendigem Material gebildet, aber die vorhandenen Haare selbst sind tot und werden nach einer bestimmten Zeit abgestoßen und durch neue ersetzt. Der Zustand des Haares hängt, wie schon gesagt, von Gesundheit und Ernährung ab, aber auch davon, wie man das Haar behandelt. Viele Probleme, wie schlechte Frisierbarkeit und Haarspliß, entstehen durch Mißhandlung des Haares durch das Verwenden falscher Shampoos und übertriebenes Styling.

Es ist wichtig zu wissen, welches Haar man hat, ob es normal oder eher trocken oder fettig ist. Neben jedem Haar liegt eine Talgdrüse, die Talg absondert, um das Haar geschmeidig zu machen und zu schützen. Sind die Drüsen überaktiv und produzieren mehr Talg als nötig, wird das Haar fettig und muß häufiger gewaschen werden, um den Überschuß zu entfernen. Greifen Sie nicht zu einem schärferen, Fett entziehenden Shampoo, weil die Drüsen dadurch nur um so mehr zur Talgproduktion angeregt werden, um den Verlust auszugleichen. Arbeiten die Drüsen andererseits langsam, verliert das Haar Wasser und wird trocken, so daß Sie auf Haartrockner und elektrische Lockenwickler verzichten und das Haar vor Sonne, Wind und Meerwasser schützen sollten. Die meisten, nicht krankheitsbedingten Haarprobleme sind auf zu häufiges Föhnen, Dauerwellen und Färben und das Waschen mit auslaugenden Shampoos zurückzuführen. All diese Dinge sind mit eine der Hauptursachen für Haarausfall und können zu Schuppen führen, dem vielleicht häufigsten Haarproblem überhaupt.

Ätherische Öle sind bei der Haarpflege besonders hilfreich, da sie die Talgdrüsen beeinflussen und deren Funktion normalisieren. Sie eignen sich für jeden Haartyp und lassen das Haar außerdem gut riechen (besonders **Patchouli** und **Ylang-Ylang**).

Aromatherapeutische Behandlung

• Machen Sie einen **Kamille**-, Brennessel-, **Rosmarin**- oder **Muskatellersalbei**aufguß, und geben Sie eine Kappe davon Ihrem Shampoo zu, um es zu verdünnen. Die Haare mit warmem Wasser waschen und zum Schluß mit kaltem destilliertem oder gefiltertem Wasser spülen.

• Haben Sie fettiges Haar, geben Sie 6 Tropfen **Patchouli** auf 150 ml mildes Shampoo.

• Verwöhnen Sie trockenes Haar zweimal im Monat mit einer Massage, und verwenden Sie dazu das Haarpflegeöl auf Seite 268. Einige Minuten lang ins Haar einmassieren, dann ein warmes Handtuch um den Kopf wickeln, damit die Öle besser wirken können, und eine halbe Stunde einwirken lassen. Waschen Sie das Öl mit einem milden, diesmal nicht verdünnten Shampoo heraus, und spülen Sie das Haar zum Schluß mit frischem Zitronensaft (bei blondem Haar) oder mit Obstessig (bei dunklem Haar), damit es sich leichter frisieren läßt und Glanz erhält. Diese Behandlung empfiehlt sich besonders für mattes Haar und Haar mit gespaltenen Spitzen.

(*Siehe auch* **Bay, Lorbeer, Meerrettich, Salbei, Wacholder** *und* **Zedernholz.**)

Zusätzliche Behandlung

• Eine gesunde Ernährung ist für glänzendes, gesundes Haar genauso wichtig wie in jeder anderen Hinsicht auch. Besonders wichtig sind Eiweiß und die Vitamine A, B und C. (Erbfaktoren wie frühes Ergrauen und Glatzenbildung können durch die Ernährung jedoch nicht vollständig unterbunden werden.)

• Gute Pflege ist ebenfalls für gesundes Haar wichtig. Verwenden Sie grundsätzlich milde, für die tägliche Haarwäsche geeignete Shampoos.

• Machen Sie bei dunklem Haar eine Lauchspülung, damit es Farbe und Glanz behält. Vier mittelgroße Lauchstangen 20 Minuten in

Wasser kochen, den Lauch entfernen und das Wasser kalt werden lassen. Am Ende einer Haarwäsche als Spülung verwenden.

(*Siehe auch* **Alopezie, Hautprobleme** *und* **Schuppen.**)

Halsentzündung

Eine Halsentzündung kann durch vieles verursacht sein: durch eine Erkältung, Grippe, Bronchitis, Laryngitis, Mandelentzündung oder durch zu vieles Sprechen! Halsentzündungen sind sehr oft auf eine Kehlkopfentzündung (Laryngitis) zurückzuführen. Diese kann die Folge einer Virus- oder Bakterieninfektion sein und äußert sich akut durch einen schmerzhaften, trockenen Hals, aber oft auch durch vermehrten Schleim und eine heisere Stimme. Eine chronische Kehlkopfentzündung kann auftreten, wenn man in trockener, staubiger Luft arbeitet oder durch den Mund atmet.

Bei einer Mandelentzündung sind die Lymphdrüsen im mittleren Rachenraum entzündet. Sie kann wie die Kehlkopfentzündung viralen oder bakteriellen Ursprungs sein und auftreten, wenn die körperliche Widerstandskraft geschwächt ist (nach einer Erkältung zum Beispiel), oder aufgrund einer falschen Ernährung, die sehr viel Kohlenhydrate und wenig Protein und andere Nährstoffe enthält. Zu den Symptomen einer Mandelentzündung gehören, um nur ein paar zu nennen, Fieber, ein geröteter und geschwollener Rachen, Schluckbeschwerden, Kopfschmerzen, Übelkeit und vergrößerte Lymphknoten im ganzen Körper. Es ist eine Krankheit, die hauptsächlich in der Kindheit auftritt (besonders in den ersten Schuljahren, wenn die Kinder Viren begegnen, mit denen sie bisher noch nicht konfrontiert waren), und wurde sie früher auch durch das Entfernen der Mandeln behandelt, hält man dies jetzt für unnötig, weil sie nach der Kindheit nur mehr selten auftritt.

Aromatherapeutische Behandlung

• Um im Winter einer Infektion vorzubeugen, gurgeln Sie morgens und abends mit einem Glas abgekochtem Wasser, das 1 Tropfen **Cajeput**, **Geranie**, **Niaouli**, **Pfeffer**, **Rose**, **Rosmarin** oder **Teebaum** enthält. Erhöhen Sie die Tropfenzahl auf 2, wenn sich eine Halsentzündung anbahnt, und gurgeln Sie täglich fünf- bis sechsmal. (Gut sind auch **Sellerie**, **Zimt**, **Nelke**, **Kubebe**, **Ingwer**, **Ysop**, **Myrrhe**, **Rose** und **Muskatellersalbei**.)

• Lutschen Sie Eiswürfel aus abgekochtem Wasser mit frischem Zitronen- und Ananassaft (letzterer wirkt bei vielen Halsinfektionen schleimlösend).

• Inhalationen können helfen.

(*Siehe auch* **Majoran**, **Petersilie** *und* **Zitrone**.)

Zusätzliche Behandlung

• Halten Sie sich in warmer, aber nicht trockener Luft auf, trinken Sie viel (Tee und Kaffee meiden), und reden Sie nicht zuviel.

• Eines der besten Mittel ist ein Glas heiße, mit Honig gesüßte Zitrone aus dem Saft einer halben Frucht.

• Meiden Sie harte Nahrungsmittel, die den Hals verletzen könnten.

• Nehmen Sie eine ausgewogene Kost zu sich, die genügend Protein, Vitamine und Mineralien enthält, und essen Sie viele Vitamin-C-reiche Früchte, um insgesamt gegen Infektionen widerstandskräftiger zu werden.

• Rauchen Sie nicht.

Knoblauchsuppe (für 2 Personen)

Dies ist eine ausgezeichnete Suppe für kalte Wintertage und ein besonders gutes Mittel gegen einen Kater. Sie schützt vor Erkältung, Grippe und Bronchialbeschwerden. Kochen Sie sie bei den ersten Anzeichen einer Halsentzündung.

4 Knoblauchzehen, geschält
900 ml Wasser
1 EL Tapioka
2 Zweige Thymian
1 1/2 EL kaltgepreßtes Olivenöl erster Pressung
frisch gemahlener Pfeffer
geriebener Gruyère oder Parmesan (nach Wunsch)

Knoblauchzehen und Wasser in einen Topf geben, aufkochen und
20 Minuten sieden lassen. Dann Tapioka und Thymian dazugeben.
Weitere 10 Minuten sieden lassen.
Die Knoblauchzehen herausnehmen, in einem Mörser oder einer
Tasse zerdrücken, mit dem Olivenöl zu einer cremigen Paste verrühren und wieder unter die Suppe rühren. Mit viel schwarzem Pfeffer
und, wenn gewünscht, mit geriebenem Käse servieren. Diese Suppe
ist am besten, wenn sie sehr heiß gegessen wird.

(*Siehe auch* **Bronchitis, Erkältung, Grippe** *und* **Husten**.)

Hämorrhoiden

Hämorrhoiden sind angeschwollene oder erweiterte Venen in der
Anuswand. Sie kommen meistens dadurch zustande, daß durch
schweres oder falsches Heben ein Druck auf die Unterleibsmuskeln
ausgeübt wird, oder durch das Pressen während der Stuhlausschei-
dung und/oder durch eine Verstopfung. Viele übergewichtige oder
Menschen mit sitzender Lebensweise leiden ebenfalls an Hämorrhoiden sowie manche Frauen während der Schwangerschaft.
Hämorrhoiden können sich äußerlich oder innerlich entwickeln, sie
jucken, können bluten und äußerlich oder im Unterleib Schmerzen
verursachen. Es sollte immer ärztliche Hilfe aufgesucht werden,

wenn Blut aus dem Anus austritt, da dies das Zeichen einer schwereren Erkrankung sein kann. Gegen Hämorrhoiden gibt es einfache herkömmliche Mittel, aber in schweren Fällen kann auch eine Operation nötig sein.

Aromatherapeutische Behandlung

• Sind Hämorrhoiden einmal diagnostiziert, kann das Essen frischer Myrtebeeren oder eine Myrtemarmelade helfen. Äußerlich kann man ätherisches **Myrten**öl auftragen.

• Zur Linderung der Beschwerden kann man Hamamelis oder eine **Geranien**creme (siehe Seite 121) verwenden.

(*Siehe auch* **Patchouli** *und* **Zypresse**.)

Zusätzliche Behandlung

• Essen Sie, um Hämorrhoiden vorzubeugen, gesund und ballaststoffreich, und nehmen Sie viel Flüssigkeit zu sich. Meiden Sie Tee, Kaffee, Alkohol und scharfes Essen. Schließen Sie viel frischen Knoblauch in die Kost ein sowie Melonen und Kastanien (frisch gekocht oder püriert).

• Bewegung kann Hämorrhoiden in Schranken halten, besonders jene, die die Unterleibsmuskeln stärkt. Auch Yogaatmung und schnelles Gehen helfen.

• Kochen Sie Lauch in Wasser, und stellen Sie dann aus dem Wasser Eiswürfel her. Diese bringen, auf der Entzündung angewendet, sofortige Besserung.

(*Siehe auch* **Krampfadern, Kreislaufstörungen, Verstopfung** *und* **Zellulitis**.)

Alternde Haut

Wenn der Körper älter wird, verlangsamt sich die Zellteilung. Wann dieser Prozeß einsetzt, ist individuell verschieden und hängt von vielen äußeren Faktoren ab (siehe unten). Hinsichtlich der Haut bedeutet die Verlangsamung der Zellteilung, daß die verschiedenen Organe in der Haut leistungsschwächer werden. Die kollagenen und elastischen Fasern des Bindegewebes, die für die prallen Konturen der Haut, ihre Elastizität und Festigkeit verantwortlich sind, werden älter, verlieren an Spannung und Geschmeidigkeit, und es entstehen Falten. Die äußere Schicht der Hautzellen, die Epidermis, wird ebenfalls dünner und trägt so zum erschlafften Aussehen der älteren Haut bei.

Dieser natürliche Prozeß läßt sich durch nichts aufhalten, aber die ätherischen Öle können mehr als die meisten Mittel dazu beitragen, ihn zu verlangsamen. Ätherische Öle unterstützen die Regeneration der Hautzellen und helfen der Haut, nicht auszutrocknen. Sie erhalten sie geschmeidig und wirken einer Fältchenbildung entgegen, solange man sie in Maßen benutzt.

Alterungsfaktoren
• Die Ernährung ist von größter Bedeutung, da die Qualität des Essens über die Funktionstüchtigkeit der Körperorgane entscheidet. Die richtigen Nährstoffe lassen diese besser arbeiten, und daraus zieht die Haut direkten Nutzen. Zu den schlimmsten diätischen Sünden, soweit es die Haut betrifft, gehört der exzessive Genuß von Alkohol, Tee und Kaffee, die alle diuretisch (harntreibend) wirken und Reizmittel sind.

• Krankheit und schwere Medikamente greifen ebenfalls die Haut an und beschleunigen, wie das Zigarettenrauchen, den Alterungsprozeß.

• Die Sonne ist ein Hauptfaktor für das vorzeitige Altern der Haut. Tatsächlich trocknen die UV-Strahlen das Bindehautgewebe aus, verursachen Falten und machen die Haut ledrig. Das Gesicht sollte immer durch Schatten oder eine Sonnencreme geschützt werden, ob man in Florida schwimmen geht oder in den Alpen Ski fährt. Auch UV-Lampen sind für die Haut schädlich.

• Heizungsluft kann die Haut austrocknen, weil die meisten Räume nicht gut belüftet sind. Da die Haut innen wie außen ständig schädigenden Umwelteinflüssen ausgesetzt ist, bedarf sie besonderer Pflege.

• Frische Luft und mäßige Bewegung tun dem Kreislauf gut und folglich auch der Haut. Übermäßige Bewegung kann jedoch gesundheitsschädlich sein: Viele Sportler und Balletttänzer altern zum Beispiel sehr früh, da zu viele Mineralien und andere Nährstoffe, die der ganze Körper benötigt, die Haut inbegriffen, verbraucht werden.

• Streß ist ebenfalls ein Faktor, der den natürlichen Alterungsprozeß beschleunigt, und die Haut kann durch emotionale Krisen, etwa durch den Tod eines nahestehenden Menschen oder durch eine Scheidung, in Mitleidenschaft gezogen werden.

Aromatherapeutische Behandlung

• Essen Sie mäßig und gesund, und trinken Sie viel Mineralwasser und Kräutertees (dadurch wird auch der Austrocknungsprozeß durch Umwelteinflüsse wie Sonne, Wind und trockene Luft minimiert).

• Bemühen Sie sich um innere Ausgeglichenheit, und vermeiden Sie Ärger. Trinken Sie Heiltees aus natürlich beruhigenden Substanzen wie Orangenblüten und -blättern.

• Massieren Sie ätherische Öle in die Haut ein. Diese werden Ihnen guttun, aber auch die Massage selbst, durch die der Kreislauf angeregt und der Muskeltonus verbessert wird.

• Füllen Sie 50 ml Mandel- oder Haselnußöl (bei empfindlicher Haut) oder Weizenkeimöl als Grundlage in eine dunkle Flasche, und verschütteln Sie es mit 8 Tropfen ätherischem Öl Ihrer Wahl (dies reicht für 6 Wochen bei morgendlicher und abendlicher Anwendung):

bei trockener Haut: **Rose** oder **Galbanum**,

bei Mischhaut: **Karotte**,

bei Falten: zu Beginn **Rosmarin**, dann **Rose** oder **Galbanum**,

bei Mitessern: **Wacholder** oder **Neroli**,

bei geplatzten Äderchen: **Rose** oder **Zypresse** mit Hamameliskompressen.

• Man kann einmal die Woche eine Schönheitsmaske machen. 30 ml (2 EL) flüssigen Honig mit 4 Tropfen ätherischem Öl Ihrer Wahl mischen. Mit einem Spatel auf das Gesicht auftragen, 10 Minuten wirken lassen, dann mit warmem Wasser abwaschen. Danach ein Hamamelis- oder Rosenwasser benutzen. Fühlt sich die Haut sehr trocken an, das Gesichtswasser ein zweites Mal auftragen.

(*Siehe auch* **Orange, Palmarosa, Patchouli** *und* **Rose; Depressionen, geplatzte Äderchen, Hautprobleme, Klimakterium** *und* **Nervosität**.)

Rissige Haut

Viele Menschen leiden an ihren Händen und Füßen an rissiger Haut, besonders im Winter, so sie in Verbindung mit Erfrierungen auftritt. Sie kann sehr schmerzhaft sein und sieht unschön aus. Rissige Haut kann auch auf Hautkrankheiten wie Schuppenflechte zurückzuführen sein.

Aromatherapeutische Behandlung

• Mischen Sie 4 Tropfen **Teebaum**- oder **Myrrhe**öl mit 10 ml (2 TL) leicht erwärmtem Rizinusöl und ein paar Tropfen Weizenkeimöl. Abends dick auf die Hände auftragen, Verbandmull darumwickeln (mindestens 2 Schichten) und locker sitzende Baumwollhandschuhe darüberziehen. Über Nacht wirken lassen und die Behandlung mor-

gens kürzer wiederholen. Machen Sie dies eine Woche oder länger,
bis eine wirkliche Besserung feststellbar ist.

• Wenn Sie die obengenannten Öle nicht haben, nehmen Sie **Kamillen**blüten. Erhitzen Sie 1 gehäuften EL Kamillenblüten, 100 ml
Mandelöl und 10 ml (2 TL) Rizinusöl 1 Stunde lang in einem
Wasserbad. Nach dem Abkühlen abseihen. Die Hände mindestens
20 Minuten lang in das aromatische Öl eintauchen. Sie können damit
genau Ihre Füße behandeln, aber dazu brauchen Sie die doppelte oder
dreifache Menge. Je länger Sie Ihre Hände (oder Füße) eintauchen,
desto besser wird das Ergebnis sein.

• Siehe das **Tolubalsam**mittel auf Seite 390.

(*Siehe auch* **Patchouli** *und* **Sandelholz; Erfrierung** *und* **Schuppenflechte**.)

Hautprobleme

Die äußerste Schicht der Haut besteht aus vielen Zellschichten. Neue
Zellen werden von der untersten Schicht gebildet und wandern zur
Hautoberfläche, indem sie langsam austrocknen und sich verflachen,
bis sie als tote Hautzellen abgestoßen werden. Haben sie einmal das
Stadium erreicht, in dem sie abgestoßen werden können, enthalten
diese Zellen sehr viel Protein namens Keratin, dieselbe Substanz, aus
der Haare und Nägel bestehen, deshalb sind sie ziemlich spröde und
schuppig.

Die Epidermis liegt auf der Lederhaut, die eine Art Polsterfunktion
hat, indem sie der Haut Widerstandskraft und Elastizität sowie
Kontur verleiht. In der Lederhaut liegt ein geordnetes Netz aus
zugfesten kollagenen Fasern, das in eine Zwischensubstanz eingela-
gert ist. Es sind auch elastische Fasern vorhanden, die der Haut
Plastizität und Geschmeidigkeit verleihen. Aufgrund dieser elasti-

schen Eigenschaften ist eine junge, gesunde Haut bis zu 50 Prozent dehnbar, aber diese Fähigkeit läßt mit zunehmendem Alter nach.

Die Lederhaut wird von vielen winzigen Blutgefäßen ernährt, durch die Sauerstoff und andere lebenswichtige Nährstoffe zu den Haut-zellen transportiert und die giftigen Abbauprodukte fortgeschafft werden. Sie ist ebenfalls gut mit Nervenendigungen ausgestattet, die die Nachrichten bezüglich Temperatur, Berührung und Schmerz von der Hautoberfläche zum Gehirn weiterleiten. Auch die Talgdrüsen liegen in der Lederhaut, aber sie sind durch Poren in der Epidermis zur Hautoberfläche hin geöffnet. Diese Drüsen bilden eine fettige Substanz namens Sebum (Talg), die die Aufgabe hat, die Haut geschmeidig zu erhalten und die Feuchtigkeit in den Zellen zu hal-ten. Ihre Aktivität bestimmt, ob Ihre Haut normal, fettig oder trocken ist.

Die Haut ist ein Organ mit vielen verschiedenen Funktionen. Sie hilft die Körpertemperatur konstant halten, indem sie überschüssige Hitze in Wasserform abgibt, als Schweiß, der kühlt, indem er auf der Hautoberfläche verdunstet. Auf diese Weise entfernt sie auch Gifte oder unerwünschte Abbauprodukte aus dem Körper. Verstopft man die Schweißdrüsen durch Antitranspirants und ein schweres Ge-sichts-Make-up, können sich die Gifte in der Haut ablagern und werden vielleicht durch Pickel und Mitesser abgestoßen. Ihr Erschei-nen ist oft ein Zeichen dafür, daß die Reinigungsorgane im Körper, vor allem die Leber und Nieren, nicht richtig arbeiten und die Haut als eine Art Müllabladeplatz dienen muß. Funktionieren Leber und Nieren wieder normal, verbessert sich der Zustand der Haut schlag-artig.

Manchmal können Hautleiden wie zum Beispiel ein Ekzem auch ein Symptom für eine innere Krankheit oder Störung sein und dem Körper als Mittel dienen, sich von seiner Qual zu befreien. Wird nun das Ekzem mit Medikamenten behandelt, wird diese Ausscheidungs-möglichkeit genommen, so daß sich das Problem im Innern ver-schlimmert und Jahre später zum Ausbruch kommen kann.

Die Haut spiegelt den körperlichen Gesundheitszustand wider, und ihre Beschaffenheit hängt mehr von den Vorgängen im Innern des Körpers ab als von irgendeiner äußerlich aufgetragenen Creme. Deshalb sollte jedes Hautproblem als Zeichen gewertet werden, daß gesundheitlich irgend etwas nicht stimmt, und wünscht man eine erfolgreiche Behandlung, muß der ganze Körper mit einbezogen werden. Hautprobleme können infolge seelischer Nöte, biochemischer Störungen wie Hypoglykämie (abnorm geringer Zuckergehalt des Blutes) oder Diabetes oder auch infolge einer Reaktion auf einen Insektenspray, auf Antibiotika oder andere Medikamente oder selbst auf Hautpflegeprodukte auftreten.

Aber die bei weitem häufigste Ursache ist die Ernährung. Sie ist einer der Hauptwege zur Gesunderhaltung des Körpers überhaupt und der Haut im besonderen. Vitamine stehen eindeutig mit der Haut in Beziehung. Sehr oft lassen sich Bläschen und aufgesprungene Mundwinkel auf einen Vitamin-B_2-Mangel zurückführen, ein Vitamin-C-Mangel verursacht Skorbut und Parodontose; ein Vitamin-A-Mangel führt zu extremer Trockenheit von Haut und Haaren, und Vitamin E ist kürzlich mit Schuppenflechte in Verbindung gebracht worden. Viele Hautausschläge und Ekzemformen stellen Allergien auf bestimmte Proteine dar und stehen so mit der Ernährung in Zusammenhang.

Praktisch jede Hautkrankheit wurde irgendwann einmal durch irgendeine Form von Diät behandelt. Akne und kleinere Hautprobleme wie Pickel und Mitesser werden mit Diäten behandelt, in denen Fleisch, Zucker oder Fett weggelassen wird. Gegenwärtig wird eine fettarme Diät empfohlen; Akne ist zum Beispiel in vielen Fällen auf eine Überaktivität der Talgdrüsen zurückzuführen, und dies könnte mit dem Konsum von Nüssen, fritierten Nahrungsmitteln und zu vielen Reizmitteln wie Alkohol, Schokolade, Schweinefleisch und Schweinefleischprodukte, Milchprodukte und Tabak in Zusammenhang stehen.

Die Aromatherapie ist gegen viele Hautprobleme nützlich, doch muß die Haut, ebenso wie die Potenz der Öle, stets berücksichtigt werden. Die Öle sollten verdünnt oder, manchmal, pur auf die Haut aufgetragen werden, geben Sie aber acht, daß die Augen und die Innenseiten des Mundes und der Nase ausgespart bleiben, da die Schleimhäute brennen, sich entzünden und anschwellen könnten. Seien Sie bitte sehr vorsichtig.

(Siehe auch **Benzoe, Bois de rose, Cajeput, Galbanum, Geranie, Guajak, Karotte, Kubebe, Lavendel, Lemongrass, Liebstöckel, Myrrhe, Ringelblume, Rose, Teebaum, Thuja, Thymian, Wacholder Zedernholz** *und* **Zedernwacholder; Abszesse und Furunkel, Akne, alternde Haut, Anthrax, Blasen, Blutergüsse, Brandwunden, Dermatitis, Druckbrand, Ekzem, Falten, Frostbeulen, Fußpilz, geplatzte Äderchen, Gürtelrose, Herpes, Insektenstiche und -bisse, Krätze, rissige Haut, Schnittwunden und Schrammen, Schuppenflechte** *und* **Sonnenbrand**.)

Herpes

Es gibt verschiedene Arten von Herpesviren: Lippenherpes und Genitalherpes sind zwei Arten des *H.-simplex*-Virus; und *H. zoster,* die Gürtelrose, wird vom Windpockenvirus ausgelöst.

Hat man sich Lippenherpes einmal zugezogen, kann er immer wieder durch Kälte- oder Hitzeeinwirkung, die Periode, Fieber oder Infektionen der oberen Atemwege ausbrechen. Die Bläschen kündigen sich durch Jucken und Brennen an, erscheinen meistens um den Mund herum und können eine Woche und länger bleiben. Es gibt verschiedene, nicht rezeptpflichtige Medikamente, aber keines kann das Ausbrechen des Virus wirklich verhindern.

Die aromatherapeutischen Möglichkeiten zur Bekämpfung des Herpes sind begrenzt. In Frankreich hat Dr. Belaich festgestellt, daß die Anwendung ätherischer Öle nur zu 20 Prozent erfolgreich ist. Dr. Maury ist hier optimistischer, glaubt aber auch nicht, daß alle Fälle geheilt werden können.

Aromatherapeutische Behandlung

• Die Anwendung einer **Kamillen**- oder **Ringelblumen**lotion (ein starkes Dekokt, siehe Seite 50) oder eines der beiden Öle pur könnte gegen den Schmerz und die Schwellung helfen. Auch Teebaumöl dürfte geeignet sein.

• Trinken Sie statt Tee oder Kaffee mehrmals am Tag eine Kräuterteemischung aus **Thymian**, **Salbei** und **Kamille**.

Zusätzliche Behandlung

• Benutzen Sie eine gute Sonnencreme, damit der Virus nicht durch die Sonne zum Ausbruch gebracht wird.

• Nehmen Sie zusätzlich ein Multimineralpräparat ein. Manche Menschen glauben, daß auch Lysin, eine Aminosäure, die gut für die Haut ist, helfen kann.

(*Siehe auch* **Gürtelrose**.)

Herzklopfen

Mit Herzklopfen wird die Empfindung eines außergewöhnlichen Herzschlags bezeichnet – der entweder durch das »Aussetzen« eines Schlags oder eine Beschleunigung der Schläge zustande kommt. Das Phänomen erscheint normalerweise nach sportlichen Übungen, in Streß- oder Angstzuständen oder nach dem Genuß von Stimulanzien wie Koffein oder Nikotin. Bei vielen Frauen tritt Herzklopfen im Klimakterium auf.

Herzklopfen kann jedoch auch das Zeichen einer Herzkrankheit sein,

und wenn es häufig wiederkehrt, sollte zur Vorsorge ein Arzt aufgesucht werden.

Aromatherapeutische Behandlung

• Trinken Sie beruhigende Heiltränke aus **Orangen**blättern, Lindenblüten, Bitterorange, **Basilikum**, **Melisse** oder einer **Rosen**blätter-
Salbeimischung. Auch ein schmackhafter Kräutertee ist gut sowie
ein Tee aus gekochten Artischockenblättern. Abends ein Rosmarintee hilft besonders Männern.

• Man kann täglich Knoblauchsaft oder Knoblauchperlen zur Vorbeugung einnehmen.

• Mischen Sie je 2 Tropfen **Neroli** und **Melisse** mit 5 ml (1 TL) Soja-
oder Traubenkernöl, und reiben Sie damit den Solarplexus (im
Uhrzeigersinn) sowie Nacken, Handrücken und Fußsohlen ein.

(*Siehe auch* **Anis**.)

Zusätzliche Behandlung

• Meiden Sie Kaffee, Tee, Colagetränke, Schokolade, Alkohol und
Zigaretten. Essen Sie auch nicht zuviel.

• Tauchen Sie während eines »Anfalls« beide Arme mindestens
10 Sekunden lang bis zu den Ellenbogen in kaltes Wasser.

• Zerkauen Sie, wenn Herzklopfen auftritt, einen mit Obstessig
getränkten Zuckerwürfel.

(*Siehe auch* **Klimakterium** *und* **Streß**.)

Heuschnupfen

Heuschnupfen – die Krankheit, die viele Menschen in den Frühlings-
und Sommermonaten befällt – ist eine allergische Form der Rhinitis.
Rhinitis ist eine Entzündung der Nasenschleimhaut und tritt in akuter
Form (die normale Erkältung) und chronischer Form (verursacht
durch Staub, Chemikalien, Rauch) auf.

Heuschnupfen entsteht durch eine Überempfindlichkeit auf Pflan-
zenpollen, die im Frühjahr und Sommer durch die Luft wirbeln (es
gibt auch allergische Reaktionen auf Tierhaare und Staub).

Die Symptome gleichen in etwa denjenigen einer normalen Erkältung – schmerzende und tränende Augen, verstopfte und laufende
Nase und Niesen.

Innerhalb der herkömmlichen Medizin stehen mehrere Behandlungsmöglichkeiten zur Verfügung. Es können Antihistaminika verschrieben werden, aber diese verursachen häufig Müdigkeit. Steroidinjek-
tionen können bei schweren Fällen helfen, aber sie sind wegen ihrer
Nebenwirkungen unbeliebt. Viele Menschen entscheiden sich für ein
Desensibilisationsverfahren, durch das die Antikörper im Blut an das
Allergen gewöhnt werden.

Aromatherapeutische Behandlung

• Trinken Sie **Kiefern**nadel-, **Eukalyptus**blätter- oder Hagebutten-
heiltränke.

• Gurgeln Sie mit Zitronensaft oder mit abgekochtem Wasser, das
1 Tropfen **Teebaum**öl enthält.

• Machen Sie Inhalationen mit jeweils ein paar Tropfen **Cajeput**,
Eukalyptus, **Niaouli** oder **Teebaum**.

• Reiben Sie die Brust und die Nasen- und Nebenhöhlengegend mit
einem Öl ein, das aus Soja- oder Traubenkernöl und 1 Tropfen von
einem der obengenannten Öle besteht.

• Geben Sie ein paar Tropfen von einem der obengenannten Öle auf ein Taschentuch, und tragen Sie dieses bei sich, wenn Sie einen erneuten Anfall fürchten.

• Kochen Sie ein paar **Eukalyptus**blätter in Wasser, und versprühen Sie diese Flüssigkeit im Haus, besonders im Schlafzimmer, bevor Sie zu Bett gehen.

• Kühlen Sie wunde, juckende und geschwollene Augen mit Kompressen, die in einen **Ringelblumen**-, **Kamillen**- oder **Petersilien**aufguß getaucht wurden.

(*Siehe auch* **Basilikum** *und* **Pfeffer**.)

Zusätzliche Behandlung

• Eine gute Kost kann Heuschnupfenkranken bei der Überwindung von Müdigkeit und Niedergeschlagenheit helfen, die die Krankheit hervorrufen kann: Essen Sie viel Vitamin-C-haltiges rohes Gemüse und frisches Obst. Dies wirkt auch einer Verstopfung entgegen, an der Heuschnupfenkranke oft leiden und die auch zur Krankheit beitragen kann.

• Meiden Sie Milch und Milchprodukte. Diese fördern die Katarrh- und Schleimbildung im Verdauungstrakt.

• Auch wenn Sie den Heuschnupfen nicht kurieren können, so sind Blütenpollen (1/4 Tl pro Tag) und Knoblauchkapseln doch hilfreich.

(*Siehe auch* **Probleme mit dem Atemapparat**.)

Hexenschuß

Ein Hexenschuß (Lumbago) bedeutet das Auftreten schwerer
Schmerzen im Lendenwirbelbereich. Ursache ist meist das falsche
Heben schwerer Gegenstände oder eine Verrenkung des Rückgrats.
Ein Hexenschuß kann in der Schwangerschaft auftreten. In manchen
Fällen können sich die Betroffenen nach dem Bücken kurze Zeit
nicht mehr aufrichten. Oft folgt Ischias auf die Hexenschußschmer-
zen, aber sie können auch die frühen Anzeichen einer vorgefallenen
oder verschobenen Bandscheibe sein. Bettruhe, Wärme und Massage
sind Möglichkeiten der Schmerzlinderung und Entlastung.

Aromatherapeutische Behandlung
• Nehmen Sie heiße Bäder. Mischen Sie 6 Tropfen **Senf**- und **Rosmarin**öl oder **Origano** und **Thymian** mit etwas mildem Shampoo,
und gießen Sie dieses in das einlaufende Wasser.
• Machen Sie einen Leinsamenumschlag. Verwenden Sie dazu 45 ml
(3 EL) Leinsamen mit 5 Tropfen **Wacholder**, **Senf**, **Origano**, **Waldkiefer**, **Rosmarin** oder **Thymian**. Lassen Sie den Umschlag mindestens 10 Minuten lang einwirken, und wiederholen Sie ihn täglich
einige Male. Sie sollten sofortige Besserung spüren.
• Reiben Sie nach dem Umschlag folgendes Öl ein: 6 Tropfen eines
der obengenannten Öle, gemischt mit 10 ml (2 TL) Mandelöl und
2 Tropfen Weizenkeimöl.

Zusätzliche Behandlung
• Wichtig sind ein paar Tage Bettruhe. Legen Sie ein großes Kissen
unter die Knie, um den Rücken zu entlasten.
• Tragen Sie warme Kleidung, um den Rücken warm zu halten.
Schneiden Sie einen alten Lambswool- oder Cashmerepullover aus-
einander, und tragen Sie ihn als Nierenschutz.

(*Siehe auch* **Ischias** *und* **Rückenschmerzen**.)

Husten

Husten – ein Schutzreflex, der Fremdkörper von den Lungen fernhalten hilft – kann das Symptom einer Reihe von Krankheiten sein.
Er kann in Verbindung mit Asthma, Bronchitis, Grippe, Heuschnupfen, Lungen-, Hals-, Mandel- und Nebenhöhlenentzündung auftreten
oder als Raucherhusten. Am häufigsten tritt er aber bei Erkältungskrankheiten auf.

Aromatherapeutische Behandlung

• **Rose** ist eines der besten Mittel, da sie den Schleim angreift und
den Husten lindert. Trinken Sie Rosenblätteraufgüsse, und gurgeln
Sie auch damit (siehe Seite 252).

• **Ysop** ist ebenfalls gut, siehe den Aufguß und Sirup auf Seite 325.

• Machen Sie sich viele Heiltränke aus schleimlösenden Kräutern
wie **Lavendel**, **Melisse**, **Pfefferminze**, **Rosmarin** oder **Thymian**.
Auch Heiltränke aus kleinen **Kiefern**zapfen sind sehr wirksam.

• Mit **Zimt** gewürzte Getränke wirken hustenlindernd, zum Beispiel
die **Panazee** auf Seite 101.

• Inhalieren Sie **Eukalyptus**, oder stellen Sie einen Blätteraufguß
neben Ihr Bett, um nächtliche Hustenanfälle möglichst zu verhindern.

• Reiben Sie den Torso täglich mit einem **Geranien**öl (ein paar
Tropfen auf etwas Basisöl) ein, oder geben Sie ein paar Tropfen in
ein Bad.

• Machen Sie Brustumschläge aus Leinsamen oder einem anderen
Wärmeträger (siehe Seite 47ff.), und geben Sie ein paar Tropfen von
einem der folgenden Öle dazu: **Kanadabalsam**, **Cajeput**, **Karotte**,
Weihrauch, **Senf**, **Origano** oder **Thymian**. Für eine ausgezeichnete
Einreibung für die Brust siehe **Tolubalsam**.

(*Siehe auch* **Geranie, Ingwer, Kamille, Origano, Terpentin,
Waldkiefer** *und* **Zypresse**.)

Zusätzliche Behandlung

• Bleiben Sie möglichst zu Hause im Warmen; wenn Sie das Haus verlassen müssen, ziehen Sie sich warm an, und tragen Sie einen Schal. Denken Sie daran, daß Sie mit jedem Husten in der Öffentlichkeit wahrscheinlich die Erreger verbreiten, die Ihre Beschwerden verursacht haben.

• Verschiedene Nahrungsmittel können zur Hustenlinderung und -vorbeugung gegessen werden, darunter Zitrone und Ingwer, erstere wegen ihres Vitamin-C-Gehalts, letzterer wegen seiner wärmenden Eigenschaften. Knoblauch, Weiße Rüben, Lauch, Rettiche und Meerrettich wirken alle schleimlösend und helfen beim Abhusten.

(*Siehe auch* **Asthma, Bronchitis, Erkrankungen des Atemapparats, Grippe, Halsentzündung, Heuschnupfen, Lungenentzündung** *und* **Sinuitis**.)

Impetigo

Impetigo (Eiterflechte, Grindflechte) ist eine sehr ansteckende Hautkrankheit, die normalerweise von *Streptokokken* oder *Staphylokokken* verursacht wird und hauptsächlich Kinder befällt. Es treten – gewöhnlich im Gesicht, auf der Kopfhaut und am Hals, manchmal auch an den Händen und Knien – gerötete Flecken auf, die Bläschen bilden und dann verkrusten. Die Ansteckung anderer Körperstellen oder anderer Personen geschieht dadurch, daß sich der Kranke kratzt und dann nichtbefallene Körperstellen berührt. Impetigo läßt sich mit Antibiotika heilen, aber auch die Aromatherapie kann helfen.

Strenge Hygiene ist notwendig, um die Ausbreitung der Infektion am Kranken selbst und auf andere Personen zu verhindern. Bei Erwachsenen kann Impetigo sehr ausarten, wenn ihre Behandlung vernachlässigt wird und Furunkel, Geschwüre, Bindehautentzündung und andere Komplikationen mit sich bringen.

Aromatherapeutische Behandlung
• Öle, die gegen Impetigo helfen, sind **Benzoe**, **Ringelblume** (besonders gut für die Kopfhaut), **Karotte**, **Kamille**, **Patchouli** und **Teebaum**. Mischen Sie einige Tropfen des von Ihnen gewählten Öls mit je 5 ml (1 TL) Traubenkern- und Weizenkeimöl, und tragen Sie die Mischung einmal täglich auf die infizierten Stellen auf.

Zusätzliche Behandlung
• Für eine gesunde Haut ist eine Vitamin-A-reiche Kost wesentlich, essen Sie also viel Karotten, gelbfleischige Früchte und Dorsch- oder Heilbuttlebertran. Die Vitamine der B-Gruppe und Vitamin C sind ebenfalls wichtig.
• Waschen Sie das Gesicht zweimal täglich mit frischem Kohlsaft, in den etwas saure Seife gemischt wird.
• Ein altes Volksheilmittel ist es, die infizierten Stellen mindestens zehnmal täglich mit Obstessig abzutupfen. Dazu jedesmal einen frischen Wattebausch verwenden.

(*Siehe auch* **Abszesse und Furunkel, Akne, Alopezie** *und* **Follikulitis**.)

Impotenz, siehe **sexuelle Probleme**.

Insektenstiche und -bisse

Stiche und Bisse von Insekten können sehr schmerzhaft sein, und man sollte sie niemals unbeachtet lassen.

Aromatherapeutische Behandlung
• Wenn eine Biene sticht, bleibt der Stachel im Fleisch stecken, und dieser kann mit einer Pinzette entfernt werden. Tragen Sie einen

Tropfen pures **Geranien-**, **Origano-**, **Teebaum-** oder **Thymian**öl auf, und legen Sie danach eine kalte Kompresse auf, um den Schmerz zu lindern. Wespenstiche und Flohbisse können genauso behandelt werden.

• Der Stich eines Hundertfüßlers oder einer Spinne kann unangenehmer sein. Oft blutet die Stelle, um die Stoffe, die mit dem Stich eingeführt wurden, wieder abzustoßen. Tragen Sie wie oben pures Öl (oder Jodtinktur) auf, und machen Sie anschließend eine kalte Kompresse.

• Andere pur auf den Stich aufgetragene Öle nehmen den Schmerz, wie **Citronella** und **Melisse**. Behandeln Sie den Stich alternativ mit zerriebenen Zitronenmelissenblättern.

• Aromatherapeutische Pflanzen und Öle können stechende und beißende Insekten von vornherein fernhalten helfen. Kaufen Sie eine 1-Liter-Plastiksprühflasche, füllen Sie sie mit Wasser, und geben Sie 5 ml (1 TL) einer ätherischen Ölmischung dazu, zum Beispiel aus **Pfefferminze** und **Kampfer** oder **Eukalyptus** und **Kampfer**. Sprühen Sie die Räume damit aus: Vorhänge, Fenster, Stühle, Teppichbodenecken, wo sich Flöhe und Motten vermehren könnten. Stellen Sie in jeden Raum eine Wasserschale mit etwas ätherischem Öl.

• Andere insektenvertreibende Pflanzen und Öle sind **Basilikum**, **Citronella**, **Geranie**, **Lavendel**, **Myrte** und **Niaouli**.

Ischias

Ischias nennt man einen starken Schmerz im unteren Teil des Rükkens, der manchmal auch von Schmerzen im Gesäß und an der Beinaußenseite begleitet sein kann. Dieser ist das Zeichen einer Reizung oder Quetschung des Ischiasnervs, der vom Kreuzbeingeflecht ins Bein verläuft. Häufig tritt Ischias in Verbindung mit einem Hexenschuß auf, und er kann das erste Warnzeichen einer vorgefallenen oder verschobenen Bandscheibe sein. Ischias wird durch falsches Heben oder Bücken verursacht; er tritt häufig nach der Schwangerschaft auf.

Aromatherapeutische Behandlung

• Bettruhe, Wärme und Massage sind Wege, um die Schmerzen und die Verkrampfung zu lindern.

• Mischen Sie 2 Tropfen eines geeigneten Öls wie **Wacholder**, **Senf**, **Pfeffer** oder **Terpentin** mit 15 ml (1 EL) Soja- oder Traubenkernöl. Reiben Sie damit die betroffenen Stellen vorsichtig ein. Ziehen Sie sich danach warm an, und tragen Sie zum Beispiel Wollstrumpfhosen oder Leggings.

• Ein paar Tropfen von einem dieser Öle können in das einlaufende Badewasser gegeben werden. Vergessen Sie nicht, sich danach warm anzuziehen.

(*Siehe auch* **Origano** *und* **Thymian**.)

Zusätzliche Behandlung

• Es gibt einige Übungen, durch die sich der Ischiasnerv sachte dehnen und kräftigen läßt. Legen Sie sich auf den Rücken, überkreuzen Sie die angewinkelten Beine, und ziehen Sie diese mit Hilfe Ihrer Hände zu sich hin. Sie werden die Dehnung in der Hinterbacke spüren. Wechseln Sie die Beine, um die andere Seite zu dehnen.

(*Siehe auch* **Bursitis, Hexenschuß, Neuralgie, Rheumatismus** *und* **steife Gelenke**.)

Jetlag

Jeder, der schon einmal eine lange Flugreise gemacht hat, kennt die »Symptome« des Jetlag: Erschöpfung, Schlafstörungen, Übelkeit und schmerzende und geschwollene Gelenke. Daß der Körper so reagiert, ist kein Wunder, wenn man bedenkt, daß durch die Überschreitung mehrerer Zeitzonen circa 50 physiologische und psychologische Rhythmen im Körper durcheinandergebracht werden. Auch der Flugvorgang selbst – daß man in großer Höhe stundenlang in einem unter normalem Atmosphärendruck gehaltenen Flugzeug sitzt – spielt bei Jetlag eine Rolle. Bei Reisenden, die oft auf Langstreckenflügen unterwegs sind, können längerfristige Beschwerden auftreten: Stewardessen zum Beispiel leiden oft an Zyklusstörungen.

Aromatherapeutische Behandlung

• Stellen Sie Ihre Füße auf einen kleinen Koffer, um geschwollene Knöchel zu vermeiden und zu verhindern, daß die Oberschenkel gegen den Sesselrand gepreßt werden. Gehen Sie ab und zu den Gang entlang, um den Kreislauf in Gang zu halten; und massieren Sie Ihre Füße mit einem geeigneten Öl (siehe **Ödem**). Machen Sie auch Fußgymnastik: Ziehen Sie die Zehen ein, zählen Sie bis fünf, und entspannen Sie sie wieder. Wiederholen Sie dies zehn- bis fünfzehnmal hintereinander.

• Wollen Sie nach der Ankunft am Reiseziel wach bleiben, geben Sie 10 Tropfen **Lavendel** in Ihre Hand, reiben Sie den Oberkörper damit ein, und nehmen Sie sofort eine Dusche. Wollen Sie schlafen, nehmen Sie ein Bad mit 3 Tropfen **Geranie**.

Zusätzliche Behandlung

• Tragen Sie während des Flugs bequeme, weitsitzende Kleidung.
• Essen Sie während des Flugs nur Zitrusfrüchte.
• Dehydratation (Wasserentzug) ist ein Hauptfaktor wegen der

trockenen Luft im Flugzeug. Trinken Sie viel stilles Mineralwasser (sehr wichtig für Kinder), um ihr entgegenzuwirken, und meiden Sie Alkohol (der Sie noch mehr entwässert).

• Nehmen Sie eine Feuchtigkeitscreme mit, um ein Austrocknen der Haut zu verhindern.

(*Siehe auch* **Ödem**.)

Katarrh

»Katarrh« ist der Begriff für eine übermäßige Schleimabsonderung der Bronchien, des Kehlkopfes, der Nase und der Nebenhöhlen. Die häufigsten Ursachen sind Erkältung und Grippe; Heuschnupfen, Bronchitis, Sinusitis und Schnupfen können auch Verursacher sein. Viele ätherischen Öle wirken dekongestiv und schleimlösend – helfen also, Brust und Lungen frei zu machen – und können folglich einen Katarrh beträchtlich lindern. Zu ihnen gehören **Benzoe**, **Kamille**, **Eukalyptus**, **Weihrauch**, **Ysop**, **Pfefferminze**, **Niaouli**, **Waldkiefer** und **Muskatellersalbei**.

Aromatherapeutische Behandlung

• Um die Nase frei zu bekommen, kochen Sie eine große Handvoll frischen **Thymian** 10 Minuten in 600 ml Wasser auf. Lauwarm werden lassen, dann etwas Watte in die Lösung tunken, Kopf zurückbeugen und die Flüssigkeit in die Nasenlöcher tropfen.

• Ganz Tapfere können auch ein paar Tropfen reinen Zitronensaft in jedes Nasenloch geben – eine schmerzhafte, doch äußerst wirksame Prozedur.

• Geben Sie je 1 Tropfen **Thymian**- und **Eukalyptus**öl in eine Schüssel heißes Wasser, und inhalieren Sie, mit einem Handtuch über dem Kopf, 10 Minuten lang.

• Man kann über Nacht eine Wasserschüssel mit ein paar Tropfen **Benzoe** und **Niaouli** neben das Bett stellen.

• Verwenden Sie **Eukalyptus**öl als Badezusatz.

• Trinken Sie Tees aus **Pfefferminze** und **Eukalyptus** oder aus **Ysop**, **Salbei** und **Kamille**.

(*Siehe auch* **Bronchitis, Brustinfekte, Erkältung, Heuschnupfen, Pfeffer** *und* **Sinuitis**.)

Klimakterium

Da das Klimakterium in den medizinischen Büchern noch vor einer Generation kaum Erwähnung findet, mag man es uns verzeihen, wenn wir glauben, daß unsere Großmütter einem der natürlichsten Prozesse des weiblichen Zyklus stoischer gegenüberstanden oder ihn einfach gelassener hinnahmen als wir. Heute aber, in einem Zeitalter der sexuellen Befreiung der Frau, in dem die Frauen mehr Kontrolle über ihren Körper haben, hat man diese gänzlich dem Ideal der Jugend und Schönheit unterworfen. Die Medien und die Kosmetikindustrie haben in den letzten Jahren gemeinsam darauf hingearbeitet, uns mit Bildern des Jungseins bombardiert, und die Zahl der regenerativen Kosmetika, Behandlungen und Schönheitsoperationen nimmt ständig zu. Kein Wunder also, daß das Klimakterium zum Feind Nummer eins geworden ist, zum Schrecken der Jugend, zum Anfang des Alters.

Aber das Klimakterium ist ein natürlicher Prozeß, den jede Frau früher oder später durchmachen muß, und es sind durch falsche Information sehr viele unnötige Ängste geweckt worden. Es handelt sich lediglich um eine neue Phase des Zyklus, die trotz zeitweiliger Beschwerden vorübergeht. Das Klimakterium setzt im allgemeinen zwischen 45 und 50 ein und bedeutet im wesentlichen das allmähliche oder abrupte Aufhören der Menstruation (letzte Regel = Menopause, Anm. d. Ü.) und die Sekretionseinstellung bestimmter Drüsen. Es bedeutet allerdings nicht, daß damit auch das sexuelle Verlangen oder die Jugendlichkeit verlorengeht. Statt über Nacht zum häßlichen Entchen zu werden, gewinnen viele Frauen eine neue Reife, eine neue Schönheit und ein neues Selbstbewußtsein und -vertrauen und fühlen sich im allgemeinen ausgeglichener.

Wie die Wechseljahre erfahren werden, ist ganz verschieden. Bei manchen Frauen verlaufen sie relativ schnell und problemlos; bei anderen können sie problematischer sein und einige Jahre dauern. Zu den Symptomen gehören unter anderem leichte Depressionen, Gereiztheit, Nervosität, Hitzewallungen und Hautjucken. Wird die Umstellung angstvoll erwartet, können Schwindel, Herzklopfen und Schlaflosigkeit auftreten. Und es ist diese Einstellung gegenüber den Wechseljahren, die zu mehr Schwierigkeiten führt als alles andere. Bewahren Sie Ruhe, befolgen Sie ein paar einfache Regeln, und Sie werden diese Phase ohne allzu große Angst durchstehen. Akzeptieren Sie die Umstellung, und gehen Sie so natürlich wie möglich damit um. Es könnte zu Ihrem Vorteil sein und Ihnen neue Schönheit und neue Weisheit einbringen.

Aromatherapeutische Behandlung

• Trinken Sie **Salbei**- und Brennesseltees, die sehr viele den weiblichen Hormonen verwandte Substanzen enthalten.

• Trinken Sie bei Depressionen statt stimulierender Getränke **Thymian**- oder **Rosmarin**tee. Kochen Sie mit diesen Kräutern. Treiben Sie leichten Sport – Wandern, Fahrradfahren, Schwimmen. Geben Sie **Rosmarin**-, **Lavendel**- und **Thymian**öl in Ihr Bad (jeweils 2 Tropfen), und reiben Sie sich einmal in der Woche mit einer Mischung aus diesen Ölen und 20 ml (4 TL) Mandelöl ein.

• Bei Gereiztheit und Nervosität ersetzen Sie Stimulanzien wie Kaffee, Tee, Schokolade und Alkohol durch Kräutertees, die beruhigend wirken – **Basilikum**, Lindenblüten, **Orangen**blätter, **Kamille**

und Passionsblume. Meiden Sie insbesondere nach 17 Uhr Stimulanzien, und essen Sie stets früh zu Abend – am besten Salat und
frisches Gemüse. Essen Sie langsam und in einer ruhigen Atmosphäre.

• Hitzewallungen können manchmal sehr peinlich sein, und vielleicht wachen Sie nachts vor unerträglicher Hitze schweißgebadet
auf. Verzichten Sie auf Stimulanzien und scharfes Essen. **Salbei**tee
ist hier hilfreich. Tragen Sie Baumwoll- oder Leinenkleidung. Kühlen Sie Ihr Gesicht mit einem **Kamillen**aufguß. Dieser hilft gegen
die Rötung und das Jucken. Meiden Sie ein zu starkes Make-up, und
ersetzen Sie es durch ein natürlicheres (ein schweres Make-up läßt
einen sowieso nur älter aussehen). Fühlt sich die Haut besonders
trocken an, tragen Sie mit einem feuchten Wattebausch Mandelöl
auf, und waschen Sie dieses wieder mit Kamillentee ab.

• Bei Schwindel und Kopfweh massieren Sie Nacken und Schläfen
einige Minuten lang mit etwas purem **Lavendel**öl, aber machen Sie
zuerst einen Verträglichkeitstest. Legen Sie sich hin, die Beine
hochgelegt, und schließen Sie die Augen.

• Bei Herzklopfen meiden Sie stimulierende Getränke und ersetzen
diese durch Kräutertees (eine Mischung aus **Rosen**blättern und **Salbei** ist gut) oder frischgepreßte Säfte. Stellen Sie in der Saison ein
paar Maiglöckchen in Ihre Nähe. Schließen Sie die Augen, und
inhalieren Sie langsam einige Male. Maiglöckchen enthalten Digitalis, und ihr Duft reguliert den Herzschlag.

(*Siehe auch* **Angelika, Anis, Estragon, Kardamom, Melisse** *und*
**Zypresse; Depression, Herzklopfen, Kopfschmerzen, Melanose,
Schlaflosigkeit** *und* **Streß.**)

Kolik

Eine Kolik – akute krampfartige Leibschmerzen – kann bei Erwachsenen auf verschiedene Verdauungsbeschwerden zurückzuführen sein (siehe dort).

Sie tritt gewöhnlich nach dem Essen auf, besonders nach dem Verzehr fermentierter Käse wie Brie, überreifer Melonen oder unreifer Früchte. Sie kann auch bei Gastritis auftreten.

Babys und kleine Kinder haben sehr oft Koliken, die häufig von einer Luft- oder Gasansammlung in den unentwickelten Eingeweiden herrühren. Dies verursacht Schmerzen, und das Baby wird unruhig und schreit. Kinderkolik kann auch auf eine Kuhmilchallergie zurückzuführen sein.

Erwachsenenkolik – aromatherapeutische Behandlung

• Trinken Sie einen Kräutertee, den Sie sich aus je einer Prise **Fenchel**, **Anis** (Kraut oder Samen) und **Melisse** und 300 ml kochendem Wasser zubereiten. 7 Minuten ziehen lassen, dann warm trinken; eventuell mit Honig süßen.

• Je 2 Tropfen **Melisse** und **Kamille** mit 30 ml (2 EL) Sojaöl und 2 Tropfen Weizenkeimöl mischen. Damit den Bauch sanft im Uhrzeigersinn massieren. Danach ein heißes Handtuch (in heißes Wasser getaucht) auswinden und auf den Bauch legen. Das müßte eigentlich sofort Erleichterung bringen.

Kinderkolik – aromatherapeutische Behandlung

• In handelsüblichen Babykolikarzneien ist Fenchel enthalten. Kochen Sie aus ein wenig **Fenchel** und **Karotte** ein Gemüsewasser. Abkühlen lassen und mit etwas Honig gesüßt dem Baby zu trinken geben. **Kamillen**tee hat dieselbe Wirkung.

• Bei einem älteren Kind kann ein Heiltrank aus **Orangen**blättern helfen.

• Massieren Sie den Bauch des Babys oder Kindes mit einem Öl, das das verdauungsfördernde **Kümmel**öl enthält (siehe Seite 157).
• Erfüllen Sie das Kinderzimmer mit beruhigenden Dämpfen, indem Sie etwas feuchte Watte mit je 1 Tropfen **Waldkiefer** und **Orange** oder **Lavendel** und **Orange** auf die Heizung legen.

(*Siehe auch* **Nerolie** *und* **Petitgrain**.)

Kinderkolik – zusätzliche Behandlung
• Wiegen und Hätscheln – über der Schulter, damit das Baby aufstoßen kann – helfen im allgemeinen.

Kolitis

Kolitis ist eine Entzündung des Dickdarms, und die Symptome sind Durchfall, manchmal mit Blutabgang, und Unterleibsschmerzen. Sie kann von einer Bakterieninfektion oder einer Reihe anderer Erkrankungen verursacht werden. Sie tritt sehr oft in Verbindung mit nervösen Störungen, Angst oder Streß auf. Es können auch Fieber, Appetitlosigkeit und Gewichtsverlust vorkommen.

Behandlung
• Sehr wichtig sind Ruhe und ein Mittel gegen den Durchfall (*siehe* Durchfall).
• Man sollte eine schlichte, milde Diät einhalten und frisches Obst (besonders Schalen und Samen), rohes Gemüse, Vollkornflocken, frisches Brot, Zucker, fette oder gebratene Nahrungsmittel und Wild meiden. Essen Sie keine Milchprodukte, da sie oft Bauchweh verursachen können. Gönnen Sie ihren Eingeweiden eine Pause, und verzichten Sie auf Alkohol – besonders auf Spirituosen und kaltes Bier – und auf kohlensäurehaltige Getränke.

• Trinken Sie viel stilles Mineralwasser und Kräutertees, insbesondere **Kamillen**tee (oder auch Malventee).

• Essen Sie keine großen Portionen, und kauen Sie sehr langsam und gründlich. Sprechen Sie während des Essens wenig, und streiten Sie sich nie: Streß und gute Verdauung gehen nun einmal nicht zusammen!

• Essen Sie Reis oder Gerste, gekocht oder gedünstet (trinken Sie von letzterer das Kochwasser). Kochen Sie Früchte zu Kompott, und süßen Sie es mit ein wenig Honig oder Fruktose. Gut ist zum Beispiel auch ein Gericht aus getoastetem Brot und gedünstetem und püriertem Gemüse.

• Mäßige (mehr als anstrengende) Bewegung hilft dem Körper zu entspannen, und Sie sollten meditieren und Entspannungstechniken üben.

Kopfschmerzen

Kopfschmerzen können auf vielerlei Ursachen zurückzuführen sein: Grippe, Erkältung, Streß, Sonnenstich, Sinuitis, Neuralgie, zuviel Fernsehen oder helles oder schlechtes Licht, das Augenschmerzen verursacht. Viele Frauen leiden kurz vor der Periode an Kopfschmerzen, und oft können Verdauungsprobleme mit schuld daran sein. Viele Kopfschmerzen können von etwas so Banalem wie einem kalten Luftzug herrühren, aber nicht nachlassende Kopfschmerzen sollten niemals leichtgenommen werden.

Aromatherapeutische Behandlung

• Oft bringt eine Massage der Nackengegend, der Schläfen und um die Augen Besserung. Geeignete ätherische Öle sind **Basilikum**, **Kamille**, **Koriander** (nur in sehr geringer Dosierung), **Lavendel**, **Melisse**, **Rosmarin** und **Muskatellersalbei**. Mischen Sie 1 Tropfen

Öl mit 5 ml (1 TL) Traubenkernöl, und massieren Sie. **Wacholder** ist besonders geeignet, da er ein wenig wärmt.

• Oft lassen Kopfschmerzen, die durch Überanstrengung der Augen bedingt sind, schon nach, wenn man einfach die Augen mit den Handflächen abdeckt oder sich in einem abgedunkelten Zimmer hinlegt und die Augen schließt. Augenkompressen mit **Kamille**, **Rosmarin** oder **Petersilie** tun ebenfalls gut.

• Inhalationen wirken gut bei katarrhbedingten Kopfschmerzen, die verschwinden, wenn die verstopften Atemwege wieder frei sind. Benutzen Sie dazu **Cajeput**, **Geranie**, **Niaouli** oder **Teebaum**.

• Haben Sie Katerkopfschmerzen, nehmen Sie ein gemütliches, ausgedehntes heißes Bad mit ein paar Tropfen eines belebenden Öls wie **Pfeffer** oder **Wacholder**, um wieder munter zu werden.

Zusätzliche Behandlung

• Oft hilft Akupressur: Drücken Sie dazu die Zeigefinger neben der Nase in die Augenhöhlen.

• Sind die Kopfschmerzen auf Verdauungsprobleme zurückzuführen, fasten Sie einen Tag, und trinken Sie nur Wasser mit Zitronensaft.

• Essen Sie grundsätzlich wenig, bis die Kopfschmerzen vorüber sind.

(*Siehe auch* **Erkältung, Erschöpfung, Grippe, Migräne, Neuralgie, Probleme mit den Augen, Sinuitis** *und* **Streß**.)

Krampfadern

Erweiterte Venen können in verschiedenen Körperteilen auftreten (beispielsweise im Rektum als Hämorrhoiden), aber am häufigsten entstehen sie in den Beinen. Wird der Blutstrom von den Beinen zum Herzen behindert, kann das Blut in den Venen stehenbleiben; diese

schwellen an, verdrehen sich und treten in der typischen Schlangen-
form an den Beinen hervor und verursachen beträchtliche Schmerzen. Krampfadern entstehen vor allem bei Menschen, die viel stehen
müssen (bei Bewegung hilft die Kontraktion der Beinmuskeln das
Blut hochpumpen), können aber auch durch Verstopfung, Übergewicht und Schwangerschaft hervorgerufen werden. Während der
Schwangerschaft schränkt der wachsende Bauch die Durchblutung
der Beine ein, und das zusätzliche Gewicht erschwert den Rückfluß
des Bluts von den Beinen zum Herzen.

Aromatherapeutische Behandlung

• Massieren Sie täglich Ihre Beine mit einem Öl aus 20 ml (4 TL)
Mandelöl, 2 Tropfen Weizenkeimöl und je 4 Tropfen Petersilie und
Zypresse. Beginnen Sie bei den Füßen, und arbeiten Sie zum Herzen
hin. Tun Sie dies lieber auf dem Boden sitzend als im Stehen.

(*Siehe auch* **Lavendel**.)

Zusätzliche Behandlung

• Stehen Sie sowenig wie möglich, und versuchen Sie mit höherge-
legten Füßen zu schlafen (erhöhen Sie das untere Ende Ihrer Matratze).
• Sitzen Sie nicht mit übereinandergeschlagenen Beinen, da dies den
Blutstrom behindert, und stellen Sie auf langen Reisen Ihre Füße et-
was hoch.
• Bewegen Sie sich soviel wie möglich.
• Ernähren Sie sich vitamin- und ballaststoffreich; Vitamin C und E
sowie die Bioflavonoide sind für den Kreislauf gut: Obst, Gemüse,
Tomaten, Kartoffeln, Pflanzenöle (besonders Weizenkeimöl).
• Baden Sie niemals zu heiß, und duschen Sie danach Füße und
Beine kalt ab.

(*Siehe auch* **geplatzte Äderchen, Hämorrhoiden, Kreislaufstörungen, Verstopfung** *und* **Zellulitis**.)

Krämpfe

Ein Krampf ist eine plötzliche, unwillkürliche Kontraktion eines Muskels oder einer Muskelgruppe und kann äußerst schmerzhaft sein. Der Schreibkrampf – der buchstäblich durch dauerndes Schreiben entsteht – ist nun in Großbritannien eine anerkannte Berufskrankheit, deren Behandlung staatlich bezahlt wird. Viele Menschen leiden während des Schlafs an Waden- oder Fußkrämpfen; dafür besonders anfällig sind angeblich junge anämische Frauen, deren Beine schlechter durchblutet sind. Auch schwangere Frauen sind anfällig. Frauen, die an Dysmenorrhöe leiden, sind für entkräftende Bauchkrämpfe anfällig, die durch das Zusammenziehen der die Gebärmutterwand umgebenden Muskeln zustande kommen. Obgleich alle menstruierenden Frauen Kontraktionen haben, können diese bei Frauen mit Dysmenorrhöe bis zu viermal stärker sein.

Aromatherapeutische Behandlung
• Reiben Sie kräftig die Beine, bis der Krampf nachläßt. Benutzen Sie ein Öl dazu, wenn Sie möchten; 5 ml (1 TL) Sojaöl mit 2 Tropfen **Geranie** wäre geeignet.
• Wenden Sie gegen Bauchkrämpfe Wärme an – eine heiße Wärmflasche oder einen heißen Leinsamenumschlag (siehe Seite 48) mit 2 bis 3 Tropfen Kamille. Ein **Kamillen**- oder **Melisse-Pfefferminz**-Tee kann ebenfalls helfen.

(*Siehe auch* **Koriander**.)

Zusätzliche Behandlung
• Beinkrämpfe können durch Gegendehnung besser werden: Drükken Sie das Knie so weit wie möglich durch, oder spannen Sie den Muskel an, der dem verkrampften Muskel gegenüberliegt.
• Leiden Sie an Bauchkrämpfen, sollten Sie eine leichte Diät einhal-

ten – weißer Reis, gekochtes Salatgemüse und Früchte sind am besten. Meiden Sie Kaffee, Tee und Alkohol. Kauen Sie das Essen langsam und gründlich, um den Magen und den Verdauungsapparat überhaupt zu entlasten.

• Suchen Sie einen Arzt auf, wenn die Krämpfe sehr schlimm sind.
• Yogaatmung ist eine große Hilfe.

(*Siehe auch* **Muskelschmerzen**.)

Krätze

Die Krätze (Scabies) ist eine Hautkrankheit, bei der sich die Milbe Sarcoptes scabiei in die Oberhaut einbohrt. Die weiblichen Milben legen ihre Eier in die Haut, aus denen nach drei bis vier Tagen die Jungen ausschlüpfen. Diese sind nach wenigen Wochen erwachsen, und der Kreislauf beginnt von neuem. Krätze ist sehr ansteckend und wird nicht nur durch direkten körperlichen Kontakt übertragen; man nimmt an, daß zum Beispiel Münzen häufig die Überträger sind, da gewöhnlich zuerst die Finger befallen werden. Starkes Jucken, besonders in der Nacht, kann zur Infektion der Pusteln führen.
Früher behandelte man Krätze in der herkömmlichen Medizin mit einer Benzyl-Beonzoat-Lösung, mit der der ganze Körper eingerieben wurde.

Aromatherapeutische Behandlung
Behandlung wie bei Kleiderläusen – *siehe* **Pedikulose**.

(*Siehe auch* **Lorbeer**.)

Kreislaufstörungen

Das Kreislaufsystem des Körpers umfaßt Herz, Arterien und Venen, durch die das Blut zu den Körperorganen und -geweben hintransportiert und wieder abtransportiert wird. Am gefährlichsten sind die Kreislauferkrankungen, die das Herz betreffen – Atherom (Gefäßwandveränderung bei Arteriosklerose), Angina pectoris und Koronarthrombose –, und ihre Behandlung liegt nicht im Kompetenzbereich der Aromatherapie. Aromatherapeutische Öle können jedoch die Durchblutung fördern und den Kreislauf anregen und damit ungefährlichere Kreislauferkrankungen wie Hämorrhoiden, Zellulitis und Krampfadern verhindern. Auch für die Haut ist die Durchblutungsförderung sehr gut, und die Kräftigung der Blutgefäße macht geplatzte Äderchen unwahrscheinlicher.

Aromatherapeutische Behandlung
• Massagen stimulieren das Gewebe und führen den Zellen frisches Blut zu. Massagen erleichtern auch das Einziehen der ätherischen Öle, und die Verwendung von Ölen wie **Zypresse**, **Neroli**, **Zitrone** und **Rose** wird den Kreislauf in Schwung bringen. Geben Sie einige Tropfen auf 10 ml (2 TL) Basisöl.
• Meiden Sie Kaffee, Tee und Alkohol, und trinken Sie Heiltränke aus Kräutern wie Kerbel, **Petersilie** und **Salbei**.

Zusätzliche Behandlung
• Ganz wichtig ist die Ernährung. Essen Sie reichlich Nahrungsmittel mit viel Vitamin C und E und vielen Bioflavonoiden, welche sehr gut für den Kreislauf sind. Zwiebeln, Knoblauch, Zitrusfrüchte, Kastanien, Roggen und Weizenkeime sind alles geeignete Nahrungsmittel.

(*Siehe auch* **geplatzte Äderchen, Hämorrhoiden, Krampfadern, Verstopfung** *und* **Zellulitis**.)

Läuse, siehe **Pedikulose**.

Leukorrhöe

Leukorrhöe ist eine oft von einer Vermehrung unerwünschter Bakterien oder sogar einer Pilzart verursachte Entzündung der Vagina, die einen dicken weißen oder gelben Ausfluß hervorruft. Sie tritt häufig auf, wenn Frauen Antibiotika nehmen mußten. Am anfälligsten sind diejenigen Frauen, die die Antibabypille nehmen, die schwanger sind oder die an der Stoffwechselkrankheit Diabetes leiden.

Aromatherapeutische Behandlung
• Geben Sie 2 Tropfen **Wacholder** oder **Lavendel** in Ihr Bad oder 1 Tropfen von einem dieser beiden Öle ins Bidet.

(*Siehe auch* **Niaouli**.)

Zusätzliche Behandlung
• Zur Vorbeugung von Leukorrhöe ist eine gute Ernährung wichtig, vor allem sollte sie reich an Nahrungsmitteln sein, die viel Vitamin A und B enthalten.
• Tragen Sie keine Unterwäsche aus synthetischem Material wie Polyester oder Nylon, und meiden Sie eng sitzende Jeans.
• Benutzen Sie keine scharfen Reinigungsgels, Schaumbäder oder ähnliche Produkte, da diese den Zustand verschlimmern können.

(*Siehe auch* **Soormykose**.)

Lungenentzündung

Die Pneumonie oder Lungenentzündung ist eine Infektion der Lunge, bei der sich die Lungenbläschen entzünden und mit Schleim und Eiter anfüllen. Gewöhnlich wird sie durch Bakterien oder Viren verursacht, die über die Atemwege in die Lunge gelangen. Auch chemische Reizstoffe und Allergene können diese Erkrankung verursachen. Manchmal führen andere Infektionen, wie zum Beispiel eine Bronchitis, zu einer Pneumonie; und bei Grippeepidemien steigt die Zahl der an Lungenentzündung Erkrankten rapide an.

Die Krankheitssymptome variieren und können sich verschieden stark äußern. Dazu gehören stechende Schmerzen in der Brust, Schüttelfrost und Fieber, Flachatmigkeit, das Spucken von Blut und ein anhaltender trockener Husten. Die Krankheit kann mit entsprechenden Antibiotika geheilt werden, aber sie kann für anfällige und sehr alte und junge Menschen sehr gefährlich sein. Man sollte auf jeden Fall einen Arzt aufsuchen, und eventuell ist ein Klinikaufenthalt notwendig.

Aromatherapeutische Behandlung

• Die Flüssigkeitszufuhr sollte groß sein. Machen Sie sich Heiltränke aus **Eukalyptus**, **Origano** oder **Thymian** (5 ml [1 TL]), aus **Nelken** oder **Wacholderbeeren** (3 bis 4) oder aus einer **Zimtstange**. Jeweils 1 Minute kochen, 5 bis 7 Minuten ziehen lassen und mit Honig gesüßt trinken.

• Inhalationen können nützlich sein, besonders wenn man dazu Öle der Kiefernfamilie (**Waldkiefer** und **Zypresse**) verwendet. Auch Kiefernnadeln könnten für eine Inhalation verwendet werden.

• Da die Krankheit ansteckend ist, meiden Sie engen Kontakt mit dem Kranken. Schützen Sie Ihre Familie und Freunde, indem Sie im Krankenzimmer und in den anderen Räumen ätherische Öle zerstäuben. Verwenden Sie dazu 2 bis 3 Tropfen **Cajeput**, **Eukalyptus** oder

Teebaum in einer Portion heißem Wasser. Alle paar Stunden wiederholen.

• Umschläge wirken gut bei Lungenproblemen. Bei Lungenentzündung empfiehlt sich ein Senf- oder Leinsamenumschlag (siehe Seite 47ff.) mit je 2 Tropfen **Origano**- und **Senf**öl. 10 Minuten lang einwirken lassen, danach die Brust mit einem Öl aus 15 ml (1 EL) Soja-, 2 Tropfen Weizenkeimöl und 5 Tropfen **Kanadabalsam** und 2 Tropfen **Niaouli** oder je 2 Tropfen **Zedernholz** und **Cajeput** und 3 Tropfen **Eukalyptus** einreiben. Halten Sie die Brust danach warm.

(*Siehe auch* **Tolubalsam**.)

Zusätzliche Behandlung

• Bleiben Sie zu Hause, und meiden Sie Kälte und Feuchtigkeit.
• Bei allen Erkrankungen des Atemapparats ist eine gesunde vernünftige Kost zur Stärkung der Widerstandskräfte notwendig; wichtig sind vor allen Dingen Nahrungsmittel mit viel Vitamin A und B.
• Hohes Fieber führt zu einem Proteinverlust, und da zur Wiederherstellung des Körpergewebes Eiweiß gebraucht wird, sollte man nach einer Lungenentzündung mehr davon zu sich nehmen.
• Ananas hilft ausgezeichnet gegen Kongestionsprobleme.
• Meiden Sie Alkohol, Zigaretten und verrauchte Räume.

(*Siehe auch* **Bronchitis, Brustinfekte, Erkältung, Grippe, Husten** *und* **Probleme mit dem Atemapparat**.)

Mandelentzündung, siehe **Halsentzündung**.

Melanose

Melanose ist eine Braunfärbung der Haut, die überall am Körper auftreten kann. Melanin ist das dunkle, natürliche Pigment, das Haut, Haare und Augen färbt; Melanin verleiht der Haut die schützende Sonnenbräune, und sein Fehlen ist für den Albinismus verantwortlich. Bei der Melanose erscheint die Braunfärbung in Flecken, und dafür können viele Gründe ausschlaggebend sein. Es kann an zuviel Sonneneinstrahlung liegen oder eine Lebererkrankung vorliegen. Da viele Frauen während der Schwangerschaft und in der Zeit der Wechseljahre braune Flecken bekommen, könnte auch ein hormoneller Zusammenhang bestehen. Auch ein Bergamottölgehalt in Kosmetika und Parfüms kann zu braunen Flecken führen.

Aromatherapeutische Behandlung

• Trinken Sie **Petersilien**- und Kerbelheiltränke, da diese Melanoseflecken offensichtlich blasser werden lassen.
• Tupfen Sie diese Heiltränke auf die Flecken auf; Sie könnten auch ätherisches **Zitronen**öl oder Zitronensaft verwenden, die beide eine leicht bleichende Wirkung haben. **Benzoe** ist ebenfalls sehr gut.

Zusätzliche Behandlung

• Um Pigmentstörungen vorzubeugen, benutzen Sie bei starker Sonneneinstrahlung immer eine Sonnenschutzcreme mit hohem Lichtschutzfaktor. Sonnenbaden ist ziemlich ungesund, auch wenn es uns angenehm erscheint; es trägt wesentlich zum vorzeitigen Altern der Haut bei. Vergessen Sie nicht, Ihre Hände vor der Sonne zu schützen.
• Essen Sie Nahrungsmittel, die viel Vitamin A und E enthalten, die gut für die Haut sind.

(*Siehe auch* **alternde Haut, Hautprobleme** *und* **Sonnenbrand**.)

Ausbleiben der Menstruation, siehe **Amenorrhöe.**

Menstruationsbeschwerden, siehe **Dysmenorrhöe** und **prämenstruelles Syndrom.**

Migräne

Eine Migräne ist ein schwerer, immer wiederkehrender Kopfschmerz, eine der am weitesten verbreiteten Krankheiten des Nervensystems. An ihr leiden ganze 5 Prozent der Bevölkerung, darunter mehr Frauen als Männer. Migräne kann erblich bedingt sein. Sie kann mit Sehstörungen und mit Kribbeln oder Taubheit eines Körpergliedes verbunden sein, auf die heftige Kopfschmerzen und Übelkeit folgen. Sie kann stunden- oder tagelang anhalten, und viele Menschen werden sehr durch sie behindert.

Migräne wird durch eine plötzliche Verengung der zum Kopf führenden Arterien verursacht, wobei die Kopfschmerzen eintreten, sobald sich die Blutgefäße wieder erweitern. Sie tritt häufig bei energischen, gestreßten Menschen auf, ist mit der Pille in Verbindung gebracht worden und kann durch einen Unfall oder ein Trauma und durch bestimmte Gerüche oder Nahrungsmittel wie Käse, Schokolade, Weißwein oder Rotwein ausgelöst werden.

Aromatherapeutische Behandlung

• Mutterkraut *(Chrysanthemum parthenium)* ist ein Heilkraut, das kürzlich wegen seiner Wirksamkeit bei der Migränebehandlung wieder zu Ansehen gelangte. Wenn auch von traditioneller medizinischer Seite kaum anerkannt, haben Untersuchungen bewiesen, daß das Essen von täglich 4 Blättern – in einem Sandwich zum Beispiel oder als Salat mit anderen Blättern wie jungem Löwenzahn oder jungen Brennessel – helfen kann, das Auftreten und die Schwere der

Anfälle unter Kontrolle zu bringen. Sie könnten sich auch einen Mutterkrautheiltrank machen.

• Brühen Sie sich einen Tee aus **Basilikum**blättern auf, sobald sich erste Anzeichen bemerkbar machen. Mischen Sie 1 Tropfen Basilikumöl mit 5 ml (1 TL) Sojaöl, und reiben Sie damit Schläfen, Nacken und im Uhrzeigersinn den Solarplexus ein – und entspannen Sie sich einige Minuten lang im Liegen. Wiederholen Sie dies mehrmals, bis die Symptome nachlassen.

• Andere Pflanzen und Öle, die helfen könnten, sind **Kamille**, **Fenchel**, **Lemongrass**, **Majoran**, **Melisse** und **Origano**.

• Auch einige Fischfette sollen gut gegen Migräne sein.

(*Siehe auch* **Kopfschmerzen, Neuralgie** *und* **Übelkeit**.)

Milzbrand, siehe **Anthrax**.

Müdigkeit, siehe **Erschöpfung**.

Mundgeruch

Mundgeruch ist oft ein erstes Anzeichen dafür, daß gesundheitlich etwas nicht stimmt. Er kann durch viele Dinge verursacht werden, unter anderem durch Leberleiden, Verdauungsstörungen, Probleme mit der Lunge und den Atemwegen, Halsinfektionen oder Nebenhöhlenerkrankungen. Viele Zahnärzte sind jedoch der Meinung, Mundgeruch sei hauptsächlich die Folge schlechter Mundpflege und durch die im Mund und Speichel ansässigen Bakterien sowie Karies und Parodontose bedingt. Stellt man plötzlich Mundgeruch fest, sollte mit dem Arzt oder Zahnarzt besprochen werden, ob etwas vorliegt. In den meisten Fällen hilft eine sorgfältige Mundpflege.

Aromatherapeutische Behandlung
• Kauen Sie Kräuter wie **Petersilie**, **Thymian**, **Pfefferminze** oder **Estragon** oder ein Stück **Zimt**stange, ein paar Kaffeebohnen oder **Fenchel**- oder **Anis**samen.
• Für ein Mund- und Gurgelwasser geben Sie 1 Tropfen ätherisches **Myrrhen**öl in eine Tasse lauwarmes, abgekochtes Wasser. Auch **Kamillen-**, **Fenchel-**, **Pfefferminz-** und **Thymian**öl ergeben ein gutes Gurgelwasser.

(*Siehe auch* **Nelke** *und* **Orange**.)

Zusätzliche Behandlung
• In vielen indischen Restaurants wird nach den Mahlzeiten *paan* angeboten. Dies ist eine Samenmischung gegen Mundgeruch, die unter anderem Kardamom, Kümmel und Koriander enthält.

(*Siehe auch* **Parodontose, Probleme mit dem Atemapparat, Verdauungsbeschwerden** *und* **Zahnschmerzen**.)

Muskelschmerzen

Muskelschmerzen können unterschiedliche Gründe haben; sie können bei Grippe, Rheumatismus, Durchfall oder Übelkeit, nach zu langem Stehen oder Sitzen, bei zuviel oder zuwenig Bewegung auftreten. Glauben Sie, den Grund dafür herausgefunden zu haben, sehen Sie unter dem betreffenden Abschnitt zur genaueren Behandlung nach.

Aromatherapeutische Behandlung
• **Wintergrün** ist gut gegen rheumatische Muskelschmerzen. Geben Sie 5 Tropfen davon in ein Bad, und schließen Sie eine Massage mit

einem Öl aus 4 bis 5 Tropfen Wintergrün, 1 bis 2 Tropfen Weizenkeimöl und 10 ml (2 TL) Sojaöl an.
• **Rosmarin** hilft, auf die gleiche Weise verwendet, gegen Muskel-
kater. Gut sind auch **Fenchel**, **Waldkiefer** und **Thymian**.

(*Siehe auch* **Durchfall, Grippe, Rheumatismus** *und* **Rückenschmerzen**.)

Nägel

Finger- und Zehennägel sind aus dem in den Hautzellen enthaltenen
Protein Keratin gebildet, folglich stellen Nägel modifiziertes Haut-
gewebe dar. Wie die Haut können die Nägel von der Aromatherapie
profitieren. Und wie die Haut profitieren sie von einer guten, ausgewogenen Ernährung; Eiweiß und die Vitamine A und E sind besonders wichtig.

Aromatherapeutische Behandlung
• Bei brüchigen Nägeln mischen Sie sich ein Öl aus 10 ml (2 TL)
Leinsamen- oder Walnußöl, 2 Tropfen Weizenkeimöl und 2 Tropfen
eines Harzöls wie **Weihrauch**, **Galbanum** oder **Myrrhe**. Einmal in
der Woche die Nägel damit einreiben. Sie könnten auch eine »Winter«- oder »Sommerkur« machen und die Nägel 2 Monate lang zwei-
bis dreimal in der Woche damit einreiben.

Zusätzliche Behandlung
• Meiden Sie Nagellack und Reinigungsmittel (tragen Sie beim
Abwaschen oder Putzen Gummihandschuhe).

Narben, siehe **Schnittwunden und Schrammen**.

Nervosität, siehe **Streß**.

Neuralgie

Als Neuralgie bezeichnet man den Schmerz, der aufgrund eines gereizten oder gequetschten Nervs empfunden wird. Sie ist eher ein Symptom als eine Krankheit. Jede Entzündung oder Infektion kann sie hervorrufen, und sehr häufig geschieht dies bei Gürtelrosen (oder Herpes zoster); weitere Ursachen sind Knochenbrüche oder verschobene Bandscheiben, die auf Nerven drücken. Neuralgien können durch Kopfschmerzen, Zahnschmerzen oder eine Nebenhöhlenentzündung ausgelöst werden. Eine Gesichtsneuralgie kann aber zum Beispiel oft auch einfach durch einen kalten Luftzug beim Spazierengehen ausgelöst werden. Ischias und Migräne sind Neuralgieformen. Gesichtsneuralgien lassen sich mit aromatherapeutischen Mitteln erfolgreich behandeln.

Aromatherapeutische Behandlung
• Mischen Sie sich für die betreffenden Stellen ein Massageöl aus 5 ml (1 TL) Traubenkernöl, 2 Tropfen Weizenkeimöl und 3 Tropfen **Senf**- oder **Pfeffer**öl.
• Machen Sie eine Inhalation mit 1 Tropfen **Eukalyptus**, **Niaouli** oder **Teebaum**.
• Machen Sie einen Leinsamenumschlag (siehe Seite 48) mit einem der obengenannten Öle als Zusatz. Achten Sie darauf, daß der Umschlag für das Gesicht nicht zu heiß ist.

(*Siehe auch* **Kamille, Koriander** *und* **Origano**.)

Zusätzliche Behandlung
• Halten Sie den betreffenden Nerv bzw. die empfindliche Nervengruppe warm, wenn Sie bei kaltem Wetter nach draußen gehen. Tragen Sie einen Schal und, besonders bei dünnem Haar, eine Kopfbedeckung.

• Auch ein Hut oder Stirnband können eine Gesichtsneuralgie verursachen, wenn sie zu eng sitzen.

(*Siehe auch* **Ischias, Kopfschmerzen, Migräne, Sinuitis** *und* **Zahnschmerzen**.)

Ödem

Von einem Ödem spricht man, wenn vom Körper überschüssige
Flüssigkeit zurückgehalten wird, die Gewebeschwellungen bzw.
Aufgedunsenheit verursacht. Normalerweise sind davon Hände, Füße und Augenpartien betroffen, aber es kann in jedem Körperteil
auftreten. Früher sagte man Wassersucht dazu.
Es gibt viele verschieden Ursachen für ein Ödem, am gefährlichsten
ist eine Nierenkrankheit. Schwangerschaft, Pille, prämenstruelles
Syndrom, allergische Reaktionen (zum Beispiel auf einen Insekten-
stich), zu langes Stehen oder Sitzen und Verletzungen können alle
den Körper veranlassen, Flüssigkeit anzustauen. Am häufigsten sind
die Knöchel betroffen, wo sich die Flüssigkeit durch die Schwerkraft
ansammelt.

Aromatherapeutische Behandlung
• Tritt die Aufgedunsenheit im Gesicht auf, tragen Sie Hamameliswasser auf, das mit derselben Menge Mineralwasser verdünnt wurde.
Machen Sie einen Kräuteraufguß, indem Sie 1 EL **Kamille**, Kerbel,
Petersilie oder **Rosenblätter** mit 600 ml kochendem Wasser aufgießen. 7 Minuten ziehen lassen, abgießen und nach dem Erkalten für
Gesichtskompressen verwenden. Die Kompressen stündlich wiederholen.
• Sind die Augenlider aufgeschwollen, lassen Sie die Kompressen
10 bis 15 Minuten auf den Augen liegen. Am meisten eignen sich
hierfür Kerbel und **Petersilie**.

• Oft helfen warme Bäder, die ein paar Tropfen **Zitrone**, **Mandarine**, **Neroli**, **Orange** oder **Petitgrain** enthalten. Bäder und Duschen sollten immer warm, niemals heiß sein.

• Machen Sie eine kräftige Fußmassage mit einem Öl aus 15 ml (1 EL) Traubenkern- oder Sojaöl und 2 bis 3 Tropfen **Zypresse** oder **Rosmarin**.

• Massieren Sie die Beine mit einem Öl aus 50 ml Soja- und 5 Tropfen Weizenkeimöl und je 6 Tropfen **Zypresse** und **Zitrone**.

• Reiben Sie Handrücken, Fußsohlen, Bauch und Solarplexus morgens und abends mit einem Öl ein, das dieselbe Soja-Weizenkeim-Basis hat wie oben und 8 bis 12 Tropfen **Spik**, **Basilikum**, **Zedernholz**, **Zypresse**, **Lavendel** oder **Wintergrün** enthält.

(*Siehe auch* **Thymian**.)

Zusätzliche Behandlung

• Eine gesunde Ernährung, die reich an B-Vitaminen ist, besonders an Vitamin B_1, kann helfen. Diese sind in Vollkorngetreide, Innereien, Eiern, Gemüse, Nüssen, Zwiebeln und Knoblauch enthalten. Gut sind ebenfalls Petersilie, Estragon, Lauch, Sellerie, Knollensellerie und Wacholderbeeren.

• Vitamin C hat eine leicht diuretische (harntreibende) Wirkung, vergrößern Sie also den Anteil an Vitamin-C-reichen Früchten in Ihrer Ernährung.

• Eine Brunnenkressesuppe wirkt besonders bei prämenstrueller Wasseransammlung Wunder.

• Viele Weine helfen gegen Wasseransammlung. Marguérite Maury empfiehlt Chablis, Muscadet, Silvaner, Pouilly Fuissé und Sancerre wegen ihrer diuretischen Wirkung.

• Trinken Sie zwischen den Mahlzeiten und nicht während des Essens.

• Sind die Knöchel geschwollen, meiden Sie zu heiße Bäder und hohe Schuhe, Socken oder Nylonstrümpfe. Stellen Sie das Fußende des Bettes höher als das Kopfende – oder legen Sie ein Kissen unter die Knie. Dies nutzt besonders, wenn zu langes Stehen für die Schwellung verantwortlich ist.

• Bewegen Sie sich viel, um einer Wasseransammlung vorzubeugen.

(*Siehe auch* **Bursitis, Jetlag** *und* **prämenstruelles Syndrom**.)

Ohrenschmerzen

Das Ohr ist ein sehr empfindliches Organ und kann eine Reihe von Beschwerden verursachen. Ohrenschmerzen kommen besonders häufig bei kleinen Kindern vor und sind normalerweise auf eine Infektion des Nasen-Rachen-Raumes zurückzuführen, treten also meist während oder nach einer Erkältung, Grippe oder anderen Infektion wie einer Sinuitis auf. Oft gehen sie auch mit Fieberigkeit und partiellem Gehörverlust einher. Ohrenschmerzen können auch auf Karies, das Zahnen eines Babys oder auf einen Abszeß oder Furunkel im Gehörgang zurückzuführen sein. Sie könnten den Beginn vom Mumps signalisieren, der bei einem Erwachsenen gefährlich werden kann. Bei starken Schmerzen und bei steifem Nacken und erhöhter Temperatur sollte unbedingt ein Arzt aufgesucht werden.

Aromatherapeutische Behandlung

• Sind Sie der Meinung, die Ohrenschmerzen seien von einer Halsentzündung verursacht, gurgeln Sie mit einem Glas abgekochtem Wasser, das 2 Tropfen **Teebaum**öl enthält. Wiederholen Sie dies alle 2 Stunden. Auch Zitronenwässer können helfen.

• Tauchen Sie etwas Watte in warmes Mandelöl, und geben Sie sie vorsichtig in das schmerzende Ohr. Sie könnten dazu aber auch einen Tropfen warmen **Kamillen**- oder **Ringelblumen**tee verwenden.

• Mischen Sie 1 Tropfen **Nelken**öl mit 5 ml (1 TL) Soja- oder Traubenkernöl, und reiben Sie damit den Nacken-Ohren-Bereich ein.

(*Siehe auch* **Majoran**.)

Zusätzliche Behandlung

• Am wichtigsten ist Wärme, und man kann zum Beispiel eine eingewickelte Wärmflasche gegen das schmerzende Ohr halten. Wenn Sie außer Haus gehen, schützen Sie Kopf und Ohren gut, weil ein Luftzug Ohrenschmerzen verursachen und verschlimmern kann.
• Glauben Sie, daß Zahnprobleme die Ursache sein könnten – und selbst schlechtsitzende Prothesen oder eine falsche Lage des Kiefers können Ohren- und Kopfschmerzen verursachen –, gehen Sie zum Zahnarzt. Versuchen Sie möglichst nur auf der dem Schmerz entgegengesetzten Seite zu kauen, und ist der Schmerz zu groß, verflüssigen Sie die Nahrung zuerst.

(*Siehe auch* **Erkältungen, Grippe, Sinuitis, Zahnschmerzen** *und* **Zahnungsschmerzen**.)

Parodontose

Parodontose kommt häufiger vor als die normale Erkältung und ist bei Menschen über 25 Jahren die Hauptursache des Zahnausfalls. Sie ist gefährlicher als Karies, da sie das Fundament der Zähne selbst bedroht, die Knochen, in denen die Zähne stecken. Das Zahnfleisch liegt als Schutzmantel zwischen Zahn und Knochen und verhindert, daß Infektionen zum Knochen vordringen. Liegt es nicht mehr fest am Zahn an, ist das ein Zeichen von Parodontose.

Hauptfaktor der Parodontose ist die Plaque, der Zahnbelag, der von den Bakterien im Mund gebildet wird. Er ist zunächst weich und

produziert Säure, die sich in das weiche Zahnfleischgewebe und in
den harten Schmelz und weitere Schichten des Zahns hineinfressen
kann. Plaque kann innerhalb von 24 Stunden zu Gingivitis oder
Zahnfleischentzündung führen, die den Beginn von Parodontose
markiert. Wird die Plaque nicht regelmäßig weggebürstet, kann sie
sich zu Zahnstein verhärten; dieser greift ebenfalls das Zahnfleisch
an und führt zu Parodontose; und hat sich einmal Zahnstein gebildet,
kann er nur vom Zahnarzt entfernt werden.

Zahnfleischbluten ist das erste Anzeichen von Parodontose, und tritt
es beim Zähneputzen auf, sollte dies dem Zahnarzt mitgeteilt werden.
Rotes, geschwollenes oder empfindliches Zahnfleisch, Zahnfleisch-
schwund, Mundgeruch und Schmerzen sind Zeichen einer fortge-
schrittenen Parodontose. Wird diese nicht behandelt, lockern sich
schließlich die Zähne und fallen aus.

Obwohl Parodontose hauptsächlich durch mangelhafte Zahnpflege
verursacht wird, können auch pubertierende Kinder, Schwangere
oder Frauen in den Wechseljahren (es besteht ein hormoneller Zusammenhang) sowie Frauen, die die Antibabypille nehmen, und
Raucher daran leiden. Manche Krankheiten (Diabetes zum Beispiel)
und Blutkrankheiten können ebenfalls das Zahnfleisch angreifen.

Aromatherapeutische Behandlung

• Mischen Sie 1 Tropfen **Nelken**öl und 2 Tropfen **Thymian** mit 75 ml
lauwarmem, abgekochtem Wasser. Reiben Sie damit das Zahnfleisch, entweder mit einem sauberen Zeigefinger oder einem Wattebausch, vorsichtig ein.

• Mischen Sie 2 Tropfen **Nelken**öl und 1 Tropfen **Muskatellersalbei** oder **Thymian** mit 300 ml lauwarmem, abgekochtem Wasser.
Gurgeln Sie damit.

• Kauen Sie täglich langsam ein wenig frischen **Estragon**, **Thymian**, **Salbei** oder frische **Pfefferminze**.

(*Siehe auch* **Majoran, Meerrettich, Myrrhe** *und* **Pfefferminze**.)

Zusätzliche Behandlung

• Eine gute Mundpflege – regelmäßiges, richtiges Zähneputzen und Zahnarztbesuche – und eine gute Ernährung sind für eine Parodontoseverhütung am wichtigsten. Die Bakterien im Mund lieben Zucker über alles, durch den sie mehr zerstörerische Säure produzieren können, deshalb sollte Zucker in jeder Form gemieden werden.

• Vitamin C sorgt für eine gesunde Haut und ein gesundes Zahnfleisch im besonderen. Zahnfleischbluten ist eines der Hauptsymptome bei Skorbut, und hier können Vitamin-C-reiche Zitronen Abhilfe schaffen.

(*Siehe auch* **Zahnschmerzen**.)

Pedikulose

»Pedikulose« ist der medizinische Ausdruck für eine Verlausung des Kopfes oder des Körpers. Es gibt drei Läusearten, die den Menschen befallen können: Kleiderläuse, Kopfläuse (deren Eier als Nissen bekannt sind) und Filzläuse. Sie alle saugen Blut aus der Haut; die Bisse beginnen zu jucken, und wie beim Impetigo kann es durch Kratzen zu Infektionen kommen. Übertragen werden Kopf- und Körperläuse durch engen körperlichen Kontakt (Nissen verbreiten sich zum Beispiel in Schuhen wie ein Lauffeuer) und Filzläuse durch Geschlechtsverkehr.

Aromatherapeutische Behandlung

• Bei Kopfläusen (Pediculus humanus capitis) hilft eine Alkoholeinreibung. Mischen Sie unter ein kleines Wasserglas Wodka 10 Tropfen eines geeigneten ätherischen Öls; am besten sind **Geranie**, **Wacholder** oder **Lavendel**. Abends in die Kopfhaut einmassieren und am nächsten Morgen herauswaschen. Kämmen Sie sich mit einem speziellen Läusekamm, und wiederholen Sie die Behandlung nötigenfalls.

• Kleiderläuse (Pediculus humani corporis) können über Matratzen und durch engen Kontakt mit Menschen und/oder Tieren aufgefangen werden. Reiben Sie zunächst den ganzen Körper mit purem **Lavendel**öl ein, und machen Sie dann jeden Tag eine Einreibung aus 20 ml (4 TL) Wodka und 10 Tropfen **Lavendel**, **Spik** oder **Wacholder**, bis Besserung eintritt. Wechseln Sie Bettzeug und Kleider, und waschen Sie diese gründlich. Reiben Sie die Matratze mit ätherischem Öl ein, und schützen Sie diese (und sich) mit einem dicken, chemisch gereinigten Bettuch. Katzen- oder Hundeflöhe können wie Krätze behandelt werden.

• Um Filzläuse (Phthirius pubis) loszuwerden, schneiden Sie die Haare sehr kurz, und reiben Sie sie mit purem Lavendelöl ein. Geben Sie sehr acht, daß es nur äußerliche Anwendung findet. Baden Sie oft, und tragen Sie stets frische Unterwäsche.

• Um das Brennen und Jucken der Bisse zu lindern, verwenden Sie eine gute Cold Cream, in die Sie 2 Tropfen von einem der obengenannten Öle mischen.

(*Siehe auch* **Lorbeer; Krätze.**)

Prämenstruelles Syndrom

Viele Frauen leiden einige Tage vor Eintritt ihrer Periode an verschiedenen körperlichen und seelischen Unstimmigkeiten: geschwollenen Knöcheln und Händen, Völlegefühl, Brustschmerzen, Gewichtzunahme, Verstopfung, fettiger Haut, fettigem Haar, Schlaflosigkeit, Kopfschmerzen und Stimmungsumschwüngen. Es ist noch unklar, welche hormonalen Störungen für diese Symptome tatsächlich verantwortlich sind, aber die Wissenschaftler vermuten heute, daß das Problem an einer Unausgewogenheit zwischen den Hormonen Östrogen und Progesteron liegt. Möglicherweise bleibt in der Woche vor der Periode der Östrogenspiegel im Blut ungewöhnlich hoch, während der Progesteronspiegel zu stark sinkt, so daß es zu einer mangelhaften Zusammenarbeit zwischen beiden Hormonen kommt.

Die Ausschüttung dieser beiden Ovarialhormone wird von der Hypophyse reguliert, so daß auch hier eine Störung für das Ungleichgewicht sorgen könnte. Die Hypophyse wird wiederum vom Hypothalamus beeinflußt, und dieses Kontrollzentrum reagiert auch auf Streß und andere seelische Erregungen. Dies hilft erklären, weshalb sich das prämenstruelle Syndrom von Monat zu Monat verschieden stark äußern kann.

Aromatherapeutische Behandlung

• Trinken Sie viel Kräutertee. Sehr geeignet sind **Ringelblume**, **Pfefferminze** und **Petersilie** sowie **Kamille**, gemischt mit **Orangen**blüten.

• Würzen Sie beim Kochen mit **Salbei**, **Basilikum** und **Thymian**, da diese das Essen verdaulicher machen. Verdauungsstörungen sind ein häufiges Problem vor den Tagen.

• Nehmen Sie zweimal täglich ein warmes Bad, und geben Sie 6 Tropfen **Petersilie** und 2 Tropfen **Neroli** oder 4 Tropfen **Waldkiefer**, 2 Tropfen **Petersilie** und 3 Tropfen **Neroli** dazu. Ruhen Sie sich danach 10 Minuten lang in einem abgedunkelten Zimmer aus, und legen Sie ein Kissen unter die Knie.

• Mischen Sie ein Öl aus 25 ml Sojaöl, 4 Tropfen **Petersilie** und 3 Tropfen **Neroli**. Reiben Sie Bauch, Lenden und Nacken damit ein.

(*Siehe auch* **Estragon, Kardamom, Melisse, Rose, Tolubalsam** *und* **Zitrone**.)

Zusätzliche Behandlung

• Wer an einem prämenstruellen Syndrom leidet, sollte regelmäßig kleine Mahlzeiten zu sich nehmen und Nahrungsmittel bevorzugen, die viele B-Vitamine, besonders Vitamin B6, enthalten. Vollkorngetreide, Fleisch und Kleie enthalten viel Vitamin B6. Regelmäßige Mahlzeiten sind wichtig, weil dadurch der Blutzuckerspiegel konstant bleibt und so Gelüste auf Unzuträgliches, zum Beispiel auf Kaffee, in Grenzen gehalten werden. Essen Sie früh zu Abend, um Schlaflosigkeit zu vermeiden.

• Meiden Sie Tee, Kaffee und Alkohol, und nehmen Sie zu keinen Diuretika (harntreibenden Mitteln) Zuflucht, um einer durch Wasseransammlung bedingten Gewichtszunahme entgegenzuwirken. Dies würde den Verlust von Kalium und anderen wichtigen Mineralien durch den Urin zur Folge haben und zu noch größerer Depression und Müdigkeit führen.

• Das Mineral Magnesium ist sehr wichtig, da es eine beruhigende Wirkung hat. Es ist reichlich vorhanden in Nüssen, getrockneten Früchten, Vollkorngetreide, dunkelgrünen Gemüsen und Meeresfrüchten.

• Nachtkerzenöl kann helfen.

• Treiben Sie viel leichten Sport.

(*Siehe auch* **Kopfschmerzen, Ödem, Schlaflosigkeit, Verdauungsbeschwerden, Verstopfung** *und* **Zyklusstörungen**.)

Rheumatismus

Rheumatismus ist der allgemeine Ausdruck für Entzündungen und Schmerzen, die das Bindegewebe, Bänder, Sehnen und Muskeln betreffen, die ein Gelenk umgeben und mit ihm verbunden sind. Es ist ein Begriff, der häufiger von Laien gebraucht wird als in der

Medizin, und umfaßt viele andere bekannte Krankheiten wie zum Beispiel Arthritis, Bursitis und Bindegewebsentzündung.

Aromatherapeutische Behandlung

• Reiben Sie die betroffenen Stellen mit einem Öl aus 2 Tropfen **Cajeput** und 10 ml (2 TL) Sojaöl ein; gut ist auch 1 Tropfen **Waldkiefer** mit 1 Tropfen **Zitrone** oder **Wacholder** auf dieselbe Menge Basisöl.

• In einem alten Heilpflanzenbuch wird ein **Rosmarin**umschlag gegen Rheumatismus empfohlen. Mischen Sie 10 Tropfen Rosmarinöl unter 100 g Leinsamen. Auf die entzündete Stelle auftragen und den Umschlag mit einem Handtuch abdecken, um die Hitze so lange wie möglich zu halten. 10 Minuten einwirken lassen. Zweimal täglich einige Tage hintereinander wiederholen, bis Besserung eintritt, dann einmal täglich fortsetzen.

(*Siehe auch* **Angelika, Citronella, Elemi, Eukalyptus, Ingwer, Kanadabalsam, Karotten, Koriander, Lavendel, Liebstöckel, Lorbeer, Meerrettich, Nelken, Origano, Petersilie, Pfeffer, Piment, Salbei, Senf, Thymian, Tolubalsam** *und* **Wintergrün**.)

Zusätzliche Behandlung

• Die Ernährung kann zu Rheumaproblemen beitragen, besonders wenn sie zuwenig Kalzium und Magnesium enthält. Diese Mineralien werden zur Bildung der Gelenkschmiere benötigt, die die Gelenke ölt. Zu den kalziumreichen Nahrungsmitteln zählen Milch und Milchprodukte, grüne Blattgemüse, Nüsse, Samen und Hülsenfrüchte; zu den magnesiumreichen Lebensmitteln Nüsse, Vollkorngetreide, dunkelgrüne Gemüse und Meeresfrüchte.

• Oft sind Wärme, warme Kleidung und Bettruhe notwendig.

(*Siehe auch* **Arthritis, Bursitis, Hexenschuß, Ischias, Rückenschmerzen** *und* **steife Gelenke**.)

Rückenschmerzen

Rückenschmerzen können die unterschiedlichsten Ursachen haben. Deshalb muß vor jeder Behandlung herausgefunden werden, um welche Art von Rückenschmerzen es sich handelt. Im Falle plötzlich auftretender Schmerzen, wie beim Hexenschuß, kann eine unglückliche Bewegung oder das Heben eines schweren Gegenstandes die Ursache sein; oder langes Stehen kann zu einer Überbelastung führen, die sich schmerzhaft bemerkbar macht. Das Körpergleichgewicht kann durch hohe Absätze genauso verschoben werden wie durch den Bauch in der Schwangerschaft. Auch durch Plattfüße oder einen leichten Längenunterschied der Beine kann es zu einer Verschiebung kommen; der Ausgleich solcher Verschiebungen belastet den Rücken ungewöhnlich stark.

Gelegentlich kann eine Infektion, wie Grippe, zu Rückenschmerzen führen, da sie die Glieder oder größeren Muskel reizen kann.

Aromatherapeutische Behandlung

• Nehmen Sie heiße oder warme Bäder mit ätherischen Ölen als Zusatz: geeignet sind **Spik**, **Wacholder**, **Lavendel**, **Muskat**, **Pfeffer**, **Waldkiefer** oder **Rosmarin**.

• Legen Sie sich nach dem Bad auf das Bett oder den Teppichboden, und massieren Sie die Schmerzgegend – oder lassen Sie sich von jemandem massieren. Legen Sie zur Entlastung des Rückens ein flaches Kissen unter den Bauch. Verwenden Sie 5 Tropfen von einem der obengenannten Öle in 10 ml (2 TL) Soja- oder Traubenkernöl.

• Sie könnten auch einen Waschlappen mit frischen **Kiefern**nadeln, **Rosmarin** oder **Lavendel** füllen, in kochendes Wasser eintunken und auf den Rücken legen.

• Ein Umschlag (siehe Seite 47ff.) mit einem der obengenannten Öle kann zu einer raschen Besserung der Schmerzen führen.

• Durch Rückenschmerzen gehen nicht nur die meisten Arbeitstage

im Jahr verloren, sondern oft sind sie auch für Streß und Abgespanntheit wesentlich mitverantwortlich. Geben Sie ein paar Tropfen eines
beruhigenden Öls – **Mandarine**, **Neroli**, **Petitgrain**, **Rosmarin** oder
Thymian – auf etwas Watte, und legen Sie diese auf eine Lampe
oder Heizung in Ihrer Nähe.

Zusätzliche Behandlung

• Steht einmal die Ursache fest, handeln Sie entsprechend. Vielleicht
ist eine neue Matratze notwendig, die guten Halt bietet.
• Mäßige Bewegung, wie Schwimmen, und Dehnübungen helfen
gegen Rückenschmerzen. Oft können schwache Bauchmuskeln zu
Rückenbeschwerden beitragen.

(*Siehe auch* **Bursitis, Hexenschuß, Ischias, Muskelschmerzen,
Rheumatismus** *und* **Streß**.)

Schlaflosigkeit

Schlaflosigkeit kann während einer Krankheit auftreten (obwohl der
Körper normalerweise zur Förderung der Selbstheilungskräfte für
Schlaf sorgt), aber meistens ist sie eine Begleiterscheinung von
Kummer und Streß. Auch körperliche Vorgänge wie prämenstruelle
Symptome oder die Wechseljahre können Schlaflosigkeit verursachen. Ältere Menschen leiden ebenfalls oft an Schlaflosigkeit, wenn
man auch im zunehmenden Alter immer weniger Schlaf braucht.
Sehr oft lassen sich Ursachen der Schlaflosigkeit leicht beheben, wie
Bewegungsmangel, zu viele Reizmittel wie Alkohol und Zigaretten
oder zu spätes Essen am Abend. Chemische Hilfen wie Beruhigungsmittel oder Schlaftabletten sind keine Lösung. Viele von ihnen
machen abhängig, und sie können Beklemmungen verursachen, also
sollten sie am besten gemieden werden. Zwar können die milderen

Hypnotika schnellen Schlaf bringen, und die stärkeren Narkotika führen diesen wahrscheinlich sicher herbei, aber es ist erschreckend, in welcher Geschwindigkeit sie süchtig machen, und dies kann sehr gefährlich sein.

Aromatherapeutische Behandlung

• **Lavendel** ist ein mildes Narkotikum, das bei geistiger und körperlicher Anspannung empfehlenswert ist. Trinken Sie ihn als Tee, gießen Sie dazu 5 bis 10 g wie unten angegeben auf. Sie könnten auch ein Lavendelduftkissen neben das Kopfkissen oder vielleicht in den Kissenbezug legen. Legen Sie ein paar Lavendelduftsäckchen in den Schrank, in dem Sie Ihre Bettwäsche aufbewahren, und geben Sie 10 Tropfen ätherisches Lavendelöl in den Weichspüler für die Bettwäsche.

• Nehmen Sie eine halbe Stunde vor dem Zubettgehen ein warmes Bad mit ätherischem Öl. Verwenden Sie **Lavendel**, **Neroli** oder **Petitgrain**. Atmen Sie die Düfte ein, und entspannen Sie sich für 10 Minuten in dem Wasser, dann abtrocknen und direkt ins Bett gehen.

• Eine Massage mit ätherischem Öl – 2 Tropfen **Neroli**, **Lavendel**, **Basilikum**, **Melisse** oder **Petitgrain**, gemischt mit 10 ml (2 TL) eines Trägeröls – kann sehr hilfreich sein. Die Massage sollte mild und entspannend sein.

• Verzichten Sie nach 17 Uhr auf Reizmittel wie Tee, Kaffee, Zigaretten, Alkohol oder Colagetränke. Ersetzen Sie diese durch Kräutertees. Manche wirken beruhigend wie Lindenblütentee, der sich besonders für alle diejenigen empfiehlt, die an einem emotionalen Schock oder Trauma leiden. Gießen Sie eine Handvoll getrockneter Lindenblüten mit 1 l kochendem Wasser auf, und trinken Sie 1 Stunde vor dem Zubettgehen 2 große Tassen davon, eventuell mit Honig gesüßt. Auch Passionsblume ist ein natürliches Sedativum und gegen nervöse Depressionen und geistige Erschöpfung hilfreich. Gießen Sie 30 g wie oben auf.

(*Siehe auch* **Majoran, Mandarine, Rose** *und* **Zitrone**.)

Zusätzliche Behandlung

• Schlaflosigkeit kann daran liegen, daß man in einem zu warmem oder zu kaltem Zimmer oder Bett oder bei ungenügender Luftzufuhr einzuschlafen versucht. Drehen Sie den Heizkörper während der Nacht ab (außer es ist sehr kalt); tragen Sie Baumwolle oder Leinen, und benutzen Sie Baumwoll- oder Leinenbettwäsche, und öffnen Sie tagsüber oder zumindest eine halbe Stunde vor dem Zubettgehen die Schlafzimmerfenster, um frische Luft hereinzulassen.

• Essen Sie früh zu Abend; gestalten Sie das Abendessen sehr leicht, und machen Sie das Frühstück zur wichtigsten Mahlzeit des Tages. Am besten sind Salate, frisches Gemüse und Obst. Mandarinenorangen enthalten eine Substanz, die auf das Nervensystem einwirkt. Gartenlattich ist auch ein natürliches Schlafmittel, er beruhigt die Nerven, ist gut gegen Herzklopfen in den Wechseljahren, gegen prämenstruelle Spannungen und gegen nervöse Störungen aller Art. Essen Sie ihn in Suppen, gedünstet als Gemüse, roh in Salaten, und machen Sie aus ihm Heiltränke: Gießen Sie 50 g Gartenlattich mit 1 l kochendem Wasser auf, 10 Minuten ziehen lassen, dann 1 Stunde vor dem Zubettgehen 2 große, mit einem kleinen Löffel Honig gesüßte Tassen davon trinken.

• Bewegung ist wichtig. Bemühen Sie sich, jeden Tag 1 Stunde lang zu wandern, und machen Sie nach dem Abendessen einen Spaziergang. Machen Sie ein paar leichte Dehnungsübungen – Yoga ist besonders gut –, die die Verspannungen des Tages lösen helfen. Und machen Sie ein paar Entspannungsübungen, wenn Sie im Bett liegen und das Gefühl haben, nicht einschlafen zu können. Pressen Sie der Reihe nach Kopf, Schultern, Rücken, Arme, Gesäß, Beine gegen die Matratze, und lockern Sie sich wieder. Strecken Sie Ihre Arme, Finger, Beine und Zehen, so weit Sie können, und entspannen Sie sich wieder. Ziehen Sie Ihre Schulter gegen Ihre Füße, so daß der Hals entlastet wird, und entspannen Sie sich wieder. Fühlen Sie, wie Ihr Gewicht auf die Matratze übergeht und sich Ihre Muskeln langsam entspannen.

(*Siehe auch* **Klimakterium** *und* **Streß**.)

Schnittwunden und Schrammen

Die meisten Schnittwunden und Schrammen bedürfen keiner ärztlichen Behandlung, es sei denn, sie entzünden sich oder wurden durch einen dreckigen oder rostigen Gegenstand verursacht (was eine Tetanusspritze notwendig machen könnte). Ist die Wunde tief und der Blutverlust groß, sollte selbstverständlich ein Arzt aufgesucht werden.

Die Haut kann sich erstaunlich gut selbst regenerieren. Es werden Gerinnungsfaktoren im Blut aktiv, die die Wunde in etwa zwei Stunden schließen und zur Bildung eines Grindes führen. In den meisten Fällen bleibt keine Narbe zurück.

Ätherische Öle können beträchtlich zur Sterilisierung von Wunden beitragen und die Infektionsgefahr verringern. Sie regen die Neubildung von Hautzellen an und beschleunigen die Wundheilung. Die meisten ätherischen Öle haben antibakterielle Eigenschaften, so daß bei kleinen Wunden eigentlich jedes Öl angewendet werden kann.

Wenn Sie sich im Freien in den Finger stechen oder anderswo am Körper schneiden, denken Sie daran, daß das Chlorophyll von grünen Blättern als natürliches Antiseptikum wirken kann. Daß Sauerampferblätter Brennesselwunden lindern, ist bekannt, doch auch eine Wunde hört zu bluten auf und wird vor einer Infektion geschützt, wenn Sie sofort zerquetschte Kräuterblätter auflegen. Verwenden Sie dazu **Lorbeer**blätter, **Majoran**, **Petersilie**, **Rosmarin** oder **Thymian**. Besonders gut hilft **Ysop**.

(*Siehe auch* **Akne, Anthrax, Follikulitis, Probleme mit der Haut** *und* **Zahnabszesse**.)

Aromatherapeutische Behandlung

• Waschen Sie die Schnittwunde sorgfältig aus, und verwenden Sie beim Abtupfen laufend neue Wattebäusche. Ein Tropfen **Eukalyp-**

tus-, **Geranien**-, **Muskatellersalbei**- oder **Teebaum**öl im Wasser reinigt und vermindert die Infektionsgefahr.

• Auch abgekochtes Wasser, mit Meersalz und einem Tropfen von einem der obengenannten Öle, ist zum Auswaschen gut geeignet. Verbinden Sie die Wunde gut. Ist die Wunde ziemlich tief, wechseln Sie den Verband alle 2 Stunden, und tupfen Sie die Wunde jedesmal mit einem in das Wasser getauchten Wattebausch ab.

• Auch Zitronensaft ist zum Sterilisieren von Wunden geeignet. Aber er brennt!

• Haben Sie kein ätherisches Öl zur Hand, können viele grüne Blätter mit ihrem Chlorophyllgehalt kleine Wunden sterilisieren helfen. Zum Beispiel sind Umschläge aus frischem **Ysop** oder **Rosmarin** zur Reinigung und Heilung gut.

• **Kamille**, **Eukalyptus**, **Geranie**, **Lavendel** oder **Palmarosa** beschleunigen den Heilungsprozeß, und die Eigenschaften von **Kamille**, **Geranie** und **Pfeffer** fördern die Narbenbildung. Alle Öle können Operationsnarben oder genähte Wunden im späteren Stadium günstig beeinflussen, und für das Gesicht ist **Rose** besonders geeignet.

• Bildet sich ein Grind, lassen Sie ihn trocknen, und kratzen Sie ihn niemals ab. Reinigen Sie den Grind zweimal am Tag. **Ringelblume** ist besonders gut, obwohl das Öl schwierig zu bekommen ist; ein Blütenaufguß wäre eine ausgezeichnete Alternative. Ein paar Tropfen eines sehr starken Aufgusses, unter etwas Cold Cream gemischt, fördert die Verheilung und verhindert, daß Narben zurückbleiben.

(*Siehe auch* **Benzoe, Galbanum** *und* **Salbei**.)

Schnupfen, siehe **Erkältung** und **Heuschnupfen**.

Schuppen

Schuppen sind ein weitverbreitetes Problem und kommen dadurch zustande, daß sich die abgestorbene Kopfhaut in Schuppen ablöst. Dies wiederum liegt an den Talgdrüsen der Kopfhaut, und diejenigen mit fettiger Haut oder Akne, also mit *überaktiven* Talgdrüsen, sind für Schuppen besonders anfällig. Häufig hängt der Zustand, so wie Alopezie, mit emotionalen Erschütterungen, hormonellen Schwankungen, schlechten Eßgewohnheiten und dem übermäßigen Gebrauch chemischer Haarpflegemittel oder einer diesbezüglichen Allergie zusammen.

Aromatherapeutische Öle sind bei der Behandlung einer Reihe von Haarproblemen sehr wirksam, und einige helfen besonders gut gegen Schuppen.

Aromatherapeutische Behandlung

• Mischen Sie 2 Tropfen **Patchouli** mit 10 ml (2 TL) Traubenkern- oder Sojaöl, und massieren Sie dies 2 Stunden vor der Haarwäsche ins Haar, oder lassen Sie es über Nacht einwirken.

• Gießen Sie einen sehr starken Kräutertee aus frischem oder getrocknetem **Thymian** oder **Rosmarin** auf, und lassen Sie ihn 10 Minuten ziehen. Reiben Sie den abgekühlten, geseihten Tee in die Kopfhaut ein. Tun Sie dies zwischen den Haarwäschen. Sie könnten auch den Saft einer viertel Zitrone unter den Tee mischen; Zitrone ist adstringierend und hilft die übermäßige Talgproduktion verringern, die für die Schuppen mitverantwortlich ist.

• Liegt das Problem an der übermäßigen Trockenheit der Kopfhaut und Haare, reiben Sie die Kopfhaut mit Kokosnußöl ein. Dieses ist nicht zu fettig und wäscht sich leicht heraus. Es hat kristalline Form und muß vor dem Gebrauch erwärmt werden – auf der Heizung oder unter warmem Wasser –, damit es flüssig wird. Entnehmen Sie 10 ml (2 TL), und geben Sie nach dem Einschmelzen je 1 Tropfen **Kamil-**

len- und **Zitronen**öl für blondes Haar und je 1 Tropfen **Patchouli**
und **Ylang-Ylang** für dunkles Haar dazu. 5 Minuten lang in die
Kopfhaut einmassieren, dann ein warmes Handtuch herumwickeln
und 20 Minuten einwirken lassen. Herauswaschen. Sie könnten eine
Kapsel Nachtkerzenöl zu der Mischung dazugeben; es enthält Vitamin E.

(*Siehe auch* **Muskatellersalbei** *und* **Zedernholz**.)

Zusätzliche Behandlung
• Shampoos, die zu scharf sind, können Schuppen verursachen.
Wenn Sie also zu Schuppen neigen, wählen Sie sehr milde Sorten
»für die tägliche Haarwäsche«, und spülen Sie das Haar gründlich
nach.
• Das Problem kann auch durch die Trockenhaube oder durch Föhnen verursacht sein. Lassen Sie Ihr Haar, wenn möglich, lufttrock-
nen.

(*Siehe auch* **Alopezie, Haarprobleme, Klimakterium, prämenstruelles Syndrom** *und* **Streß**.)

Schuppenflechte

Schuppenflechte (Psoriasis) ist eine häufig auftretende Hautkrankheit, bei der sich die Haut fleckenweise rötet, austrocknet und sich
schuppt. Diese Flecken können überall am Körper erscheinen, treten
aber vorwiegend an den Knien und Ellbogen und manchmal auch auf
der Kopfhaut und am Stirnrand auf. In der Schulmedizin behandelt
man Schuppenflechte mit Steroiden, doch können diese den Zustand
manchmal verschlimmern. Die Haut kann so trocken werden, daß sie
reißt und sich infiziert.

Die eigentliche Ursache der Krankheit ist unbekannt, doch kann sie
erblich bedingt sein, und Kälte, Feuchtigkeit und Streß können sie
verschlimmern.
Obwohl Schuppenflechte schwer heilbar ist, läßt sie sich mit aromatherapeutischen Ölen behandeln.

Aromatherapeutische Behandlung

• Auf Schuppenflechte im Gesicht kann Weizenkeimöl aufgetragen
werden, das auch als Reinigungsöl benutzt werden sollte.
• Oder mischen Sie 10 ml (2 TL) Weizenkeimöl mit 2 bis 3 Tropfen
Benzoeöl (oder **Thuja** oder **Cajeput**), und tragen Sie dies morgens
und abends auf die Haut auf. Ist zunächst wenig Erfolg spürbar,
erhöhen Sie langsam die Menge an ätherischem Öl. Ist nach ungefähr
2 Monaten noch immer keine Besserung eingetreten, probieren Sie
das Mittel mit einem anderen ätherischen Öl aus.
• Entfernen Sie überschüssiges Öl mit Kompressen aus **Rosen**wasser, gemischt mit **Petersilie** und Kerbel.
• Gegen Schuppenflechte auf der Kopfhaut mischen Sie 5 ml (1 TL)
Rizinusöl mit 4 Tropfen **Benzoe** (oder **Thuja** oder **Cajeput**) und
2 Tropfen Weizenkeimöl, und massieren Sie dies sanft in die Kopfhaut ein. Wickeln Sie ein warmes Handtuch um den Kopf, damit das
Öl besser einwirken kann, und waschen Sie es nach ein paar Stunden
mit einem sehr milden Shampoo (vielleicht mit etwas **Kamillen**tee
verdünnt) wieder heraus. Benutzen Sie keinen Haartrockner, da
direkte Hitzeeinwirkung den Zustand verschlimmern kann.
• Behandeln Sie die Kopfhaut vor der Haarwäsche mit einem Ringelblumenaufguß (4 Blütenköpfe auf 600 ml Wasser), der den Saft
einer halben Zitrone enthält.

(*Siehe auch* **Origano, Ringelblume, Thymian** *und* **Zitrone.**)

Zusätzliche Behandlung

• Schuppenflechte kann, wie alle anderen Hautleiden auch, das Zeichen eines tiefverwurzelten Leidens sein, und deshalb sollte man Dinge, die der Gesundheit abträglich sind, wie Zigaretten und Alkohol, meiden.

• Die Ernährung ist sehr wichtig. Halten Sie sich an Nahrungsmittel, die reich an Vitamin A und Lezithin sind, und reduzieren Sie den Anteil an tierischem Eiweiß und Fett.

• Man hat herausgefunden, daß sich Vitamin E bei der Behandlung von Schuppenflechte positiv auswirken kann. Nehmen Sie täglich Kapseln davon ein, zusammen mit Lebertran und Nachtkerzenöl, die ebenfalls gut sind.

• Essen Sie viel Weizenkeime, die viel Vitamin B_1 und B_2 enthalten. Streuen Sie sie in Salate, Müsli, Saucen, Desserts und Joghurt.

(*Siehe auch* **Haarprobleme** *und* **rissige Haut**.)

Sexuelle Probleme

Viele sexuelle Probleme sind klein und kurzlebig und lassen sich aromatherapeutisch lösen. Die Aromatherapie vermag sehr viel zur Linderung von Symptomen beizutragen, die durch Depression, Streß und Unruhe bedingt sind, und sexuelle Lustlosigkeit, Frigidität oder Impotenz sind oft gerade auf solche psychischen Schwierigkeiten zurückzuführen.

Es gibt zudem viele ätherische Öle, denen eine aphrodisische Wirkung zugeschrieben wird; und ist diese auch nicht direkt nachweisbar, so schadet es andererseits überhaupt nicht, es einmal zu versuchen.

Aromatherapeutische Behandlung

• Besonders Frauen kann die Verwendung eines wunderbar duftenden Körperöls, beispielsweise aus **Rose**, helfen.

• Ein Bad, parfümiert mit einem Öl wie **Ylang-Ylang** (vielleicht mit
Bohnenkraut gemischt), kann sehr anregend sein.

(*Siehe auch* **Ingwer, Lavendel, Nelke, Sellerie** *und* **Zedernholz**.)

Zusätzliche Behandlung

• Meiden Sie Drogen wie Schlaftabletten und übermäßigen Alkoholgenuß, da beides das Zentralnervensystem dämpft und das Verlangen mindert.

• Es geht nichts über die gute alte Romantik. Versuchen Sie es mit
Kerzenlicht, sanfter Musik und süßen Parfüms.

• Marguérite Maury empfiehlt die aphrodisische Wirkung eines
Glases Médoc, Pouilly Fuissé oder Champagne Brut. Oder wie wäre
es mit Austern und Kaviar? Die Türken schwören auf *gul,* eine
Rosenmarmelade; genießen Sie diese auf Toast als ein sexuelles
Stimulans.

• Mischen Sie sich Weinelixiere, und gönnen Sie sich davon ein
Gläschen, wenn nötig – siehe **Basilikum**, **Sellerie** und vor allem
Bohnenkraut.

• Trinken Sie zur passenden Gelegenheit Ginseng- oder sehr starken
Pfefferminztee (oder nehmen Sie Ginsengtabletten ein).

(*Siehe auch* **Depression, Klimakterium** *und* **Streß**.)

Sinuitis

Sinuitis ist eine bakterielle Infektion und Entzündung einer oder mehrerer Nebenhöhlen, die in den Knochen um die Augen und Nase liegen. Zu den Symptomen gehören eine verstopfte Nase, Nasenbluten, Erschöpfung, Kopfschmerzen, Ohrenschmerzen, Schmerzen um die Augen, schwaches Fieber und Husten. Sie kann durch eine normale Erkältung, Grippe, Mandelentzündung oder schlechte Mundpflege entstehen. Neuere Forschungen lassen auf eine Verbindung mit einem Vitamin-A-Mangel schließen. Kaltes und feuchtes Wetter spielt ebenfalls eine Rolle.

Aromatherapeutische Behandlung
• Gönnen Sie sich Inhalationen, die ein paar Tropfen **Kanada-** oder **Tolubalsam**, **Benzoe**, **Cajeput**, **Eukalyptus**, **Niaouli** oder **Teebaum** enthalten.
• Mischen Sie nach der Inhalation 10 ml (2 TL) Sojaöl mit 4 Tropfen von einem der obengenannten Öle, und reiben Sie damit sanft die Innen- und Außenseite der Nase ein.

(*Siehe auch* **Kamille** *und* **Myrrhe**.)

Zusätzliche Behandlung
• Wie immer ist eine gute Ernährung sehr wichtig, mit einem hohen Anteil an Vitamin A. Eiweiß ist ebenfalls wichtig, meiden Sie jedoch Milchprodukte.
• Vitamin-A-reich sind gelbe und orangefarbene Früchte und Gemüse sowie Eigelb, dunkelgrüne Gemüse, Hasel- und Walnußöl sowie Hirse.
• Die tägliche Einnahme von Lebertrankapseln wirkt präventiv.
• Rauchen Sie nicht, essen Sie keine scharfen Nahrungsmittel, und trinken Sie keinen Tee, Kaffee oder Alkohol.

(*Siehe auch* **Erkältung, Grippe, Kopfschmerzen, Neuralgie, Ohrenschmerzen** *und* **Zahnschmerzen**.)

Sodbrennen

Sodbrennen (Pyrosis) ist ein starker brennender Schmerz hinter dem Brustbein. Es handelt sich um ein Verdauungsproblem, zu dem auch das saure Aufstoßen gehört, bei dem der Mageninhalt die Speiseröhre hochfließt und aufgrund der Magensäure Schmerzen verursacht.

(*Siehe auch* **Verdauungsbeschwerden**.)

Sonnenbrand

Sonnenbrand ist eine durch die UV-Strahlung der Sonne hervorgerufene Hautentzündung infolge zu langen Sonnenbadens. Hellhäutige Menschen haben wenig schützende Pigmente und bekommen daher leichter einen Sonnenbrand als dunkelhäutigere Menschen. Ein schwacher Sonnenbrand ruft eine Rötung der Haut, leichtes Unbehagen und schließlich eine verstärkte Pigmentation der Haut (das heißt eine Sonnenbräunung) hervor. Schwerere Sonnenbrände können dazu führen, daß die Haut schmerzhaft anschwillt, Blasen wirft und sich abschält.

Es ist mittlerweile bekannt, daß Sonnenbaden Hautkrebs hervorrufen kann, und dieser wird in den nördlichen Ländern immer mehr zum Problem, weil immer mehr Menschen Sonnenkurzurlaube machen. Moderne Sonnenschutzmittel können nur oberflächlich wirksam sein, und die einzige Lösung wäre, daß hellhäutige Menschen direkte Sonnenbestrahlung soweit wie möglich vermeiden. Außerdem macht Sonnte die Haut faltig und ledrig.

Haben Sie sich einen Sonnenbrand geholt, braucht die Haut Luft, warten Sie also, bis sie sich etwas beruhigt hat, bevor Sie irgendein Öl oder eine Lotion auftragen.

Aromatherapeutische Behandlung

• Man kann sich aus 2 Tropfen **Lavendel**öl und einem Becher blanken Joghurt eine lindernde und heilende Lotion herstellen. Frisch mischen und auf die Haut auftragen. Die betroffenen Stellen mit Baumwolle abdecken (ziehen Sie zum Beispiel ein altes T-Shirt an, wenn die Schultern oder der Rücken verbrannt sind) und so zu Bett gehen. Am nächsten Morgen die Behandlung wiederholen.

Zusätzliche Behandlung

• Wenn Sie unbedingt sonnenbaden wollen, beginnen Sie schrittweise, und tragen Sie die ersten paar Tage langärmlige Kleidung und einen Sonnenhut, damit sich die Haut langsam akklimatisieren kann. Legen Sie sich immer nur kurze Zeit in die Sonne, benutzen Sie Sonnencremes mit hohem Lichtschutzfaktor, und meiden Sie möglichst die Mittagssonne, wenn die Strahlung am stärksten ist.

• Haben Sie einen Sonnenbrand, pressen Sie ein paar Kartoffeln oder Karotten aus, und tragen Sie den Saft zur Linderung auf die betroffenen Stellen auf.

(*Siehe auch* **alternde Haut** *und* **Hautprobleme**.)

Soormykose

Der hefeähnliche Pilz, der Soormykose verursacht, wird medizinisch *Candida albicans* genannt und die Erkrankung Candidose oder Moniliasis. Der Pilz ist von Natur aus im und am Körper anzutreffen, doch kann sein Wachstum durch Veränderungen im Stoffwechselgeschehen beschleunigt werden, etwa durch die Einnahme von Antibiotika oder die Pille, durch eine Schwangerschaft oder das Klimakterium und durch manche Krankheiten wie Diabetes. Bei Frauen ist am häufigsten die Vagina davon befallen, was mit Jucken, Ent-

zündung und starkem Ausfluß einhergeht. Aber die Soormykose
kann auch anderswo, an warmen, feuchten Körperstellen, wie unter
der Brust oder den Armen oder im Mund, auftreten. Windelausschlag
oder -dermatitis bei Babys ist wahrscheinlich mit Soormykose verbunden. Die Krankheit ist sexuell übertragbar.

Aromatherapeutische Behandlung
• Behandlung wie bei **Leukorrhöe**.

(*Siehe auch* **Majoran, Orange, Pfefferminze, Rose** *und* **Salbei**.)

Streß

Streß ist ein Problem, das in der heutigen Technologiegesellschaft
immer mehr um sich greift. Obwohl er schwer meßbar ist, kennt man
ihn als die Folge übermäßigen geistigen oder körperlichen Energie-
verbrauchs, und er kann krank machen. Es ist deshalb wichtig, ihm
rasch und wirksam zu begegnen, bevor der Körper zu stark angegriffen wird.
Jeder hat seine eigene Toleranzgrenze hinsichtlich der Beanspruch-
barkeit seiner Leistungskraft: Manche kommen mit hohen Anforde-
rungen relativ leicht zurecht, andere erreichen rasch ihre Streßgrenze.
Wir alle brauchen ein gewisses Maß an Streß, der schließlich eine
natürliche Körperfunktion darstellt. In Streßsituationen wird vom
Körper das Hormon Adrenalin gebildet; aber der fast ununterbrochene Streß des Stadtlebens, Sorgen hinsichtlich Geld, Kinder, Gesundheit etc. sind unnatürlich, und die dauernde Anwesenheit von Adrenalin fordert ihren Tribut, indem sie zu Überspannung, erhöhtem
Blutdruck und einer Reihe anderer größerer und kleinerer körperlicher Leiden führt. Ausgeglichenheit ist hier die Lösung.
Ebenso wie jeder Mensch anders mit Streß zurechtkommt, reagiert

auch der Körper verschieden: Viele Menschen bekommen bei Streß Kopfschmerzen oder können nicht schlafen; nicht weniger leiden an streßbedingten Verdauungsstörungen. Streß senkt bekannterweise die allgemeine Widerstandskraft des Körpers, und folglich sind gestreßte Menschen für Krankheiten wie beispielsweise Bronchitis anfällig. Streß macht sich auch an der Haut bemerkbar; Akne zum Beispiel kann dadurch schlimmer werden. Streß interferiert mit der Ausschüttung und Wechselwirkung der Hormone und kann daher bei Frauen zu Zyklusstörungen führen; er wirkt sich auch auf das Verdauungssystem aus.

Aromatherapeutische Behandlung

• Nehmen Sie sich am Abend Zeit, um sich nach einem streßreichen Tag zu entspannen. Nehmen Sie ein heißes Bad mit ein paar Tropfen eines entspannenden ätherischen Öls wie **Basilikum**, **Lavendel**, **Mandarine**, **Majoran**, **Melisse**, **Neroli**, **Orange**, **Petitgrain**, **Muskatellersalbei** oder **Ylang-Ylang**. Sorgen Sie nach dem Bad dafür, daß Sie sich eine Weile entspannen, indem Sie eine Zeitung oder einen Roman lesen oder fernsehen.

• Benutzen Sie in Ihren Wohn- oder Arbeitsräumen eine Duftlampe. Verwenden Sie die obengenannten Öle. Oder geben Sie ein paar Tropfen auf ein Taschentuch oder Löschpapier, oder reiben Sie sich tagsüber einmal die Brust damit ein.

• Trinken Sie, um Schlaflosigkeit zu vermeiden, vor dem Zubettgehen Malzmilchgetränke; das Kalzium in der Milch wirkt sehr beruhigend und schlaffördernd. Oder trinken Sie einen entspannenden Kräutertee aus **Melisse**, **Orangenblüten** oder **Pfefferminze** zum Beispiel.

Zusätzliche Behandlung

• Der beste Weg, Streß abzubauen, ist der, die Stressoren zu beseitigen. Das ist leichter gesagt als getan, aber ein realistisches Überdenken der Situation, vielleicht zusammen mit einem Berater der einen oder anderen Art, kann hilfreich sein; sei dies nun ein finanzieller oder psychologischer Berater oder auch nur ein guter Freund, der zuhört.

• Mißtrauen Sie chemischen Lösungen wie Antidepressiva und Tranquilizern. Viele von ihnen können zwar kurzfristig helfen, aber sie lösen das Problem nicht, sondern verdrängen es nur, und oft kommt es rasch zu einer psychologischen oder körperlichen Abhängigkeit.

• Greifen Sie möglichst nicht auf Alkohol und Tabak oder ähnliches zurück. Diese haben zwar zweifellos eine entspannende Wirkung, aber im Übermaß genossen, können sie gefährlich werden und auch zu einer Sucht werden.

• Meditation und Yoga können helfen, ebenso Atemübungen.

• Bewegung tut bei Streß immer gut, solange man sich nicht körperlich und emotional überfordert.

• Essen Sie Lebensmittel, die das Mineral Magnesium enthalten, das oft als das Beruhigungsmittel der Natur bezeichnet wird. Gute Magnesiumquellen sind Getreide, Hülsenfrüchte, grüne Gemüse, Vollkornprodukte, Kakaopulver und Nüsse.

• Essen Sie immer leichte Kost, wenn Sie unter Streß stehen. Am besten sind Nahrungsmittel, die einfach und leicht zu kochen sind, weil sie Zeit und Energie sparen.

Rosenwasser-Datteln mit Mandeln

Datteln haben einen hohen Nährwert und enthalten reichlich Magnesium, Phosphor und Kalzium. Mandeln verstärken diesen, und Rose hat eine beruhigende Wirkung auf das Nervensystem. Alles zusammen enthält außerdem viel Eisen, Vitamin B_1 und B_2 und Vitamin A, das das Kalzium binden hilft.

Die Datteln sind auch für diejenigen gut, die an prämenstruellem Syndrom und Anämie leiden, und für diejenigen, die spät nachts studieren und arbeiten, da sie ein Stärkungsmittel und ausgezeichneter Energiespender sind.

450 g natürlich getrocknete Datteln ohne Zuckerzusatz
450 g Mandeln
genügend Rosenwasser, um die Datteln zu bedecken

Verwenden Sie zur Herstellung Ihres eigenen Rosenwassers 225 g Rosenblätter auf 600 ml Wasser. Zum Kochen bringen und 20 Minuten sieden. Oder verwenden Sie griechisches destilliertes Rosenwasser. Datteln über Nacht im Rosenwasser ziehen lassen. Am nächsten Morgen das Rosenwasser abgießen und die Datteln halbieren. Die Kerne entfernen und durch Mandeln ersetzen.

(*Siehe auch* **Depression, Erschöpfung, Gicht, Hautprobleme, Herzklopfen, Kopfschmerzen, Schlaflosigkeit, steife Gelenke, Verdauungsbeschwerden** *und* **Zyklusstörungen**.)

Übelkeit

Übelkeit kann sowohl physiologisch als auch psychologisch bedingt sein. Zu den psychologischen Ursachen gehören abstoßende Anblicke und Gerüche, zu den physiologischen der Beginn einer Schwangerschaft. Schlechte Verdauung, Mandelentzündung, Grippe, ein Kater, Migräne oder eine Nahrungsmittelvergiftung können ebenfalls Übelkeit und Erbrechen hervorrufen sowie einige Nahrungsmittelallergien und die Fahrterschütterungen beim Reisen.

Aromatherapeutische Behandlung

• Zwingen Sie sich nicht zum Essen, wenn Ihnen schlecht ist. Gegen Verdauungsübelkeit hilft oft eine Tasse Kräutertee; probieren Sie **Pfefferminze**, **Fenchel** oder **Anis**.

• Rührt die Übelkeit von einem Schock her, legen Sie sich nieder, und trinken Sie einen warmen schwachen Kräutertee, zum Beispiel aus **Melisse**, **Orangen**- oder Lindenblüten.

• Haben Sie sich erbrochen, empfiehlt sich gegen den unangenehmen Geschmack im Mund ein schwacher **Pfefferminz**tee.

Zusätzliche Behandlung
• Gut getoastetes Brot oder weichgekochte Zwiebeln können die Beschwerden lindern und die Verdauung anregen.
• Oft hilft einfach frische Luft – besonders wenn man reisekrank ist.

(*Siehe auch* **Pfefferminze; Grippe, Halsentzündung, Jetlag, Migräne** *und* **Streß.**)

Verdauungsbeschwerden

Um sich am Leben erhalten zu können, braucht der Körper ständig Energie, welche die Nahrung liefert, die wir essen. Diese wird vom Körper aufgespalten, damit die energiereichen Nährstoffe absorbiert werden können. Dieser Verdauungsprozeß setzt ein, sobald Nahrung in den Mund gelangt, wenn nicht schon vorher, da ein anziehender Essensgeruch das Wasser im Munde zusammenlaufen lassen kann und so die Verdauung beginnt, bevor auch nur ein Bissen in den Mund gelangt. Zwischen diesem ersten Speichelfluß und der schließlichen Stuhlentleerung liegt ein Apparat von großer Komplexität, der kleineren oder größeren Störungen unterworfen sein kann. Verdauungsstörungen äußern sich normalerweise durch Bauchschmerzen, Verstopfung, Durchfall, Blähungen, Übelkeit, Gewichtszunahme und -verlust; zu den ernsthafteren Erkrankungen gehören Blinddarmentzündung, Leberleiden, Magen- oder Darmkrebs, Bauchspeicheldrüsenentzündung und Geschwüre.
Die meisten Verdauungsbeschwerden sind auf falsche Eßgewohnheiten zurückzuführen – meistens fehlt es an Ballaststoffen –, aber oft können auch Bewegungsmangel, Streß, Veranlagung und meh-

rere Faktoren zugleich mit dafür verantwortlich sein. Die Anwendung aromatherapeutischer Prinzipien kann viele Verdauungsbeschwerden verhindern helfen, weil viele pflanzliche Nahrungsmittel ätherische Öle enthalten, die das Verdauungssystem anregen, also durch die Ingangsetzung träger Organe für eine gute Verdauung sorgen. Der Kräuterduft beim Kochen kann den ersten Schritt des Verdauungsprozesses einleiten – den Speichelfluß aktivieren –, und ebendieselben Kräuteröle können bei der Nahrungszerlegung im Darm helfen. Ganz gleich, wie vitaminhaltig und gesund manche Nahrungsmittel auch sein mögen, die in ihnen enthaltenen Nährstoffe nutzen herzlich wenig, wenn sie nicht richtig zerlegt und assimiliert werden. Die ätherischen Öle von Heilkräutern, Früchten, Gemüsen und Gewürzen sollten daher so oft wie möglich beim Kochen und in die Ernährung mit einbezogen werden.

Aromatherapeutische Behandlung

• Wer zu Verdauungsbeschwerden neigt, sollte immer mit Kräutern und Gewürzen kochen, die dagegen helfen – **Basilikum**, **Ingwer**, **Kümmel**, **Lorbeer**, **Majoran**, **Origano**, **Pfeffer**, **Pfefferminze**, **Salbei** und **Thymian** sind alle gut. Geben Sie Lorbeer und Thymian in Marinaden, Majoran und Origano zu Kohl und Salbei zu Bohnen.

(*Siehe auch* **Angelika, Anis, Fenchel, Kardamom, Kamille, Lavendel, Lemongrass, Meerrettich, Nelken** *und* **Zimt.**)

Zusätzliche Behandlung

• Halten Sie beim Essen maß, besonders bei schweren, fetten und gebratenen Gerichten. Trinken Sie nicht übermäßig, und rauchen Sie nicht.

• Essen Sie nicht zu spät am Abend, oder die Verdauung wird Überstunden machen und Beschwerden und Schlaflosigkeit verursachen.

• Essen Sie nicht zu schnell, da dies den Organismus belastet.

• Nach dem Auftreten von Beschwerden könnten Sie einen Tag fasten und nur Wasser mit etwas Zitronensaft trinken. Dies wird den Organismus reinigen und dem überlasteten Körper eine Ruhepause gönnen. Kehren Sie danach zu einer leichten, ballaststoffreichen Diät zurück.

• Milchtrinken oder Antazida (Mittel zur Neutralisierung der Magensalzsäure) können helfen. 1/2 TL Natriumbikarbonat (doppelkohlensaures Natron), in einem Glas Wasser verrührt, ist ein altes und wirksames Mittel.

• Meiden Sie Aluminium- oder Kupferpfannen. Aluminiumsalze können von den Pfannen in das Essen übergehen und die Sekretion von Verdauungssäften behindern.

(*Siehe auch* **Blähungen, Dyspepsie, Gastritis, Kolik, prämenstruelles Syndrom, Sodbrennen, Streß, Übelkeit** *und* **Verstopfung**.)

Verstopfung

Die Verstopfung ist ein Zustand, bei dem die Stuhlentleerung schwierig und unregelmäßig ist, was Bauchschmerzen, Unwohlsein, Müdigkeit und Streß hervorrufen kann – letzterer verschlimmert oft die ursprünglichen Beschwerden. Die Stuhlentleerung ist deshalb schwierig, weil sich die Ausscheidungsprodukte des Körpers verdichtet haben und hart geworden sind. Es können Frauen in der Schwangerschaft und vor der Periode darunter leiden und Menschen, die schwere Medikamente nehmen müssen, aber die häufigste Ursache ist eine ballaststoffarme Ernährung. Ballaststoffe sind in pflanzlicher Nahrung enthalten – die Zellulose, aus der Getreide, Gemüse und Obst hauptsächlich bestehen –, und da sie vom Körper nicht verdaut werden können, sorgen sie dafür, daß die Abbauprodukte den Darm relativ rasch passieren.

Langfristige Verstopfung kann zu einer Reihe von Problemen führen oder beitragen, einschließlich allgemeinen Unwohlseins, fettiger und ungesunder Haut, Zellulitis und Hämorrhoiden.

Aromatherapeutische Behandlung

• Mischen Sie 10 ml (2 TL) Traubenkernöl mit 5 Tropfen **Rosmarin**, und reiben Sie dies morgens in den Bauch ein. Legen Sie sich dazu auf den Boden, und massieren Sie den Bauch 20 Minuten lang im Uhrzeigersinn, während Sie tief atmen und beim Ausatmen die Bauchmuskeln zusammenziehen.

Zusätzliche Behandlung

• Ernähren Sie sich ballaststoffreich – essen Sie frisches Obst (mit Schale) und Gemüse, Vollkorngetreide und Hülsenfrüchte, und streuen Sie über die Mahlzeiten etwas Hafer- oder Weizenkleie.

• **Fenchel** und **Estragon** sind beides milde Laxative, sollten also oft gegessen werden. **Karotten** sind ebenfalls gut sowie Getreide, etwa Roggen, Hirse und Weizen.

• Meiden Sie Tee, Kaffee und Schokolade und alle raffinierten Nahrungsmittel.

• Trinken Sie morgens als erstes 15 ml (1 EL) Olivenöl erster Pressung, gefolgt von einem Glas warmem Wasser.

• Bewegung ist bei Verstopfung, wie bei allen Kreislaufstörungen, ein wichtiger Faktor.

(*Siehe auch* **Bauchschmerzen, Hämorrhoiden, Krampfadern, Kreislaufstörungen, prämenstruelles Syndrom** *und* **Verdauungsbeschwerden**.)

Wundliegen, siehe **Druckbrand**.

Zahnabszesse

Zahnabszesse werden von Karies verursacht, von Bakterien, die sich durch den Zahnschmelz fressen, zum Dentin und dann zur Pulpa vordringen und an der Zahnwurzel einen Abszeß verursachen. Wird dies nicht sofort behandelt, kann der Zahn absterben. Außerdem sind Infektionen so nahe am Gehirn gefährlich, deshalb sollte so schnell wie möglich ein Zahnarzt aufgesucht werden.

Aromatherapeutische Behandlung

• Lutschen Sie eine **Nelke** wegen ihrer antiseptischen und analgetischen Wirkung, oder tupfen Sie ein wenig Nelkenöl auf den Zahn, um die Schmerzen zu lindern, bis Sie beim Zahnarzt sind.

• Benutzen Sie Mundwässer, die ein paar Tropfen eines antiseptischen Öls enthalten, wie **Kamille**, **Nelke**, **Geranie**, **Lemongrass**, **Niaouli** und **Rose**, um Karies vorzubeugen.

• Reibt man das Zahnfleisch mit einer aufgeschnittenen Knoblauchzehe ein, wirkt dies zweifellos antiseptisch – aber es ist auch etwas unsozial!

• Das Kauen frischer **Salbei**blätter wäre für die Mitmenschen angenehmer.

Antiseptisches Mundwasser

Die folgende Mischung ist im Kühlschrank einige Tage haltbar und sollte zweimal täglich als Mundwasser verwendet werden.

300 ml Wasser
30 ml weißer Weinessig
ein paar Nelken
1 Zimtstange
etwas Zitronensaft

Alle Zutaten zusammen etwa 10 Minuten lang kochen und dann abkühlen lassen.

(*Siehe auch* **Zahnschmerzen**.)

Zahnfleischentzündung, siehe **Parodontose.**

Zahnschmerzen

Zahnfäule entsteht wirklich ganz einfach. Bakterien, die von Natur aus im Mund anwesend sind, lagern sich auf den Zähnen als Plaque ab; diese bildet Säure, die sich in den Zahnschmelz frißt. Bei guter Mundpflege und vernünftiger Ernährung kann der Speichel das Kalzium im Schmelz wieder ersetzen, und es ist keine weitere Behandlung nötig. Ist die Zahnfäule aber einmal durch den Schmelz bis zum Dentin (Zahnbein) vorgedrungen, können die Bakterien ungestört Löcher fressen, weil sie außerhalb der Reichweite von Zahnbürste und -paste sind. Hier kann dann nur mehr der Zahnarzt die Karies stoppen, indem er eine Füllung macht. Wird der Zahnarzt nicht aufgesucht, können sich die Bakterien weiter bis zum Zahnmark vorfressen, dem Nervenzentrum des Zahns, und Schmerzen sind die Folge. Zahnschmerzen sind immer ernst und können andauern. Das Zahnmark schwillt an, wie anderes Körpergewebe, wenn es entzündet ist, und da es von einer harten Hülle umgeben ist, drückt es auf die Nerven, was starke Schmerzen verursacht.

Treten Zahnschmerzen auf, gehen Sie so bald wie möglich zum Zahnarzt. Wird eine Zahnmarksentzündung nicht behandelt, kann sich ein Abszeß bilden, wenn die Bakterien aus der Pulpahöhle in den Knochen fließen, der den Zahn hält. Dies kann äußerst gefährlich sein.

Aromatherapeutische Behandlung
• Um die Schmerzen zu lindern, bis Sie zum Zahnarzt kommen, verwenden Sie **Pfefferminze**, oder lutschen Sie eine **Nelke** auf der schmerzenden Seite. Sowohl Pfefferminze als auch Nelke (Kraut und Gewürz ebenso wie die Öle) haben stark antiseptische und leicht anästhetische Eigenschaften.

(*Siehe auch* **Koriander**.)

Zusätzliche Behandlung
• Beugen Sie Zahnschmerzen vor, indem Sie Mund und Zähne makellos sauber halten und Zucker und zuckerhaltige Nahrungsmittel vom Speisezettel streichen.
• Essen und trinken Sie nicht zu kalt oder zu heiß.

(*Siehe auch* **Neuralgie, Ohrenschmerzen** *und* **Parodontose**.)

Zahnungsbeschwerden

Das Zahnen kann für ein Baby sowie seine Eltern sehr unangenehm sein. Erste Anzeichen sind ein gerötetes Zahnfleisch, sichtbare gerötete Erhebungen am Kieferkamm und Gereiztheit.

Aromatherapeutische Behandlung
• Geben Sie dem Baby zur Linderung etwas Hartes und Kaltes zu beißen. Gut sind **Karotten**-, Kohl- oder Apfelstücke, da diese nicht nur nahrhaft sind, sondern auch schmerzlindernde ätherische Öle enthalten.
• Mischen Sie 1 Tropfen **Kamillen**öl mit einem Teelöffel Mandelöl, und reiben Sie damit das wunde Zahnfleisch ein.

(*Siehe auch* **Ohrenschmerzen**.)

Zellulitis

Zellulitis hängt mit Schwankungen des Hormonhaushalts zusammen und tritt nur bei hohen Östrogenwerten auf, wodurch das Körpergewebe besonders geneigt ist, Wasser anzusammeln. Werden die Fettzellen mit diesem Wasser durchsetzt, gewinnt die Haut das Aussehen einer »Orangenschale«, wenn man sie mit den Fingern zusammendrückt, und oft fühlt sie sich auch uneben und wellig an. Meistens sind Schenkel, Gesäß und Hüften betroffen, aber es können auch Bauch, Oberarme und sogar der Nacken mit betroffen sein.

Wenn auch Zellulitis in Großbritannien und anderswo in erster Linie als Schönheitsproblem behandelt wird, in Frankreich wird sie von den Ärzten als medizinisches Problem ernst genommen. Ein Wissenschaftler, Dr. Belaiche, hält eine Funktionsstörung der endokrinen Drüsen für die Ursache, wodurch zu viele Follikelhormone oder Östrogene von den Eierstöcken produziert werden. Diese Funktionsstörung kann sich in der Pubertät, während der Schwangerschaft und in den Wechseljahren besonders bemerkbar machen, wenn sich der Körper der Umstellung anzupassen sucht. Sie kann auch während des monatlichen Eisprungs und der Periode auftreten.

Sehr oft sind Verdauungsstörungen für die Zellulitis mitverantwortlich. Frauen, die Nahrung schlecht assimilieren – zu schnell essen oder nicht richtig kauen –, können sie bekommen. Verstopfung ist ein anderer Hauptfaktor: Schlechte Entleerung bedeutet, daß sich die Abbauprodukte des normalen Stoffwechselgeschehens im Körper ansammeln, ohne ausreichend ausgeschieden zu werden.

Weitere Faktoren sind nervöse Störungen und eine schlechte Körperhaltung. Ständiger Streß beeinträchtigt nicht nur die Verdauung, Assimilation und Ausscheidung, sondern er kann auch Schlaflosigkeit, Unruhe und eine schlechte Körperhaltung verursachen. Eine schlechte Körperhaltung kann zu Durchblutungsstörungen führen, und diese bedingen wiederum an vielen Stellen Zellulitis, wie an

Knöcheln, Beinen und Hüften. (Plattfüße können ebenfalls zu Zellulitis beitragen.) Die Pille, das Einnehmen zu vieler Medikamente
während einer Krankheit und Rauchen können ihrerseits Zellulitis
verursachen. Rauchen entzieht dem Körper Vitamin C und Bioflavonoide, die für ein gesundes Bindegewebe notwendig sind. Nikotin
schadet der Durchblutung ebenfalls; das verlangsamte Stoffwechselgeschehen schafft ideale Bedingungen zur Entstehung einer Zellulitis, die, wenn sie einmal da ist, schwer wieder verschwindet.

Aromatherapeutische Behandlung

• Folgender Tee ist reich an Vitamin C und Citrin: die gewaschene
Schale einer Zitrone in 500 ml Wasser aufkochen und über Nacht
stehenlassen. Den Zitronensaft dazugießen und morgens als erstes
trinken. Für einen entwässernden Heiltrank circa 20 g Gartenlattich
und 10 g frischen Kerbel – ein gutes Kraut für die Durchblutung –
mit 500 ml kochendem Wasser aufgießen.

• Trinken Sie Mineralwasser, verdünnte Fruchtsäfte und Kräutertees
wie **Salbei**- oder **Mutterkümmel**tee, und meiden Sie gewöhnlichen
Tee, Kaffee und Alkohol, die, obwohl sie entwässern, die Zellulitis
verschlimmern.

• Gut sind Bäder, die ätherische Öle enthalten, aber sie dürfen immer nur warm, nie zu heiß sein. Massieren Sie zur Durchblutungsförderung die Haut zunächst mit einem Massagehandschuh, dann je
2 Tropfen **Zypressen**-, **Lavendel**- und **Zitronen**öl ins Bad geben.
Zum Schluß kalt duschen. Schließlich die betroffenen Stellen mit
einem Öl einreiben, das aus 10 ml (2 TL) Sojaöl, 2 Tropfen Weizenkeimöl und 7 Tropfen Zypresse gemischt wurde.

• Eine Massage mit dem Öl ist gut. Beginnen Sie immer sanft, um
die Haut und das darunterliegende Gewebe vorzubereiten, dann
können Sie die betroffenen Stellen gründlich durcharbeiten, so als
würden Sie Brot kneten.

(Siehe auch **Wintergrün**.*)*

Zusätzliche Behandlung

• Bewegen Sie sich viel und regelmäßig, um Kreislauf und Atmung in Schwung zu bringen, den Körper zu aktivieren und die Ausscheidung von Schlackstoffen zu fördern. Zellulitis tritt bevorzugt bei denjenigen auf, die den ganzen Tag herumsitzen. Schwimmen, wandern, tanzen Sie, fahren Sie Fahrrad; dies sind alles gute Formen der Bewegung.

• Wenn Sie überlastet sind, lernen Sie eine Meditationstechnik oder eine Tiefenentspannungsmethode. Dies und Bewegung sind die Grundlage jedes zellulitisfernen Lebensstils.

• Ebenso wichtig ist eine vernünftige Ernährung. Machen Sie beispielsweise alle paar Monate eine Entschlackungskur, bei der sie nur frisches Obst und rohes Gemüse essen. Und vergessen Sie nicht, daß gründliches Kauen die Voraussetzung für eine gute Verdauung ist. Meiden Sie salzige und geräucherte Nahrungsmittel wie Räucherschinken und -speck, Zucker und raffinierte Kohlenhydrate – diese fördern die Wasseransammlung. Kleie fördert die Verdauung. Ebenso ist Sellerie gut, den man mit Karotten, Gurke oder Apfel kombinieren kann. Ein französischer Arzt verschrieb seinen Patienten eine Ananaskur, bei der 20 Tage pro Monat nur Ananas gegessen oder als Saft getrunken werden durfte, und das über mehrere Monate hinweg. Wenn ich auch niemandem raten würde, dies für einen so langen Zeitraum auszuprobieren, ist es doch für einige Tage empfehlenswert. Die Koriandersuppe von Seite 151 ist ebenfalls gut.

• Vitamin C und die Bioflavonoide sind für ihre entgiftende Wirkung bekannt und stärken den Kreislauf, essen Sie also Nahrungsmittel, die beides enthalten, wie Zitrusfrüchte, Schwarze Johannisbeeren und Gemüse. Vitamin E regt den Kreislauf an, also streuen Sie einfach Weizenkeime über Getreideflocken oder Joghurt.

• Die Schilddrüse hat hauptsächlich die Aufgabe, die Geschwindigkeit des Stoffwechsels zu regulieren. Die von ihr gebildeten Hormone enthalten Jod, das normalerweise durch Nahrungsmittel wie Seefisch und einige Getreide- und Gemüsesorten zugeführt wird.

Erhöhen Sie die Jodzufuhr, indem Sie täglich einige Algentabletten essen. Können Sie dadurch nachts nicht schlafen, lösen Sie einige Tabletten im Badewasser auf. Knoblauch ist ebenfalls sehr jodhaltig.

(*Siehe auch* **Kreislaufstörungen, Streß, Verdauungsstörungen, Wechseljahre** *und* **Zyklusstörungen.**)

Zyklusstörungen

Der Menstruationszyklus beginnt in der Pubertät und setzt sich im Leben einer Frau bis zur Menopause fort, Schwangerschafts- und Stillzeiten natürlich ausgenommen. Dieser Zyklus wird durch verschiedene Hormone gesteuert, deren Zusammenwirken die Reifung des Ovums in den weiblichen Fortpflanzungsorganen, den Eierstöcken, bedingt. Steuerzentrale dieses Vorgangs ist der Hypothalamus, eine Region des Zwischenhirns.

Bei Mädchen setzt die Pubertät gewöhnlich im Alter von 10 bis 14 Jahren ein, obwohl sie auch früher oder später beginnen kann. Während dieser Zeit beginnt der Hypothalamus Signale an die Hypophyse zu senden, die die Funktionen aller anderen hormonproduzierenden Drüsen im Körper dirigiert. Die Hypophyse reagiert, indem sie Hormone in den Blutstrom entläßt. Eines dieser Hormone ist das follikelstimulierende Hormon (FSH), das zu den Eierstöcken wandert und die Reifung eines Eies in dessen Eibläschen oder Follikel bewirkt. Während das Ei reift, beginnt der Follikel das Ovarialhormon Östrogen zu bilden. Bis das Ei ganz gereift ist, hat die Hypophyse einen anderen Wirkstoff ausgeschüttet, das sogenannte Luteinisierungshormon. Wenn dieses Hormon die Eierstöcke erreicht, löst es den Vorgang des Eisprungs aus, bei dem der Follikel aufplatzt und die Eizelle freisetzt.

Der leere Follikel beginnt das Hormon Progesteron zu bilden. Un-

terdessen wandert die reife Eizelle, die nun für jeden männlichen
Samen sehr empfänglich ist, den Eileiter Richtung Gebärmutter
hinab. Sind keine Spermien anwesend und bleibt das Ovum unbe-
fruchtet, wird es zusammen mit der Gebärmutterschleimhaut aus
dem Körper ausgeschieden; die Gebärmutterschleimhaut, die sich
nach dem Eisprung aufgebaut hat, wird während des als Menstruation bekannten Vorgangs unter Blutung abgebaut. Normalerweise
dauert diese Menstruationsblutung vier bis fünf Tage, aber sie kann
auch länger oder kürzer sein.

Der ganze Zyklus dauert gewöhnlich rund 28 Tage, doch liegen
plus/minus sieben Tage noch im normalen Rahmen. Das Einsetzen
der Menstruation markiert den ersten Tag, wobei der Eisprung um
den vierzehnten Tag stattfindet, aber auch dies ist individuell verschieden.

Bei den meisten Frauen treten irgendwann im Leben Zyklusstörungen auf, und normalerweise sind sie auf hormonelle Schwankungen
zurückzuführen. Die Symptome, die mit solchen Störungen einher-
gehen, äußern sich unterschiedlich, und wahrscheinlich sind sie
ebenso seelischer wie körperlicher Natur. Manchmal werden dann
zur Behebung der Symptome Medikamente verschrieben, wie zum
Beispiel Diuretika oder Beruhigungsmittel und vielleicht sogar Hormone in Form der Pille oder von Implantaten, um das Gleichgewicht
wiederherzustellen.

Das Problem bei diesen Medikamenten ist, daß sie die eigentliche
Störung nicht beheben. Da am Menstruationszyklus der Hypothalamus, die Hypophyse und die Eierstöcke beteiligt sind, ist es wahrscheinlich, daß die Störung durch eine Unter- oder Überfunktion in
einem dieser Bereiche verursacht ist. Streß stellt für Frauen nicht
zuletzt deshalb ein solches Problem dar, weil er den Hypothalamus
angreift, der seine Störungen wiederum an die Eierstöcke und die
anderen Drüsen weiterleitet, so daß das fein ausgewogene Gleichgewicht durcheinandergerät. Die Geschlechtsdrüsen spielen nicht nur
als Fortpflanzungsorgane eine Rolle, sondern beeinflussen auch das

allgemeine Wohlbefinden; wenn sie nicht richtig funktionieren, sind Müdigkeit und Lustlosigkeit die Folge.

Ätherische Öle stellen ein sicheres und wirksames Mittel zur Behandlung menstrueller Störungen dar, weil sie offensichtlich die endokrinen Drüsen anregen und zu einer Normalisierung des Hormonhaushalts beitragen. Fabrice Bardeau, ein französischer Pharmazeut, und die Ärzte Valnet und Belaiche ordnen bestimmte ätherische Öle als Emmenagoga ein – das heißt als Mittel, die zur Normalisierung und Aktivierung des Menstruationszyklus beitragen. Zu diesen Pflanzen und Pflanzenölen gehören **Zypresse**, **Muskat**, **Petersilie** und **Estragon**. Ihr Einfluß läßt sich möglicherweise daraus erklären, daß sie bestimmte Substanzen enthalten, die den weiblichen Hormonen ähnlich sind. Zypresse soll zum Beispiel eine chemische Struktur enthalten, die einem der Ovarialhormone gleicht. Die Öle können in Bädern, für Inhalationen oder für Bauch- und Solarplexusmassagen verwendet werden.

(*Siehe auch* **Anis, Basilikum, Meerrettich, Muskatellersalbei, Origano, Teebaum** *und* **Wacholder; Amenorrhöe, Anorexia nervosa, Dysmenorrhöe, Klimakterium, Ödem, prämenstruelles Syndrom** *und* **Zellulitis**.)

Zystitis

Die Zystitis ist eine Infektion der Blase und wird von Bakterien verursacht, die über die Harnröhre in die Blase gelangen. Sie kommt bei Frauen häufiger vor, weil die weibliche Harnröhre kürzer ist als die männliche und näher am Anus liegt. Der Zustand führt zu häufigem und meist sehr schmerzhaftem Urinieren, und es kann die Temperatur erhöht sein. Ist Blut im Urin, sollte dies dem Arzt mitgeteilt werden.

Frauen, die die Pille nehmen, bekommen leichter Blasenentzündung, weil die Pille sowohl die Bakterienflora der Harnröhre als auch die der Vagina verändert. Auch schwangere Frauen sind dafür anfällig, weil die vergrößerte Gebärmutter auf die Blase drücken kann. Auch andere Krankheiten, wie Bronchitis oder eine schwere Erkältung oder Verstopfung, können eine Zystitis hervorrufen. Selbst Gerüche, wie der Geruch von frischer Farbe, können bei manchen Frauen zu Zystitisattacken führen.

Die Flitterwochen-Zystitis heißt so, weil sie oft bei frisch verheirateten Frauen auftritt, und häufiger Sex kann tatsächlich bei manchen Frauen das Bakterienwachstum in der Harnröhre anregen. (Hier könnte auch eine echte Urethritis oder Harnröhrenentzündung vorliegen.)

Aromatherapeutische Behandlung

• Baden Sie häufig, oder benutzen Sie das Bidet, und geben Sie einige Tropfen von einem der folgenden hilfreichen Öle dazu: **Cajeput**, **Zedernholz**, **Kamille**, **Eukalyptus**, **Wacholder**, **Waldkiefer** oder **Sandelholz**. Meine Favoriten sind **Niaouli** und **Petersilie**. Wenn es auch sehr lästig sein mag –, es ist sehr gut, sich nach dem Geschlechtsverkehr zu waschen. Am besten ist kaltes Wasser im Bidet; benutzen Sie niemals zu warmes Wasser, auch nicht für ein Bad, da die Hitze die Blase reizen kann.

• Mischen Sie sich ein Massageöl aus 20 bis 25 ml Sojaöl und 5 Tropfen **Cajeput**, **Wacholder**, **Niaouli**, **Petersilie**, **Waldkiefer** oder **Sandelholz**, und reiben Sie damit Hand- und Fußrücken, Bauch, Lenden und Kreuzbeinbereich ein. Machen Sie danach abwechselnd heiße und kalte Kompressen.

• Sehr nützlich sind entwässernde Kräutertees. Aus den dünnen Haaren eines Maiskolbens kann ein Tee zubereitet werden; 10 Minuten kochen, jeden Tag 5 bis 6 große Gläser davon trinken und auch den Mais essen. Auch aus Kirschstielen läßt sich ein Tee zubereiten: 3 Prisen in 500 ml Wasser 2 Minuten lang kochen, dann 5 Minuten ziehen lassen. Gießen Sie **Waldkiefern**nadeln in derselben Weise auf (siehe Seite 315).

• Andere bei Blasenentzündung zu empfehlende Kräuter und Nahrungsmittel sind Kerbel, Sellerie, **Fenchel** und **Petersilie**. Essen Sie von allem; verwenden Sie den Kerbel und die Petersilie als großzügige Garnierung oder in Suppen oder Tees; machen Sie aus Petersilie und Sellerie Saft; essen Sie vom Sellerie und Fenchel Kraut und Gemüse.

(*Siehe auch* **Fenchel, Lavendel** *und* **Sellerie**.)

Zusätzliche Behandlung

• Halten Sie sich warm, und trinken Sie viel – mindestens 4 Liter in 24 Stunden.

• Leeren Sie die Blase jedesmal gut, da der zurückbehaltene Urin sich in der Blase stauen und noch stärker infizieren kann. Überhaupt sollte jeder, ob er nun für Zystitis anfällig ist oder nicht, oft Wasser lassen: Der Druck einer vollen Blase – die über 800 ml fassen kann – kann zu einer Schädigung der Beckenbodenmuskeln führen.

• Auch Bewegung ist gut, was vielleicht überrascht, weil schwache Beckenbodenmuskeln die Harnverhaltung begünstigen. Eine einfache Übung, die Zystitis vorbeugen hilft (und die auch für die Muskeln gut ist, die beim Geschlechtsverkehr gebraucht werden), ist, beim Wasserlassen mehrere Male durch Muskelkontraktion den Urinfluß zu stoppen.

Feldsalat mit Kapuzinerkresse

Dieser Salat reicht als Hauptbeilage für 2 Personen, als Vorspeise für 4 Personen, und er ist leicht zuzubereiten; er ist für Zystitiskranke sehr zu empfehlen. Essen Sie den Salat bei Zystitis dreimal täglich. Die Blätter des Feldsalats (oder Rapunzelsalats) enthalten sehr viel Chlorophyll, das eine revitalisierende Wirkung auf den Körper hat.

Feldsalat ist auch ein gutes Gleitmittel im Darm und sehr gut für die Lungen, Eingeweide und Arterien. Die Blüten der Kapuzinerkresse regen die Magen- und Leberfunktion an.

Obstessig oder etwas Zitronensaft
450 g Feldsalat (die Blätter sollten möglichst klein und
  dunkelgrün sein)
25 g Kapuzinerkresseblüten
Salatsauce:
1 EL Zitronensaft
eine Prise Meersalz
30 ml (2 EL) kaltgepreßtes Olivenöl, erste Pressung
frisch gemahlener schwarzer Pfeffer

Obstessig oder Zitronensaft ins Wasser geben und die Salatblätter und Blüten sorgfältig waschen. Zart trockentupfen, da sie leicht zerquetscht werden. Die Zutaten für die Salatsauce mischen und in eine Salatschüssel geben. Den Salat darüber legen und erst unmittelbar vor dem Servieren anmachen.
(Wenn Sie keine Kapuzinerkresseblüten haben, nehmen Sie Rosenblätter, entweder weiße, rosafarbene oder rote. Dadurch verändert sich der therapeutische Wert leicht.)

Glossar medizinischer Fachausdrücke

Amenorrhöe Ausbleiben der Regelblutung

Antiasthmatisch gegen Asthma wirksam

Antirheumatisch gegen Rheuma wirksam

Antiseptisch keimwidrig, keimtötend

Antispasmodisch krampflösend

Antiviral gegen Viren gerichtet

Bakterizid bakterienabtötend

Balsamisch lindernd, heilend

Blennorrhagie eitrige Schleimhautabsonderung, insbesondere eitrige Bindehautentzündung

Cholagog galletreibend

Dehydratation Wasserentzug aus den Körpergeweben, zum Beispiel bei Erbrechen, Diarrhöe

Dermatitis Hautentzündung

Diaphoretisch schweißtreibend

Diuretisch harntreibend

Dysmenorrhöe schmerzhafte Regelblutung

Emmenagoga Mittel, die das Eintreten der Regel fördern, menstruationsfördernd

Expektorans schleimlösendes, auswurfförderndes Mittel, Hustenmittel

Hämostatisch blutstillend

Hepatisch die Leber betreffend

Hypoglykämie abnorm geringer Zuckergehalt des Blutes

Karminativ windtreibend, blähungswidrig

Leukorrhöe vaginaler Ausfluß, Frauenkrankheit

Narkotikum Betäubungsmittel

Pedikulose der Befall mit Läusen

Pektoral die Brust betreffend, zu ihr gehörend

Sedativ beruhigend, schmerzlindernd

Stimulans anregendes Mittel, Reizmittel

Stomachikum magenstärkendes, appetit- und verdauungsanregendes und -förderndes Mittel

Sudoriferum schweißtreibendes Mittel

Tonikum Kräftigungsmittel

Vaginitis Scheidenentzündung, Scheidenkatarrh

Vasodilatation (vasodilatatorisch) Blutgefäßerweiterung

Vasokonstriktion (vasokonstriktorisch) Blutgefäßverengung

Namensglossar

Ich beziehe mich das ganze Buch hindurch auf Ärzte, Wissenschaftler, Pflanzenkenner, Botaniker und andere Persönlichkeiten aus alter und neuer Zeit, die alle durch ihre Forschungen das Wissen um die therapeutischen Eigenschaften der Pflanzen und ihrer Öle erweitert haben. Viele von diesen werden immer wieder von mir erwähnt, so daß sie hier kurz beschrieben werden sollen, um Wiederholungen zu vermeiden:

Avicenna, arabisch Ibn Sina (980 bis 1037). Berühmter arabischer Philosoph und Arzt, auf den man sich jahrhundertelang als den »Fürst der Ärzte« berief. Er war ein bemerkenswerter Autor vieler Bücher. Sein Lehrbuch *Kanon der Medizin* übte einen einmaligen Einfluß auf die mittelalterliche Medizin aus.

J. Chomel. Französischer Professor und Apotheker des 18. Jahrhunderts, der 1720 Direktor der Akademie der Medizin in Frankreich wurde. Er schrieb 1761 eine dreibändige *History of Common Plants* und 1783 ein Rezeptbuch über Pflanzen, die damals in den Pariser Krankenhäusern verwendet wurden.

Dioskurides. Griechischer Arzt aus dem 1. Jahrhundert n. Chr., der ein fünfbändiges medizinisches Werk verfaßt hat, das bis in die Renaissance als klassische Quelle diente: *Materia medica.*

Leonhart Fuchs (1501 bis 1566). Deutscher Wissenschaftler, der durch sein Werk über die Digitalis-Pflanzenfamilie berühmt wurde. Die Fuchsie wurde nach ihm benannt.

Galen (131 bis 201). Römischer Arzt griechischer Herkunft, Anatom und Physiologe. Er schrieb mehr als 100 medizinische Abhandlungen über Pflanzen und wurde das Orakel von Pergamon genannt. Er war Gladiatorenarzt und für die Wundversorgung nach den Kämpfen verantwortlich.

Dr. René Maurice Gattefossé (1881 bis 1950). Einer der Gründer der modernen Aromatherapie, der der Therapie 1900 ihren Namen gab. Er schrieb viele Bücher zum Thema, auf die heute noch Bezug genommen wird.

Die heilige Hildegard (1098 bis 1179). Als Äbtissin von Bingen bekannt. Sie lebte in dem von ihr gestifteten Benediktinerkloster auf dem Rupertsberg bei Bingen. Sie schrieb vier Abhandlungen über Heilkräuter, deren bedeutendste, *Morborum Causae et Curae,* noch heute Beachtung findet. Sie übersetzte auch Texte von Theophrast, Dioskurides, Galen und Plinius und übermittelte die Eigenschaften von über 250 Pflanzen.

Hippokrates (460 bis 377). Griechischer Arzt, der gewöhnlich als Vater der Medizin bezeichnet wird. Eines der ihm zugeschriebenen Werke, *Corpus Hippocratum,* befaßt sich mit pflanzlichen und diätetischen Behandlungsmethoden.

Dr. Henri Leclerc (1870 bis 1957). Leclerc war Direktor der Phytotherapieschule in Frankreich. Er hat viele Werke über die Aromatherapie verfaßt und wird noch immer als Autorität auf diesem Gebiet angesehen. Seine Forschungen brachten ihm viele Anhänger und förderten den seriösen Ruf der Therapie.

Dr. Nicolas Lemery (1645 bis 1715). Französischer Arzt und Chemiker, der Autor von *Le Traité Universal des Drogues Simples,* das für viele Ärzte, besonders in Frankreich, zu der maßgebenden Quelle schlechthin wurde.

Carl von Linné (1707 bis 1778). Schwedischer Botaniker, der das
zweinamige System der biologischen Nomenklatur eingeführt hat,
das die Grundlage der modernen Klassifikation bildet.

P. Matthiolus (1500 bis 1577). Italienischer Arzt und einer der
berühmtesten Botaniker seiner Zeit. Er übersetzte alte, in Vergessen-
heit geratene Texte und steuerte seine eigenen Forschungen bei. Er
führte wertvolle Untersuchungen am Maiglöckchen und an anderen
medizinischen Pflanzen durch. Er legte die Florenzer Botanischen
Gärten der Medicis an.

Marguérite Maury (1895 bis 1968). Geboren in Österreich. Eine
Pionierin der Aromatherapie. Sie war es, die die Aromatherapie in
Frankreich wieder zu Ansehen brachte. Sie hielt Vorlesungen und
gab Seminare über das Thema und schrieb 1961 *Le Capital Jeunesse*.
Sie eröffnete aromatherapeutische Kliniken in Paris, in der Schweiz
und in England. 1962 und 1967 erhielt sie für ihre Forschungen auf
dem Gebiet der ätherischen Öle und Kosmetik internationale Aus-
zeichnungen.

Plinius (23 bis 79). Bekannt als Plinius der Ältere. Ein römischer
Schriftsteller und Autor der enzyklopädischen *Naturgeschichte* in
37 Bänden. Er lieferte nützliche, wenn auch nicht immer wissenschaftlich fundierte Pflanzenbeschreibungen.

Schule von Salerno. Die erste medizinische Schule überhaupt,
gegründet im Mittelalter in Neapel und nach Roger de Salerne, einem
hervorragenden Chirurgen, benannt. Napoleon I. schloß die Schule
1811. Das von der Schule herausgebrachte Buch *Passionarium* war
eines der wenigen medizinischen Werke seit der Antike. Das Buch
wurde 1837 von einem gewissen Dr. Henschel wiederentdeckt und
in seinen Lehren vorgestellt.

Bibliographie

Bei der von mir verwendeten Literatur handelt es sich hauptsächlich um Fachzeitschriften und Bücher, die in Frankreich erschienen und noch nicht ins Englische (oder Deutsche, Anm. d. Ü.) übersetzt worden sind. Daher werden die französischen Titel angegeben. Siehe auch Namensglossar.

S. Artault de Vevey, *Le Myrtol en Injections Hypodermiques* (*Revue de Therapie Medical* 1986).

Dr. Belaiche, *Classification des Huiles Essentielles en Fonction de leur pouvoir Antiseptique Guide Familial, La Médecine par les Plantes* (Hachette 1982).

Bonnaure, *Pouvoir Antiseptique des Lavandes* (1919).

C. C Cadeac und A. Meunier, *Traveaux Divers, Comptes Rendus Sociobiologie* (1889).

Jean Claude Bourret, *Le Défi de la Médecine par les Plantes* (Editions France Empire 1978).

CCI (Centre du Commerce International, Genève), *Etude de Marché des Huiles Essentielles et Oleoresines* (1986).

F. Caujolle und C. Franck, *Sur les Propriétés Epileplogenes de l'Essence d'Hysope* (1945).

P. Coster, *Phytothérapie des Affections Ortério-veinuses en Practique Phlebologique* (1963).

Dr. F. J. Cazin, *Traité Pratique et Raisonné des Plantes Médicinales* (1876).

Patricia Davis, *Aromatherapie von A–Z* (Knaur-Tb. 76015) und *Aromatherapie und Chakren* (Knaur-Tb. 76008).

Department of Agriculture, New South Wales, Australia, *Tea Tree Oil* (1989).

Dr. Delioux de Savignac, *Essence de Mente Analgesiante (Thera-peutic Journal* 1875).

Dr. Raymond Dextreit, *La Cure Végétale* (Editions de la Revue, Vivre en Harmonie 1960).

Paul Faure, *Parfums et Aromates de l'Antiquité* (Fayard 1987).

Dr. René Maurice Gattefossé, *Antiseptiques Essentials* (1931).

–, *Aromatherapie – Les huiles essentielles hormones végétales* (1937).

–, *Distillation des Plantes Aromatiques et de Parfums* (1926).

–, *Formulaire de Parfumerie et de Cosmetlogie* (1938).

–, *Le Pouvoir Bactericide des Essences* (1919).

E. Gerard, *Précis de Pharmacie Galenique* (1922).

H. W. Gerarde, *De l'Ubiquité des Hydrocarbures* (1973).

Gilbert und Michel, *Formulaire Practique de Thérapeutique et Pharmacologie* (1925).

Dr. G. Guibourt, *Histoire Naturelle des Drogues Simples* (1876).

Wood Hutchinson, MA/MD, *Health and Common Sense* (Cassel & Co. Ltd. 1909).

Hugh Johnson, *The International Book of Trees* (Mitchell Beazley 1973).

F. S. Kahn, *The Curse of Icarus* (Routledge 1990).

P. Lechat, *Abrégé Pharmacologie Médicale* (Masson et cie. 1969).

Dr. Henri Leclerc, *Précis de Phytothérapie* (Masson et cie 1976).

–, *Les Epices, Plantes Condimentaires* (1950).

–, *Les Fruits de Grasse* (1952).

–, *Les Légumes de France* (1955).

Brendan Lehane, *Le Pouvoir des Plantes* (Hachette 1977).

Dr. N. Lemery, *Le Traité Universal des Drogues Simples* (1699).

H. F. Macmillan, *Tropical Planting an Gardening* (Macmillan & Co. 1935).

Dr. M. Maury, *La Médecine par le Vin* (Edition Antulen 1988).

Maurice Messegué, *C'est la Nature qui a Raison* (Robert Laffont 1972).

Y. R. Naves, *Technologie et Chimie de Parfums Naturels* (Masson et cie. 1974).

Mulgsch, *Manual de Botanique Générale* (Masson et cie. 1969).

Eugène Perrot, *Matières Premières Usuelles du Regne Végétal* (1940).

–, *Les Plantes Médicinales* (1970).

E. D. Phillips, *Aspects of Greek Medicine* (Charles Press 1973).

Dr. Pomet, *History of Drugs* (1694).

Rideal und Walker, *Le Pouvoir Bactéricide des Chaque Essence Aromatique* (1930).

Waverley Root, *Food* (Simon & Schuster 1980).

Elenour Sinclair Rohde, *A Garden of Herbs* (Herbert Jenkins 1706).

Shroeder und Messing, *Discover a New Technique – The Aromatogramme* (1949).

Som Shuster, *Dermatology in Internal Medicine* (OUP 1978).

Tom Stobart, *Herbs, Spices and Flavourings* (Penguin 1979).

–, *The Cook's Encyclopedia* (B.T. Batsford Ltd. 1980).

Dr. Jean Valnet, *Docteur Nature* (Fayard 1980).

M. Wong, *La Médecine par les Plantes* (Edition Tchou 1976).

Eleventh International Congress of Essential Oils, Fragrances and Flavours, New Delhi, Indien 1989.

9ème Dictionnaire des Parfums (Edition Sermadiras 1988).

Adressen

Vermerke: GH = Großhandel, EH = Groß- und Einzelhandel, VH = Versand

Paracelsus-Apotheke
   Jahnstr. 30, 04703 Leisnig
   Tel. 01 72 / 3 89 40 46

SOLUNA-Versand, Inh. C. Steinfeldt
   Am Bruch 17, 21717 Schwinge
   Tel. 0 41 49 / 78 29, VH

ENVIE Rohstoffe & Kosmetik M. Stuewer
   Peter-Marquard-Str. 1, 22303 Hamburg
   Tel. 0 40 / 27 78 08, EH, VH

Secret Emotion Kosmetik GmbH
   Ottenser Hauptstr. 44, 22765 Hamburg
   Tel. 0 40 / 3 90 63 69, Fax 0 40 / 3 90 05 86, EH, VH

Ronald Reike Spezialversand
   Kielort 21 a, 22850 Norderstedt
   Tel. 0 40 / 5 29 38 74, Fax 0 40 / 5 11 93 37, VH

Kosmetik Bazar
   Eggerstedt Str. 1, 24103 Kiel
   Tel. 04 31 / 9 29 23, Fax 04 31 / 97 82 69, EH, VH

Plath Parfums
   Dreiangel 31, 24161 Kiel
   Tel. 04 31 / 9 29 23 und 32 42 42, Fax 04 31 / 97 82 69, GH

Radicula-Naturwaren
Süderweg 2, 25887 Winnert
Tel. 0 48 45 / 5 11, Fax 0 48 45 / 12 33, EH, VH

Salute e Bellezza
Kaspersweg 152, 26131 Oldenburg
Tel. 04 41 / 59 23 28, EH

Calendula-Natur-Cosmetic Luise Franze
Flüggestr. 19, 30161 Hannover
Tel. 05 11 / 3 88 02 88, EH, VH

INDU-Versand
Turmstr. 7, 35085 Ebsdorfergrund
Tel. 0 64 24 / 39 88, Fax 0 64 24 / 49 40, EH, VH

Kosmetik-Bazar
Ludgeristr. 68, 48143 Münster
Tel. 02 51 / 51 85 05, EH, VH

AMARELO
Postfach 13 37, 54433 Saarburg
Tel. 0 65 01 / 1 30 99, Fax 0 65 01 / 1 30 90
Ätherische Öle aus CO_2-Extraktion

Kosmetik Bazar Marlies Duwe
Kahlenstr. 2, 59555 Lippstadt
Tel. 0 29 41 / 7 84 66, Fax 0 29 41 / 52 76, EH, VH

Regenbogen
Borsigallee 55, 60388 Frankfurt
Tel. 0 61 09 / 3 28 48, Fax 0 61 09 / 3 28 12, EH, VH

Kevala Esoterik-Handel und Versand Laden
Weidengasse 6/Versand: Hollerberg 11, 61440 Oberursel
Tel. 0 61 71 / 5 96 87, Fax 0 61 71 / 5 21 09, EH, VH

Aromatherapie Christina Diezel
   Bahnstr. 17, 65824 Schwalbach am Taunus
   Tel. 0 61 96 / 88 89 20, EH, VH

Melaleuka GmbH
   Postfach 20, 66067 Scheidt
   Tel. 06 81 / 81 74 33, Fax 06 81 / 81 13 85, VH

Galerie der Düfte
   Maienfelser Naturkosmetik
   71543 Maienfels
   Tel. 0 79 45 / 25 82, Fax 0 79 45 / 15 71, VH

Lara's Aroma-Stübchen Irina Horak
   Einsteinweg 7, 72108 Rottenburg a. Neckar
   Tel. 0 74 72 / 69 90, EH, VH

MORGENTAU
   Uracher Str. 1, 72813 St. Johann-Upfingen
   Tel. 0 71 22 / 6 58, Fax 0 71 22 / 37 48, EH, VH

AMYRIS Rose Eggert
   Weinstr. 22, 74343 Sachsenheim
   Tel. 0 70 46 / 75 39, Fax 0 70 46 / 77 82, EH, VH

OMIKRON Inh. Rita Rau
   Marktplatz 5, 74382 Neckarwestheim
   Tel. 0 71 33 / 1 70 81, Fax 0 71 33 / 1 74 65, EH, VH

ART NATURA GmbH
   Weinbrennerstr. 4, 77815 Bühl-Vimbuch
   Tel. 0 72 23 / 2 60 08 u. 2 60 09, Fax 0 72 23 / 2 41 10, EH, VH

OSHADHI
   Schoferstr. 9, 77830 Bühlertal
   Tel. 0 72 23 / 7 45 90, Fax 0 72 23 / 7 58 84, VH

Potpurella
  Marienstr. 13, 79098 Freiburg
  Tel. 07 61 / 2 46 13, Fax 07 61 / 2 35 72, EH, VH

Duft & Schönheit
  Sendlinger Str. 46, 80331 München
  Tel. 0 89 / 2 60 82 59, Fax 0 89 / 3 54 36 53, EH, VH

PANDORA
  Inh. Sonja Brandtner
  Tulpenweg 24, 81379 München
  Tel. 0 89 / 78 46 22, VH

Sonja Huber
  Orleansstr. 11 b, 81669 München
  EH, VH

Duftinsel Monika Herzog
  Himalayastr. 64, 81825 München
  Tel. 0 89 / 4 30 56 65, Fax 0 89 / 4 30 75 06, EH, VH

Neumond-Düfte der Natur GmbH
  Mühlfelder Str. 70, 82211 Herrsching
  Tel. 0 81 52 / 88 00, Fax 0 81 52 / 22 11, EH, VH

Josef Reiser Naturprodukte
  Schwablstr. 13, 84166 Adlkofen
  EH, VH

Naturkost Kölbl
  Karl-Böhm-Str. 160, 85598 Baldham
  Tel. 0 81 06 / 47 51, Fax 0 81 06 / 47 51, EH

Biogarten Handels GmbH
  Postfach 161, 85644 Anzing-Neufarn
  Tel. 0 89 / 90 00 05-0, Fax 0 89 / 90 00 05 55, EH

Claudia Kasparides
Hochelwiesenweg 39, 86919 Utting a. A.
Tel. 0 88 06 / 4 45, Fax 0 88 06 / 3 38, EH, VH

PRIMAVERA GmbH
87475 Sulzberg
Tel. 0 83 76 / 8 08 30, 8 08 32, 8 08 33, Fax 0 83 76 / 8 08 39,
EH, VH

LA BALANCE Andres & Co. GmbH
Bachstr. 3, 88299 Leutkirch im Allgäu
Tel. 0 75 61 / 23 52, Fax 0 75 61 / 69 52, EH, VH

TEEBLATT GmbH
Postfach 33, 94128 Obernzell
Tel. 0 85 91 / 25 49, 0 85 93 / 63 55 Mo/Mi/Fr
Fax 0 85 91 / 26 64, EH, VH

Weiling Naturwaren
Erlenweg 134, 48653 Coesfeld
Tel. 0 25 41 / 7 47 - 0, Fax 0 25 41 / 8 32 15, EH, GH

Bezugsquellen Ausland

Weinviertler Kräuter-
    Ätherische Öle
    Kirchengasse 42 a, A-1070 Wien
    Tel. 02 22 / 5 23 07 05, Fax 02 22 / 93 56 67, EH, VH

Herboristerie ARIES SA
    CH-1041 Bioley-Orjulaz
    Tel. 0 21 / 8 82 58 28, Fax 0 21 / 8 82 58 38, VH

Emilio Schatzmann Äth. Öle
    OSHADHI
    Floraweg 344, CH-5522 Taegerig/AG
    Tel. 0 56 / 91 03 30, Fax 0 56 / 91 03 31, EH, VH

Imaga Laden der Düfte
    Hauptstr. 380, CH-5726 Unterkulm
    Tel. 0 64 / 46 33 94, EH, VH

Cosmega AG
    Oberdorfstr. 15, CH-8001 Zürich
    Tel. 01 / 1 / 2 61 20 10, Fax 01 / 1 / 2 61 93 23, EH, VH

Farfalla Duftladen
    Seefeldstr. 18, CH-8008 Zürich
    Tel. 01 / 2 61 77 01, Fax 01 / 2 62 25 13, VH

Vitamar
    Brandbachstr. 5, CH-8305 Dietlikon
    Tel. 01 / 8 33 40 43, EH, VH

S'Druegg
    Seestr. 105, CH-8820 Wädenswil
    Tel. 01 / 7 80 97 07, EH

MF Trading Naturprodukte BERGLAND Kolibri-Duftess
CH-8834 Schindellegi
Tel. 01 / 784 79 31, Fax 01 / 784 79 14, GH

Heilkräuter-Essenz-Therapie Dr. Gümbel
Albert-Schweitzer-Str. 10, F-68140 Günsbach/Elsass
Tel. 89 77 07 24, Fax 89 77 26 33, EH, VH

Seminare Deutschland

Avalon-Radicula-Naturwarenvertrieb
Süderweg 2, 25877 Winnert
Tel. 0 48 45 / 5 11, Fax 0 48 45 / 12 33

Irina Horak
Hinterer Bühlweg 31, 72108 Rottenburg am Neckar
Tel. 0 74 72 / 4 25 63

OSHADHI
Schoferstr. 9, 77830 Bühlertal
Tel. 0 72 23 / 7 45 90, Fax 0 72 23 / 7 58 84

Duftinsel Monika Herzog
Himalayastr. 64, 81825 München
Tel. 0 89 / 4 30 56 65, Fax 0 89 / 4 30 75 06

Tautropfen Silvia & Rainer Plum
Poststr. 10, 83132 Pittenhardt
Tel. 0 86 24 / 45 90, Fax 0 86 24 / 42 65

LA BALANCE Andres & Co. GmbH
Bachstr. 3, 88299 Leutkirch im Allgäu
Tel. 0 75 61 / 23 52, Fax 0 75 61 / 69 52

Seminare Ausland

JERA Centrum
Cherubinistr. 52, A-1220 Wien
Tel. + Fax 02 22 / 23 75 89, EH, VH

Herboristerie ARIES SA
CH-1041 Bioley-Orjulaz
Tel. 0 21 / 8 82 58 28, Fax 0 21 / 8 82 58 38

Cosmega AG
Oberdorfstr. 15, CH-8001 Zürich
Tel. 01 / 1 / 2 61 20 10, Fax 01 / 1 / 2 61 93 23

Farfalla Duftladen
Seefeldstr. 18, CH-8008 Zürich
Tel. 01 / 2 61 77 01, Fax 01 / 2 62 25 13

Heilkräuter-Essenz-Therapie Dr. Gümbel
Albert-Schweitzer-Str. 10, F-68140 Günsbach/Elsass
Tel. 89 77 07 24, Fax 89 77 26 33

Knaur ®

ALTERNATIV HEILEN

Knaur ®
L. P. Huijsen
Der Homöopathie-Führer
Ein Wegweiser zum Gebrauch homöopathischer Mittel

ALTERNATIV HEILEN
(76012)

Knaur ®
Dr. Edward Bach
Jette-Erik R. Petersen
Heile dich selbst mit den Bach Blüten

ALTERNATIV HEILEN
(76016)

Knaur ®
Michael Reed Gach
Heilende Punkte
Akupressur zur Selbstbehandlung von Krankheiten

ALTERNATIV HEILEN
(76002)

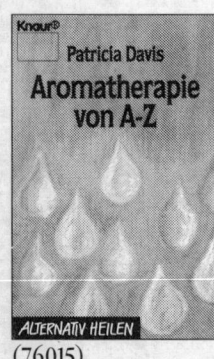

Knaur ®
Patricia Davis
Aromatherapie von A-Z

ALTERNATIV HEILEN
(76015)

Knaur ®
Henry G. Tietze
Entschlüsselte Organsprache
Krankheit als Ausdruck der Seele

ALTERNATIV HEILEN
(76023)

Knaur ®
Kim da Silva
Kinesiologie
Die Wissenschaft der Bewegungsabläufe in unserem Körper

ALTERNATIV HEILEN
(76021)